此防伪页系专门制造

※此防伪页内有多层次固定水印，透光看水印清晰，
水印凹凸立体感明显。

※此防伪页上有开天窗安全线，安全线在可见光下
改变角度可变色，线上印有“自学考试”激光字。

全国高等教育自学考试指定教材

市政学

（含：市政学自学考试大纲） 课程代码 00292

（2023 年版）

全国高等教育自学考试指导委员会 组编

主编 孙亚忠 葛笑如

中国人民大学出版社
·北京·

中国人民大学出版社自考数字教材配套数字资源使用指南

由全国高等教育自学考试指导委员会组织国内相关领域知名专家，编写了最新版自考教材，并首次配套数字资源。本数字教材有以下特点：

（1）知识点微课贯穿全书，视频扫码随时学。

（2）在线自测题按章分布，边学边练效果好。

（3）支持课程互动和评论，让学习不再孤单。

（4）考试资讯和资源更新，关注公号享服务。

凡是购买正版教材的考生，可凭封面的兑换码免费兑换教材配套数字资源。

数字资源获取方法和使用说明如下：

（1）扫描并关注教材中的“人大社 e 自考”微信公众号。

（2）点击“课程中心”，下拉进入“个人中心”，找到“兑换中心”。

（3）刮开本书所附卡片涂层，获取数字资源兑换码，即可兑换教材配套数字资源。

（4）在“个人中心”—“我的课程”里找到已兑换的课程进行学习。

如兑换码有误或有其他问题，请关注“人大社 e 自考”微信公众号并留言。

组编前言

21 世纪是一个变幻莫测的世纪，是一个催人奋进的时代，科学技术飞速发展，知识更替日新月异。希望、困惑、机遇、挑战，随时随地都有可能出现在每一个社会成员的生活之中。抓住机遇、寻求发展、迎接挑战、适应变化的制胜法宝就是学习——依靠自己学习、终身学习。

作为我国高等教育组成部分的自学考试，其职责就是在高等教育这个水平上倡导自学、鼓励自学、帮助自学、推动自学，为每一位自学者铺就成才之路。组织编写供读者学习的教材就是履行这个职责的重要环节。毫无疑问，这种教材应当适合自学，应当有利于学习者掌握和了解新知识、新信息，有利于学习者增强创新意识，培养实践能力，形成自学能力，也有利于学习者学以致用，解决实际工作中所遇到的问题。具有如此特点的书，我们虽然沿用了“教材”这个概念，但它与那种仅供教师讲、学生听，教师不讲、学生不懂，以“教”为中心的教科书相比，已经在内容安排、编写体例、行文风格等方面都大不相同了。希望读者对此有所了解，以便从一开始就树立起依靠自己学习的坚定信念，不断探索适合自己的学习方法，充分利用已有的知识基础和实际工作经验，最大限度地发挥自己的潜能，达到学习的目标。

欢迎读者提出意见和建议。

祝每一位读者自学成功。

全国高等教育自学考试指导委员会
2022 年 8 月

目　录

全国高等教育自学考试

市政学
自学考试大纲

全国高等教育自学考试指导委员会　制定

大纲前言

为了适应社会主义现代化建设事业的需要，鼓励自学成才，我国在20世纪80年代初建立了高等教育自学考试制度。高等教育自学考试是个人自学、社会助学和国家考试相结合的一种高等教育形式。应考者通过规定的专业考试课程并经思想品德鉴定达到毕业要求的，可获得毕业证书；国家承认学历并按照规定享有与普通高等学校毕业生同等的有关待遇。经过40多年的发展，高等教育自学考试为国家培养造就了大批专门人才。

课程自学考试大纲是规范自学者学习范围、要求和考试标准的文件。它是按照专业考试计划的要求，具体指导个人自学、社会助学、国家考试及编写教材的依据。

随着经济社会的快速发展，新的法律法规不断出台，科技成果不断涌现，原大纲中有些内容过时、知识陈旧。为更新教育观念，深化教学内容和方式、考试制度、质量评价制度改革，使自学考试更好地提高人才培养的质量，各专业委员会按照专业考试计划的要求，对原课程自学考试大纲组织了修订或重编。

修订后的大纲，在层次上，本科参照一般普通高校本科水平，专科参照一般普通高校专科或高职院校水平；在内容上，及时反映学科的发展变化，增补了自然科学和社会科学近年来研究的成果，对明显陈旧的内容进行了删减，以更好地指导应考者学习使用。

全国高等教育自学考试指导委员会
2023年5月

Ⅰ　课程性质与课程目标

一、课程性质和特点

市政学是一门研究城市政权机关特别是城市行政机关对城市公共事务进行有效管理的规律的学科。“市政学”是全国高等教育自学考试公共事务管理（专科）、行政管理（专科）专业的一门课程，是为培养和检验自学考试者的市政管理基本概念、基本内容和基本技能而设置的一门课程。

如果把政治学、行政管理学、管理学等看作宏观性质的课程，那么，市政学是中观性质的课程，是政治学、行政管理学、管理学等的基本理论和方法的具体应用。今日的世界是城市的世界，市政管理在整个社会生活中有着极其重要的地位。我国城镇化已进入迅猛发展的时期，要实现我国城镇化的高质量发展，每一个市政管理者必须掌握市政学的基本知识。

通过本课程的设置，行政管理专业的考生可以系统把握市政组织是怎样对市政客体进行有效管理的，搞清楚谁管、管什么、怎么管等基本问题。

二、课程目标

本课程设置的目标是使考生在把握市政组织及其运行规律的基础上，掌握市政管理的基本内容和基本方法。在此基础上，理论联系实际，思考、分析我国市政管理中存在的一些热点问题和实际问题，从而提高解决市政问题的能力，为实现我国市政管理的现代化、科学化做出应有的贡献。

具体地说，本课程设置的目标是使考生具备以下能力：第一，正确理解市政的含义和特征，城市的含义、特点以及形成、发展的基本规律；第二，熟悉市政组织、市政体制、市政职能和市政绩效的基本原理；第三，全面掌握市政管理的基本内容和基本方式。

Ⅱ　考核目标

本大纲在考核目标中，按照识记（Ⅰ）、领会（Ⅱ）、简单应用（Ⅲ）和综合应用（Ⅳ）四个能力层次规定其应达到的能力层次要求，这四个能力层次是递进关系。四个能力层次的含义分别是：

识记（Ⅰ）：要求考生能够识别和记忆市政学的主要内容，如名词、定义、术语、特点、原则、规律、原理等，并能做出正确的表述、判断和选择。

领会（Ⅱ）：要求考生能够全面领悟和理解市政学基本概念和基本原理的内涵和外延，能掌握和分析有关概念和原理的区别与联系，并能根据考核的不同要求，对市政学的基本问题做出正确的判断、解释和说明。

简单应用（Ⅲ）：要求考生能够根据已掌握的市政学知识，分析市政学的基本问题，得出正确的判断或结论，并能正确地把分析过程表达出来。或者能运用本课程的个别知识点，简要分析和解决我国市政管理中存在的一些简单问题。

综合应用（Ⅳ）：要求考生能够综合运用市政学的基本概念和基本原理，分析和解决我国市政运行过程中存在的一些比较复杂的理论和实际问题。或者能综合运用本课程的多个知识点，综合分析和解决比较复杂的问题。

需要特别指出的是，试题的难易程度与能力层次的高低不是一个概念。试题的难易程度是指思维过程的复杂程度和分析处理的繁简、技巧。能力层次体现的是对市政学概念和市政规律的理解程度，以及对市政规律的综合应用能力，在各个能力层次中，有不同难易度的试题，切勿混淆。

Ⅲ　课程内容与考核要求

第一章　绪　论

一、学习目的与要求

1. 理解市政的含义，了解市政的沿革，掌握市政的特征。
2. 理解市政学的研究对象，了解市政学与相关学科的关系。
3. 了解市政学的研究方法，理解学习和研究市政学的意义。

二、课程内容

（一）市政的含义和特征

1. 市政的含义
2. 市政的沿革
3. 市政的特征

（二）市政学的研究对象及与相关学科的关系

1. 市政学的研究对象
2. 市政学与相关学科的关系

（三）市政学的研究方法和意义

1. 市政学的研究方法
2. 学习和研究市政学的意义

三、考核知识点及考核要求

（一）市政的含义和特征

1. 识记：市政的含义。
2. 领会：市政的沿革。
3. 简单应用：市政的特征。

（二）市政学的研究对象及与相关学科的关系

领会：（1）市政学的研究对象；（2）市政学与相关学科的关系。

（三）市政学的研究方法和意义

领会：（1）市政学的研究方法；（2）研究市政学的意义。

四、本章重点

市政的含义和特征。

第二章　城市概述

一、学习目的与要求

1. 掌握城市的含义和本质特征，理解城市形成发展的条件，了解城市发展的阶段，熟悉智慧城市的概念。

2. 掌握城镇化的概念和衡量指标，了解城镇化的形态，认识城镇化的决定因素，理解城镇化的基本规律，熟悉中国特色新型城镇化的概念、意义、指导思想、工作原则和措施。

3. 了解城市结构，理解城市功能，掌握城市类型。

4. 理解城市体系的形成和类型，认识中心城市的含义和作用，熟悉经济区的基本原理。

二、课程内容

（一）城市的形成和发展

1. 城市的含义

2. 城市形成发展的条件

3. 城市发展的阶段

（二）城镇化

1. 城镇化的概念和形态

2. 城镇化的决定因素

3. 城镇化的基本规律

4. 中国特色新型城镇化

（三）城市的结构、功能和类型

1. 城市结构

2. 城市功能

3. 城市类型

（四）城市体系

1. 城市体系的形成和类型

2. 中心城市

3. 经济区

三、考核知识点及考核要求

（一）城市的形成和发展

1. 识记：（1）城市的含义；（2）智慧城市的概念。

2. 领会：(1) 早期城市的特点；(2) 中世纪城市的特点；(3) 近代城市的特点。

3. 简单应用：现代城市的特点。

4. 综合应用：(1) 城市的本质特征；(2) 城市形成发展的条件。

(二) 城镇化

1. 识记：(1) 城镇化的概念；(2) 新型城镇化的概念。

2. 领会：(1) 城镇化的衡量指标；(2) 中国推进新型城镇化的指导思想。

3. 简单应用：(1) 城镇化的形态；(2) 中国推进新型城镇化的工作原则。

4. 综合应用：(1) 城镇化的决定因素；(2) 城镇化的基本规律；(3) 中国积极稳妥扎实有序推进城镇化的意义；(4) 中国推进新型城镇化的措施。

(三) 城市的结构、功能和类型

1. 识记：(1) 城市结构的含义；(2) 城市功能的含义；(3) 城市类型的概念；(4) 中国城市的类型。

2. 领会：(1) 城市结构的内容；(2) 城市功能的类型；(3) 影响城市功能的因素；(4) 城市分类的原则。

3. 简单应用：城市功能的优化。

4. 综合应用：城市功能的发展规律。

(四) 城市体系

1. 识记：(1) 城市体系的概念和特点；(2) 经济区的基本结构和特点。

2. 领会：(1) 城市空间相互作用的条件；(2) 城市体系的类型；(3) 中心城市的含义。

3. 简单应用：(1) 城市空间相互作用的原则；(2) 中心城市的形成条件和作用；(3) 城市与区域的关系。

4. 综合应用：(1) 影响中心城市作用强度的因素；(2) 经济区的运行原则。

四、本章重点

城市的含义和本质特征；城市形成发展的条件；城镇化的概念和形态；城镇化的决定因素；中国特色新型城镇化；城市功能；城市类型；城市体系的形成；中心城市的含义和作用；经济区的作用、基本结构、特点和运行原则。

第三章　市政组织与市政体制

一、学习目的与要求

1. 了解中国共产党市级组织机构，掌握中国共产党在城市的领导核心作用，理解民主党派组织在城市社会政治生活中的地位和作用，了解市政协的性质、组成、组织原则、工作原则、任务和主要职能，理解城市政党协商的主要内容。

2. 理解市人民代表大会及其常委会的性质、组成及职权。

3. 掌握城市行政机关、城市监察机关、城市司法机关的性质、组成和职权。

4. 掌握市民和市民参政的含义，理解市民参政的意义、条件和主要渠道，了解市人民团体、城市自治组织和城市公益性组织的性质、特点、职责或任务、作用。

5. 掌握市政体制的内涵和内容，认识市政体制与国家政体的关系，了解市政体制的作用，掌握西方国家市政体制的基本特点，了解西方国家市政体制的主要类型，掌握大都市区的概念，认识西方国家大都市区市政体制改革的主要内容，掌握中国市政体制的主要内容和基本特征，认识党的十八大以来中国市政体制的改革，理解中国深化市政体制改革的指导思想，掌握中国深化市政体制改革的具体措施。

二、课程内容

（一）城市政党组织及其合作

1. 中国共产党组织

2. 民主党派组织

3. 市人民政治协商会议

（二）城市国家机关

1. 城市权力机关

2. 城市行政机关

3. 城市监察机关

4. 城市司法机关

（三）市民和城市社会组织

1. 市民和市民参政

2. 市人民团体

3. 城市公益性组织

4. 城市自治组织

（四）市政体制

1. 市政体制的内涵和作用

2. 西方国家的市政体制

3. 中国的市政体制

三、考核知识点及考核要求

（一）城市政党组织及其合作

1. 识记：(1) 中国共产党市级组织机构的构成；(2) 民主党派组织的性质；(3) 市政协的性质；(4) 市政协的主要职能。

2. 领会：(1) 城市政党协商的主要内容；(2) 市政协的组织原则；(3) 市政协的任务；(4) 市政协工作的原则。

3. 简单应用：民主党派组织在城市社会政治生活中的地位和作用。

4. 综合应用：中国共产党在城市的领导核心作用。

（二）城市国家机关

1. 识记：(1) 市人民代表大会的性质及职权；(2) 市人大常委会的组成；(3) 市人

民政府的性质、组成、职权和领导体制；（4）市监察委员会的性质、地位和组成；（5）市人民法院的性质、地位及组成；（6）市人民检察院的性质、任务和职权。

2. 领会：（1）市人大常委会的职权；（2）市人民代表大会专门委员会的设置；（3）市监察委员会的职权；（4）市人民法院的任务、设置和职权；（5）市人民检察院的设置和具体职权或职能。

3. 简单应用：（1）市人民政府工作部门的设置；（2）市监察工作的原则；（3）市人民法院审判活动的原则和规则；（4）市人民检察院法律监督活动的原则。

4. 综合应用：城市国家机关之间的关系。

（三）市民和城市社会组织

1. 识记：（1）市民和市民参政的概念；（2）市总工会、市妇联、市共青团、市工商联的性质及组成；（3）城市居民委员会的性质；（4）市红十字会的性质；（5）市慈善总会的宗旨和工作方针；（6）市志愿者协会的性质。

2. 领会：（1）市民参政的意义；（2）市总工会、市妇联、市共青团、市工商联的职责或任务、作用；（3）城市居民委员会的任务；（4）市红十字会的职责；（5）市慈善总会的业务范围。

3. 简单应用：市民参政的条件。

4. 综合应用：（1）市民参政的主要渠道；（2）市志愿者协会的主要职责。

（四）市政体制

1. 识记：（1）市政体制的内涵和内容；（2）西方国家市政体制的基本特点；（3）大都市区的概念；（4）中国市政体制的主要内容和基本特征。

2. 领会：（1）市政体制的作用；（2）西方国家市政体制的主要类型；（3）西方国家大都市区市政体制改革的主要内容；（4）党的十八大以来中国市政体制的改革；（5）中国深化市政体制改革的指导思想。

3. 简单应用：（1）西方国家市政体制的异同点；（2）中外市政体制的异同点。

4. 综合应用：（1）市政体制与国家政体的关系；（2）中国深化市政体制改革的具体措施。

四、本章重点

中国共产党市级组织机构的组成和领导核心作用；城市国家机关的构成及职权；市民参政的含义、意义和主要渠道；市政体制的内容、作用以及与国家政体的关系；西方国家市政体制的主要类型；中国市政体制的内容和基本特征，中国深化市政体制改革的指导思想和具体措施。

第四章　市政职能与市政绩效

一、学习目的与要求

1. 掌握市政职能的内涵，理解市政职能的特点和类型，认识市政职能的意义。

2. 了解西方国家市政职能的发展演变，认识西方国家市政职能的主要内容，理解西方国家市政职能的实现方式，掌握西方国家市政职能的基本特征。

3. 掌握中国市政职能的主要内容，理解中国市政职能优化的基本目标和具体路径。

4. 理解中国数字化市政职能体系建设的意义、指导思想、基本原则和主要目标，掌握中国构建协同高效的城市政府数字化履职能力体系的重点任务，认识中国数字化市政职能体系建设必须做好的保障工作。

5. 掌握市政过程、市政决策、市政执行和市政监督的概念，理解市政决策的主体、主要环节和方式，了解市政执行的基本要求，认识市政监督的主体、类型和基本要求。

6. 掌握市政绩效的概念和市政绩效管理的内涵，理解市政绩效管理的特征，认识市政绩效管理的意义，了解市政绩效管理的机构及其职责，理解市政绩效管理的基本要求，掌握市政绩效管理的原则，认识市政绩效管理的主要环节。

二、课程内容

（一）市政职能

1. 市政职能的内涵和意义
2. 西方国家的市政职能
3. 中国的市政职能
4. 数字化市政职能体系建设

（二）市政过程

1. 市政决策
2. 市政执行
3. 市政监督

（三）市政绩效管理

1. 市政绩效管理的内涵和意义
2. 市政绩效管理的机构和原则
3. 市政绩效管理的主要环节

三、考核知识点及考核要求

（一）市政职能

1. 识记：(1) 市政职能的内涵；(2) 市政职能的特点；(3) 西方国家市政职能的主要内容。

2. 领会：(1) 市政职能的类型；(2) 西方国家市政职能的发展演变；(3) 西方国家市政职能的实现方式；(4) 中国数字化市政职能体系建设的指导思想和主要目标；(5) 中国数字化市政职能体系建设必须做好的保障工作。

3. 简单应用：(1) 市政职能的意义；(2) 西方国家市政职能的基本特征；(3) 中国数字化市政职能体系建设的意义；(4) 中国数字化市政职能体系建设的基本原则。

4. 综合应用：(1) 中国市政职能的主要内容；(2) 中国市政职能优化的基本目标和具体路径；(3) 中国构建协同高效的城市政府数字化履职能力体系的重点任务。

（二）市政过程

1. 识记：（1）市政过程的概念；（2）市政决策的概念；（3）市政决策的主体；（4）市政执行的概念；（5）市政监督的概念；（6）市政监督的主体和类型。

2. 领会：（1）市政决策的方式；（2）市政执行的基本要求；（3）市政监督的基本要求。

3. 综合应用：市政决策的主要环节。

（三）市政绩效管理

1. 识记：（1）市政绩效的概念；（2）市政绩效管理的内涵；（3）市政绩效管理的机构。

2. 领会：（1）市政绩效管理的特征；（2）市政绩效管理的意义；（3）市政绩效管理机构的职责。

3. 简单应用：市政绩效管理的原则。

4. 综合应用：（1）市政绩效管理的基本要求；（2）市政绩效管理的主要环节。

四、本章重点

市政职能的内涵、特点、类型和意义；中国市政职能的主要内容；中国市政职能优化的基本目标和具体路径；中国数字化市政职能体系建设；市政决策、市政执行和市政监督；市政绩效管理的内涵和特征；市政绩效管理的基本要求和原则；市政绩效管理的主要环节。

第五章　城市规划管理

一、学习目的与要求

1. 了解古代城市规划思想，认识近代城市规划理论，掌握现代城市规划理论。

2. 掌握城市规划的概念和特点，理解城市规划的基本任务和作用，熟悉城市规划的内容，掌握城市规划的指导思想和基本原则。

3. 熟悉城市规划编制与实施管理的机构及其职责，了解城市规划编制的阶段和步骤，认识城市规划实施管理的概念和内容。

二、课程内容

（一）城市规划理论

1. 古代城市规划理论

2. 近代城市规划理论

3. 现代城市规划理论

（二）城市规划的特点、内容和原则

1. 城市规划的特点和作用

2. 城市规划的内容

3. 城市规划的指导思想和基本原则

（三）城市规划的编制和实施

1. 城市规划编制与实施管理的机构及其职责

2. 城市规划编制的阶段和步骤

3. 城市规划的实施管理

三、考核知识点及考核要求

（一）城市规划理论

1. 识记：著名城市规划师及其主要思想。

2. 领会：(1) 中国古代城市规划思想；(2)《华沙宣言》。

3. 简单应用：(1)《马丘比丘宪章》；(2)《雅典宪章》。

4. 综合应用：《北京宪章》。

（二）城市规划的特点、内容和原则

1. 识记：(1) 城市规划的概念；(2) 城市规划的内容；(3) 城市总体规划的概念；(4) 城市近期建设规划的内涵；(5) 城市分区规划的内涵；(6) 城市详细规划的概念。

2. 领会：(1) 城市总体规划纲要的内容；(2) 市域城镇体系规划的任务；(3) 中心城市城区规划的内容；(4) 城市近期建设规划的内容；(5) 城市分区规划的内容；(6) 城市控制性详细规划的内容；(7) 城市修建性详细规划的概念和内容。

3. 简单应用：(1) 城市规划的基本任务；(2) 城市总体规划的强制性内容。

4. 综合应用：(1) 城市规划的特点；(2) 城市规划的作用；(3) 城市规划的指导思想和基本原则。

（三）城市规划的编制和实施

1. 识记：(1) 城市规划编制与实施管理的机构；(2) 城市规划实施管理的概念；(3) 城市规划编制的阶段。

2. 领会：(1) 城市规划编制与实施管理机构的职责；(2) 城市总体规划编制的步骤；(3) 城市详细规划的编制程序；(4) 城市规划实施管理的内容。

3. 简单应用：城市规划实施的监督检查。

4. 综合应用：(1) “一书两证”的规划管理；(2) 国有土地使用权出让转让的规划管理。

四、本章重点

城市规划的概念、特点、基本任务和作用；城市规划的内容、指导思想和原则；城市规划编制与实施管理的机构；城市规划编制的阶段和步骤；城市规划实施管理的内容。

第六章　城市基础设施建设与管理

一、学习目的与要求

1. 掌握城市基础设施的含义和分类，熟悉新型城市基础设施的概念、内容和特点，了解城市基础设施的内容，理解城市基础设施的作用，掌握城市基础设施的特征。

2. 理解城市基础设施建设的总体要求，掌握城市基础设施建设的指导思想和基本原则，了解我国城市基础设施建设的目标，理解城市基础设施规划的必要性、总任务和内容，了解城市基础设施建设的重点任务和重大行动，理解城市基础设施的供给方式和建设资金来源。

3. 了解城市基础设施管理的机构及其职责，掌握城市基础设施管理的目标、原则和内容，理解建立和完善城市基础设施投融资体制和运营机制的指导思想，熟悉建立和完善城市基础设施投融资体制和运营机制的基本原则，理解完善城市基础设施投融资体制和运营机制的任务。

二、课程内容

（一）城市基础设施概述

1. 城市基础设施的含义和分类

2. 城市基础设施的内容和作用

3. 城市基础设施的特征

（二）城市基础设施建设

1. 城市基础设施建设的总体要求和目标

2. 城市基础设施规划

3. 城市基础设施建设的重点任务和重大行动

4. 城市基础设施的供给方式和建设资金来源

（三）城市基础设施管理

1. 城市基础设施管理机构及其职责

2. 城市基础设施管理的目标和内容

3. 城市基础设施投融资体制和运营机制

三、考核知识点及考核要求

（一）城市基础设施概述

1. 识记：（1）城市基础设施的含义；（2）城市基础设施的分类；（3）新型城市基础设施的概念。

2. 领会：（1）城市基础设施的内容；（2）新型城市基础设施的内容。

3. 简单应用：（1）新型城市基础设施的特点；（2）城市基础设施的作用。

4. 综合应用：城市基础设施的特征。

（二）城市基础设施建设

1. 识记：城市基础设施建设资金来源。

2. 领会：（1）城市基础设施建设的总体要求；（2）城市基础设施建设的指导思想；（3）城市基础设施建设的目标；（4）城市基础设施规划的必要性；（5）城市基础设施规划的总任务和内容。

3. 简单应用：城市基础设施建设的重点任务和重大行动。

4. 综合应用：（1）城市基础设施建设的基本原则；（2）城市基础设施的供给方式。

（三）城市基础设施管理

1. 识记：城市基础设施管理机构。

2. 领会：(1) 城市基础设施管理机构的职责；(2) 城市基础设施管理的目标；(3) 建立和完善城市基础设施投融资体制和运营机制的指导思想。

3. 简单应用：完善城市基础设施投融资体制和运营机制的任务。

4. 综合应用：(1) 城市基础设施管理的原则和内容；(2) 建立和完善城市基础设施投融资体制和运营机制的基本原则；(3) 城市基础设施供给方式与城市基础设施投融资体制及运营机制的关系。

四、本章重点

城市基础设施的含义、分类、作用和特征；新型城市基础设施的概念、内容和特点；城市基础设施建设的总体要求、指导思想和基本原则；城市基础设施供给方式和资金来源；城市基础设施管理的原则和内容。

第七章　城市公共事业管理

一、学习目的与要求

1. 掌握城市公共事业的含义，理解公共需要的内涵和特征，掌握城市公共事业的基本特征，熟悉城市公共事业管理的含义，了解城市公共事业管理的内容，理解城市公共事业管理的基本特征和原则，认识城市公共事业管理的主体。

2. 掌握教育的含义，理解城市教育事业管理的概念和特点，掌握城市教育事业管理的内容，理解城市教育事业管理的意义，熟悉城市教育的基本制度，掌握城市教育事业管理的重点任务。

3. 掌握科技和科技活动的含义，认识城市科技事业管理的概念和意义，熟悉城市科技事业管理的特点和任务，理解我国城市科技事业管理的原则和重点。

4. 熟悉文化的内涵、特征和重要性，掌握文化事业的含义和内容，理解城市文化事业管理的概念和必要性，熟悉城市文化事业管理的任务和基本原则，理解推动城市文化事业繁荣发展的意义、指导思想和举措。

5. 熟悉卫生的内涵，掌握城市卫生事业的概念、性质和基本特征，理解城市卫生事业管理的概念、主要影响因素和意义，熟悉我国城市卫生事业管理的组织机构及其职责，掌握我国新时代卫生与健康工作方针，理解我国城市卫生事业发展的指导思想、原则、战略目标和措施，了解我国全面深化城市卫生体制机制改革的内容。

二、课程内容

(一) 城市公共事业管理概述

1. 城市公共事业管理的含义和内容

2. 城市公共事业管理的基本特征和原则

3. 城市公共事业管理的主体

（二）城市教育事业管理

1. 城市教育事业管理的含义和内容

2. 城市教育事业管理的意义和基本制度

3. 城市教育事业管理的重点任务

（三）城市科技事业管理

1. 城市科技事业管理的概念和意义

2. 城市科技事业管理的特点和任务

3. 城市科技事业管理的原则和重点

（四）城市文化事业管理

1. 城市文化事业管理的内涵和必要性

2. 城市文化事业管理的任务和基本原则

3. 推动城市文化事业繁荣发展的意义和举措

（五）城市卫生事业管理

1. 城市卫生事业管理的内涵及意义

2. 城市卫生事业管理的组织机构和工作方针

3. 城市卫生事业的发展和改革

三、考核知识点及考核要求

（一）城市公共事业管理概述

1. 识记：（1）城市公共事业的含义；（2）城市公共事业管理的含义；（3）城市公共事业管理的主体。

2. 领会：（1）公共需要的内涵和特征；（2）城市公共事业管理的内容。

3. 简单应用：城市公共事业的基本特征。

4. 综合应用：城市公共事业管理的基本特征和原则。

（二）城市教育事业管理

1. 识记：（1）教育的含义；（2）城市教育事业管理的概念和特点。

2. 领会：（1）城市教育事业管理的内容；（2）办好人民满意的城市教育的指导思想；（3）城市教育现代化的指导思想；（4）推进城市教育现代化的总体目标；（5）城市教育现代化的实施路径。

3. 简单应用：（1）城市教育事业管理的意义；（2）推进城市教育现代化要树立的基本理念；（3）城市教育现代化的战略任务。

4. 综合应用：（1）城市教育的基本制度；（2）办好人民满意的城市教育的总体思路；（3）办好人民满意的城市教育的重点任务。

（三）城市科技事业管理

1. 识记：（1）科技和科技活动的含义；（2）城市科技事业管理的概念；（3）城市科技事业管理的任务；（4）科技基础的概念。

2. 领会：（1）城市科技事业管理的意义；（2）我国加强科技基础能力建设的必要性；（3）我国加强科技基础能力建设的重点举措；（4）我国科技发展的战略部署。

3. 简单应用：（1）城市科技事业管理的特点；（2）我国城市科技事业管理的原则；（3）我国加快实现高水平科技自立自强的必要性；（4）我国强化企业科技创新主体地位的必要性；（5）我国强化企业科技创新主体地位的关键举措。

4. 综合应用：（1）城市科技事业管理的意义；（2）我国实现高水平科技自立自强的措施；（3）我国强化企业科技创新主体地位的关键和主要任务。

（四）城市文化事业管理

1. 识记：（1）文化的内涵；（2）文化事业的含义和内容；（3）城市文化事业管理的概念。

2. 领会：（1）文化的特征；（2）推动城市文化事业繁荣发展的指导思想。

3. 简单应用：（1）文化的重要性；（2）推动城市文化事业繁荣发展的意义。

4. 综合应用：（1）城市文化事业管理的必要性；（2）城市文化事业管理的任务和基本原则；（3）推动城市文化事业繁荣发展的举措。

（五）城市卫生事业管理

1. 识记：（1）卫生的内涵；（2）城市卫生事业的概念；（3）城市卫生事业管理的概念；（4）我国城市卫生事业管理的组织机构。

2. 领会：（1）我国城市卫生事业管理组织机构的职责；（2）我国城市卫生事业发展的指导思想；（3）我国城市卫生事业发展的战略目标。

3. 简单应用：（1）城市卫生事业的性质和基本特征；（2）我国全面深化城市卫生体制机制改革的内容。

4. 综合应用：（1）城市卫生事业管理的主要影响因素和意义；（2）我国新时代卫生与健康工作方针；（3）我国城市卫生事业发展的原则和措施。

四、本章重点

城市公共事业管理的概念、基本特征、基本原则和主体；城市教育事业管理的内容；城市教育的基本制度；城市教育事业管理的重点任务；城市科技事业管理的意义、特点和任务；我国城市科技事业管理的原则和重点；城市文化事业管理的任务和基本原则；推动城市文化事业繁荣发展的意义、指导思想和举措；我国城市卫生事业管理的组织机构及其职责；我国新时代卫生与健康工作方针；我国城市卫生事业发展的指导思想、原则、战略目标和措施。

第八章　城市经济管理

一、学习目的与要求

1. 掌握城市公共财政的含义、特点和职能，理解城市公共财政在促进城市经济和各项社会事业发展中的作用，熟悉城市公共收入和公共支出的含义、原则，了解城市公共收入和公共支出的分类，熟悉预算的组成部分和原则，掌握城市政府采购的含义和原则，熟悉城市政府采购的方式，理解城市政府采购的程序，了解城市政府采购的监督检查和违法处罚。

2. 掌握城市市场监督管理的概念、意义、目的和内容，熟悉我国城市市场监督管理的指导思想和原则，理解我国城市市场监督管理的重点任务，理解市场结构管理、政府指导价和质量监督的含义，了解城市政府的反垄断管理和反不正当竞争管理，理解政府指导价的制定原则，了解价格管理的原则和措施，熟悉质量监督的概念、必要性、方针、原则和基本形式。

3. 掌握城市土地的含义、分类和特性；理解城市土地管理的概念、任务和必要性；熟悉城市土地管理的机构和内容，城市土地市场的概念和组成，完善城市土地市场的必要性和关键，城市土地使用权有偿出让的含义和方式，城市土地使用权转让的含义、方式、条件和原则，城市土地有偿使用的必要性、目标、原则和实现形式。

二、课程内容

（一）城市公共财政管理

1. 城市公共财政的含义和职能
2. 城市公共收支管理
3. 城市政府采购制度

（二）城市市场监督管理

1. 城市市场监督管理的内容和任务
2. 市场结构管理
3. 价格管理
4. 质量监督

（三）城市土地管理

1. 城市土地管理的含义和必要性
2. 城市土地管理机构和内容
3. 城市土地市场管理
4. 城市土地有偿使用

三、考核知识点及考核要求

（一）城市公共财政管理

1. 识记：（1）城市公共财政的含义和特点；（2）城市公共收入和公共支出的含义；（3）城市政府采购的含义。

2. 领会：（1）城市公共收入的分类；（2）城市公共支出的分类；（3）城市政府采购的方式和程序；（4）城市政府采购的监督检查和违法处罚。

3. 简单应用：（1）城市公共财政在促进城市经济和各项社会事业发展中的作用；（2）预算的组成部分和原则；（3）城市政府采购的原则。

4. 综合应用：（1）城市公共财政的职能；（2）城市公共收入的原则；（3）城市公共支出的原则。

（二）城市市场监督管理

1. 识记：（1）城市市场监督管理的概念、目的和内容；（2）市场结构管理的含义；

(3) 政府指导价的含义;(4) 质量监督的含义。

2. 领会:(1) 城市市场监督管理的意义;(2) 价格管理的原则和措施。

3. 简单应用:(1) 反垄断管理;(2) 反不正当竞争管理;(3) 政府指导价的制定原则。

4. 综合应用:(1) 我国城市市场监督管理的指导思想和原则;(2) 我国城市市场监督管理的重点任务;(3) 质量监督的必要性、方针、原则和基本形式。

(三) 城市土地管理

1. 识记:(1) 城市土地的含义和分类;(2) 城市土地管理的概念;(3) 城市土地管理的机构;(4) 城市土地市场的概念和组成;(5) 城市土地使用权有偿出让的含义;(6) 城市土地使用权转让的含义。

2. 领会:(1) 城市土地管理的内容;(2) 城市土地使用权有偿出让的方式;(3) 城市土地使用权转让的方式、条件和原则。

3. 简单应用:(1) 城市土地的特性;(2) 城市土地管理的任务和必要性;(3) 完善城市土地市场的必要性和关键。

4. 综合应用:城市土地有偿使用的必要性、目标、原则和实现形式。

四、本章重点

城市公共财政的含义和职能;城市公共收入和公共支出的含义、原则;城市政府采购的含义、原则和方式;城市市场监督管理的任务、意义、目的和内容;城市市场监督管理的指导思想和原则;城市土地的概念、类型和特性;城市土地管理的概念、任务、必要性;城市土地管理的机构和内容;城市土地有偿使用的必要性、目标、原则和实现形式。

第九章　城市社会治理

一、学习目的与要求

1. 掌握城市社会治理的内涵和特征,熟悉城市社会治理的要素,理解城市社会治理的基本原则,认识完善城市社会治理体系的目标和总体要求,熟悉完善城市社会治理体系要防控化解的矛盾风险,掌握完善城市社会治理体系的基本方式,理解中央、市域、基层在完善城市社会治理体系中的作用,了解完善城市社会治理体系的体制保障。

2. 掌握城市人口及其治理的概念,了解我国城市人口的发展趋势,熟悉我国城市人口治理的机构及其职责,了解有关人口的基本概念,认识我国人口发展变化的新形势,熟悉我国城市人口治理的战略目标,掌握城市人口治理的内容,理解实施“三孩”生育政策及配套支持措施的意义、指导思想、主要目标和主要内容,理解实施积极应对人口老龄化国家战略的意义、指导思想和工作原则,熟悉实施积极应对人口老龄化国家战略的工作任务。

3. 掌握城市公共安全的概念和意义，了解公共安全与国家安全、社会安全的关系，认识城市公共安全治理与城市应急管理、城市危机管理的关系，熟悉城市公共安全治理的概念和特征、主体和客体，掌握城市公共安全治理的原则和机制，理解推进城市公共安全体系和能力现代化的意义、总体要求、目标和重点任务。

4. 熟悉城市社会保障的含义、作用和基本原则，掌握城市社会保障管理机构及其职责，了解城市社会保障体系的构成，熟悉我国城市社会保险的概念、特征和内容，认识我国城市社会保障体系存在的问题，理解推进城市社会保障治理体系和治理能力现代化的路径和措施。

5. 掌握城市社区的概念、构成要素和基本特征，了解城市社区的类型，熟悉城市社区治理的内涵、性质、本质属性和基本特征，理解城市社区治理的意义、指导思想和基本原则，认识城市社区治理现代化的含义、要求和路径，掌握智慧社区的概念和我国智慧社区建设的指导思想、基本原则、目标、重点任务和保障措施。

二、课程内容

（一）城市社会治理概述

1. 城市社会治理的内涵和要素

2. 城市社会治理的基本原则

3. 城市社会治理体系的完善

（二）城市人口治理

1. 城市人口治理的概念和战略目标

2. 城市人口治理的内容

3. 城市人口治理的重点任务

（三）城市公共安全治理

1. 城市公共安全治理的概念和特征

2. 城市公共安全治理的原则和机制

3. 城市公共安全体系和能力现代化

（四）城市社会保障及其治理

1. 城市社会保障的含义和管理机构

2. 城市社会保障体系的构成

3. 城市社会保障治理体系和治理能力现代化

（五）城市社区治理

1. 城市社区治理的内涵和基本特征

2. 城市社区治理的意义和基本原则

3. 城市社区治理的现代化

4. 智慧社区建设

三、考核知识点及考核要求

（一）城市社会治理概述

1. 识记：（1）城市社会治理的内涵；（2）城市社会治理的特征；（3）城市社会治理的要素。

2. 领会：（1）完善城市社会治理体系的目标和总体要求；（2）完善城市社会治理体系的体制保障。

3. 简单应用：（1）完善城市社会治理体系要防控化解的矛盾风险；（2）中央、市域、基层在完善城市社会治理体系中的作用。

4. 综合应用：（1）城市社会治理的基本原则；（2）完善城市社会治理体系的基本方式。

（二）城市人口治理

1. 识记：（1）城市人口及其治理的概念；（2）总和生育率；（3）抚养比；（4）我国城市人口治理的机构；（5）城市人口治理的内容。

2. 领会：（1）我国城市人口的发展趋势；（2）我国城市人口治理机构的职责。

3. 简单应用：（1）我国人口发展变化的新形势；（2）我国城市人口治理的战略目标。

4. 综合应用：（1）实施“三孩”生育政策及配套支持措施的意义、指导思想、主要目标和主要内容；（2）实施积极应对人口老龄化国家战略的意义、指导思想、工作原则和工作任务。

（三）城市公共安全治理

1. 识记：（1）城市公共安全的概念；（2）城市公共安全治理的概念。

2. 领会：（1）公共安全与国家安全、社会安全的关系；（2）城市公共安全治理与城市应急管理、城市危机管理的关系。

3. 简单应用：（1）城市公共安全的意义；（2）城市公共安全治理的特征。

4. 综合应用：（1）城市公共安全治理的主体和客体；（2）城市公共安全治理的原则和机制；（3）城市公共安全体系和能力现代化的意义、总体要求、目标和重点任务。

（四）城市社会保障及其治理

1. 识记：（1）城市社会保障的含义；（2）城市社会保障管理的机构；（3）我国城市社会保险的概念、特征和内容。

2. 领会：（1）城市社会保障管理机构的职责；（2）城市社会保障体系的构成。

3. 简单应用：（1）城市社会保障的作用和原则；（2）我国城市社会保障体系存在的问题。

4. 综合应用：推进城市社会保障治理体系和治理能力现代化的路径和措施。

（五）城市社区治理

1. 识记：（1）城市社区的概念和构成要素；（2）城市社区治理的内涵；（3）智慧社区的概念。

2. 领会：（1）城市社区的类型；（2）城市社区治理的指导思想；（3）我国智慧社区建设的指导思想和目标。

3. 简单应用：（1）城市社区的基本特征；（2）城市社区治理的性质、本质属性和基本特征；（3）城市社区治理的意义；（4）我国智慧社区建设的基本原则。

4. 综合应用：（1）城市社区治理的基本原则；（2）城市社区治理现代化的含义、要求和路径；（3）我国智慧社区建设的重点任务和保障措施。

四、本章重点

城市社会治理的特征、要素和基本原则；我国城市人口治理的战略目标和内容；实施"三孩"生育政策及配套支持措施；实施积极应对人口老龄化国家战略；城市公共安全治理的概念和特征、主体和客体、原则和机制；城市社会保险的概念、特征和内容；城市社区治理的基本特征、意义、基本原则和现代化；我国智慧社区建设。

第十章　城市生态环境治理

一、学习目的与要求

1. 掌握生态系统的概念和组成要素，了解生态系统的类型，理解生态平衡的含义，掌握城市生态系统的含义、组成要素和结构，熟悉城市生态系统的特点和功能，认识影响城市生态系统平衡的因素，掌握城市生态环境标准的概念，了解制定生态环境标准的主体和原则，熟悉生态环境标准的分类和作用。

2. 理解城市生态环境污染的含义和类型，认识我国城市生态环境存在的问题，理解城市生态环境污染的危害性及主要原因，认识我国城市生态环境治理的指导思想，熟悉城市生态环境治理的总体要求和原则，理解健全现代城市生态环境治理体系的必要性，熟悉我国城市生态环境管理的机构，了解我国城市生态环境管理机构的职责，理解优化和强化城市生态环境管理机构的管理必须解决的问题，了解我国城市生态环境治理的基本制度。

3. 掌握生态城市的含义和特点，了解生态城市建设的基本条件和指标，理解生态城市建设的内容、基本原则和措施。

二、课程内容

（一）城市生态系统

1. 城市生态系统的含义和组成要素

2. 城市生态系统的特点和功能

3. 城市生态环境标准

（二）城市生态环境问题及治理

1. 城市生态环境问题及其原因

2. 城市生态环境治理的指导思想和原则

3. 健全现代城市生态环境治理体系

（三）建设生态城市

1. 生态城市的含义和基本特点

2. 生态城市建设的基本条件和衡量指标
3. 生态城市建设的内容和措施

三、考核知识点及考核要求

（一）城市生态系统

1. 识记：（1）生态系统的概念和组成要素；（2）城市生态系统的含义；（3）城市生态系统的组成要素；（4）城市生态环境标准的概念。

2. 领会：（1）生态系统的类型；（2）生态平衡的含义；（3）城市生态系统的结构；（4）制定生态环境标准的主体和原则；（5）城市生态环境标准的分类和作用。

3. 简单应用：影响城市生态系统平衡的因素。

4. 综合应用：城市生态系统的特点和功能。

（二）城市生态环境问题及治理

1. 识记：（1）城市生态环境污染的含义和类型；（2）我国城市生态环境管理的机构；（3）我国城市生态环境治理的基本制度。

2. 领会：（1）我国城市生态环境治理的指导思想；（2）我国城市生态环境管理机构的职责。

3. 简单应用：（1）健全现代城市生态环境治理体系的必要性；（2）优化和强化城市生态环境管理机构的管理必须解决的问题。

4. 综合应用：（1）我国城市生态环境存在的问题、危害性及主要原因；（2）我国城市生态环境治理的总体要求和原则。

（三）建设生态城市

1. 识记：生态城市的含义和特点。

2. 领会：我国生态城市建设的基本条件和指标。

3. 综合应用：生态城市建设的内容、基本原则和措施。

四、本章重点

城市生态系统的含义、组成要素、特点和功能；我国城市生态环境存在的问题、危害性及原因；我国城市生态环境治理的总体要求和原则；健全现代城市生态环境治理体系；生态城市的含义、基本特点以及生态城市建设的内容、基本原则和措施。

Ⅳ　关于大纲的说明与考核实施要求

一、课程自学考试大纲的目的及作用

课程自学考试大纲是根据专业考试计划的要求，结合自学考试的特点制定的，目的是对个人自学、社会助学和课程考试命题进行指导和约定。

课程自学考试大纲明确了课程自学的内容和深度、广度，规定了课程自学考试的范围和标准，是编写自学考试教材的依据，也是进行自学考试命题的依据。

二、课程自学考试大纲与教材的关系

课程自学考试大纲是进行学习和考核的依据，教材是学习掌握课程知识的基本内容与范围，教材的内容是大纲所规定的课程知识点和内容的扩展与发挥。课程内容在教材中可以体现一定的深度或难度，但在大纲中对考核的要求一定要适当。

三、关于自学考试教材

《市政学》，全国高等教育自学考试指导委员会组编，孙亚忠、葛笑如主编，中国人民大学出版社，2023 年版。

四、关于自学要求

学习目的与要求指明了课程的基本内容以及对基本内容应掌握的程度。

属于自学要求中的知识点构成了课程内容的主体部分。因此，自学要求中的内容是自学考试考核的主要内容。自学要求中对内容掌握程度的要求，是依据专业考试计划和专业培养目标确定的。因此，自学考试将按自学要求中提出的掌握程度对基本内容进行考核。

学习目的与要求对各部分内容掌握程度的要求，分为了解、认识、理解、掌握、熟悉五个层次。

为了有效地指导个人自学和社会助学，各章明确了自学的重点。

本课程共 6 学分。

五、自学方法指导

1. 本课程涉及面广，内容丰富，对自学考试者来说有一定的难度。自学考试者应认识到本门课程对提高自身素质、实现市政管理科学化现代化的必要性和重要性，充分认识市政学的生动内容与现代城市的密切联系，在不断学习中逐步提高兴趣。同时要准备付出相当的努力，克服学习中遇到的各种困难，系统掌握市政学知识。

2. 一般知识学习与重点内容深入学习相结合。自学考试者应在全面阅读教材的基础上，掌握市政学的一般理论和知识，识记应当掌握的基本概念、名词、知识和观点，并深入理解其内涵。自学考试者在阅读课本时，可以适当做些读书笔记，在课本上适当做些标记，标出关键词和主要内容。在全面系统学习市政学基本知识的基础上，有目的地深入学习重点内容，以掌握重点、突破难点。切忌在没有全面系统地学习教材的情况下孤立地去抓重点，甚至猜题、押题。

3. 为了更好地理解市政学的基本概念和原理，自学考试者应注意如何从基本事实和典型现象形成概念和规律，重视知识形成的方法、背景和思路，注意总结所学知识的来龙去脉，在理解上下功夫，在理解的基础上进行记忆，切勿死记硬背。

4. 理论联系实际。本课程阐述的内容来源于市政管理实践，与我国的市政管理工作密切相关。自学考试者在学习中应十分重视理论联系实际，把学习市政学理论与分析我国市政管理工作的实际联系起来，需注意我国现行市政管理中存在的问题以及市政体制、市政管理的发展趋势，以更深刻地领会教材内容，提高自己分析和解决实际问题的能力。

5. 制订好自学计划，愉快学习。建议自学考试者制订周密详尽的计划，每天安排好适量的自学任务，定时定量自学，有意识地督促自己在所安排的时间范围内完成自学任务，这样每天都会感到很充实。

六、应考指导

1. 养成良好的生活习惯。首先要坚持运动，强身健心。健康的身心是做好任何一件事的前提和基础，每天适量的运动能使人保持积极乐观的心态。如果在考试期间因生病而影响发挥，将会得不偿失。其次，规律饮食。要保持良好的饮食习惯和膳食结构，不可偏食挑食，不可暴饮暴食，也不可饥肠辘辘。再次，保证充足的睡眠，不要熬夜，以保持良好的精神状态。

2. 放松心情，沉着应考。首先，在考前复习阶段，自学考试者往往会产生信心不足、焦躁不安等不良的心理状况，为此，自学考试者可以用听音乐、唱歌、看电影、看小说等娱乐形式，缓解自己的心理焦虑，放松心情。其次，提前到考场，熟悉考场环境。自学考试者最好提前半小时到考场，一方面可以熟悉考场周围的环境；另一方面可以再回顾一下所学知识点，做到胸有成竹，增强自己的信心。再次，自我激励，做深呼吸。考前自我激励和做深呼吸是减轻心理压力行之有效的方法，告诉自己，这和平时在家做练习题一样，以前可以做好，现在也一定可以。最后，沉着应考。不慌不忙，保持一种平和的心态，尽自己所能，在考试中发挥自己的最佳水平。当然，积极准备是能够沉着应考的前提条件，只有在考前做了充分准备，才能做到胸有成竹、处变不惊。

3. 合理安排时间，保持卷面整洁。合理安排答题时间，千万不能在某一道题上耗费过多时间，遇到不会做的题目不要心慌，认真看题，读懂题目要考查的知识点，实在做不出来，就做下一题。卷面整洁非常重要，特别是对非选择题的回答，字迹要工整、清楚；字距适当，行距不宜过密。注意答题位置，不要随意更改答题位置。

4. 采用正确的答题方法和技巧。正确的答题技巧能事半功倍。其中，做选择题有以下两种基本方法：一是直接从记忆库中提取要选择的内容；二是将错误的选项排除，余下的便是正确选项。对于非选择题，答案的组织首先要条目清晰、重点突出、主次鲜明；其次要分条、分点回答问题；再次，每一道非选择题都有相应的得分点，要踩准这些得分点，每个得分点中都有决定得分的关键词，答题时必须突出这些关键词；最后，简答题只要答到要点就行，不要展开论述。对论述题、案例分析题或材料分析题，既要答到要点，又要展开论述，但要把最重要的得分点写在前面，然后再展开论述。

七、对社会助学的建议

1. 社会助学的目的是帮助考生系统地学习本门课程，达到课程大纲规定的各项要求。社会助学者要熟知考试大纲对本课程总的要求和各章的知识点，准确理解各知识点要求达到的认知层次和考核要求，并在辅导过程中切实有效地帮助考生掌握这些要求，引导他们防止自学中的各种偏向，切忌随意增删内容和提高或降低要求。

2. 引导考生着重理解和掌握市政学的基本概念及应用，培养和提高考生认识、分析和解决实际问题的能力，从总体上提高考生的思维能力和综合素质。社会助学者不应把考生引向猜题、押题，不应仅仅把通过考试作为辅导的唯一目的。

3. 社会助学可依据本大纲和教材，安排 72 个学时（按一学期 18 周、每周 4 学时计算）进行辅导。

八、关于考试命题的规定

1. 考试采用闭卷笔试，考试时间为 150 分钟，用蓝（黑）色圆珠笔或钢笔作答。

2. 本课程命题考试的范围为本大纲各章所列考核知识点规定的内容。命题要注意试题的覆盖面，并适当突出重点章节的内容，加大重点内容的覆盖密度。

3. 合理安排反映不同能力层次的试题。在一份试卷中对不同能力层次要求的分数比例约为：识记层次占 20%，领会层次占 30%，简单应用层次占 30%，综合应用层次占 20%。

4. 合理安排难度结构，做到难易适中。试题难易度分为容易、较易、较难、难四个等级。每份试卷中四种难易度试题的分数比例一般为：容易的试题占 20%，较易的试题占 30%，较难的试题占 30%，难的试题占 20%。

5. 本课程考试采用的题型主要有：单项选择题、多项选择题、简答题、论述题、案例分析题等。

6. 本课程考试满分为 100 分，达到 60 分者为合格，及格者得 6 学分，获得本课程的单科合格证书。

附录：题型举例

一、单项选择题（在每小题列出的备选项中只有一项是最符合题目要求的，请将其选出）

市政有广义、中义和狭义三种不同的含义，其中最为重要的区别是（　　）。

A. 市政体制　　B. 市政主体范围

C. 市政目标　　D. 市政客体范围

二、多项选择题（在每小题列出的备选项中至少有两项是符合题目要求的，请将其选出。错选、多选或少选均无分）

下列支出属于公共转移性支出的是（　　）。

A. 社会救济支出　　B. 政府采购商品的支出

C. 社会保险支出　　D. 政府采购劳务的支出

E. 工资福利支出

三、简答题

简述中国市政体制的基本特征。

四、论述题

试述我国城市公共安全体系和能力的现代化。

五、案例分析题

深圳原来只是广东省宝安县的一个边陲小镇，城区面积3万平方千米，人口才几万人，经济基础非常薄弱，工商企业很少，几乎没有像样的工业，街道简陋、狭窄，基础设施落后。可是自从被确定为中国的经济特区后，深圳从落后的边陲小镇发展成为一座现代化国际化大都市，创造了世界发展史上的奇迹。截至2021年年末，深圳常住人口为1 768.16万人；2021年深圳的经济总量突破3万亿元人民币，居亚洲城市第四位；规模以上工业总产值连续3年居全国城市首位，出口规模连续29年居内地城市首位。

问题：试用城市体系的相关原理分析深圳发展奇迹的原因。

大纲后记

《市政学自学考试大纲》是根据《高等教育自学考试专业基本规范（2021年）》的要求，由全国高等教育自学考试指导委员会公共管理类专业委员会组织制定的。

全国考委公共管理类专业委员会对本大纲组织审稿，根据审稿会意见由编者做了修改，最后由公共管理类专业委员会定稿。

本大纲由南京大学孙亚忠教授、南京农业大学葛笑如教授负责编写。参加审稿并提出修改意见的是南京大学孔繁斌教授、南京师范大学许开轶教授、南京理工大学范炜烽教授。

对参与本大纲编写和审稿的各位专家表示感谢。

全国高等教育自学考试指导委员会

公共管理类专业委员会

2023年5月

全国高等教育自学考试指定教材

市政学

全国高等教育自学考试指导委员会　组编

编者的话

改革开放以来，伴随着经济的迅猛发展，我国城镇化速度大大加快，城镇人口数量迅速增长，已经进入了名副其实的“城市时代”。“城市时代”的到来，要求培养和造就一大批现代市政管理人才，提升市民素养，加快推动城市治理体系和治理能力的现代化。本教材的编写就是顺应这一需求，为参加高等教育自学考试的考生提供力所能及的帮助。为适应我国高等教育自学考试教育发展的新形势，培养应用型人才，满足广大考生学习的需要，在全国高等教育自学考试指导委员会的指导下，编写了这本教材。本教材具有以下特点：

第一，政治性。教材以习近平新时代中国特色社会主义思想为指导，把习近平总书记关于城市工作的重要论述，以及党的二十大精神贯穿于教材各章节之中；把党和国家对市政组织、市政体制、市政职能、城镇化、城市规划、城市建设、城市治理等方面制定的一系列法律法规和战略、方针、政策、措施等，有机融入教材的方方面面。

第二，新颖性。教材在注重体系完整性和内容成熟性的同时，力求在市政学理论和实践方面体现中国共产党理论创新的最新成果，反映市政学理论研究的最前沿成果、市政管理和市政改革的最新发展动向与趋势，如智慧城市、数字化市政职能体系建设、新型城市基础设施、应对人口负增长下“少子老龄化”、智慧社区建设等。

第三，基础性。在内容安排上，教材针对考生的实际情况，紧密结合市政组织及其市政职能，注重市政学基本理论和基本概念的阐述，注重市政管理内容、原则、方法、程序、措施等方面的介绍，突出对考生掌握市政管理基本知识和实际工作能力的培养。

第四，实用性。教材统筹考虑方便考生自学和利于课程考试命题的需要，力求做到重点突出，观点明确，条理清晰，简明扼要，通俗易懂，行文统一。

2010 年版教材出版以来，市政学理论和实践发生了翻天覆地的变化，特别是市政管理实践日新月异，所以新版教材从结构到内容做了全面系统的改造更新和调整优化。

本教材各章的编写分工为：孙亚忠编写第一、二、五、六、八、十章，葛笑如编写第三、四、七、九章。本教材由孙亚忠教授负责拟订大纲并修改定稿。

本教材在编写过程中，参考、借鉴和吸收了许多专家学者的相关研究成果，在此致以诚挚的感谢。本教材在策划、编写和出版过程中，得到了全国高等教育自学考试指导委员会公共管理类专业委员会的悉心指导和大力帮助，在此表示崇高的敬意和衷心的感谢。

由于时间紧和水平有限，教材中难免有不妥之处，欢迎学界同人、广大读者和考生批评指正，在此一并致谢。

编者

2023 年 5 月

第一章　绪　论

新时代我国新型城镇化的快速发展，迫切要求实现市政管理的科学化现代化。而市政管理的科学化现代化，有赖于相关学科理论的指导。作为政治学、行政学、城市学重要分支学科的市政学，其所研究的市政现象以及所要揭示的市政规律，对推动我国城镇化高质量发展、加快转变城镇发展方式具有重要的意义。

第一节　市政的含义和特征

一、市政的含义

市政是市政主体作用于市政客体的过程，这个过程涉及谁来管理、管理什么、怎样管理三个基本问题，具体涉及市政主体、市政客体、市政目标、市政体制等。市政主体，是谁来管理城市公共事务的问题；市政客体或市政对象，是市政主体管什么、管哪些事务的问题；市政目标、市政体制涉及市政主体怎样作用于市政客体的问题。对市政主体和市政客体范围的不同理解，特别是对市政主体范围的不同理解，出现了不同含义的市政。

第一，广义的市政。

广义的市政认为，市政主体包括城市全部政治力量和政治组织，既包括城市国家权力政治系统，也包括城市非国家权力政治系统。我国的城市国家权力政治系统具体包括城市国家机关和各政党组织。其中城市国家机关包括市人民代表大会及其常务委员会、市人民政府、市监察委员会、市人民法院和市人民检察院。在当代中国，作为执政党的中国共产党的市委及其组织体系，是城市国家机关的领导者；作为参政党的各民主党派及其组织体系，通过市人民政治协商会议这种组织形式，履行政治协商、民主监督、参政议政的职能。我国的城市非国家权力政治系统具体包括市民、市各人民团体和各类社会组织，它们都直接或间接地参与市政管理。

此外，广义的市政认为，与市民的物质生活和精神生活相关的各项公共事业和公共事务都是市政对象，市政客体既包括城市各种公共事业的规划、建设和管理，还包括城市各类公共事务的管理。

因此，广义的市政，是指城市全部政治系统为了实现城市社会经济的发展，用各种手段对城市各项公共事业和各类公共事务进行的管理活动。

第二，中义的市政。

中义的市政认为，市政主体是城市的国家机关，具体包括城市的国家权力机关、行政机关、监察机关和司法机关，在我国就是市人民代表大会及其常务委员会、市人民政府、市监察委员会、市人民法院和市人民检察院。因此，中义的市政，是指城市的国家机关对城市各类公共事务进行的管理活动。

第三，狭义的市政。

狭义的市政认为，市政主体是城市的国家行政机关。在我国，城市的国家行政机关包括市人民政府和市辖区人民政府、市人民政府和区人民政府的各职能部门、不设区的市和区人民政府的派出机构；市政客体主要是城市各级国家行政机关所承担的各项职能。因此，狭义的市政，是指城市的国家行政机关对城市各类公共事务进行的管理活动。

根据我国的实际情况，市政是指城市行使公共权力的主体，为了实现一定的目标，用各种手段对城市各项公共事业和各类公共事务进行的管理活动。显然，这属于广义的市政，其内涵具体包含以下几方面：

第一，市政主体是城市行使公共权力的主体。我国城市行使公共权力的主体非常广泛，其具体构成及相互关系有以下特点：首先，坚持、加强和完善中国共产党的领导，在中国共产党的领导下，实行多党合作和政治协商制度，是我国政治制度的特点和优势。当代中国的市政，必须重视中国共产党市委这个处于领导地位的市政主体，要研究如何发挥、怎样加强和改进中国共产党的领导核心作用，要研究如何完善中国共产党领导的多党合作和政治协商制度。其次，我国市政体制按照民主集中制原则构建，实行国家权力的统一行使。即由市人民代表大会统一行使国家权力，市的国家行政机关、监察机关、司法机关都由市人民代表大会产生，对它负责，受它监督。市人民政府是市人民代表大会的执行机关，又是国务院统一领导下的国家行政机关，它对城市公共事务进行具体的管理。再次，随着社会主义市场经济体制的完善和社会主义民主政治的发展，人民团体、社会组织和市民在城市众多公共事务的管理中，将发挥越来越大的作用。最后，我国城市有直辖市、副省级市、地级市、县级市不同的行政层次。不同行政层次城市的市政主体在国家管理中的地位是不同的，其管理城市公共事务的权限、职责也有较大差异。

第二，市政目标是实现城市公共利益的最大化。市政是城市政府对城市居民公共需要的反应，目的是通过提高资源配置效率增进社会福利，实现城市公共利益的最大化，以符合政治文明和社会发展的要求。这里关键是必须正确界定城市公共利益，明确城市公共利益的内涵和特征。城市政府在界定城市公共利益时，要充分体现城市公共利益的公共性、合理性、正当性和公平性。首先，较私人利益而言，城市公共利益首先是一种公众利益，受益主体具有普遍性或不特定性；同时这种利益的实现主要依赖以城市政府为代表的公共选择机制。其次，要对局部公共利益与整体公共利益、短期公共利益与长期公共利益加以权衡；对可能减损的私人利益与可能增长的公共利益加以权衡；对实现城市公共利益的不同方式加以权衡。通过这些权衡，最大限度地避免因小失大。再次，城市公共利益事关广泛的公众利益，城市政府应当广泛听取、充分尊重公众意见，保证城市公共利益界定基于广泛的民意之上。最后，如果城市公共利益的实现要减损少数人的私人利益，城市政府必须给予必要的公平补偿和合理补偿。

第三，要运用各种市政管理手段来实现市政目标。市政目标的实现，有赖于各种市政管理手段的综合运用。市政管理手段按其内容和作用方式的不同，主要有经济手段、法律手段、行政手段、道德手段等。其中，经济手段是市政管理最为重要的手段，它是指城市政府运用经济杠杆，调整不同经济主体之间的经济利益关系，进而引导和调节城市运行的各种方法。法律手段是城市政府通过立法和司法来管理城市，具有强制性、规范性、稳定性、普遍的约束力等特点。法律手段实质上是一种超经济的国家强制力，它通过制定各种必须遵守的规则，肯定、支持或否定、纠正某些行为，从而达到市政管理的目的。行政手段是城市政府运用行政权力，按照行政方式管理城市的方法，包括行政命令、行政指导、行政决议、行政制度等。行政手段的实质是以行政权威的强制力来调控城市运行，具有强制性、垂直性、无偿性等特点。此外，在纷繁复杂的城市活动中，客观上存在着一些经济手段、法律手段、行政手段都调节不到的领域，这些领域需要道德的力量来发挥调节作用。

第四，市政客体是城市各类公共事务。在日常生活中，我们常用市政建设这个词，城市政府也设有负责市政公共设施建设的职能部门。这里的市政常被理解为市政工程、城市公用事业等，具体指有关城市道路、桥梁、公共交通、供水、供电、供气、供热、排水、园林绿化、市容卫生等方面建设的事务。这种从城市建设的角度对市政客体的理解，与市政的现代发展不相符，理解显然过于狭窄。实际上，城市本身包含着经济、政治、文化、教育、生态环境、建设、人口、社会保障、公共安全等公共事务，而且，随着城市经济社会的发展，城市的公共事务越来越纷繁复杂。此外，由于国情和体制等因素，我国的市政客体更具有广泛性。我国的市既具有专门市镇型行政建制的性质，又具有一般地域型行政建制的性质，因此，市政客体既包括城市地区的公共事务，还包括农村地区的公共事务。

二、市政的沿革

如果以城市自治政府的出现作为起点来追溯市政的历史沿革，西方市政的历史沿革大体上经历了传统市政、近代市政、现代市政三个发展阶段。

从整个城市发展史来看，在中世纪末叶以前没有产生过单纯的城市政府，城市并没有作为一级地方政府在法律上得到确认，城市的道路、住房、公共安全等公共事务的管理，通常是由中央政府有关部门或者是由统辖城乡的地方政府来进行管理的。随着城市规模的扩大，以及城市在整个国家政治经济生活中作用的加强，面对城市日益繁多复杂的公共事务，城乡共治的模式已经不能适应城市发展的需求，独立的城市政府的产生具备了基本的社会条件。城市自治政府由此出现，它代表着严格意义上的市政的发端。

在罗马时代，城市已经设立了市政官一职，市政官的职位并不一定由贵族担任，而由公民会议选举产生。这一时期，市政官的职责比较简单，主要是负责监督市场和街道饮水工作。11 世纪，一大批新兴的城市如罗马、那不勒斯、热那亚、佛罗伦萨、威尼斯等相继出现。这些城市或为天主教的采邑，或为皇帝、国王及封建领主的采地，它们逐渐被国王赋予相当的自治权，发展成为城市自治政府。这是西欧封建时代自治城市的萌芽，是西欧大陆“城市自治”的原型，是传统市政的发端。

中世纪的英国，较大的城市很少，绝大多数人口散居于乡村地区，主要从事农业生产。当时的英国行政区划为郡—百人邑（区）—教区，只有少量的城市在国王的直接领导下由民间组织管理城市事务，国王发布的特许状是确定城市法律地位和权力大小的依据，郡执行官不能干预市区的事务。此时，英国的市制还未出现，市的法律地位并未得到完全的确认，市的权力仅限于司法和租税事务的范围内。1215 年英国颁布的《大宪章》，规定了城市的地位，承认其拥有自治权。[①] 1688 年英国革命是近代市政发展的开端。18 世纪末至 19 世纪初，英国各城市逐渐设立了各种专务机关和改革委员会。这些机关的成员大都由纳税人推选，负责城市的各项公共事务，并有一定的征税权。随着城市数量的增加、城市规模的扩大和城市经济实力的增强，城市商人利用经济和军事实力要求从国王那里取得特许状，建立自治市。这样，城市不再仅仅是地理上和经济上的实体，而是成为一种地方行政建制，即在地方行政区划中开创了现代市制。为此，1835 年英国议会通过《市团法案》，确立了市作为地方行政区划建制的法律地位，对市组织机构也进行了全面改革。1888 年英国修订《地方政府组织法》，规定一级政区建制包括郡和郡级自治市。1894 年，英国又修订了《地方政府组织法》，规定郡级政区的下级政区建制包括非郡级自治市、市区、乡区（教区）。这样，市的法律地位进一步明确化，近代英国市政也发展到了成型阶段。

1789 年法国大革命爆发后，制宪会议将全国划分为 83 个省，省之下又分为区，区下为道，道下为市，省、区、市均设有直接民选的行政机关和议会，享有极高的地方自治权。法国大革命是法国近代市政发展的开端。1795 年，法国调整了地方行政组织，废除了区制，省设立了 5 人行政委员会，省行政委员会和市行政长官均通过民选产生，但中央有权予以停职或免职。拿破仑执政时期，法国废除了地方自治制度，市成为主要的行政单位，市设市长、副市长及市议会，市议会议员由省长任命，市长和副市长由省长或中央任命，受省长指挥。1848 年法国通过普选产生了市议会。此后，市政府也逐步享有相当的自主权。1882 年，法国扩大了市议会的职权，市长也由市议会选举产生，并规定凡是市议会的议决案，非有法定事由不得撤销。1884 年，法国对市的法律地位做了全面规定，规定市议会为地方自治机关，享有地方自治权，这标志着法国近代市政进入成型阶段。1884 年的法律，在 1957 年改编成市行政法典，1977 年改编成市政法典，除部分条文由以后的法律特别是 1982 年和 1983 年立法修改补充（主要是权力下放）外，它仍然是当今法国市政适用的基本原则。

美国的城市是在移民定居点基础上发展起来的。从殖民地时代到 19 世纪中叶，是美国城市发展的初级阶段，城市在很大程度上受传统农业社会的影响，古希腊的城邦、史前德国流浪部落的直接民主以及盎格鲁-撒克逊的封建制度，皆在市政体系留下痕迹。从 1641 年开始，美国有若干地区得到了英王颁布的城市特许状，实行与当时英国类似的市制。美国独立前夕，20 多个特许成立的市镇政府构成了殖民地时期市政府的主结构。美国独立之后，市政体系逐渐摆脱英国的影响，民主程度有所提高。州议会行使颁布市宪章的权力，市区组织多根据合众国宪法精神，设立市长及两院议会。市长由选举代表会选举，下院由各选区普选产生，上院则由各选区选举一人组成，每年改选一次。1820 年以后，市长改由市民直接选举产生，并废除了选民的财产资格限制。1850—1870 年间，市的职能不断扩大，但州对市的控制有增无减，市议会的地位显著衰落。1870 年以后，市

---

① 戴均良．中国市制．北京：中国地图出版社，2000.

长的权力增强，市议会的权力继续受到削弱，州对市的控制减弱。20 世纪以后，市的法律地位、市政体制都由市宪章规定，具有相当的稳定性。随着城市人口的急剧增加，城市自治运动和市政体制变革逐渐扩展，出现了市委员会制、市经理制、强市长议会制等多种市政体制形式。至此，美国市政发展到了成型时期。

20 世纪 20—30 年代以后，特别是第二次世界大战以后，市政进入了一个新的发展阶段。与传统市政、近代市政相比，现代市政从体制到职能、从内容到手段都发生了巨大的变化，呈现出全新的发展趋势。具体表现在以下几个方面：在市政管理体制上，由过去的单一、封闭走向多样、开放，城市行政机关在市政体制中的地位更加突出；在市政职能上，由过去的传统的、内向的、消极的、简单的市政职能，转变为现代、内向与外向相结合、消极与积极相结合、复杂的市政职能；在市政过程上，由以往的单轨、慢节奏，转变为多轨、快节奏，市政管理实现了法治化、民主化；在市政机构设置上，由以往的少而杂，转变为当今的多而专，市政管理机构复杂多样；在地域范围上，由以往单纯管辖城市市区，发展到管理包括周围广阔的乡村地区，出现了“城乡共治”局面。

中国的市政也经历了长期的演变过程。早在春秋战国时期，中国就出现了“市”，这是一种交易场所即集市、市场，不是一级地方行政建制，不同于现代意义上的城市，它的管理者被称为“市令”“市吏”，后来改称为“市长”，他们承担市场事务的管理职责。早期的“城”也都没有独立的行政管理体系，而是依附于其他的地方行政组织。封建社会时期，市镇作为一种基层的行政建制和基层的行政管理单位，已经在国家的行政管理体系中存在，并采取与乡村不同的管理方式。在隋唐的县组织中，设有市政主管官员——市令，负责掌管交通，治理市事。唐代基层行政组织中，乡被称为“里”，城区则被称为“坊”。宋代也有以“城”“镇”命名的县级行政单位，这说明在封建社会时期中国在城与乡的管理体制上有一定的差异。

1909 年 1 月，清政府制定了《城镇乡地方自治章程》，第一次创立了城镇的规范，划城镇建制独立于乡村而实行城乡分治，拉开了近代城市建制的序幕：第一次规定了城镇自治之组织，标志着中国近代城市管理组织的诞生。《城镇乡地方自治章程》描绘了近代中国市制的基本框架，对中国近代市制的建立产生了重大影响。①

1911 年 11 月，江苏省临时省议会制定了《江苏暂行市乡制》，这一法令基本沿袭了清末的旧制，但是将清旧制中的城、镇统称为市，可以称作中国市制的开端。1921 年 2 月，广州政府颁布了《广州市暂行条例》，广州市成为中国近代行政区域建制意义上的第一个市。1921 年 7 月，北洋政府颁布了《市自治制》，创立了全国性的城市行政区划制度。这一时期是中国市政的初创阶段。

1928—1947 年，是中国市政形成的重要阶段。1928 年国民党政府公布了《特别市组织法》和《市组织法》，将市分为特别市和普通市，从法律上初步确认了中国现代城市政权的地位。但是由于这两部法律对设市的标准规定过于严格，因此在 1930 年另行制定《市组织法》，将市分为直接隶属行政院的市和直接隶属省政府的市，市以下划分为区、坊、闾、邻四级。1943 年和 1947 年，南京国民政府又两度对此修正，将设市的标准进一

① 戴均良．中国市制．北京：中国地图出版社，2000.

步简化，市的行政层次改为“市以下为区，区之内编为保甲”；对市政府的职权进行了重新界定，确定市政府主要是执行上级政府未办事项和办理本市自治事项，在不抵触中央及上级政府法令范围内发布行政命令。至此，中国各级城市都设置了一级地方政权，并在法律上具有地方自治的性质，这标志着中国市政的成型。

总的来说，中华人民共和国成立前28年是中国市政的创立和完善阶段，基本形成了比较完整的现代城市行政区划制度，在中国行政区划体系中增加了一种新的建制，主要体现在制定和颁布了比较完善的市制法律法规，设置了一定数量的建制城市，划分了市的不同行政区划建制，确立了城市内部的行政建制设置和管理组织体系。这些构成了中国现代市政的基本框架。

中华人民共和国成立后，形成了包括直辖市和省辖市（包括地级市和县级市）在内的新的市政管理组织体系。1949年12月颁布的《市各界人民代表会议组织通则》和1950年1月颁布的《市人民政府组织通则》规定，城市行使权力的机关是人民代表会议或市各界人民代表会议和市人民政府；市人民代表会议闭会期间，市人民政府即为行使政权的机关。1952年，政务院发布了《关于处理行政区划变更事项的规定》。1954年《中华人民共和国宪法》和《中华人民共和国地方各级人民代表大会和地方各级人民委员会组织法》以及人民法院组织法和人民检察院组织法等，对各级地方政权机构的建设做了法律规定。1955年6月，国务院颁布了《国务院关于设置市、镇建制的决定》，明确了设立的标准，首次对市辖区的设置做出了原则规定。1955年11月，国务院颁布了《国务院关于城乡划分标准的规定》，明确了城乡的划分标准，改变了仅仅以人口和政治为标准设立市的观念，突出强调了设市的经济条件，明确了城镇与乡村不同的社会经济基础，突出了城市在政治、经济方面的中心作用。

1985年，国务院发布了《关于行政区划管理的规定》。1986年4月，国务院批转了《民政部关于调整设市标准和市领导县条件报告的通知》，分别就撤镇设市和撤县设市规定了标准，特别是把国民生产总值作为一项重要的经济指标，使得设市的标准更加全面和具有可操作性。同时降低了对非农业人口的数量要求，有利于小城市的发展。1993年3月，国务院批转民政部《关于调整设市标准的报告》，对县级市、地级市设置的标准做了具体的、全面的规定，比较好地体现了分类指导的原则，并首次把城市基础设施建设作为设市的重要条件。

2014年10月29日，《国务院关于调整城市规模划分标准的通知》对原有城市规模划分标准进行了调整，明确了新的城市规模划分标准以城区常住人口为统计口径，将城市划分为五类七档。与原有城市规模划分标准相比，新标准有四个重要调整：一是城市类型由四类变为五类，增设了超大城市。二是将小城市和大城市分别划分为两档。三是人口规模的上下限普遍提高。小城市人口上限由20万人提高到50万人，中等城市的上下限分别由20万人、50万人提高到50万人、100万人，大城市的上下限分别由50万人、100万人提高到100万人、500万人，特大城市下限由100万人提高到500万人。四是将统计口径界定为城区常住人口。城区是指在市辖区和不设区的市，区、市政府驻地的实际建设连接到的居民委员会所辖区域和其他区域。常住人口包括：居住在本乡镇街道，且户口在本乡镇街道或户口待定的人；居住在本乡镇街道，且离开户口登记地所在的乡镇街道半年以上的人；户口在本乡镇街道，且外出不满半年或在境外工作学习的人。

自2019年1月1日起施行的《行政区划管理条例》（以下简称《条例》），优化和调整了行政区划全流程管理工作。首先，《条例》明确了行政区划管理的原则、方针、要求、程序和责任。《条例》强调行政区划管理工作应当加强党的领导和顶层规划，行政区划应当保持总体稳定，必须变更时应当本着有利于社会主义现代化建设、有利于推进国家治理体系和治理能力现代化、有利于行政管理、有利于民族团结、有利于巩固国防五项原则；要坚持与国家发展战略和经济社会发展水平相适应，注重城乡统筹和区域协调，推进城乡发展一体化，促进人与自然和谐发展四项方针。其次，《条例》优化了部分行政区划调整审批权限，适当向地方放权。《条例》从统一事权、便于管理、简政放权的角度出发，将县、不设区的市、市辖区人民政府驻地迁移的审批权授权省级人民政府。同时，为确保国务院授权省级人民政府审批事项规范有序地开展，规定批准变更时，同时报送国务院备案。再次，《条例》明确了城镇行政区设置标准的制定权限。根据新型城镇化建设的要求，并考虑到我国各地在人口规模结构、经济社会发展水平等方面情况的差异，市、市辖区的设立标准由国务院民政部门会同国务院其他有关部门拟订，报国务院批准；镇、街道的设立标准由省、自治区、直辖市人民政府民政部门会同本级人民政府其他有关部门拟订，报省、自治区、直辖市人民政府批准，同时报送国务院备案。自2020年1月1日起施行的《行政区划管理条例实施办法》，从行政区划变更界定、申报、审核、实施、管理5个方面，对行政区划变更做了详细的规定和要求，具有很强的可操作性、规范性。

三、市政的特征

市政的含义和市政的沿革决定了市政具有以下特征：

第一，历史性。从市政的历史沿革可知，市政是一个长期的历史发展过程，是历史性范畴。市政的发展是与一个国家整个社会经济的发展和城市本身的发展密切相关的。从传统市政发展到近代市政，再发展到现代市政，市政主体、市政客体、市政目标和市政手段等发生了巨大和深刻的变化。在一个国家不同的社会历史发展时期，市政的内容不断丰富和发展；在不同的经济体制和政治体制下，市政的范围、方式、手段、运行机制存在着较大的差别；即使是同处于一个社会历史发展时期的不同国家，由于历史传统和政治文化的不同，市政也有一定的差异性。因此，市政是具体的、历史的，绝对同一的市政是不存在的。因此，必须研究市政的历史发展过程，总结市政发展的一般规律和经验，为研究当代市政提供启示和借鉴。

第二，公共性。市政的公共性主要体现在：市政的主体主要是行使公共权力的城市国家政权机关；市政的客体主要是城市各项公共事业和各类公共事务；市政目标是实现城市公共利益。其中，市政实现城市公共利益的程度体现城市政府合法性的程度，因此，市政必须以实现城市公共利益为其根本原则。所谓城市公共利益，从抽象的理论意义上讲，是特定范围内所有社会成员利益的共同部分，也就是说，城市公共利益不是单个社会组织或单个社会成员的某种特定利益，而是全体社会成员的共同利益。在价值构成上，城市公共利益具有多元并列性，包括生存、秩序、安全、效率、效益、正义、公平、民主等基本价值，这些价值是保障社会成员进行正常有序的共同生活所必需的。市政以实现城市公共利益为根本原则，具体体现在市政的公共服务原则上。一切市政活动必须以人民为中心，必须利用人民赋予的权力为人民的根本利益服务。

第三，双重性。市政的双重性首先是指市政的自然属性和社会属性。一方面，市政是适应共同劳动的需要而产生的。为了使各种要素在城市有机结合起来，组织协调人们的活动，客观上要求正确处理人与自然的关系，合理地组织生产力，按照生产力的发展规律来组织和管理城市的社会经济活动。这是市政的自然属性或生产力属性，是市政的一般职能，具有继承性。另一方面，市政总是在一定的生产关系下进行的，它要反映某种生产关系的要求。这是市政的社会属性或生产关系属性。特别是，市政实质上是国家管理活动的重要组成部分，体现着国家的利益和意志。国家管理的性质决定着市政的性质和发展方向。因此，市政已超越单纯的技术性、中介性和方法手段方面的问题而体现着社会集团的目的和利益，市政已被政治所渗透，成为政治的一部分或一个政治过程。其次，市政的双重性是指市政具有承上启下的特征，要正确处理好中央与地方的关系。既要贯彻国家的法律法规，实行国家的有关政策，维护国家政令的统一，顾全国家的整体利益和全局利益，又要从城市的实际出发，制定和实施辖区内的政策措施，谋求和维护城市的合法权益。

第四，系统性。市政是一个由多系统、多要素、多环节组成的有机系统。首先，市政是由市政环境系统、市政组织系统、市政体制系统、市政职能系统等组成的大系统，每个分系统又由许多相互关联的子系统组成；其次，市政系统由制度要素、组织要素、人员要素、财政要素、行为要素等要素组成，每种市政要素内部又包括多种次级要素；再次，市政系统又是由决策、计划、组织、协调、控制等多环节组成的系统过程。市政系统、市政要素、市政过程的各个环节之间，围绕着同一的市政目标，彼此依赖，相互渗透、相互制约、相互维系，形成有机、有序的系统结构，发挥出市政系统的整体功能。

第五，综合性。市政是一种综合性很强的管理活动。城市作为经济、政治、文化中心，具有集中、开放、多元、有机等特点，这就决定了市政具有突出的复杂性和综合性。首先，市政的内容既包括大量的社会公共事务和公共事业的管理，又包括对城市各项经济活动的规划和调控，以及对市民物质生活、精神生活的指导和协调等。其次，从市政所面对的社会阶层及其人员的结构看，有社会各行各业人员。凡一个国家存在的阶级、阶层及其所属人员，在城市中几乎都会存在，形成各种利益群体。市政必须调节和整合城市各社会阶层和各方面人员之间的利益关系。再次，市政管理既要遵循经济规律，又要遵循自然规律、科学技术规律、社会规律等，市政目标要综合反映这些规律的要求。最后，从市政管理绩效看，必须用经济发展水平、市民生活质量、市民教育程度和文化水准、城市生态环境、城市安全和公共秩序等复杂的指标体系，来综合评估市政管理绩效。

第六，动态性。市政不仅仅是一个组织、制度、体制等方面的静态结构，更是一个有序运行的动态过程。由于市政是存在于城市并以城市事务为对象的管理活动，快节奏的城市生活、飞速发展的科学技术、不断攀升的民主要求，使市政要迅速地回应社会，灵敏地调整市政理念、市政职能和市政手段。基于市政的动态性，市政管理必须注重市政过程的研究，用发展的观点来认识和对待市政。既要关注市政静态结构的内外环境变化，适时推进市政组织、体制等方面的改革，又要重视市政过程中各种要素、各个环节的适应性调整，有序推进市政的科学化现代化。

市政的含义　　市政的特征

第二节　市政学的研究对象及与相关学科的关系

一、市政学的研究对象

市政学是研究市政主体对市政客体怎样进行有效管理的科学，涉及谁管、管什么、怎么管等基本问题。市政学的研究对象主要包括以下四个方面：

第一，市政主体。市政主体是体现城市政治关系的组织实体，是进行和参与市政活动的各种组织。在我国，城市的共产党组织和各民主党派组织，作为国家权力机关的市人民代表大会及其常务委员会，作为国家行政机关的市人民政府，作为国家监察机关的市监察委员会，作为国家司法机关的市人民法院和市人民检察院，作为城市中最主要的爱国统一战线组织以及中国共产党领导的多党合作和政治协商重要机构——市人民政治协商会议，都是市政主体。此外，随着我国社会主义市场经济和民主政治的发展，城市各类社会组织不断发展和壮大，市民参政的意识和能力不断增强，它们在市政管理中发挥着愈来愈重要的作用。市政学研究市政主体，必须研究这些市政主体的组织体系、权限职责、权利义务、运行规则与规范、活动方式等，研究这些市政主体之间的相互关系以及它们在市政过程中的地位和作用。为此，市政学必须研究市政组织、市政体制、市政职能等问题。

第二，市政客体。市政学主要研究市政主体对城市公共事务和公共事业的管理。根据中国的国情和市情，市政的内容主要包括城市规划管理、城市基础设施建设与管理、城市公共事业管理、城市经济管理、城市社会治理、城市生态环境治理等。在不同的国家，或在同一个国家社会经济发展的不同阶段，市政客体的具体内容及其相互关系、对各市政客体管理的程度和方式都会发生变化。市政学必须适应市政客体的各种变化，及时调整研究对象。

第三，市政目标、市政方式和市政手段。如果说市政主体和市政客体分别回答谁管、管什么的问题，那么市政目标、市政方式和市政手段回答的是怎么管的问题。其中，市政目标是由经济、政治、文化、社会等多方面的因素决定的，主要是由一国的社会经济制度和执政党的性质、宗旨所决定的。市政目标是市政主体作用于市政客体的出发点和落脚点，具体体现和落实于一系列市政活动之中。市政目标规定着市政的方向、方式和手段，并对整个城市发展起着根本性的导向作用。

第四，市政规律。市政学是一门研究市政及其活动规律的科学。市政学并不是孤立地研究市政主体、市政客体、市政目标、市政方式和市政手段，而是要把这几个方面有机结合在一起，研究市政主体如何按照预定的市政目标，采用科学的方式和手段对市政客体进行有效管理，从而探索市政活动的一般规律。市政学作为一门科学，不能停留在对市政现象的一般描述上，而要探究市政现象内在的本质联系，即客观规律。市政现象的内在本质联系，寓于市政各系统、各要素、各环节以及它们的相互关系之中，因此，市政学要研究市政各系统、各要素和各环节及它们之间的内在联系，揭示市政活动中带有规律性的东西，以指导市政管理实践，提高市政管理水平，实现市政管理的科学化现代化。

二、市政学与相关学科的关系

为了更好地理解市政学的研究对象，有必要了解市政学与相关学科的关系。

第一，市政学与政治学的关系。政治学的研究对象是国家政权，市政学的研究对象是城市国家政权。城市国家政权是整个国家政权的组成部分，两者是局部和整体的关系。因此，政治学和市政学这两门科学在研究范围和研究内容方面，存在着相互交叉、相互补充的密切关系。政治学所研究的有关国家政权与政权机构、国家制度与国家体制、政治过程与公民参与等方面的内容，对市政学所要研究的城市政权与城市政权机构、市政制度与市政体制、市政过程与市民参与等问题，有着直接的指导作用。作为政治学分支学科的市政学，既要以政治学的基本理论为指导，研究城市国家政权与国家的中央政权、地方政权所共有的一般规律，又要研究城市国家政权和城市管理方面的特殊规律，以丰富、拓展和加深政治学相关内容的研究，这是市政学研究对象的重点所在。

第二，市政学与行政学的关系。从学科历史和学科发展来看，市政学与行政学的关系更为密切。最初的市政学是以城市政府及其有关管理活动为主要内容的。至今，仍有不少学者认为，市政学即城市行政学，它是研究城市行政管理及其发展规律的科学。行政学与市政学之间，你中有我、我中有你的现象表现得十分明显。市政学是行政学有关理论在城市管理中的展开和运用，行政学所揭示的科学原理对市政学研究有着重要的指导意义。而市政学所涉及的许多问题，如市政组织、市政体制、市政职能以及一系列专业行政管理，也是行政学的重要研究内容。但这两门学科的区别也是明确的，这种区别主要体现在市政学研究对象的特殊性和综合性上。市政学研究对象的特殊性，是指市政学与国家一般行政管理的区别。国家一般行政管理主要涉及行政管理的基本原理和方法，是宏观层次的概念；而市政学主要涉及与城市管理有关的城市行政问题，是在中观层次上研究国家行政管理，它所涉及的城市规划等内容具有城市的特殊性。如果把国家一般行政管理看作一条“线”，那么市政学是这条“线”上具有一定深度的一个“点”。因此，市政学的研究只能以行政学的基本理论为指导，着重研究城市公共事务管理的特殊问题，不能把市政学变为行政学的城市缩微版。综合性是市政学与各种专业行政管理的联系和区别。城市教科文卫事业管理等专业行政管理，属于微观层次的概念。

第三，市政学与城市科学的关系。城市科学是以城市为研究对象的学科群，包括城市管理学、城市经济学、城市社会学、城市地理学、城市生态学、城市规划学、城市历史学、城市人口学等。这些学科分别把城市的某种现象、某类问题作为自己的研究对象，因城市发展的需要而逐步形成既相互关联又有严格区别的独立的专门学科。市政学也是以城市的某种现象、某类问题为研究对象的，因而也可归类于城市科学。它们在城市科学的统一旗帜下，相互渗透、相互补充、相互合作，为着城市的发展和繁荣这个共同目标发挥着各自的作用。

总而言之，市政学同政治学、行政学、城市科学等学科有着密切的关系，是政治学、行政学和城市科学之间的边缘学科。市政学诞生于政治学和行政学领域，市政学的发展既得益于政治学、行政学基本理论的指导，又借助于城市科学而得到迅速发展，市政管理的科学化离不开城市科学的发展。

第三节　市政学的研究方法和意义

一、市政学的研究方法

对市政问题的研究，必须采用科学、适当的方法。首先，马克思主义的辩证唯物主义和历史唯物主义，是我们研究市政学的根本性的方法论，为我们研究市政学确立了科学的世界观。其次，市政学的研究还要采用以下一些具体的研究方法：

第一，规范研究和实证研究相结合。

规范研究是以一定的价值判断为基础，提出某些行为标准作为分析处理市政问题的指南，作为制定各项市政政策的依据，并研究如何才能符合这些标准，旨在回答“应该怎么样”的问题，力图按照特定的价值取向调整或改变市政现实。这里的价值判断是对市政事物社会价值的判断，即对市政事物是有积极意义还是有消极意义的判断，具有强烈的阶级性和主观性。基于不同理论的规范研究，由于带有不同的价值判断，其结果也不同。市政学的规范研究方法，就是要通过对纷繁复杂的市政现象进行深入的研究，概括出一定的市政原理、市政原则和市政规律，以指导处理和解决市政问题。

实证研究是用市政理论对各种市政活动或现象进行解释、分析、证实或预测，旨在回答“是什么”的问题。实证研究大都是与市政事实相关的分析，强调市政理论要客观描述市政事实。实证研究分析市政事物本身的客观规律和内在逻辑，分析市政各种变量之间的因果关系，既要反映或解释已观察到的市政事实，还要根据规律分析和预测将来会出现的市政现象。实证研究所得出的结论可以通过市政事实进行检验，内容具有客观性、可验性。实证研究有联系实际、针对性强、因事制宜等长处，有利于指导和解决实际的市政问题。

无论是规范研究还是实证研究，都与市政目标问题有关。一般来说，市政目标是分层次的，越是高层次的市政目标或带有决策性的问题，越具有规范性；越是低层次的市政目标或越是具体的问题，越具有实证性。从这个意义上说，实证研究和规范研究并不是绝对互斥的。规范研究要以实证研究为基础，实证研究离不开规范研究的指导，即使是最彻底的实证研究，也不可避免地带有以效率与公平为准绳的价值判断。实证研究和规范研究各自在不同的市政领域内用不同的方法进行研究，其结果是相互补充的。因此，规范研究和实证研究要互为参照、相互渗透，既要防止规范研究走向崇高的虚幻，又要防止实证研究的狭隘肤浅和人文精神的匮乏。

第二，静态研究和动态研究相结合。

静态研究是一种以制度性和体制性要素为分析对象的研究方法，它注重组织结构、法律制度等方面的研究。市政学研究的重要内容之一是市政组织结构、市政制度、市政体制等方面的研究。采用静态研究方法，对于深刻理解和把握各种市政静态要素的结构和功能，促进市政组织、市政制度、市政体制的完善和发展，具有重要的意义。

动态研究着眼于发展过程和组织中人的行为、关系的分析。市政学的研究，同样要立足于人，注重研究市政主体的行为和市民参与活动，注重市政环境因素和市政过程的发展变化，从而促进市政管理的科学化现代化。

第三，系统研究和具体分析相结合。

市政是一个由多系统、多要素、多环节有机组成的复杂的庞大系统，市政学应采用系统研究方法。市政学的系统研究方法，就是运用系统工程的方法和理论来研究市政现象、市政过程，把市政的各个系统、各种构成要素以及各个环节，当作一个相互关联的系统整体进行全面的考察分析，对市政内部与外部的各种关系进行综合研究和分析比较。这种系统的研究方法，注重系统的环境适应性、系统的整体协调以及系统整体功能的优化。所以，系统研究方法有助于发挥市政系统的整体功能和整体效益，实现市政管理的整体目标。但是，对市政的系统研究，不能取代对市政各分系统、各要素、各环节的具体分析，这些具体分析能弥补对市政这个大系统进行整体研究的不足，增强研究的针对性。

第四，纵向比较和横向比较相结合。

不同历史时期的市政发展是不一样的，在同一历史时期不同国家、不同城市之间的市政发展也是有差异的。因此，通过纵向的即历史的比较分析，研究市政的起源和发展，总结不同历史时期市政发展的经验教训，探索市政发展的动因和规律，以指导当代中国市政管理的实践；同时，通过对同一历史时期不同国家、不同城市之间市政发展的横向比较分析，探索市政发展的共性和个性，积极吸取其他国家和其他城市市政管理一切有益的东西，来不断完善和优化中国的市政管理。

二、学习和研究市政学的意义

学习和研究市政学，是我国实现城镇化高质量发展和城市管理科学化之需要，也是培养造就一大批市政管理人才之需要。

第一，学习和研究市政学，是我国实现城镇化高质量发展的迫切要求。

城镇化是一个动态的过程，是人口和非农产业向城市聚集从而使城乡关系发生质变的过程。改革开放以来，伴随着经济的迅猛发展，我国城镇化速度大大加快，城镇人口数量迅速增长，已经进入了名副其实的“城市时代”。“城市时代”的到来，对城市科学的发展提出了更多更高的要求，市政学作为城市科学的分支学科，同样也要承担更繁重的研究任务。我国城镇化进程中所涉及的许多重大城市问题，如大量农业转移人口融入城市社会、城市建设用地的集约高效使用、城镇空间分布和规模结构的优化、城市治理水平的提高和“城市病”的解决、市政体制的改革与完善、市政职能的转变和城市政府形象的塑造、城乡融合发展、生态城市建设、城市公共安全体系的建立与完善等，都是市政学的重要研究课题。市政学必须而且能够为我国城镇化高质量发展做出应有的贡献。

第二，学习和研究市政学，是我国实现城市管理科学化的迫切需要。

伴随着城镇化发展进程，城市特别是大城市作为经济、政治、信息、科技、教育、文化和服务等多功能中心的地位和作用日益充分体现出来。这种作用的有效发挥，是以城市本身的建设和管理为重要条件的。城市管理科学化，是我国城镇化进程中一个突出的重大理论问题和实际问题。城镇化进程的加快发展，使城市管理更趋复杂化。无论是从管理的量上说，还是从管理的质上看，其繁重程度和复杂性都大大增加了。改革开放以来，我国城镇化发展取得了巨大成就，但城镇化的质量有待进一步提升，户籍制度改革及其配套政策尚未全面落实，农业转移人口市民化进程缓慢，城镇基本公共服务尚未覆盖全部常住人口；城市群一体化发展体制机制尚不健全，大中小城市发展协调性不足，超大城市规模扩张过快，中小城市活力不足，部分中小城市及小城镇面临经济和人口规模减小问题；“城市病”问题突出，“千城一面”现象比较严重，城市发展韧性和抗风险能力不强，城市治理能力亟待增强，城乡融合发展任重道远。这些问题同我国市政管理的相对落后有着很大的关系。因此，在我国城镇化进程中，必须大力加强市政管理的学习和研究，以科学地认识现代城市，掌握市政管理规律，用科学的现代市政管理理论指导实践，避免或减少市政管理中的片面性和盲目性，逐步形成一整套行之有效的市政管理模式和机制，完善和优化现代城市的各项功能，用现代市政管理的思想、体制、方法和手段，稳妥而有效地解决城镇化进程中的各种城市病，不断提高城市管理现代化水平。

第三，学习和研究市政学，有助于培养和造就一大批现代市政管理人才。

实现城市管理的科学化现代化，有序推进我国城镇化，最迫切需要的还是人才，包括城市管理和市政管理方面的人才。由于众所周知的原因，我国的城市管理者大多没有系统学习和研究过城市管理、市政管理方面的基本理论和知识，主要凭借热情和经验开展工作，面对匆匆来临的“城市时代”，难以完全适应日益复杂的现代城市管理工作。紧随城镇化步伐，按照城市管理现代化的要求，培养和造就一大批合格的现代城市管理人才，是当前我国城市发展和建设中刻不容缓的重要任务。城市管理、市政管理人才的培养，要依靠各方面的共同努力。市政学及相关学科的发展，不仅能为有效的市政管理提供科学的理论指导，而且能为培养一大批合格的现代市政管理人才提供必要的理论武器和智力支持。完全可以这样说，市政学及相关学科的发展状况，直接关联着市政管理人员的素质，直接影响着市政管理水平。市政学及相关学科欣欣向荣之日，即是大批合格的市政管理人才脱颖而出之时，而这又必将把我国城市现代化推进到一个新的阶段。

案例分析

第二章　城市概述

市政学研究的客体是城市，把握城市形成和发展的一般规律，探讨如何完善城市结构、优化城市功能和城市体系，对实现市政管理的科学化现代化，具有十分重要的意义。

第一节　城市的形成和发展

一、城市的含义

无论是住在城市还是住在农村的人，似乎都知道什么是城市，因为在地域景观上，高耸而密集的建筑、稠密的人口、集中的工商业活动、活跃的政治与文化生活等，这些城市的典型特征是显而易见的。

从城市的起源看，城市是“城”与“市”的统一体，其中“城”是指以一种永久性的高墙围起来、扼守交通要道、具有防卫意义的聚落，简言之，“城”是一种防御性的永久性建筑物。“市”指交换的场所，最早的市的位置在居民点的井旁，故有“市井之地”之称，后来市逐渐被吸引到人口比较集中又是奴隶主、贵族居住的城，并有固定的位置，此时真正意义上的城市方才产生。因此，城市就是“城”与“市”的结合体，是筑有防御设施的交易场所。此外，从城市的起源看，“市”与“镇”原本有严格的区别，原来镇以军事行政职能为主，到了宋代，镇摆脱了军事色彩，以贸易镇市出现于经济领域，成为介于县治与草市之间的一级商业中心，近现代逐渐延伸为一级政区单位和起着联系城乡经济纽带作用的较低级的城镇居民点。正因为“城市”与“城”、“市”具有发生学上的密切联系，到了近现代，城、市都成为乡的反义词而作为城市的简称。加上镇的介入，就出现了城市与城镇混用的局面。但在许多场合，城市与城镇这两个概念是有严格区分的。只有那些经国家批准设有市建制的城镇才能称为城市，达不到设市条件的建制镇称为镇，市和镇的总称才叫城镇或市镇。理解这一点，对把握中国特色的城镇化有重要的意义。

地理学、统计学、城市社会学、城市经济学、城市政治学等，分别从各自学科属性角度对城市下了不同的定义。综合起来看，一般可以把城市定义为：城市是一定地域的政治、经济、文化中心，是一个非农业人口占绝对多数的行政区域。首先，城市是一定地域的政治、经济、文化中心。城市是一定范围内社会经济网络的一个支点，是政治、经济、社会等变化发展的一个支点或发展极。任何一个城市都有向外缘地区扩散或辐射的大致界限，但由于各个城市的性质、规模不同，这个界限也就不同。其次，城市是绝对多数非农业人口的聚集地。城市与乡村的显著不同，表现在各种产业人口的分布比例上。自从农业与手工业、商业分离以后，城市成为非农产业的聚集地和非农人口的聚居地。特别是产业革命以后，随着工业化的发展，农业人口越来越多地转变为非农业人口，于是非农业人口的多少，成为区别城市和乡村的主要标志之一。总体上讲，第二产业和第三产业的就业人口占城市人口的绝大多数，而且第三产业人口所占比重会越来越大。最后，城市是一个行政区域。由于城市范围逐步向郊区扩展，有许多农村已归入城市，有些城市地区正在规划而尚未建设，有些城市内包括森林地域、自然保护地域等，有些地区在城市规划中规定为控制建设地区。所以说今天的城市并不完全指建成区，确切地说是指城市地域或城市化地带，它是国家的行政区域之一，是行使一定行政管理权限的特定地域。

城市的形成过程，是社会要素的聚集过程，是社会活动的分工过程，也是整体效益不断提高的过程。因此，城市与农村相比有以下本质特征：

第一，高度的聚集性。人是社会动物，聚集是人的生物本性和行为方式的重要特征之一。因此，不论城乡哪种聚集形式，都表现为一定的聚集性，但城市区别于乡村的根本点，在于它的高度聚集性。在有限的地域内，城市聚集了大量的人口、活动、设施、财力、物力、智力、信息等，城市成为人流、物流、信息流的高度聚集地，城市的这种特性，也被称为城市的“空间聚集性”。可以说，聚集是城市最本源、最主要的特征，其他各种特征都是由聚集衍生出来的。

第二，社会性。首先，城市中聚集的人不是由血统或宗族关系所组成的，而是构成一定的复杂的社会关系。其次，城市分工和协作的发展导致了城市的社会性。随着机器大生产的出现和商品经济的发展，城市的聚集规模越来越大，城市的社会分工越来越细，这种分工首先表现在生产领域，从每一种产品生产到产品的每一个零部件的生产，甚至产品的每一项工艺过程，都变成了专门的、独立的生产部门，出现了产品专业化、零部件专业化、工艺专业化等。这种分工的第一个表现，就是为物质生产和人民生活提供一般条件的行业和部门，逐步从生产企业中分离出来，成为社会的独立部门。这种分工的第二个表现是家务劳动社会化，人们的衣、食、住、行、娱乐等都在社会上形成了专业部门。分工使劳动者增进了工作技能，节省了时间，提高了效率；协作使各个单个劳动者的劳动紧密连接在一起，从而促进了社会经济各要素的紧密凝聚。城市是先进生产力的空间聚集，而分工和协作是生产力发展的客观要求，城市活动的社会性也是城市的深层特征。

第三，经济性。城市能够产生整体性的高效益。首先，聚集为城市产生整体性的高效益创造了前提条件。因为城市聚集了先进生产力的诸要素：先进的劳动者——产业工人和科技人员；先进的劳动工具——现代大机器工业和信息产业；先进的劳动对象——各种新颖的人工材料，它们在城市中得到了高度的聚集。三者的有机结合使城市产生了聚集效益，并进而产生了“化学反应”，使城市整体的效益得到了极大提高。其次，社会性也是产生整体性的高效益的重要因素，社会经济活动的专业化和广泛的协作，有利于改进技术，提高劳动生产率和工作效率；有利于提高产品和服务的质量，能够做到较少活劳动和物化劳动的投入取得更多的产出。最后，城市是非农产业的聚集地，基本摆脱了对土地的依赖，较少受自然因素的影响，再加上众多的熟练工人、雄厚的资本投入和先进的科学技术，因而较之农村能获得更高的社会经济效益。

第四，系统性。城市是一个密集的空间地域社会经济系统。在城市内部，各城市要素相互制约、相互交织，构成了城市复杂的系统性运动。具体地说，作为一个由相互联系并不断运转的各个局部系统组成的有机整体的城市，其系统性集中表现在：首先，从城市的组合和结构看，城市是一个多维、多变量、多层次、多因素的动态的大系统，其组成既包括自然与人工相结合并以人工为主的复杂系统，又包括以人类社会为主体、以地域空间和各种设施为环境的生态系统。其中，城市作为一个生态大系统，其结构既包括社会结构和人工结构，又包括资源结构、环境结构和外部结构。现代城市只有实现这个大系统内部关系的协调和结构优化，才能实现城市系统整体功能的优化。其次，从物质形态上看，城市是由供排水设施、道路交通设施、能源设施、通信设施、教育文化设施、安全设施等各种功能设施组成的一个复杂的有机体系，它们之间的匹配程度及运行状况，直接决定了整个城市的运行状况。城市社会经济活动的顺利运转，都建立在上述城市系统顺利运行的基础之上。再次，从城市的产业结构看，城市主要是第二产业和第三产业等多种产业构成的综合体，城市各种产业活动聚集在有限的空间地域内，必须相互协调、分工协作才能发挥聚集优势，才能保证城市的顺利发展壮大。最后，从整体上看，城市的所有社会经济活动与为其服务的城市设施之间必须保持均衡。高密集性的社会经济活动必须有与之相对称的城市基础设施和公共服务，才能保证城市功能的正常发挥和整个城市的高效运转。总之，现代城市是由众多子系统组成的大系统，它的和谐运转，关键是各系统间的相互作用和协同配合。

第五，开放性。城市是商品经济发展的产物，是先进生产力的象征，而且现代社会分工越来越严密细致，社会联系日益广泛，城市对外界的依赖越来越强。因此，开放性已成为城市的一个重要特点。现代城市已冲破了古代城市的城堡和围墙，城市的空间向周围农村延伸，城市的功能辐射到了周围城乡乃至全国和世界范围。现代城市已不再是“筑城以卫君，造廓以守民”的封闭系统，已经成为一个巨大的开放系统，需要每时每刻大量地与外界进行能量、物质、信息等方面的交流。城市只有在这种交流中才能吐故纳新、趋利避害。可以说，开放性是城市具有生命力、吸引力的源泉，也是城市富有生机和活力的体现。而且，城市的社会、政治、经济、文化等中心作用的发挥，与周围地区、全国乃至全世界的商品、信息、技术、资本、人口的相互流动以及经济上的分工合作是密切相关的。没有与外部系统的分工协作，孤立的城市系统是难以运转的。唯有开放，城市才能充分发挥其政治、经济、文化中心的作用；而孤立和封闭，只会导致城市的停滞和衰亡。城市的开放性包括辐射出去和吸引进来两方面，城市的中心作用能否充分发挥，主要取决于城市辐射面的大小和吸引力的强弱。

第六，复杂性。城市的复杂性首先源于城市构成上的异质性。城市构成上的异质性又称为城市的多样性，城市是由多种多样的众多个体构成的，这些城市个体与农村相比，其种族或民族构成、生产和生活方式、风俗与心理构成、语言与交往方式的构成，以及宗教信仰、道德观念和政治意识等的构成，都具有很强的异质性。这些具有很强异质性的个体之间的相互作用，导致了城市社会关系和经济活动的多样性，最终导致了城市的复杂性。此外，现代城市是一个多要素、多层次、多功能、多目标的纷繁复杂的大系统，系统构成复杂，各子系统之间和各子系统内部的各种关系纵横交错，盘根错节，极其复杂。

二、城市形成发展的条件

世界上最早的城市约产生于公元前3500年，人类城市的产生经历了一个漫长的过程。人是一种社会动物，聚集性是人类的一种天性，但人类以什么样的形式形成聚落，不是可以自由选择的，而是由人们所生活的那个历史时代的具体条件决定的，归根到底是由当时当地的社会生产力发展水平决定的。为了便于分析城市产生发展的条件，有必要了解聚落的含义。

聚落是指人类各种形式的居住场所，是一个居民点。首先，聚落是一个作为聚居地的物质实体，它占有一定的空间，人们在这个空间中劳作和休息；作为支撑，这个空间必须有各类建筑物、各种活动场所和各类生产用地。这些都是聚落空间的组成要素，这些要素的不同组合，形成了各种聚落景观。其次，聚落是一种社会实体，是一个社区，是人类进行生产、生活及其他社会活动的场所。只有人类出现以后，作为社区核心的具有稳定联系的人群出现以后，其活动的场所——聚落才真正出现。因此，聚落是人类社会独有的，是人类在地表集聚的空间组织形式。再次，随着社会的发展，聚落由低级走向高级，形成不同形式、不同规模、不同功能的居民点，构成聚落体系。聚落体系从低级到高级一般有：小自然村、村庄、镇、城市、大都市、大都市区、城市群、城市带。其中，小自然村和村庄为典型的农村型聚落；城市、大都市、大都市区、城市群和城市带为典型的城市型聚落；镇为农村聚落和城市聚落的交界点，在中国，镇被分为集镇（乡镇、村镇）和建制镇，集镇属农村聚落，建制镇为城市型聚落的最低层次单元。

考古发掘的资料证明，原始人大约从蒙昧时期开始，便产生了定居行为，也陆续组成了一些没有围上木栅用来防御的村落。到了野蛮时期的低中级阶段，人类不仅学会了在村落的周围绕以用作防卫的木栅，而且在村落中出现了堡垒形的共同住宅。村落是人类定居后的第一种聚落形式。城市是由村落发展而来的第二种聚落形式。与村落相比，城市这种聚落形式复杂和高级得多。城市虽然是村落的发展，但不是每个村落都可以发展为城市的，因为城市的产生是需要一定条件的。

首先，农业劳动生产率的提高和社会分工的扩大是城市产生的社会经济基础。

人类社会最初是没有城市的。在原始社会数百万年的漫长岁月里，生产力极端低下，人类使用简陋的生产工具，依靠狩猎、捕鱼、采集野果为生，过着穴居和巢居的生活，居住非常分散，而且很不固定，经常从一个地方迁移到另一个地方，因而没有形成固定的居民点。到了新石器时代中期，原始人经过与自然界的长期斗争，学会了播种和有组织的采集。这样，随着生产工具的发明和逐步改进，以及人类对自然驾驭能力的提高，产生了农业耕作。由此在原始社会后期，逐步形成了人类社会的第一次社会大分工——农业与畜牧业的分离。由于农业耕作的出现，人类摆脱了对劳动对象绝对的依附性，依靠工具和技术生产出能满足需要的农产品，就有可能选择适合耕作的土地并在附近定居下来，从而形成了比较固定的居民点——聚落。这时的聚落虽还不是城市，但为城市的产生奠定了基础。

随着生产力的进一步发展以及农业与畜牧业的分离，人们产生了对农业生产工具和技术的更多更高的需求，从而促进了工具和技术的巨大改进，出现了金属工具对石器的全面替代以及制造技术的不断改善。农民中原来兼作农业工具的手工匠人独立出来，他们的生产活动摆脱了土地的束缚，开始在一些地理位置适中、交通方便、利于加工和交换的地点集中居住，专门从事手工业生产劳动和对外交换。此外，农业劳动生产率的提高，使农民生产的农产品有了剩余，除了满足自身及家庭生活需要外，还有一部分可以用来交换。也就是说，农业劳动生产率的提高，使农业能够满足手工业者和其他非农业人口对农产品的需求。因此，农业劳动生产率的提高，是城市出现的生产力基础。由于手工业与农业的分离，产生了固定的商品生产和交换的居民点，这种手工业者集中居住的地点实际上已成为城市的雏形。人类第一批城市诞生于距今 5 000～6 000 年，这是人类社会继农业革命之后的又一次伟大革命——城市革命，它对人类文明发展的贡献，仅次于文字的发明。显而易见，社会生产力发展而引起的社会分工，是城市产生的根本性原因和决定性因素。

其次，商品生产和商品交换促进了城市的进一步发展。

农业与手工业的分离，使手工业者成为专门的商品生产者，农业生产的剩余产品也成为商品，产生了农产品与手工业品之间、剩余产品之间的交换。最初这种交换是偶然地、分散地、零星地进行的。随着商品量的扩大、交换频率的提高和交易人数的增加，交换渐渐约定固定的时间或集中到比较固定的地点进行，从而形成了集市，即比较固定的交易场所。这种交易场所一般选择在地理位置适中、交通方便、便于居住在周围的居民赶集和交易的地方。集市是城市的原始和低级形态，但它包含了城市最基本的内容和功能。集市虽然可以满足农民和手工业者少量剩余产品交易的需要，但买卖双方在品种、数量和空间上的矛盾依然不能得到比较圆满的解决，需要向更加集中化、经常化和固定化的方向发展。于是，在社会生产力进一步发展、商品生产和商品交换不断扩大的推动下，出现了第三次社会大分工，形成了专门从事商品交换的产业和阶级——商业和商人。

商业和商人的产生基本上完成了城市的产生过程。因为商业的经济活动性质决定了它必须以城市为依托，要以集中的城市作为活动中心和贸易中心。而城市通过商品买卖活动，对周围地区产生了巨大的经济影响，增强了城市的吸引力和辐射力。从中外城市发展的历史来看，城市的产生与商业的发展是紧密联系在一起的。

最后，自然条件和地理位置也是城市产生的重要条件。

世界上绝大多数城市是建立在资源丰富、交通便利的地区。城市是人口聚居的地方，为了维持城市居民的生活，促进城市的发展，城市总是建立在土地肥沃、水资源丰富、交通便利、气候温和的地区。因为土地的肥沃程度关系到动植物生长，土地肥沃，易于耕作，农业劳动生产率较高；雨量不仅关系到农作物的生长，而且直接关系到城市的供水及水资源的丰枯。水是人的基本生存条件，城市人口集中，对水的需求量大，水资源的丰枯与城市的兴衰密切相关。从历史上看，城市最初多建立于沿海及河流的两岸，因为这里有良好的自然条件和交通条件。到了近现代，铁路、公路、航空有了突飞猛进的发展，在交通地理位置好的地区，又迅速发展起一大批城市。

三、城市发展的阶段

城市发展是指城市演变和进化的过程。城市的发展，既有量的扩张，又有质的提升。所谓城市的量的扩张，是指城市数量的增加和城市规模的扩大；城市的质的提升过程，主要是指城市现代化的过程，包括城市生产的现代化、科学技术的现代化、人的现代化以及城市基础设施的现代化、城市管理的现代化等。从历史上看，无论是城市的量的扩张还是城市质的提升，都受社会生产力水平和社会经济发展状况的制约。既然城市的发展是量的扩张和质的提升相统一的过程，那么，城市的发展与任何事物的历史发展一样，会显示出不同的发展阶段性。

根据城市自身在发展过程中构成的形态、功能及在社会经济发展中的作用，城市发展可以划分为以下四个历史时期：

1. 早期城市

早期城市主要是指史前时期到公元 4 世纪前（封建社会初期）的城市。早期城市主要分布在利于农业灌溉和便于向周围征集农产品的地区，这些地区一般是人类文明的发祥地。据考古学家和历史学家考证，世界上最早的城市大约出现于公元前 3500 年。

早期城市有以下一些特点：

第一，城市规模小，城市数量少，城市发展速度极其缓慢，城市在整个社会经济生活中处于从属地位。

第二，城市是一个自给自足的农业聚居区，大部分居民从事农业生产。早期城市处于从分散的游牧生活向定居生活转变的时期，各城市之间还没有形成严格的劳动地域分工。不同的城市，在其各自的自然环境中生产出自己需要的生产资料和生活资料，因而在城郭之内，还有大片耕地、菜园和果园。在早期城市发展阶段，虽然商品生产已具有了一定的规模，但商品交换仍是物物交换的简单交换形式，在整个社会生产中是无足轻重的。除少量生产工具外，大部分商品是满足统治者需要的奢侈品，整个城市呈现出自给自足农业聚居区的特点。这样，早期的城乡关系是城市乡村化。一方面，城市相对于乡村而言，是一个消费点，农业生产则围绕城市形成一个供给区域；另一方面，城市的市政设施还非常落后，生活方式与乡村并无明显的区别，大部分居民仍从事农业生产。因此，在早期城市中，农民构成了城市人口的主体。

第三，城市功能单一，城市的经济功能特别微弱，而政治功能、军事功能以及宗教色彩突出。早期城市通常以一个城市为中心，加上周围的村庄共同组成一个独立的国家或行政组织，它是奴隶主统治的中心和聚敛财富、享乐奢侈的地方。统治者为了确保在城市中享受特权、控制地盘和扩大疆域，实现其政治、军事、宗教等目的，往往以宫室、教堂、宗庙为中心，挖壕筑墙、造城设关，并按等级制度布置居住区和各阶层的活动范围，统治者与劳动者的居住地界限分明、等级森严。

2. 中世纪城市

中世纪城市主要是指处于封建社会时期的城市。在中国是指自战国以来至 20 世纪初长达 2 300 年的封建时期，在西方大致从公元 476 年罗马灭亡到 1640 年英国资产阶级革命开始的 1 000 多年间。

与奴隶社会相比，封建社会的生产技术、交通运输、建筑、商品交换有了很大的提高，从而中世纪城市不论是在城市的外貌、形态、规模、功能，还是在城市扩展的速度、幅度和方式等方面都有了很大提升，具有以下新的特点：

第一，城市的经济功能加强，改变了早期城市单一的政治功能和军事功能的状态。由于城市在获得农副产品的主要途径上，由早期城市的野蛮掠夺和强制征收的方式，转变为贸易方式，城市手工业与农业、畜牧业的交换发展和发达起来，促进了城市手工业的发展，从而使城市不再是单一的政治统治中心，而是在整个社会经济分工中担负着手工业产品生产、商品交换以及为统治者服务的职能，成为各种手工业生产的集中地和农产品的集散地。但是，中世纪城市的发展还主要取决于农业的繁荣，工商业所占的比重不大。

第二，城市形成的途径开始多元化，城市数量增多。早期城市主要是由政治或军事的原因产生的，而在中世纪，商业性农业的发展、手工业的繁荣以及交通的改善，导致了一些新兴城市的兴起，产生了一批专业性城市和工商业城市。

第三，个别城市的规模日趋扩大，但绝大多数城市的规模仍较小。如果说早期城市强烈的政治和军事功能表现了“城”的形象，那么日益兴隆的贸易功能使中世纪城市的“市”的作用明显增强。由于贸易功能使城市能在一个更大的范围内发挥其影响力，对周围的人力、财力、物力产生了强烈的吸引力，以致人口和经济力以前所未有的速度向城市集中，开始出现了一些百万人口以上的城市。

第四，城市发展缓慢，城市未能成为整个社会经济发展的中心。在封建社会生产方式的制约下，土地所有权集中在封建地主手中，广大农民受到地主阶级的残酷剥削和压迫，农业生产发展十分缓慢，这阻碍了城市的进一步发展。

第五，城市的消费性和城乡分离。这个时期社会财富主要由农村创造，虽然城市中有手工业和商业，但其经济收益不足以维持居民和官府的消费，城市消费主要靠农村提供的地租和税赋支撑。虽然城市的物质设施水平不高，与农村的差别不是很大，但统治者把城市置于高墙深壕之内，城市是封闭的，这就导致了城乡分离。

3. 近代城市

近代城市是指18世纪中叶工业革命以后至20世纪初的城市发展。18世纪的工业革命，从根本上动摇了农业社会传统的物质生产结构，使城市发展进入一个新的历史时期，城市发展之快，变化之巨，超过了以往任何时期。

近代城市有以下特点：

第一，大工业城市迅速成长，城市数量猛增，城市规模不断扩张。第一次工业革命使生产摆脱了完全依靠人力、畜力的状态，结束了城市工场手工业的生产形式，代之以机器大工业生产。工业革命也为决定城市的地理位置带来新的要素，一方面，以铁路为代表的新型交通工具和运输方式在新城市的产生过程中发挥了重要作用；另一方面，以重工业为基础的城市，为了节省运输成本，选址于工业生产所需原材料的资源产地。这样，工业革命使一大批工业城市如雨后春笋般成长起来。在工业城市数量增长的同时，城市规模也在不断扩大。

第二，城市的结构和功能发生了根本性变化。工业规模的扩大和在城市的聚集，使城市生产力水平空前提高，城市的性质也发生了变化，由原来以商品流通为主要功能的消费性、宗教性、行政性城市变为生产性、工业性城市，城市单位土地创造的价值大大超过了农村。机器大工业生产方式使城市的物质空间形式发生了巨大变化，工厂成为城市物质空间的组成部分，高层建筑不断增加，城市内部空间出现了显著的功能分区，即城市中出现了大片的商业区、工业区、仓库码头区、居住区等。由于工商业、金融、科技教育等不断集中到城市，城市特别是大城市成为工业中心、商业中心、金融中心、科技教育文化中心、信息中心、政治中心和交通枢纽等，从而彻底改变了以往城市功能单一的状况。

第三，城市集中了巨大的社会物质财富和生产力，真正成为国家或地区的经济中心和发展中心。城市集约化的经济活动和先进的生产手段创造出前所未有的经济效益，工业生产、商业贸易活动创造了绝大部分的社会财富，这样，整个社会的财富不是分散在农村，而是主要集中在城市；工业在整个国民经济中所占比重大，成为国民经济的主体，而城市是工业基地；商品经济占主导地位，而城市是商品经济的联结点和中心。

第四，城市公用设施得到了普遍发展。蒸汽机的应用，出现了机动交通工具以及为它们服务的线路、车站、码头等，城市给排水、供电供热、邮政通信等也有了极大的改观，特别是城市公共交通进入了一个新的发展阶段，逐步形成了城市公共交通体系。城市公用设施的发展和完善，不仅为企业生产和其他经济活动提供了良好的条件，也为人们的生活提供了方便，提高了生活质量。

第五，城乡差距不断扩大。由于城市的迅猛发展，城市文明成为农村人口向往和追求的目标，城市替代农村成为一个国家经济的主体，而农村越来越变成城市粮食、工业原料的单纯供应者，并依附于城市的发展。城市设施不断改善，使农村相形见绌，城乡差距越来越大。

第六，"城市病"的产生和蔓延。"城市病"的产生既与工业生产本身有关，也与工业化所带来的城市规模扩张有关。工业生产在城市的集中，污染了城市环境，破坏了城市生态系统；城市人口的急剧增长，又导致交通拥挤和居住条件恶化。

4. 现代城市

现代城市有两种含义。就城市发展的阶段而言，现代城市是指从 20 世纪初开始，特别是第二次世界大战后世界普遍城市化时期的城市，简言之是进入"城市世纪"的城市。就城市本身的功能、作用、设施、运转等而言，现代城市通常是指 20 世纪 50 年代后后工业社会时期的城市，是具有高经济效率、高管理水平、高质量环境的城市。

现代城市发展有以下特点：

第一，城市发展呈现多样化。城市职能从综合性到专业性，出现了大批科学城、大学城、旅游城等；城市规模从几万人口的小城市到千万人口的超级大城市，城市分布集中化与分散化并存，小城镇得到了广泛的发展；城市类型从单一的城市，发展到城市群、大都市连绵带。超级城市、城市群和大都市连绵带，几乎控制了国家的经济命脉，在一个国家的政治、社会、经济生活中，往往起到十分重大乃至决定性的作用。

第二，城市成为人类的主要聚居区。1950 年，世界上只有 28.4%的人住在城市里。到 1980 年，全球已有 41.3%的人脱离了农村。到了 1990 年，世界上有 50%以上的人生活在城市，发达国家更是有 70%～90%的人口在城市中生活。[①] 这充分表明，城市已成为人类主要的聚居区域。

第三，城市成为第三产业的中心。现代城市的一个重要变化，是从工业生产中心转变为第三产业中心。第三产业的蓬勃发展，已使工业在城市中处于次要地位。

第四，在一些发达国家和地区，出现了城乡一体化的趋势。随着社会生产力的发展和

① 谢文蕙，邓卫．城市经济学．北京：清华大学出版社，1996.

科学技术的进步，现代化的城市从物质和文化上为农村现代化提供了示范。农村的生产条件、技术手段、交通状况、生活服务设施等，都直追城市，城乡差别不断缩小，城乡逐步融合。

第五，现代信息技术促进了智慧城市的发展。物联网、大数据、云计算、人工智能、区块链等现代信息技术的发展，以及知识社会环境下逐步孕育的开放的城市创新生态，极大地推动了智慧城市的发展。智慧城市是信息时代的城市新形态，是信息技术与城市的有机融合，它通过将各种信息技术广泛应用于城市的规划、建设、治理和服务之中，对城市居民生活工作、企业经营发展、政府管理过程中的相关活动，进行智慧化感知、分析与集成，促进城市数字化和信息化发展，为市民提供更美好的生活和工作服务，为企业创造更便利的营商环境，为政府赋能高效、精细、精准的城市运营与治理机制。

第二节　城镇化

一、城镇化的概念和形态

城镇化是工业化的必然产物，是人类社会发展的客观趋势，是国家现代化的重要标志。城镇化是一个动态过程，是非农产业在城镇集聚、农村人口向城镇集中的自然历史过程，是意识、行为方式、生活方式城市化的过程，是城市在社会经济生活中逐渐占据主导地位从而引起城乡关系转型的过程。

首先，城镇化是一个动态过程。城镇化是一个历史范畴，是由社会经济发展的客观规律决定的，人们既不能从根本上阻止它的进程，也不能改变它的进程。此外，同一个国家和地区在不同时期的城镇化会表现出不同的特点，而不同国家和地区由于其所处的社会、经济、文化和地理等条件的不同，在同一时期所表现出来的城镇化是不同的。尽管城镇化是一个动态的过程，但人们在分析研究城镇化某一阶段的具体特征时，还必须借助某些量测城镇化水平的相对稳定的静态指标。

其次，城镇化涉及的领域和包含的内容是多元的，包括有形的城镇化和无形的城镇化。有形的城镇化也可以称为物化的城镇化，具体表现在：人口城镇化，即乡村人口向城镇集中，城镇数量增加，城镇密度加大，城镇规模扩大，从而城镇人口逐步增加，城镇人口占总人口的比重逐步提高；非农产业城镇化，即第二产业、第三产业在空间上向城镇集中从而引起产业结构的优化升级，这是人口城镇化的基础；地域城镇化，即乡村地域转变为城镇地域以及城镇地域内部的级差性转化。无形的城镇化是指生活方式、精神意识上的城镇化，具体表现为农村意识、农村行为方式、农村生活方式转变为城镇意识、城镇行为方式、城镇生活方式；城镇居民逐渐脱离固有的乡土生活态度、乡土生活方式，采取城镇生活态度、城镇生活方式；城镇生活方式不断向乡村地区扩散。

最后，城镇化是城市在社会经济生活中逐渐占据主导地位的过程，因而是城乡关系转型的过程。工业革命的开端是城镇化的起点。在工业革命之前漫长的农业社会中，城乡关系是典型的城镇乡村化，而在工业化时代，是乡村城镇化。

城镇化的衡量指标主要是从量和质两个方面对一个国家或地区城镇化程度进行量化测

度的指标。目前，我国主要有以下几方面测度城镇化的指标：

第一，城镇化水平。测度城镇化水平的一般指标是城市人口占总人口的比重，这是测度城镇化水平的最主要指标，已在世界范围内广泛使用。我国测度城市人口占总人口的比重具体有常住人口城镇化率和户籍人口城镇化率两个指标，常住人口城镇化率是城镇常住人口占总人口的比重，户籍人口城镇化率是城镇户籍人口占总人口的比重。一般来说，常住人口城镇化率高于户籍人口城镇化率，但随着户籍制度改革及其配套政策的全面落实，二者的差距将越来越小。

第二，基本公共服务。具体有：农民工随迁子女接受义务教育的比率，城镇失业人员、农民工、新成长劳动力免费接受基本职业技能培训覆盖率，城镇常住人口基本养老保险覆盖率，城镇常住人口基本医疗保险覆盖率，城镇常住人口保障性住房覆盖率。其中，城镇常住人口基本养老保险覆盖率指标中，常住人口不含 15 周岁以下人员和在校生；保障性住房包括公租房、保障性租赁住房、共有产权住房和棚户区改造安置住房等。

第三，基础设施。具体有：百万以上人口城市公共交通占机动化出行比例、城镇公共供水普及率、城市污水处理率、城市生活垃圾无害化处理率、城市家庭宽带接入能力、城市社区综合服务设施覆盖率。

第四，资源环境。具体有：人均城市建设用地、城镇可再生能源消费比重、城镇绿色建筑占新建筑比重、城市建成区绿地率、地级以上城市空气质量达到国家标准的比例。

城镇化的形态可以依据不同的标准加以划分。如果从城镇化的实际进程与社会经济发展的关系来看，有积极型城镇化和消极型城镇化。

积极型城镇化也可以称为同步型城镇化，是指城镇化的进程与工业化及经济发展同步协调、相互促进，城镇的数量和规模增长适度，城镇化的速度和质量同步上升。这里的所谓同步，并不一定意味着城镇化水平与工业化水平完全一致，或者说城镇化进程与工业化进程一一对应，而主要是指城镇化与经济发展呈显著的正相关关系，城镇化率与工业化率（工业劳动力占总劳动力的比重或工业总产值占国民生产总值的比重）互相协调，城镇人口的增长与人均国民收入的增长比较一致，农村人口城镇化的数量与经济发展提供的城镇就业量大体平衡，城镇化的发展与农业提供的剩余农产品基本适应。

消极型城镇化是城镇化的进程与经济发展相脱节，具体表现为过度城镇化和低度城镇化。过度城镇化主要表现为过量的乡村人口盲目向城镇特别是大城市迁移，造成城镇人口增加与城镇就业机会不足的矛盾，造成农村人口减少与农业生产集约化水平下降之间的不相协调，从而产生了众多“城市病”，严重影响社会经济的发展。低度城镇化是指由于人为政策的限制，城镇人口的实际增长速度低于城镇工业生产率提高所需要的人口增长速度。

如果从空间格局看，城镇化有集中型城镇化和扩散型城镇化。

集中型城镇化是农村人口和非农业经济活动不断向城镇聚集的过程，是社会经济活动从空间上的分散状态向空间上的集中状态发展的一种社会经济过程。集中型城镇化实质上是城市的基本性质即密集性、经济性和社会性的不断提高，是一种向城市中心集聚的向心型城镇化，是城镇化初级阶段的主要形式。

扩散型城镇化是城市的生产方式和生活方式向外扩散的社会经济过程，是城市的社会经济活动和基本功能向外扩散并将周围的非城市地域转变为城市地域的过程。扩散型城镇化是城镇化中高级阶段的主要形式，按照其扩散的具体形式可分为连续分散型城镇化和跳跃型城镇化。连续分散型城镇化又称为外延型城镇化，是城镇的建成区连续渐次地向外推进和延伸的一种城镇扩展方式。跳跃型城镇化亦称为飞地型城镇化，是某一大城市为了长远发展的需要，在城市的一定距离以外新建一个城市，或者使原来的小镇发展成为城市，它们同该大城市在空间上是隔开的，但在经济、社会、文化、行政等方面又是一个整体，是大城市的有机组成部分。

扩散型城镇化实质是一种从城市中心向外离心扩展或扩散的离心型城镇化，具体有城市郊区化和逆城镇化两种类型。城市郊区化是人口、就业岗位和服务业从大城市中心向郊区迁移的一种分散化过程，这里的“郊区”是中心城市行政边界以外的邻接地域，主要是城镇化地区核心以外的城市边缘。逆城镇化是人口从大城市和主要的大都市区，向小的都市区甚至非都市区迁移的分散化过程。扩散型城镇化的原因主要有：城镇居民实际收入的增长；城镇居民对居住环境喜好的变化；生产地理格局的变化；交通和通信技术的高度发达；市中心交通拥挤、环境污染严重、住房条件恶化、地价飞涨、犯罪率高等“市中心病”的产生。

二、城镇化的决定因素

城镇化的发展受多方面因素的制约和影响，具体有以下几方面：

第一，农业发展是城镇化的初始动力。从城市发展的历史看，只有当农业生产发展到有大量剩余粮食、副食品和工业原料，能满足城市居民和城市工业需要时，城镇化才有可能。正因为如此，城市总是在那些农业分工完善、农村经济发达的地区兴盛起来的，并建立在农业生产力发展达到一定程度的基础之上的。因此，农业发展是城镇化的初始动力，一个国家城镇化的界限一般由该国农业生产力决定。当今社会，农业是国民经济的基础，也是城镇化的基础，这是因为农业为城市人口提供商品粮、农业为城市工业提供资本的原始积累、农业为城市工业提供所需要的原料、农村为城市工业提供市场、农村是城市发展的劳动力来源。

第二，工业化是城镇化的根本动力。工业化成为城镇化的动力，是从 18 世纪工业革命开始的。因为工业革命后，工业开始成为国民经济的主导部门，工业在城市产业结构中占据主体地位。工业在城市中的形成和聚集的过程，就是工业化推动城镇化的过程。工业化与城镇化呈现出十分明显的正相关性，工业化成为城镇化的根本动力，主要表现在：工业发展改造和支援了农业发展，使农业生产方式发生了根本性的变化，有利于农业劳动力离开土地，为城镇化提供大量劳动力来源；工业化促进了城市自身的发展，使城市的数量猛增，城市的规模不断扩大，城市的性质也发生了根本的变化；工业化为众多的农村劳动力创造了就业机会，使城市可以吸收容纳大量的农村剩余劳动力；工业化促进了城市思维方式和生活方式的形成和发展。

第三，第三产业是城镇化的后续动力。第三产业的崛起并逐渐取代工业而一跃成为城市产业的主角，使城市的生产结构、生活方式和思维方式发生了根本的变化，为城镇化创造了更加丰富的内容，并为城镇化的发展提供了后续动力。主要表现在：生产配套性服务的增加促进了城镇化的发展；生活消费性服务的扩大加快了城镇化的发展。城市第三产业的蓬勃发展，带来了城市就业机会和人口的增加。如果说工业化主要导致城镇化在量上的扩张的话，那么，第三产业主要促进了城镇化在质上的提升。

第四，市场化是城镇化的直接动力。农业、工业化以及第三产业对城镇化的推动作用，必须通过市场化进程的开始和深化得以实现。市场化对城镇化的直接作用主要体现在：劳动力市场化使劳动力向城市的转移得以实现；土地资源市场化使新城市的建设和原有城市空间规模的扩大得以实现；产品市场化能促进城镇化在更广阔的地域内展开。

第五，制度安排和变迁对城镇化有推动和阻滞作用。城镇化作为伴随社会经济增长和结构变迁而出现的社会现象，与制度安排及其变迁密切相关。合理的制度安排与创新是顺利推进城镇化的重要保障。如果缺乏有效率的制度安排，或者提供不利于要素集聚的制度安排，即使产生了结构转换和要素流动，也不一定导致城镇化的正常发展。制度安排和变迁对城镇化的作用主要体现在：通过有效率的推进农业发展的制度安排，促进农业生产效率和农业产出水平的提高，产生农业产品剩余和要素剩余，为非农产业和城镇化的发展提供推力；通过有效率的推进工业、非农产业发展的制度安排，促进国民经济的工业化和非农化，从而为吸收农业产品剩余创造必要的拉力；通过有效率的经济要素流动的制度安排，使农业部门的要素流出推力和非农部门的要素流入拉力形成结合与集聚的合力；通过有效率的推进城市建设的制度安排，促进城市基础设施和城市房地产的开发，以满足城市非农产业和人口集聚的需要。

第六，交通是城镇化的重要条件。城市选址总是邻近交通干线，或依托交通枢纽，交通条件优越地区的城镇化速度大大快于交通闭塞地区的城镇化速度。因此，交通是城镇发展的基本条件和保证，也是城镇化发育发展的重要条件和保证。交通的发展与进步，尤其是公路普及和高速公路的发展，提高了城镇化地域推进的自由度；交通的发展，消除了一些影响城市发展的因素如能源不足、市场狭小等；交通系统的扩展和细密化，扩展了城镇化的范围，把城镇与区域社会经济系统整合为一个范围更大的系统，从而极大地促进了城镇的发展。

此外，世界人口剧增也是推动城镇化发展的重要因素。由于科学技术的发展、文化水平的提高以及卫生条件的改善，大规模传染病得到了控制，世界人口增长速度加快，而农业发展难以支撑这些人口的增长，从而给城镇化造成巨大推力。

三、城镇化的基本规律

1. 城镇化与经济发展双向互促共进规律

一个国家或地区的城镇化水平受很多因素的影响，如国土面积、人口数量、历史基础、自然资源、经济发展水平以及城乡人口的划分标准等。但上述所有因素中，城镇化水平与经济发展水平之间的关系最为密切。

经济发展与城镇化之间存在着以下双向互促共进的关系：

第一，经济发展推动和加快城镇化的步伐。随着经济收入的不断提高，人们的需求不断扩大，但这种需求扩大是不均衡的，也就是说，不同产品的需求收入弹性是不相同的。在众多商品中，粮食等第一产业产品的需求收入弹性较小，人们对该类产品的实际需求会随着收入的提高而相对减少。相反，第二产业产品和第三产业产品的需求收入弹性较高，即人们对该类产品的实际需求会随着收入的提高而更快地增加。这就产生了需求结构随着收入增加变动的现象，人们的需求从食物向第二产业产品和第三产业产品的大规模转移。变化了的需求结构必然带动投入结构（资本与劳动的投入）和产出结构的变动，相应由第一产业向第二、第三产业大规模转移，城镇化步伐由此得以加快。城镇化水平的提高主要靠第二、第三产业比重的上升，二者几乎是同步进行的。

第二，城镇化推进经济发展。城镇化使人口和资本由分散无序的状态，转变为高度集中的有序状态，使生产要素得以合理组织、先进技术得以大规模采用、劳动生产率得以大幅度提高。同类企业在城市的聚集，便于开展专业化协作，相互促进、加强联合；有助于促进平等竞争，共同提高企业技术装备水平和产品质量；可以形成比较完整的产业结构、技术结构和产品结构体系，彼此之间互为对方的原材料供应商和产品使用者，缩短运输距离，减少运输等交易费用；可以满足消费者对商品的多样化需求，开拓更广的市场；可以协调解决各种不稳定因素，克服由于周期性、季节性、偶然性因素导致的经济波动；可以产生诸如道路、排水系统、管理等方面的规模经济，降低有关社会经济活动的成本；可以大大便利信息交流和技术扩散，刺激新知识、新观念的产生。

2. 城镇化阶段性发展规律

城镇化进程大致分为以下三个阶段①：

第一，初期阶段。当一个国家或地区的城镇化水平低于30%时，该国家或地区的城镇化为初期阶段。在城镇化的初期发展阶段，城镇化水平较低，城镇化进程缓慢；农村经济占主导地位，第一产业的就业比重在50%以上，第二、第三产业的就业比重各占20%左右；工业化是城镇化的基本动力，城市数量增加、规模膨胀；城市的空间形态呈零星的“点”状结构。

第二，中期阶段。当一个国家或地区的城镇化水平超过30%后，城镇化便进入加速发展的阶段，城镇化水平迅速提升。世界银行认为，根据世界经济发展的轨迹，一般来说，一个国家或地区城镇化水平超过30%、人均GDP接近1 000美元时，该国家或地区将进入城镇化加速发展时期；农村经济退居次席，城市经济全面崛起，第一产业就业比重持续下降，第二、第三产业就业比重相继上升；工业化仍是城镇化的重要动力，第三产业开始显露出对城镇化的推动作用，城镇在外延扩大的同时，开始了内涵的提高；城镇空间形态呈不均衡布局，发达地区的城镇从松散的点发展成紧凑的面状或带状结构，出现了大都市区和超级城市。

第三，后期阶段。当一个国家或地区的城镇化水平超过70%后，城镇化速度趋缓甚至停滞，城镇化进程进入平稳发展、内涵质量提高阶段；城市产业结构发生革命性变化，第三产业就业比重上升到50%以上，第二产业就业比重稳定在30%左右，第一产业就业比重下降到10%以下；城镇的职能更加复杂和多样化，第三产业成为城镇化的主要后续动力，城镇实现了现代化；城镇的空间形态进一步从分离的面状或带状结构发展成十分完整严密、相互交叉渗透的网状结构，城镇体系形成，城乡之间的界限变得非常模糊，城乡一

① 谢文蕙，邓卫．城市经济学．北京：清华大学出版社，1996.

体化的趋势大为增强。

3. 城镇化发展非均衡性规律

城镇化是产业革命和产业结构非农化的产物。世界上不同地区间、同一地区不同国家间，甚至同一国家不同区域间产业革命的兴起、发展时间存在明显的差距，产业结构非农化进程及模式也千差万别，从而从根本上决定了世界上不同地区、不同国家城镇化呈现出非均衡发展的特征。

城镇化的非均衡性具体体现在：发达国家与发展中国家之间的城镇化水平存在很大的差异；发达国家内部城镇化水平存在很大的差异；发展中国家内部城镇化水平存在更大的差异；洲际城镇化水平差距明显。从城镇化水平提高的幅度看，城镇化速度最快的地区既不是目前城镇化水平最高的地区，也不是城镇化水平最低的地区，而是目前处于中等或中等偏高城镇化水平的那些地区。城镇化速度最慢的地区主要是目前城镇化水平最高或最低的那些地区。中国城镇化也呈现出明显的非均衡性，特别是中西部城镇发育明显不足，城镇化相对滞后。

4. 大城市超前发展规律

在世界城镇化逐渐加快的过程中，大城市扮演着领头羊角色，无论是在城市数量、城市规模，还是在城市人口总量上，大城市都遥遥领先，构成了世界城镇化的主力军。与城镇化的阶段性和非均衡性规律相适应，在城镇化初期和中期阶段，大城市会超前发展。大城市超前发展具体表现在：大城市在现代社会中会越来越居于支配地位；大城市在数目和人口总量的增长方面明显超过中小城市，大城市人口占世界城镇人口的比重不断提高；城市规模级越高，人口的发展速度越快；大城市在地域空间的不断扩展，形成了许多以一个或几个城市为中心，包括周围城镇化地区的巨大城市聚集体；大城市在现代世界中的地位和作用，不仅在于人口数量的浩大，更在于所聚集的人的技能和组织水平较高。

大城市的超前发展与长期的经济发展有关，其根本原因在于大城市所特有的聚集经济和规模经济。一般来说，城市聚集带来的规模效益是多方面的。从城市居民个人看，城市居民因人口和社会经济活动在大城市的聚集能获得的外在效益主要有：就业机会、货币收入、城市设施所带来的便利或利益。从城市厂商看，与城市聚集规模相关的效益主要有：厂商生产成本的降低和劳动生产率的提高、市场需求的扩大。从整个城市的角度看，人口和社会经济活动在城市的聚集主要是能带来综合的聚集效益和规模效益，如城市景观的改善、行政管理费用的节约、综合性城市功能的形成、新知识和新观念的产生等。

四、中国特色新型城镇化

按照建设中国特色社会主义五位一体的总体布局，顺应发展规律，因势利导，趋利避害，积极稳妥扎实有序推进城镇化，对加快社会主义现代化建设进程、实现中华民族伟大复兴的中国梦，具有重大现实意义和深远历史意义。

第一，城镇化是现代化的必由之路。工业革命以来的经济社会发展史表明，一国要成功实现现代化，在工业化发展的同时，必须注重城镇化发展。当今中国，城镇化与工业化、信息化和农业现代化同步发展，是现代化建设的核心内容，彼此相辅相成。工业化处于主导地位，是发展的动力；农业现代化是重要基础，是发展的根基；信息化具有后发优势，为发展注入新的活力；城镇化是载体和平台，承载工业化和信息化发展空间，带动农业现代化加快发展，发挥着不可替代的融合作用。

第二，城镇化是保持经济持续健康发展的强大引擎。内需是我国经济发展的根本动力，扩大内需的最大潜力在于城镇化。城镇化水平持续提高，会使更多农民通过转移就业提高收入，通过转为市民享受更好的公共服务，从而使城镇消费群体不断扩大、消费结构不断升级、消费潜力不断释放，也会带来城市基础设施、公共服务设施和住宅建设等巨大投资需求，这将为经济发展提供持续的动力。

第三，城镇化是加快产业结构转型升级的重要抓手。产业结构转型升级是转变经济发展方式的战略任务，加快发展服务业是产业结构优化升级的主攻方向。城镇化与服务业发展密切相关，服务业是就业的最大容纳器。城镇化过程中的人口集聚、生活方式的变革、生活水平的提高，都会扩大生活性服务需求；生产要素的优化配置、三次产业的联动、社会分工的细化，也会扩大生产性服务需求。城镇化带来的创新要素集聚和知识传播扩散，有利于增强创新活力，驱动传统产业升级和新兴产业发展。

第四，城镇化是解决“三农”问题、促进乡村振兴的重要途径。我国农村人口过多、农业水土资源紧缺，在城乡二元体制下，土地规模经营难以推行，传统生产方式难以改变，这是“三农”问题的根源。城镇化有利于集约节约利用土地，为发展现代农业腾出宝贵空间。随着农村人口逐步向城镇转移，农民人均资源占有量相应增加，可以促进农业生产规模化和机械化，提高农业现代化水平和农民生活水平。城镇经济实力提升，会进一步增强以工促农、以城带乡能力，加快农村经济社会发展，促进乡村振兴。

第五，城镇化是推动区域协调发展的有力支撑。改革开放以来，我国东部沿海地区率先开放发展，形成了京津冀、长江三角洲、珠江三角洲等一批城市群，有力推动了东部地区快速发展，成为国民经济重要的增长极。但与此同时，中西部地区发展相对滞后，一个重要原因就是城镇化发展很不平衡，中西部城市发育明显不足。随着西部大开发和中部崛起战略的深入推进，东部沿海地区产业转移加快，在中西部资源环境承载能力较强地区，加快城镇化进程，培育形成新的增长极，有利于促进经济增长和市场空间由东向西、由南向北梯次拓展，推动人口经济布局更加合理、区域发展更加协调。

第六，城镇化是促进社会全面进步的必然要求。城镇化作为人类文明进步的产物，既能提高生产活动效率，又能富裕农民、造福人民，全面提升生活质量。随着城镇经济的繁荣，城镇功能的完善，公共服务水平和生态环境质量的提升，人们的物质生活会更加殷实充裕，精神生活会更加丰富多彩；随着城乡二元体制逐步破除，城市内部二元结构矛盾逐步化解，全体人民将共享现代文明成果。这既有利于维护社会公平正义、消除社会风险隐患，也有利于促进人的全面发展和社会和谐进步。

中国城镇化是在人口多、资源相对短缺、生态环境比较脆弱、城乡区域发展不平衡的背景下推进的，这决定了我国必须从社会主义初级阶段这个最大实际出发，遵循城镇化发展规律，走中国特色新型城镇化道路。新型城镇化是以城乡统筹、城乡一体、产城互动、节约集约、生态宜居、和谐发展为基本特征的城镇化，是大中小城市、小城镇、新型农村社区协调发展、互促共进的城镇化。

中国推进新型城镇化的指导思想是：要完整、准确、全面贯彻新发展理念，加快构建新发展格局，以推动城镇化高质量发展为主题，以转变城市发展方式为主线，以体制机制改革创新为根本动力，以满足人民日益增长的美好生活需要为根本目的，统筹发展和安全，深入推进以人为核心的新型城镇化战略，持续促进农业转移人口市民化，完善以城市群为主体形态、大中小城市和小城镇协调发展的城镇化格局，推动城市健康、宜居、安全发展，推进城市治理体系和治理能力现代化，促进城乡融合发展，为全面建设社会主义现代化国家提供强劲动力和坚实支撑。

中国推进新型城镇化，要坚持党的全面领导、坚持以人民为中心、坚持新发展理念、坚持改革创新、坚持系统观念，具体要注重把握以下工作原则：

第一，统筹谋划、协同推进。坚持全国一盘棋，强化顶层设计和规划引领，注重全局性谋划、战略性布局、整体性推进，增强制度衔接、任务协同和政策配套，更好发挥中央和地方两个积极性，凝聚各方力量、形成工作合力。

第二，因地制宜、分类施策。根据各地资源禀赋、要素条件和经济社会发展基础，考虑城镇化发展阶段的差异性，找准城市群和大中小城市各自发展定位，实施有针对性的任务举措，形成符合实际、各具特色的城镇化发展模式。

第三，积极探索、重点突破。尊重基层首创精神，加大改革探索力度，抓住主要矛盾和矛盾的主要方面，着眼农业转移人口市民化、城市群一体化、城市治理、城乡融合发展等重点领域和关键环节，不断完善体制机制和政策体系。

第四，稳妥有序、守住底线。循序渐进、久久为功，尽力而为、量力而行，合理确定时序和步骤，划定落实耕地和永久基本农田、生态保护红线和城镇开发边界，保护延续历史文脉，严控地方政府债务风险，防止资本无序扩张，加强公共安全保障，优化应急管理体系，防范化解重大风险隐患。

中国推进新型城镇化的措施有：

第一，加快农业转移人口市民化。坚持把推进农业转移人口市民化作为新型城镇化的首要任务，存量优先、带动增量，稳妥有序推进户籍制度改革，推动城镇基本公共服务均等化，健全配套政策体系，提高农业转移人口市民化质量。为此，要深化户籍制度改革，完善城镇基本公共服务提供机制，提高农业转移人口劳动技能素质，强化随迁子女基本公共教育保障，巩固提高社会保险统筹层次和参保覆盖率，强化农民工劳动权益保障，完善农业转移人口市民化的配套政策。

第二，优化城镇化的空间布局和形态。提升城市群一体化发展和都市圈同城化发展水平，促进大中小城市和小城镇协调发展，形成疏密有致、分工协作、功能完善的城镇化的空间格局。为此，要分类推动城市群发展，有序培育现代化都市圈，健全城市群和都市圈协同发展机制，推动超大特大城市转变发展方式，提升大中城市功能品质，增强小城市发展活力，推进以县城为重要载体的城镇化建设，分类引导小城镇发展，优化边境地区城镇布局，强化综合交通运输网络支撑。

第三，推进新型城市建设。坚持人民城市人民建、人民城市为人民，顺应城市发展新趋势，加快转变城市发展方式，建设宜居、韧性、创新、智慧、绿色、人文城市。为此，要增加普惠便捷公共服务供给，健全市政公用设施，完善城市住房体系，有序推进城市更新改造，增强防灾减灾能力，构建公共卫生防控救治体系，加大内涝治理力度，推进管网更新改造和地下管廊建设，增强创新创业能力，推进智慧化改造，加强生态修复和环境保护，推进生产生活低碳化，推动历史文化传承和人文城市建设。

第四，提升城市治理水平。树立全周期管理理念，聚焦空间治理、社会治理、行政管理、投融资等领域，提高城市治理科学化精细化智能化水平，推进城市治理体系和治理能力现代化。为此，要优化城市空间格局和建筑风貌，提高建设用地利用效率，提高街道社区治理服务水平，健全社会矛盾综合治理机制，优化行政资源配置和区划设置，健全投融资机制。

第五，推进城乡融合发展。坚持以工补农、以城带乡，以县域为基本单元、以国家城乡融合发展试验区为突破口，促进城乡要素自由流动和公共资源合理配置，逐步健全城乡融合发展体制机制和政策体系。为此，要稳步推进农村土地制度改革，开拓乡村建设多元化融资渠道，引导城市人才入乡发展，推进城乡一体规划设计，推进城镇公共服务向乡村覆盖，推进城镇基础设施向乡村延伸，促进城乡产业协同发展，多渠道增加农民收入。

中国推进新型城镇化的措施

第三节　城市的结构、功能和类型

一、城市结构

政府对城市的科学管理离不开对城市结构的分析和把握，通晓城市结构演变规律并在规律指引下进行调节是市政管理的要务。

城市是一个有机的、开放的、复杂的整体，这个整体就其本身而言，是由若干既有区别又相互联系、相互作用的要素组成的。城市结构是指城市各组成要素相互关系、相互作用的形式和方式。城市是在一个地域空间内，由经济、社会、自然在人的作用下结合而成的，因此，城市结构包括以下具体内容：

第一，城市的经济结构。城市的经济结构是城市经济的组成要素相互联系、相互作用的内在形式和方式。由于人类的一切经济活动体现为生产力和生产关系两个方面，因此，城市经济结构是城市生产力结构和城市生产关系结构的统一体。其中，城市生产力结构又可分为产业结构、企业结构、产品结构、技术结构、投资结构、就业结构等，城市生产关系结构可分为所有制结构、流通结构、分配结构、消费结构等。

第二，城市的社会结构。城市作为一个巨大的综合体，不仅仅是一个经济实体，还是一个社会实体。因此，城市不仅有完整的经济结构，还有系统的社会结构，而且社会实体的结构与经济实体的结构是息息相关、互相依存的。从广义上说，城市的社会结构包括两方面的基本内容：一是人们在社会生产过程中形成的与一定的生产力发展水平相适应的生产关系的总和，它构成了社会存在和发展的经济基础；二是由经济基础产生并与经济基础相适应的政治法律关系和哲学、艺术、道德、宗教等观念，以及与上述关系和观念相联系的政治、法律、制度的物质设施，它构成了社会存在和发展的上层建筑。从狭义上看，城市的社会结构是指城市上层建筑的构成及其相互关系。城市的社会结构主要包括城市的政治结构、城市的文化结构、城市的人口结构。

第三，城市的空间结构。城市的空间结构是城市要素在空间范围内的分布和联结状态，是城市经济结构、社会结构的空间投影，是城市社会经济存在和发展的空间形式，一般表现为城市密度、城市布局和城市形态三个方面。首先，城市是由分属于经济、社会、生态等系统的诸要素构成的社会经济综合体，城市各类要素在城市空间范围内表现为一定数量，形成各自的密度。简而言之，城市密度是城市各构成要素密度的一种综合。其次，城市各类要素总是按一定形式、一定方向具体地分布于城市空间的某一位置上，或地面，或地下，或空中，纵横交叉，呈多方位、多层次的立体形态，从而形成城市布局。最后，城市形态是城市空间结构的整体形式，是城市内部密度和空间布局的综合反映，是城市三维形状的表现。城市形态一般分为城市内部形态和城市总体形态两部分。城市内部形态指市区空间范围内各类设施和建筑物等的布局，可从城市内部的功能分区中显示出来。城市总体形态是指中心城市与相邻城镇的布局，可以从中心城市与相邻城镇之间所表现的外部形态显示出来，一般可归结为集中与组合两种形态。城市密度、城市布局、城市形态三者相辅相成，缺一不可，共同构成了城市的空间结构。城市空间结构受自然地理条件、生产力和生产关系的制约，具有一定的客观性。但是，城市空间结构不是静止不变的，它会随着生产力和生产关系的发展而变化。影响城市空间结构的因素有：经济发展，这是城市空间结构的决定性因素；企业的选址行为和企业经营行为；居民的生育行为、居住行为和消费行为。

城市结构除了有城市经济结构、社会结构和空间结构外，还有城市的生态结构和设施结构。城市的生态结构是指人口、资源之间的关系，是生物与生态环境、人与生态环境之间的关系，是生物群落与非生物环境的构成及相互关系。城市设施结构是指城市的主体设施、社会设施、基础设施在空间上的布局，在数量、质量、规模上的相互关系。

一个城市既要实现城市结构各个具体组成部分的合理化，同时又要从整体的、系统的角度研究城市总体结构的合理化。要实现城市总体结构的合理化，必须遵循以下基本要求：实现社会生产总过程四个基本环节的平衡；实现物的生产与人的生产的平衡；实现社会生产系统与自然生态系统的平衡；实现城市各类结构之间的协调发展；有利于充分发挥城市的主要功能和多种功能。

二、城市功能

根据系统论的观点，功能是指某一事物在一定条件下具有的能力和所起的作用。城市功能也称城市职能，是由城市的各种结构性因素决定的城市的机能或能力，是城市在一定区域范围内的政治、经济、文化、社会活动中所具有的能力和所起的作用，具有整体性、结构性、层次性和开放性的特征。

城市功能有以下几种类型：

第一，共同功能。城市的共同功能是所有城市都具备的功能，表明的是城市的共性，区分的是城市与乡村的界限。城市的共同功能主要包括为城市生产和居民生活提供一般条件的功能；为城市居民提供生活服务的功能；为提高城市居民素质提供服务的功能。城市作为一个有机体，必须依靠城市的共同功能来维持其生机，否则城市就会走向衰落和消亡。

第二，主导功能。城市主导功能是指在城市诸功能中处于突出地位和起主导作用的功能，它影响或左右着城市其他功能的运行，甚至决定城市的性质和发展方向。城市主导功能一般是相对稳定的，但不是永恒不变的，往往因资源的减少、新兴产业的兴起、行政区划或行政地位的变更等而发生转变。

第三，特殊功能。特殊功能是指并不是每个城市都具有的功能，而是为某一个城市或某类城市所特有的功能。它表明的是城市的个性，区分的是城市之间的界限。城市的特殊功能决定着某一个或某一类城市的性质和在一定时期的发展方向，决定着某一个或某一类城市的独特风格和在一定区域及城市体系中的特殊地位。

第四，综合功能。综合功能是指一个城市同时具有多种并且有机结合的主导功能，每一种主导功能的作用范围和影响都比较大。一般来说，作为首都、省会、首府的大城市或特大城市都具有综合功能。

城市功能是城市的自然生态环境、地理条件、历史条件以及政治、经济、社会、文化条件等多方面因素长期综合作用的结果。其中，影响城市功能的主要因素有：自然条件、城市的经济实力及主导产业、行政区划。

城市功能不是一成不变的，而是一个从简单到复杂、从低级到高级、从单一功能到多元功能的不断累积、叠加、优化的过程，原来没有的功能产生并发展起来，原来已有的功能在被继承的同时得到进一步的完善，使得现代城市成为多元功能的集合体。这就是城市功能叠加性发展规律，是城市功能发展的一般规律。① 需要指出的是，城市功能叠加发展的过程不是一个城市功能更替的过程，而是一个逐渐增多的累积复合的过程，已有城市功能的地位虽然已经改变，但总会以某种形式留存下来。

在城市功能一般发展规律的支配下，城市功能有三个具体发展规律：第一，城市功能叠加倍增效应规律。城市功能的多元化，会使城市诸功能构成一个有机统一的整体，以整体的非加和性的特点极大地增强城市功能的能量，产生出倍增效应。第二，主导功能变异进化规律。城市的主导功能不是一成不变的，而会不断发生变异。由于城市主导功能主要是由城市的主导产业决定的，所以，城市主导功能的变异具体表现为城市主导产业的变异。导致主导产业变异的原因一般有自然资源优势的变化、地理区位优势的变化、产业结构的变化。第三，功能升级增量规律。城市功能的叠加不仅是量的叠加，而且是质的叠加。城市功能质的叠加过程是一个无止境的上升过程，在这个过程中城市功能得到优化，城市功能的能量迅速增强。这种情况即为功能升级增量规律。城市功能升级增量，首先表现为城市功能由简单变为复杂。其次，从城市功能的能量而言，城市功能升级增量表现为城市功能由低级变为高级。

城市功能的优化，是指在一定区域范围内，在现有社会经济技术和资源条件下，依据

① 孙志刚．城市功能论．北京：经济管理出版社，1998.

社会主义市场经济发展的要求，根据城市功能的发展规律，调整原有城市功能中的不合理部分，建立合理的城市功能结构和高效的城市功能运行方式，以取得较高的城市社会经济效益。

在社会主义市场经济条件下，城市功能优化的基本途径是：实现以市场中心功能为主的城市功能多元化发展；因势利导地确定和发展城市的主导功能；增强城市外部功能，完善城市内部功能。

三、城市类型

城市类型是指根据一定的分类原则划分的城市类属，以示城市之间的区别。众所周知，通过分类可以更深入具体地分析各类事物的质的规定性，了解各类事物在各方面的区别，掌握各类事物的特点和发展规律。因此，分类是认知和研究客观事物的重要方法和手段。同样，城市分类也有重要的意义。城市分类有利于我们分析研究城市的共性与个性，以及城市共性与个性之间的相互关系；有助于我们掌握各种类型城市的发展规律，正确地分类管理和指导城市的发展。

城市分类是一个十分复杂的问题，必须遵循以下原则：定性分析和定量分析相结合；经济分类的要求与行政分类的现状相结合；城市体系对城市功能的要求与城市功能现状相结合；功能、规模、隶属和地域分类相结合。

城市可以依据不同标准或原则进行分类。根据城市性质或功能的不同，中国的城市可以分为综合性城市、工业城市、矿业城市、交通港口城市、商业金融城市、风景旅游城市、科学文化城市等。

根据城市行政地位的不同，中国的城市可以分为直辖市、副省级市、地级市和县级市。其中，直辖市是与省同级的行政单位，受中央政府的直接领导和管辖；副省级市相当于准直辖市，在不改变现有行政隶属关系的前提下，具有省级计划决策权和经济管理权；地级市受省、自治区政府的直接领导和管辖，一般均为设区的市；县级市是不设区的市，具有与县相平行的行政地位。

按照城市人口规模的不同，中国的城市可以分为小城市、中等城市、大城市、特大城市和超大城市。城区常住人口 50 万以下的城市为小城市，其中 20 万以上 50 万以下的城市为Ⅰ型小城市，20 万以下的城市为Ⅱ型小城市；城区常住人口 50 万以上 100 万以下的城市为中等城市；城区常住人口 100 万以上 500 万以下的城市为大城市，其中 300 万以上 500 万以下的城市为Ⅰ型大城市，100 万以上 300 万以下的城市为Ⅱ型大城市；城区常住人口 500 万以上 1 000 万以下的城市为特大城市；城区常住人口 1 000 万以上的城市为超大城市。

根据城市所处地理位置的不同，中国的城市可以分为沿海城市、内地城市和边境城市。

按照城市结构的不同，城市可分为单中心城市和多中心城市、封闭式城市和敞开式城市、集中式城市和分散式城市。

按照城市辐射范围的广度和辐射力的强度，城市可分为国际性城市、全国性城市和地区性城市。

此外，按照城市发展历史的长短，城市可分为新兴城市、古老城市；按照城市外观形态的不同，城市可分为团状、带状、环状、放射状、组团状、星座状城市等。

第四节　城市体系

一、城市体系的形成和类型

城市体系是在一定区域范围内，以中心城市为核心，各种不同性质、规模和类型的城市相互联系、相互作用组成的有机的城市群体组织，它是经济区的基本骨骼系统。城市体系具有整体性、动态性、开放性、层次性、重叠性等特点。

城市体系是区域社会经济发展到一定阶段的产物，是城市带动区域的最有效的组织形式。城市体系的产生，既反映了社会分工的扩大、生产社会化程度的提高和市场经济的进一步发展，又是城市自身建设和发展的客观要求。由于社会分工的存在，城市与城市之间、城市与乡村之间总是存在着物质、能量、人员、信息的频繁交换，这种交换就是城市空间的相互作用。可以说，城市体系是城市空间相互作用的结果，凡是城市空间相互作用十分频繁的地区，就会形成一个有机的网络；网络的节点是规模不等的城市。

需要指出的是，城市空间的相互作用能否发生，取决于以下三个条件：第一，互补性。从实际情况看，并不是相邻的城市就一定会发生相互作用，也不是距离相近者作用力就一定强，城市空间的相互作用必须建立在经济互补的基础上。既有需求又有供给，城市空间才会发生相互作用，而且只有供需关系旺盛，作用力才会强。第二，中介性。产生空间相互作用的城市并不总是毗邻的，它们往往要经过第三者予以中转和传递。第三，可输性。城市空间相互作用实现的途径是交通和通信的联结，只有在此基础上才会有物流、人流、商流和信息流。

相邻城市间存在着空间的相互作用，它们依据市场原则、交通原则和行政原则形成一个完整的城市体系，上述三个原则对城市体系的形成起综合、交叉的作用，但又有侧重。一般来说，在经济和交通发达的开放地区，市场原则最占有优势；在与外界联系不便的偏僻和较封闭地区，行政原则是最主要的；在新开发地区，交通原则最为重要。因此，城市体系的形成有赖于以市场范围为代表的经济力量、以行政区划为代表的社会力量、以交通条件为代表的自然力量三股力量的综合作用。

城市体系是多种多样的，根据中心城市的数量多寡和组合形式，城市体系的类型有：

第一，金字塔型。它是以一个大城市或特大城市为核心，周围的中小城市以不同距离围绕大城市或特大城市呈环状集中分布，它们的发展和职能特点依赖于大城市或特大城市的发展。这种城市体系的发展要解决的首要问题是控制大城市和特大城市的规模，发展副中心以分散大城市和特大城市的功能。

第二，多核型。多核型城市体系的特点是区域内的核心城市有多个，它们的规模、吸引力和影响范围相当，共同对区域内的其他中小城市发挥空间作用；区域内的城市间的关系比较松散，相互之间没有严格的依从关系；区域内城市的空间分布相对比较分散，间距较远。这类城市体系的发展重点是抓好区域内经济中心和行政中心的建设，使之真正成为有带动力和吸引力的区域中心。此外要改善区域内城市间的交通条件，加强经济联系。

第三，网络型。网络型城市体系是指区域内核心城市的性质和规模相近，彼此作用力难分高低；核心城市之间以及核心城市与其他城市之间的联系密切。这种城市体系的发展重点是统一规划核心城市的社会经济发展，深化专业化分工，加强经济协作，防止重复建设。

第四，带状型。带状型城市体系是指在交通干线、江河流域的沿线地区，形成的在空间上一字排列、首尾衔接的带状结构城市体系。

二、中心城市

在任何城市体系中，都有一个城市居于核心地位，发挥主导作用，这就是中心城市。根据中心城市综合影响力的大小，中心城市一般可分为：全国性中心城市、地区性中心城市、省区中心城市。中心城市一般是在一定地区和全国社会经济活动中处于重要地位、具有综合功能或多种主导功能、起着枢纽作用的大城市和特大城市。首先，中心城市不是一般的中小城市，而是在地区和全国社会经济活动中具有重大影响的大城市和特大城市。其次，中心城市具有综合性功能或多种主导功能。衡量一个城市是否属于中心城市，关键要看它是否具有综合性功能或多种主导功能。再次，中心城市与经济中心是既有联系又有区别的两个不同的概念。两者的联系是：都是生产、分配、交换、消费较为集中的地方，都是市场经济体系的枢纽点；经济中心是中心城市的功能，中心城市是经济中心的实体。两者的区别在于：经济中心大至可以是特大城市，小至可以是一个镇，而中心城市必须是大城市和特大城市；经济中心未必都是中心城市，而中心城市一定是经济中心。

中心城市的形成和发展是生产力和生产关系运动及其相互关系作用的结果。具体地说，中心城市是社会生产力高度发展和社会分工深化的产物，是国内外市场形成和扩大的结果，是城市体系形成和发展的产物。此外，优越的自然条件、社会条件和历史条件是中心城市形成的基础。

中心城市较一般城市的聚集程度要高，社会分工发达，科学技术先进，交通运输便捷，积聚了国家主要的物质财富、经济能量和精神文明，在国家经济建设和社会发展中占有极其重要的地位，其特殊作用是一般城市无法替代的。具体地讲，中心城市的作用有：中心城市是组织和发展社会化大生产的枢纽，中心城市是发展现代市场经济的先导，中心城市是调节市场经济活动的枢纽。

中心城市上述作用的强度受到以下因素的影响：第一，中心城市规模的大小和社会经济的发达程度。作用是物质力量的外部表现，中心城市的作用必须以其物质力量为基础。中心城市的规模越大，社会经济越发达，技术水平和劳动生产率越高，其作用强度越强。第二，城市生产的专业化、社会化和市场化程度。中心城市的作用取决于其对外的能量、物质、信息的交换量。中心城市生产的专业化、社会化和市场化程度越高，对外交换量就越大，其作用就越明显。第三，第三产业的发展水平。中心城市的作用发挥必须依靠传导载体及手段，否则只有潜在力量，不能形成现实的力量。第三产业发达，特别是交通便捷，通信发达，就可以提高中心城市的吸引力，扩大城市的腹地，增加物质、能量和信息的对外交换量，从而增强中心城市的作用强度。

三、经济区

区域是城市存在和发展的地域空间，一般具有同质性、内聚性、层次性和动态性。城市与区域具有不可分割的内在联系，它们的关系是点与面、局部与整体的关系。一方面，城市是区域的核心和焦点，即城市是区域社会经济的发展极，对区域社会经济的发展起着主导作用；另一方面，区域是城市发展的腹地和基础，区域的资源条件、经济条件和交通条件制约着城市发展的方向和规模。从城市产生和发展的历程来看，城市与其所在区域之间的关系，不仅是地域空间联结的关系，而且在社会、经济、文化等多方面存在着相互依存、相互制约的密切联系，这种密切联系能促进城市内部的新陈代谢，是城市产生、存在和发展的客观条件，是发挥城市中心作用的前提，是形成地区市场和全国市场的先决条件，是建立合理的城市体系的基础。

正确认识城市与区域的关系，还必须了解经济区的基本结构、运行机制和组织布局。所谓经济区，它是市场经济发展到一定阶段以后，由于经济布局、经济结构、自然资源、地理环境等方面的内在联系，自然形成的网状式的地域经济综合体。经济区一般以城市为中心，以城市体系为骨架，以城乡间、城际间的分工协作和经济文化交往为基础。因此，经济区的基本结构一般包括以下内容：第一，经济中心。这是经济区赖以形成的核心，其力量的强与弱、功能的全与偏，直接影响到经济区范围的广狭、结构的松紧。第二，便捷的交通条件和畅通的流通渠道。这是经济区形成与否的标志和能否顺利运行的前提。第三，一定面积的地域范围。经济区一般是由地理位置毗邻、经济联系密切、经济结构相似、发展水平相近的几个地区构成的。第四，业已形成的经济网络。经济网络是经济有机体之间出于内在的需要，通过一定的渠道和方式形成的相对稳定的、经常化的经济联系。

经济区的特点是：第一，经济区是建立在较为发达的地域分工和专业化协作的基础上的，是依靠在长期的经济交往中自发结成彼此依存的关系，是内在经济力量的地区结合。第二，经济区是建立在平等协作、等价交换、互惠互利的基础之上的，从而组合为比较紧密的利益共同体，成员间共存共兴、俱损俱荣。第三，经济区没有明确的界限，经济区之间往往犬牙交织，相互渗透，重叠复合，我中有你，你中有我，且经常变动。第四，经济区在组织形式上以网络的形式存在和维持。

上述特点决定了经济区只能依靠一套经济机制和经济手段来发动和运行。具体来说，经济区的运行必须坚持以下原则：

第一，平等竞争，互利共赢。经济区必须根据平等、互利、自愿的原则组织起来。由于经济区成员之间发展水平相近、经济结构相似，因此，它们在共同利益一致的基础上也存在着竞争关系。经济区要实现要素自由流动，推动区域市场一体化建设，完善区域交易平台和制度，引导竞争向互利共赢的良性方向发展，实现经济区整体利益的最大化。

第二，依托中心，统一规划。经济区必须以一个或几个大中型城市为中心，它们既与区内城乡有着传统的密切联系，又与区外的地域存在频繁的经济交往，要充分发挥经济区中心城市的先导作用和示范效应。此外，要统一规划经济区内各成员的发展，实现经济区与其中心城市的密切配合，均衡发展。

第三，生态独立，突出特色。每一个经济区在生态环境上应该是一个相对独立的系统，要实现经济系统与生态系统的协调，经济区内各种资源的配置要有利于形成和强化比较优势，使之成为该经济区的特色。

第四，区域协调，优势互补。经济区必须协调其成员发展的方向、内容、步骤、方式等，推动区域合作互动，减少成员之间的内耗，实现成员各得其所、优势互补的协同协调发展。

中心城市的作用　　案例分析

第三章　市政组织与市政体制

市政管理机构是市政管理的主体和组织保障，市政体制是对各种市政组织之间相互关系的制度化安排。在现代市政管理工作中，系统研究市政管理机构的组成、地位和职能，做好市政管理机构的科学设置和改革完善工作，建立和完善系统完备、权责明晰、科学规范、运行高效的市政体制，是做好市政管理的前提和重要保障，对于提高市政管理水平、实现市政管理的现代化有着重要的意义。

第一节　城市政党组织及其合作

一、中国共产党组织

中国共产党是中国工人阶级的先锋队，同时是中国人民和中华民族的先锋队，是中国特色社会主义事业的领导核心，代表中国先进生产力的发展要求，代表中国先进文化的前进方向，代表中国最广大人民的根本利益。为了实现党的正确有效领导，中国共产党按照民主集中制原则，自上而下地建立了各级领导机关，构成了一个由党的中央组织、地方组织和基层组织组成的完整的组织系统。

中国共产党在城市的党组织属于中国共产党的地方组织，其市级组织机构由以下几部分组成：

1. 市党代表大会

市党代表大会是党的市级领导机关，由选举产生的党员代表所组成，其职权是：听取和审查市委员会的报告；审查市纪律检查委员会的报告；讨论本市范围内的重大问题并做出决议；选举市委员会，选举市纪律检查委员会，选举出席上级党的代表大会的代表。

直辖市、设区的市、不设区的市和市辖区的党代表大会，由同级党的委员会召集，每五年举行一次。在特殊情况下，经上一级党的委员会批准，市党代表大会可以提前或延期举行。市各级党代表大会代表的名额和选举办法，由同级党的委员会决定，并报上一级党的委员会批准。市各级党代表大会代表实行任期制。

2. 市委员会

市委员会是市党代表大会闭会期间党的领导机关，由市党代表大会选举产生，由委员、候补委员组成，每届任期为五年。直辖市、设区的市的委员会的委员和候补委员，必须有五年以上的党龄。不设区的市和市辖区的委员会的委员和候补委员，必须有三年以上的党龄。

在市党代表大会闭会期间，市委员会执行中央和上级党组织的指示以及市党代表大会的决议、决定，领导本市的工作，定期向上级党的委员会报告工作。市委员会应当通过召开全体会议的方式履行以下职责：制定贯彻执行党中央和上级党组织决策部署以及市党代表大会决议、决定的重大措施；讨论和决定本市经济社会发展战略、重大改革事项、重大民生保障等经济社会发展重大问题；讨论和决定本市党的建设方面的重大问题，审议通过重要党内法规或者规范性文件；决定召开市党代表大会或者党代表会议，并对提议事项先行审议、提出意见；听取和审议市委常委会工作报告或者专项工作报告；选举常务委员会和书记、副书记，并报上级党的委员会批准；通过市纪律检查委员会全体会议选举产生书记、副书记和常委会其他委员；决定递补市委委员，批准辞去或者决定免去市委委员、候补委员，决定改组或者解散下一级党组织，决定或者追认给予市委委员、候补委员撤销党内职务以上党纪处分；研究讨论本市行政区划调整以及有关党政群机构设立、变更和撤销方案；对市委常委会提请决定的事项或者应当由全体会议决定的其他重要事项做出决策。市委员会全体会议，每年至少召开两次。

市委员会一般设立办公厅（室）、纪律检查委员会、政法委员会、市级机关工作委员会、组织部、宣传部、统战部、社会工作部、台湾工作办公室、机构编制委员会办公室、研究室等工作部门，以及老干部局、机要保密局等管理机构。此外，根据 2023 年《党和国家机构改革方案》，省级党委要结合实际组建科技委员会，省、市、县级党委要组建社会工作部门。这些工作部门和管理机构在市委员会的集中统一领导下，负责管理和承办市委员会某一方面的具体日常工作，起着参谋、助手和议事、协调等作用。

市委员会应当坚持民主集中制，实行集体领导和个人分工负责相结合的制度。凡属应当由市委全会讨论和决定的事项，必须由集体研究决定，任何个人或者少数人无权擅自决定。市委员会议事决策应当坚持集体领导、民主集中、个别酝酿、会议决定的原则，实行科学决策、民主决策、依法决策。市委员会应当健全决策咨询机制，重大决策一般应当在调查研究的基础上提出方案，充分听取各方面意见，进行风险评估和合法合规性审查，经过全体会议讨论和决定。市委员会成员要根据集体的决定和分工，切实履行自己的职责。

3. 市委常委会

市委常委会由常务委员、副书记和书记组成，是主持市委日常工作的领导核心。市委员会全体会议选举产生常务委员、副书记和书记，并报上级党委会批准。新当选的书记、副书记和常委会其他委员一般应当任满一届。在市党代表大会闭会期间，上级党委可以根据工作需要，调动、任免下级党委书记、副书记和常委会其他委员，其数额在任期内一般不得超过常委会委员职数的二分之一。

市委常委会在市委员会全体会议闭会期间，行使市委员会职权；在下届党代表大会开会期间，继续主持日常工作，直到新的常委会产生为止。市委常委会的主要职责是：召集全会，向全会报告工作并接受监督，对拟提交全会讨论和决定的事项先行审议、提出意见；组织实施上级党组织决策部署和全会决议、决定；向上级党组织请示报告工作，讨论和决定下级党组织请示报告的重要事项；对本市经济社会发展和宣传思想文化工作、组织工作、纪律检查工作、群众工作、统一战线工作、政法工作等方面经常性工作中的重要问题做出决定；按照有关规定推荐、提名、任免干部，必要时对重要干部的任免可以征求市委委员意见，教育、管理、监督干部，研究决定党员干部纪律处分有关事项；对应当由市委常委会决定的其他重要事项做出决定。市委常委会定期向市委员会全体会议报告工作，接受监督。

市委书记主持市委员会全面工作，组织市委常委会活动，协调市委常委会委员的工作，对党委工作负主要责任。担任政府正职的市委副书记主持政府全面工作，组织政府党组活动。不担任政府职务的市委副书记主要协助书记抓党的建设工作，同时可以根据需要协调和负责其他方面工作。市委常委会其他委员根据分工负责有关工作，履行分管领域全面从严治党责任。市委员会应当建立职责清单制度，明确常委会及其成员职责，并在一定范围内公开。

4. 市纪律检查委员会

市纪律检查委员会是中国共产党在城市维护和执行党的纪律的专责机关，在市委和上级纪律检查委员会的双重领导下进行工作。市纪律检查委员会由市党代表大会选举产生，每届任期为五年。市纪律检查委员会设书记、副书记和常务委员会，其组成人员由市纪律检查委员会全体会议选举产生，由党的市委员会通过，报上级党委批准。

市纪律检查委员会是党内监督的专责机关，主要任务是：维护党的章程和其他党内法规，检查党的路线、方针、政策和决议的执行情况，协助党的市委员会推进全面从严治党、加强党风建设和组织协调反腐败工作，推动完善党和国家监督体系。市纪律检查委员会的职责是监督、执纪、问责，要经常对党员进行遵守纪律的教育，做出关于维护党纪的决定；对党的组织和党员领导干部履行职责、行使权力进行监督，受理处置党员群众检举举报，开展谈话提醒、约谈函询；检查和处理党的组织和党员违反党的章程和其他党内法规的比较重要或复杂的案件，决定或取消对这些案件中的党员的处分；进行问责或提出责任追究的建议；受理党员的控告和申诉；保障党员的权利。

除了上述党的市级组织机构外，直辖市和设区的市还设立区党代表大会、区委、区委常委、区纪律检查委员会以及区委组织部、宣传部、统战部等，它们的职责与党的市级组织机构相同。此外，城市的企业、机关、学校、科研院所、街道社区、社会组织、人民解放军连队和其他基层单位，凡是有正式党员三人以上的，都应当成立党的基层组织。党的基层组织是党在社会基层组织中的战斗堡垒，是党的全部工作和战斗力的基础，是党和党的领导机关联系广大党员与人民群众的桥梁。

中国共产党是城市政权的领导者，要坚持党对城市一切工作的领导。中共市委在本地区发挥总揽全局、协调各方的领导核心作用，按照统筹推进中国特色社会主义事业“五位一体”总体布局和“四个全面”战略布局，对本地区经济建设、政治建设、文化建设、社会建设、生态文明建设实行全面领导，对本地区党的建设全面负责，全面推进党的政治建设、思想建设、组织建设、作风建设和纪律建设，把制度建设贯穿其中，深入推进反腐败斗争，不断提高党的建设质量。中共市委的工作必须遵循以下原则：坚持高举中国特色社会主义伟大旗帜，坚定道路自信、理论自信、制度自信、文化自信；坚决贯彻落实党的基本理论、基本路线、基本方略；坚持解放思想、实事求是、与时俱进、求真务实，结合本地区实际积极探索，大胆试验，开拓创新，创造性地开展工作；坚持以人民为中心，认真践行党的宗旨和群众路线，全心全意为人民服务；坚持民主集中制，增强市委员会和广大党员的积极性创造性、党的团结统一和行动一致；坚持从严管党、治党，始终保持党的先进性和纯洁性；坚持在宪法和法律范围内活动，依据党章和其他党内法规履职尽责。

中共市委的领导作用具体体现在：政治领导，即政治原则、政治方向、重大决策的领导；思想领导，即意识形态、舆论导向方面的领导；组织领导。市委的政治领导、思想领导和组织领导，是一个统一的不可分割的整体。其中，政治领导是首要的、是核心；思想领导是政治领导和组织领导的前提和基础；组织领导是政治领导和思想领导的保证。市委实行政治、思想和组织领导，主要是把方向、管大局、做决策、保落实。

二、民主党派组织

我国各民主党派是各自所联系的一部分社会主义劳动者、社会主义事业建设者和拥护社会主义、拥护祖国统一、致力于中华民族伟大复兴的爱国者的政治联盟，是接受中国共产党领导的，同中国共产党通力合作、共同致力于社会主义事业的亲密友党，是中国特色社会主义参政党。我国目前共有 8 个民主党派，即中国国民党革命委员会、中国民主同盟、中国民主建国会、中国民主促进会、中国农工民主党、中国致公党、九三学社、台湾民主自治同盟。我国的民主党派绝大多数是在民主革命时期先后成立的，是同中国共产党长期风雨同舟、患难与共的亲密战友，是我国爱国统一战线的一支重要力量，也是维护我国安定团结、促进社会主义现代化建设和祖国统一的一支重要力量。中国共产党和各民主党派的共同任务，就是坚持社会主义初级阶段的基本路线，为把我国建设成为富强民主文明和谐美丽的社会主义现代化国家，为实现中华民族伟大复兴而奋斗。

各民主党派在城市和市辖区设立党的代表大会和委员会。各民主党派的市委员会由市代表大会选举产生，向同级党的代表大会及上级组织负责并报告工作。市委员会可以根据工作需要，设立必要的工作部门。

新时代民主党派组织发展的方针是：第一，有计划地稳定地发展组织。坚持实践中发展，发展一批，巩固一批。坚持重点分工和发展大中城市的中层以上的党外人士为主。第二，大力吸收德才兼备的青壮年人才进入领导班子，逐步实现新老合作与交替。第三，加强对领导班子和领导骨干的教育培训，不断提高领导的政治觉悟和理论水平。第四，在配备领导班子和吸收新成员时，把好政治关。

民主党派组织在城市社会政治生活中具有重要的地位和作用：

第一，积极参政议政，实行民主监督。各民主党派是反映人民群众意见、发挥监督作用的一条重要渠道。充分发挥和加强民主党派参政和监督作用，对于加强和改善共产党的领导，推进社会主义民主政治建设，保持国家长治久安，促进改革开放和现代化建设事业的发展，具有重要的意义。民主党派参政的基本点是：参加城市国家政权，参与城市大政方针和城市国家政权主要领导人选的协商，参与城市公共事务的管理，参与城市发展方针、政策、法规的制定执行。发挥民主党派监督作用的总原则是：在坚持四项基本原则的基础上，发扬民主，广开言路，鼓励和支持民主党派与无党派人士对城市发展的方针政策、城市各项工作提出意见、批评、建议，做到知无不言，言无不尽，并且勇于坚持正确的意见。

第二，发展社会主义民主。各民主党派组织分别联系和代表着一部分人民群众，他们提出的意见具有相当的代表性，认真听取他们的意见和建议，有利于中共市委减少工作中的失误，制定出更符合市民利益和要求的政策。中共市委在决定城市发展的大政方针、重要人事安排以及市民关心的重大事项时，通过各种形式与民主党派进行民主协商，征求并吸收民主党派的意见，使民主党派参与城市政治生活中的重大问题的决策。此外，各民主党派组织还推荐其成员中政治上有代表性、业务上有专长、管理上有能力的人士参加市人大、市政府和市政协的工作，有的还担任领导职务，直接参与城市事务的管理。因此，民主党派组织在加强监督、活跃政治生活、健全社会主义民主方面具有重要的作用。

第三，为城市现代化建设出力。各民主党派的智力结构具有多学科、多方面、多层次的特点，它们充分利用自身的各种有利条件，就城市经济、社会、生态环境、科学技术、文化教育等方面的重大问题进行专题调查研究，向城市有关部门献计献策，其中很多建议和意见对城市现代化建设产生了很大影响。此外，它们通过各种方式积极发展对外联系，为引进城市建设所需要的资本、技术、设备和人才牵针引线、铺路搭桥，从而成为城市现代化建设中一支不可缺少的力量。

第四，协助有关部门开展对外交流工作，巩固爱国统一战线。各民主党派有比较广泛的社会联系，许多人不仅在大陆，而且与港澳同胞、台湾同胞和海外华侨、华裔乃至外国友好人士有着各种社会历史关系，他们能协助城市有关部门介绍祖国大陆的情况和建设成就，增进相互了解，努力团结争取更多的海外爱国人士，扩大和巩固爱国统一战线。民主党派在扩大对外交流、实现祖国统一大业方面发挥着不可或缺的重要作用。

为了保证各民主党派上述作用的充分发挥，各民主党派组织要加强自身建设，充分发挥民主监督作用，并主动与中国共产党组织合作，共同做好城市各项工作。中共市委要坚持贯彻长期共存、互相监督、肝胆相照、荣辱与共这一共产党同各民主党派长期合作的基本方针；积极支持民主党派独立自主地处理自己内部事务，帮助它们改善工作条件，支持它们开展各项活动，维护本组织成员及其所联系群众的合法利益和合理要求；加强同民主党派的民主协商，发挥它们的监督作用；改善和加强党同民主党派在市人大、市政府、市政协中的合作共事关系。其中，建立和完善城市政党协商制度是充分发挥民主党派重要作用的重大举措。

政党协商是中国共产党在城市的党组织同民主党派基于共同的政治目标，就城市建设和管理的重大方针政策和重要事务，在决策之前和决策实施之中，直接进行政治协商的重要民主形式。中国共产党在城市的党组织同民主党派开展政党协商的主要内容包括：中共市代表大会、中共市委员会的有关重要文件；有关重要法规的制定、修改建议；城市国家政权机关领导人建议人选；城市经济和社会发展的中长期规划以及年度经济社会发展情况；关系城市改革发展稳定等重要问题；统一战线和多党合作的重大问题；其他需要协商的重要问题。政党协商的形式有：会议协商、约谈协商、书面协商。政党协商的保障机制有：知情明政机制、考察调研机制、工作联系机制、协商反馈机制。

三、市人民政治协商会议

市人民政治协商会议简称市政协，是城市中具有广泛代表性的爱国统一战线组织，由全体社会主义劳动者、社会主义事业的建设者、拥护社会主义的爱国者、拥护祖国统一和致力于中华民族伟大复兴的爱国者组成的政治联盟，是人民民主的重要实现形式，是国家治理体系的重要组成部分，是具有中国特色的制度安排。市政协是在中共市委领导下和政协全国委员会指导下，实现多党合作的形式，也是城市中发展社会主义民主、实行政治协商和民主监督的重要形式。

作为政治联盟的组织，市政协不同于市的国家权力机关和行政机关，它的组织是相对松散的，它所通过的决议也没有法律约束力。但是，市政协与市的国家权力机关和行政机关有着十分密切的联系。具体表现为：市人大、市政府在做出重大决策之前和决策实施之中，需要征求市政协的意见；市政协委员列席市人民代表大会会议；市人大常委会和市政协常委会举行联席会议，商讨有关重大问题；市人大和市政协同时召开会议，分合穿插，共同讨论和协商城市建设中各项重大问题；市人大代表和市政协委员一起进行视察、考察和调查工作等。

直辖市、设区的市、不设区的市和市辖区等有条件的地方，均可设立人民政协市（区）委员会。人民政协市（区）委员会由中国共产党的城市党组织、城市各民主党派组织、无党派民主人士、市人民团体、各少数民族和全市各界的代表以及台湾同胞、港澳同胞、海外侨胞的代表组成。凡赞成人民政协章程的党派、团体和个人，经人民政协市（区）委员会常务委员会协商同意或邀请，可参加人民政协市（区）委员会。直辖市、设区的市、不设区的市、市辖区的政协委员会每届任期为五年。

政协市（区）委员会设常务委员会主持会务。常务委员会由主席、副主席、秘书长和常务委员组成，其候选人由参加政协市（区）委员会的各党派、各人民团体、各民族和各界人士协商提名，经市（区）委员会全体会议选举产生。

政协市（区）委员会的主席主持常务委员会的工作，副主席、秘书长协助主席工作。主席、副主席、秘书长组成主席会议，处理常务委员会的重要日常工作。政协市（区）委员会可以按照需要设副秘书长一人至数人，协助秘书长进行工作。

直辖市的政协委员会设立办公厅，专门委员会及其他工作机构的设置，按照当地实际情况和工作需要，由常务委员会决定。设区的市、不设区的市和市辖区的政协委员会的工作机构的设置，按照当地实际情况和工作需要，由常务委员会决定。

市人民政协的组织原则是：第一，凡参加政协市委员会的单位和个人，都有遵守和履行政协章程的义务，也有声明退出的自由。第二，政协市委员会与政协上级委员会是指导与被指导的关系，但对于政协上级委员会的全国性或地区性的决议，政协市委员会必须遵守和履行。第三，政协市委员会的议案，应经全体委员的过半数通过。常务委员会的议案，应经常务委员会全体组成人员过半数通过。各参加单位和个人对会议的决议，都有遵守和履行的义务。如有不同意见，在坚决执行的前提下可以声明保留。第四，政协市委员会各参加单位在市政协会议上，有表决权、选举权和被选举权，有对市委员会工作提出批评和建议的权利，有通过会议决议和充分发表各种意见的权利，有参加讨论国家大政方针和市的重大事务的权利，有对城市国家机关及其工作人员的工作提出建议和批评的权利，有对违纪违法行为检举揭发、参与调查和检查的权利。第五，参加政协市委员会的单位和个人，如果严重违反政协章程和全体会议、常务委员会会议的决议，由市政协常委会根据情节给予警告处分，或者撤销其参加政协市委员会的资格。受警告处分或撤销参加资格的单位或个人，如果不服，可以请求复议。

市政协在新时代的任务是：高举爱国主义、中国特色社会主义旗帜，在热爱中华人民共和国、拥护中国共产党的领导、拥护社会主义事业、拥护祖国统一和共同致力于中华民族伟大复兴的政治基础上，进一步巩固和发展爱国统一战线，把全体社会主义劳动者、社会主义事业的建设者、拥护社会主义的爱国者、拥护祖国统一和共同致力于中华民族伟大复兴的爱国者都团结起来，同心同德，群策群力，为推进社会主义经济建设、政治建设、文化建设、社会建设和生态文明建设，为实现祖国完全统一，为推动构建人类命运共同体而奋斗。

市政协工作必须坚持的原则是：坚持以马克思列宁主义、毛泽东思想、邓小平理论、“三个代表”重要思想、科学发展观、习近平新时代中国特色社会主义思想为指导，坚持中国共产党的领导，坚持在宪法和法律范围内开展工作，坚持社会主义初级阶段的基本理论、基本路线、基本方略，坚持团结和民主两大主题，把促进发展作为人民政协履行职能的第一要务，坚持以人民为中心开展市政协工作。

市政协的主要职能是政治协商、民主监督、参政议政。市政协要围绕团结和民主两大主题履行职能，把加强团结和发扬民主贯穿于市政协工作的各个方面，推进政治协商、民主监督、参政议政的制度化、规范化和程序化。政治协商、民主监督、参政议政的目的是：发扬社会主义民主，反映社会各方面的意见和要求，为参加市政协的各民主党派、无党派爱国人士、人民团体、少数民族人士和各界爱国人士发挥作用开辟畅通的渠道，集思广益，促进城市重大决策的科学化与民主化；监督国家宪法、法律和法规的实施，监督重大方针政策、重要决策部署的贯彻执行，监督涉及人民群众切身利益实际问题的解决落实，监督城市国家机关及其工作人员改进工作，提高工作效率，克服形式主义、官僚主义、享乐主义和奢靡之风，加强廉政建设；推动城市社会主义物质文明、政治文明、精神文明、社会文明和生态文明建设，促进社会主义市场经济和社会生产力的发展；协调城市社会各方面的关系，促进各方面的相互沟通和理解，加强在中共市委领导下各党派的团结合作；贯彻执行和平统一、“一国两制”的方针，促进祖国统一大业的实现。

第二节　城市国家机关

一、城市权力机关

市人民代表大会是城市的国家权力机关，在城市的行政区域内代表人民行使国家权力。市人民代表大会在整个城市国家机关中处于首要地位，城市行政机关、监察机关、司法机关都由它产生，并对它负责，接受其监督。

直辖市和设区的市的人民代表大会由下一级人民代表大会选举的代表组成。不设区的市和市辖区的人民代表大会由选民直接选举的代表组成。直辖市、市、市辖区的人民代表大会每届任期五年。

市人民代表大会主要行使决定权、任免权、监督权和地方立法权，具体体现在以下几方面：

第一，在本行政区域内，保证宪法、法律、行政法规和上级人民代表大会及其常务委员会决议的遵守和执行，保证国家计划和国家预算的执行。

第二，审查和批准本行政区域内的国民经济和社会发展规划纲要、计划和预算及其执行情况的报告，审查监督政府债务，监督本级人民政府对国有资产的管理。

第三，讨论、决定本行政区域内的政治、经济、教育、科学、文化、卫生、生态环境保护、自然资源、城乡建设、民政、社会保障、民族等工作的重大事项和项目。

第四，选举和罢免市人大常委会组成人员；选举和罢免市长、副市长；选举和罢免市监察委员会主任、市人民法院院长和市人民检察院检察长，选举和罢免市人民检察院检察长，须报上一级人民检察院检察长提请该级人大常委会批准；选举和罢免上一级人民代表大会代表。

第五，听取和审议市人大常委会的工作报告；听取和审议市人民政府、市人民法院、市人民检察院的工作报告；改变或者撤销市人大常委会不适当的决议；撤销市人民政府不适当的决定和命令。

第六，保护社会主义的全民所有的财产和劳动群众集体所有的财产，保护公民私人所有的合法财产，维护社会秩序，保障公民的人身权利、民主权利和其他权利；保护各种经济组织的合法权益；铸牢中华民族共同体意识，促进各民族广泛交往交流交融，保障少数民族的合法权利和利益；保障宪法和法律赋予妇女的男女平等、同工同酬和婚姻自由等各项权利。

第七，制定地方性法规。直辖市的人民代表大会根据本行政区域的具体情况和实际需要，在不同宪法、法律、行政法规相抵触的前提下，可以制定和颁布地方性法规，报全国人大常委会和国务院备案。设区的市的人民代表大会根据本行政区域的具体情况和实际需要，在不同宪法、法律、行政法规和本省、自治区的地方性法规相抵触的前提下，可以依照法律规定的权限制定地方性法规，报省、自治区的人大常委会批准后施行，并由省、自治区的人大常委会报全国人大常委会和国务院备案。直辖市以及设区的市的人民代表大会根据区域协调发展的需要，可以开展协同立法。

市人民代表大会根据民主集中制的原则，通过召开会议的方式集体行使上述职权。市人民代表大会会议每年至少举行一次。市人民代表大会会议由市人大常委会召集。市人民代表大会议进行选举和通过决议，以全体代表的过半数通过。

直辖市、设区的市的人民代表大会根据需要，可以设法制委员会、财政经济委员会、教育科学文化卫生委员会、环境与资源保护委员会、社会建设委员会和其他需要设立的专门委员会。不设区的市、市辖区的人民代表大会根据需要，可以设法制委员会、财政经济委员会等专门委员会。各专门委员会在市或区人大及其常委会领导下，开展下列工作：审议本级人大主席团或者常委会交付的议案；向本级人大主席团或者常委会提出属于本级人大或者常委会职权范围内同本委员会有关的议案，组织起草有关议案草案；承担本级人大常委会听取和审议专项工作报告、执法检查、专题询问等的具体组织实施工作；按照本级人大常委会工作安排，听取本级人民政府工作部门和监察委员会、人民法院、人民检察院的专题汇报，提出建议；对属于本级人大及其常委会职权范围内同本委员会有关的问题，进行调查研究，提出建议；研究办理代表建议、批评和意见，负责有关建议、批评和意见的督促办理工作；办理本级人大及其常委会交办的其他工作。

市人民代表大会可以组织关于特定问题的调查委员会。主席团或者十分之一以上代表书面联名，可以向市人民代表大会提议组织关于特定问题的调查委员会，由主席团提请全体会议决定。调查委员会应当向市人民代表大会提出调查报告。市人民代表大会根据调查委员会的报告，可以做出相应的决议。

直辖市、市、市辖区的人民代表大会设立常务委员会。市人大常委会是市人民代表大会的常设机关，是市人民代表大会闭会期间行使城市国家权力的机关，对市人民代表大会负责并报告工作。直辖市、设区的市的人大常委会由本级人民代表大会在代表中选举主任、副主任若干人、秘书长、委员若干人组成。不设区的市、市辖区的人大会常委会由本级人民代表大会在代表中选举主任、副主任若干人和委员若干人组成。市人大常委会的组成人员不得担任市行政机关、监察机关、审判机关和检察机关的职务；如果担任上述职务，必须向市人大常委会辞去常委会的职务。直辖市、市、市辖区人大常委会每届任期为五年。

市人大常委会行使下列职权：

第一，在本行政区域内，保证宪法、法律、行政法规和上级人民代表大会及其常务委员会决议的遵守和执行。

第二，领导或者主持市人民代表大会代表的选举，召集市人民代表大会会议。

第三，讨论、决定本行政区域内的政治、经济、教育、科学、文化、卫生、生态环境保护、自然资源、城乡建设、民政、社会保障、民族等工作的重大事项和项目；根据本级人民政府的建议，审查和批准本行政区域内的国民经济和社会发展规划纲要、计划和本级预算的调整方案。

第四，监督本行政区域内的国民经济和社会发展规划纲要、计划和预算的执行，审查和批准本级决算，监督审计查出问题整改情况，审查监督政府债务；监督市人民政府、监察委员会、人民法院和人民检察院的工作，听取和审议有关专项工作报告，组织执法检查，开展专题询问等；联系市人民代表大会代表，受理人民群众对上述机关和国家工作人员的申诉和意见；监督市人民政府对国有资产的管理，听取和审议市人民政府关于国有资产管理情况的报告；听取和审议市人民政府关于年度环境状况和环境保护目标完成情况的报告；听取和审议备案审查工作情况报告；撤销下一级人大及其常委会的不适当的决议；撤销市人民政府的不适当的决定和命令。

第五，在市人民代表大会闭会期间，决定副市长的个别任免；在市长、市监察委员会主任、市人民法院院长、市人民检察院检察长因故不能担任职务的时候，根据主任会议的提名，从市人民政府、监察委员会、人民法院、人民检察院副职领导人员中决定代理的人选；决定代理检察长，须报上一级人民检察院和人大常委会备案；根据市长的提名，决定市人民政府秘书长、厅长、局长、委员会主任、科长的任免，报上一级人民政府备案；根据监察委员会主任的提名，任免监察委员会副主任、委员；按照人民法院组织法和人民检察院组织法的规定，任免市人民法院副院长、庭长、副庭长、审判委员会委员、审判员，任免市人民检察院副检察长、检察委员会委员、检察员，批准任免下一级人民检察院检察长；直辖市的人大常委会根据主任会议的提名，决定在直辖市内设立的中级人民法院院长的任免，根据直辖市的人民检察院检察长的提名，决定人民检察院分院检察长的任免；在市人民代表大会闭会期间，决定撤销个别副市长的职务；决定撤销由它任命的市人民政府其他组成人员和监察委员会副主任、委员，人民法院副院长、庭长、副庭长、审判委员会委员、审判员，人民检察院副检察长、检察委员会委员、检察员，中级人民法院院长，人民检察院分院检察长的职务；在市人民代表大会闭会期间，补选上一级人民代表大会出缺的代表和罢免个别代表。

第六，制定地方性法规。直辖市的人大常委会在本级人民代表大会闭会期间，根据本行政区域的具体情况和实际需要，在不同宪法、法律、行政法规相抵触的前提下，可以制定和颁布地方性法规，报全国人大常委会和国务院备案。设区的市的人大常委会在本级人民代表大会闭会期间，根据本行政区域的具体情况和实际需要，在不同宪法、法律、行政法规和本省、自治区的地方性法规相抵触的前提下，可以依照法律规定的权限制定地方性法规，报省、自治区的人大常委会批准后施行，并由省、自治区的人大常委会报全国人大会常委会和国务院备案。直辖市以及设区的市的人大会常委会根据区域协调发展的需要，可以开展协同立法。

市人大常委会根据民主集中制的原则，通过召开会议的形式集体行使上述职权。市人大常委会的会议分为常委会会议和主任会议。市人大常委会会议由主任召集并主持，每两个月至少举行一次。遇有特殊需要时，可以临时召集常委会会议。主任可以委托副主任主持会议。常委会会议有常委会全体组成人员过半数出席，始得举行。常委会的决议，由常委会以全体组成人员的过半数通过。直辖市、设区的市的人大常委会主任、副主任和秘书长组成主任会议；不设区的市、市辖区的人大常委会主任、副主任组成主任会议。主任会议处理常委会的重要日常工作。

市人大常委会设立代表资格审查委员会。代表资格审查委员会的主任委员、副主任委员和委员的人选，由市人大常委会主任会议在市人大常委会组成人员中提名，由市人大常委会任免。代表资格审查委员会审查代表的选举是否符合法律规定。

主任会议或者五分之一以上的市人大常委会组成人员书面联名，可以向市人大常委会提议组织关于特定问题的调查委员会，由全体会议决定。调查委员会应当向市人大常委会提出调查报告。市人大常委会根据调查委员会的报告，可以做出相应的决议。

市人大常委会可以根据工作需要，设立办事机构和法制工作委员会、预算工作委员会、代表工作委员会等工作机构。

二、城市行政机关

市人民政府是市人民代表大会的执行机关，是城市的国家行政机关。作为市人民代表大会的执行机关，市人民政府对市人民代表大会负责并报告工作，在市人民代表大会闭会期间，对市人大常委会负责并报告工作。作为城市的国家行政机关，市人民政府是组织和管理本市行政区划内行政事务的机关，对上一级国家行政机关负责并报告工作，并服从最高国家行政机关即国务院的统一领导。市人民政府的这种双重性质和地位，既保证了中央和上级行政机关对城市行政事务的统一领导，又利于因地制宜地发挥市人民政府的积极性和主动性。

市人民政府应当维护宪法和法律权威，坚持依法行政，建设职能科学、权责法定、执法严明、公开公正、智能高效、廉洁诚信、人民满意的法治政府；应当坚持以人民为中心，全心全意为人民服务，提高行政效能，建设服务型政府；应当严格执行廉洁从政各项规定，加强廉政建设，建设廉洁政府；应当坚持诚信原则，加强政务诚信建设，建设诚信政府；应当坚持政务公开，全面推进决策、执行、管理、服务、结果公开，依法、及时、准确公开政府信息，推进政务数据有序共享，提高政府工作的透明度；应当坚持科学决策、民主决策、依法决策，提高决策的质量；应当依法接受监督，确保行政权力依法正确行使。

直辖市和设区的市的人民政府分别由市长、副市长、秘书长、厅长、局长、委员会主任等组成。不设区的市和市辖区的人民政府分别由市长、副市长、区长、副区长、局长、科长等组成。市长、副市长、区长、副区长由本级人大主席团或者代表联合提名后由本级人民代表大会选举产生。直辖市、市、市辖区的人民政府每届任期五年。

市人民政府行使下列职权：

第一，执行市人民代表大会及其常务委员会的决议，以及上级国家行政机关的决定和命令，规定行政措施，发布决定和命令。

第二，领导所属各工作部门和下级人民政府的工作；改变或者撤销所属各工作部门和下级人民政府的不适当的决定。

第三，依照法律的规定任免、培训、考核和奖惩国家行政机关工作人员。

第四，编制和执行国民经济和社会发展规划纲要、计划和预算，管理本行政区域内的经济、教育、科学、文化、卫生、体育、城乡建设等事业和生态环境保护、自然资源、财政、民政、社会保障、公安、民族事务、司法行政、人口与计划生育等行政工作。

第五，直辖市的人民政府可以根据法律、行政法规和直辖市的地方性法规，制定规章，报国务院和市人大常委会备案。设区的市的人民政府，可以根据法律、行政法规和本省、自治区的地方性法规，依照法律规定的权限制定规章，报国务院和省、自治区的人大常委会、人民政府以及市人大常委会备案。市人民政府制定规章，须经市政府常务会议或者全体会议讨论决定。

第六，保护社会主义的全民所有的财产和劳动群众集体所有的财产，保护公民私人所有的合法财产，维护社会秩序，保障公民的人身权利、民主权利和其他权利；履行国有资产管理职责；保护各种经济组织的合法权益。

第七，铸牢中华民族共同体意识，促进各民族广泛交往交流交融，保障少数民族的合法权利和利益，保障少数民族保持或者改革自己的风俗习惯的自由，帮助本行政区域内的民族自治地方依照宪法和法律实行区域自治，帮助各少数民族发展政治、经济和文化的建设事业。

第八，保障宪法和法律赋予妇女的男女平等、同工同酬和婚姻自由等各项权利。

第九，办理上级国家行政机关交办的其他事项。

市人民政府的领导体制是行政首长负责制，即市人民政府实行市长负责制，市长主持市人民政府的工作。市长在市人民政府的全部工作中负有全面责任，享有全面领导权、最高决定权、人事提名和任免权等。

为了防止市长滥用职权，市人民政府会议设有全体会议和常务会议。全体会议由市人民政府全体成员组成。直辖市、设区的市的人民政府常务会议，分别由市长、副市长、秘书长组成。不设区的市、市辖区的人民政府常务会议，分别由市长、副市长、区长、副区长组成。市长、区长召集和主持本级人民政府全体会议和常务会议。政府工作中的重大问题，须经政府常务会议或者全体会议讨论决定。

市人民政府根据需要、精干、法治、效能的原则，设立权界清晰、分工合理、权责一致、运转高效、法治保障的工作部门。第一，需要原则。市政府工作部门的设置是为了组织和管理城市各项行政事务，需要的就设，不需要的就不设，不能“因人设庙”。第二，精干原则。市政府工作部门的数量和规模要精干，领导集体和行政人员要精干，层次要简化。第三，法治原则。市政府工作部门要依照有关法律法规规定的原则和程序设置，不能擅自增设或升格机构。第四，效能原则。市政府各工作部门要运转协调、办事高效，做到少花钱多办事、少设机构多办事。

市人民政府的工作部门是指在市人民政府统一领导下，负责管理城市某一方面或某些方面行政事务的职能机构，称为局、委员会、科、办公厅（室）等。由于不同行政层次的城市人民政府的工作范围和职责权限的不同，因此所设的工作部门有差别。即使是同一行政层次的城市政府，由于各城市具有特殊情况，因此工作部门的设置也不完全一致。但是，城市政府都是国务院统一领导下的国家行政机构，有许多相同的工作内容，因而有许多性质相同的工作部门。按管理的领域与性质，市政府的工作部门可以分为以下几类：第一，综合管理部门。如市发展和改革委员会、市财政局等。第二，专业管理部门。如市住房和城乡建设委员会、市交通运输局、市商务局、市自然资源局、市文化和旅游局、市绿化园林局等。第三，监督管理部门。如市审计局、市市场监督管理局、市统计局、市税务局等。第四，社会管理部门。如市民政局、市卫生健康委员会、市科学技术委员会、市教育局、市体育局、市人力资源和社会保障局、市医疗保障局等。第五，安全保卫部门。如市公安局、市安全局、市司法局等。第六，内务管理部门。如办公厅（室）、机关事务管理局等。

市辖区和不设区的市的人民政府，经上一级人民政府批准，可以设立若干街道办事处，作为它的派出机关。街道办事处的任务是办理市、市辖区人民政府交办的有关居民工作的事项；指导居民委员会的工作；反映居民的意见和要求；等等。

三、城市监察机关

市监察委员会是城市的监察机关，是行使国家监察职能的专责机关，依照《中华人民共和国监察法》对所有行使公权力的公职人员进行监察，调查职务违法和职务犯罪，开展廉政建设和反腐败工作，维护宪法和法律的尊严。市监察委员会依照法律规定独立行使监察权，不受行政机关、社会团体和个人的干涉。市监察机关办理职务违法和职务犯罪案件，应当与审判机关、检察机关、执法部门互相配合，互相制约。市监察机关在工作中需要协助的，有关机关和单位应当根据市监察机关的要求依法予以协助。

市监察工作要严格遵照宪法和法律，以事实为根据，以法律为准绳；在适用法律上一律平等，保障当事人的合法权益；权责对等，严格监督；惩戒与教育相结合，宽严相济。

市监察工作要坚持标本兼治、综合治理，强化监督问责，严厉惩治腐败；深化改革、健全法制，有效制约和监督权力；加强法治教育和道德教育，弘扬中华优秀传统文化，构建不敢腐、不能腐、不想腐的长效机制。

直辖市、市、市辖区设立监察委员会。直辖市、市、市辖区监察委员会由本级人民代表大会产生，负责本行政区域内的监察工作。直辖市、市、市辖区监察委员会由主任、副主任若干人、委员若干人组成，主任由本级人民代表大会选举，副主任、委员由监察委员会主任提请本级人民代表大会常务委员会任免。直辖市、市、市辖区监察委员会主任每届任期同本级人民代表大会每届任期相同。直辖市、市、市辖区监察委员会对本级人民代表大会及其常务委员会和上一级监察委员会负责，并接受其监督。

市监察委员会依照《中华人民共和国监察法》和有关法律规定履行监督、调查、处置职责：对公职人员开展廉政教育，对其依法履职、秉公用权、廉洁从政从业以及道德操守情况进行监督检查；对涉嫌贪污贿赂、滥用职权、玩忽职守、权力寻租、利益输送、徇私舞弊以及浪费国家资财等职务违法和职务犯罪进行调查；对违法的公职人员依法做出政务处分决定；对履行职责不力、失职失责的领导人员进行问责；对涉嫌职务犯罪的，将调查结果移送人民检察院依法审查、提起公诉；向监察对象所在单位提出监察建议。

直辖市、市、市辖区监察委员会可以向本级中国共产党机关、国家机关、法律法规授权或者委托管理公共事务的组织和单位以及所管辖的行政区域、国有企业等派驻或者派出监察机构、监察专员。

市监察机关对下列公职人员和有关人员进行监察：中国共产党城市机关、市人民代表大会及其常务委员会机关、市人民政府、市监察委员会、市人民法院、市人民检察院、市政协机关、民主党派机关和工商业联合会机关的公务员，以及参照《中华人民共和国公务员法》管理的人员；法律、法规授权或者受国家机关依法委托管理公共事务的组织中从事公务的人员；国有企业管理人员；公办的教育、科研、文化、医疗卫生、体育等单位中从事管理的人员；基层群众性自治组织中从事管理的人员；其他依法履行公职的人员。

直辖市、市、市辖区监察委员会应当接受本级人民代表大会及其常务委员会的监督。直辖市、市、市辖区人民代表大会常务委员会听取和审议本级监察委员会的专项工作报告，组织执法检查。直辖市、市、市辖区人民代表大会及其常务委员会举行会议时，人民代表大会代表或者常务委员会组成人员可以依照法律规定的程序，就监察工作中的有关问题提出询问或者质询。市监察机关应当依法公开监察工作信息，接受民主监督、社会监督、舆论监督。市监察机关通过设立内部专门的监督机构等方式，加强对监察人员执行职务和遵守法律情况的监督，建设忠诚、干净、有担当的监察队伍。

四、城市司法机关

1. 市人民法院

市人民法院是城市的审判机关，代表国家行使审判权。所谓审判权，是指依法审理和判决刑事案件、民事案件、经济案件、行政案件等。市人民法院从属于市人民代表大会及其常务委员会，由市人民代表大会及其常务委员会产生，受市人民代表大会及其常务委员会监督，对市人民代表大会及其常务委员会负责。市人民法院的审判工作受上级人民法院的监督，上级人民法院可以通过受理上诉、抗诉、申诉等渠道监督市人民法院的审判活动，对于市人民法院已经产生法律效力的错误判决和裁定进行提审或指令市人民法院再审，纠正错误判决和裁定。

市人民法院的任务是审判刑事案件、民事案件、行政案件以及法律规定的其他案件，惩罚犯罪，保障无罪的人不受刑事追究，解决民事、行政纠纷，保护个人和组织的合法权益，监督行政机关依法行使职权，维护国家安全和社会秩序，维护社会公平正义，维护国家法制统一、尊严和权威，保障中国特色社会主义建设的顺利进行。

市人民法院根据城市的行政地位设置。直辖市设市高级人民法院、中级人民法院、基层人民法院；设区的市设中级人民法院、基层人民法院；不设区的市和市辖区，设立基层人民法院。市人民法院根据审判工作需要，可以设必要的专业审判庭；法官员额较少的中级人民法院和基层人民法院，可以设综合审判庭或者不设审判庭；可以设综合业务机构，法官员额较少的中级人民法院和基层人民法院可以不设综合业务机构；可以设必要的审判辅助机构和行政管理机构。市人民法院的审判人员由院长、副院长、审判委员会委员和审判员等人员组成。

基层人民法院由院长一人，副院长和审判员若干人组成。基层人民法院可以设刑事审判庭、民事审判庭和经济审判庭，并设庭长、副庭长。基层人民法院审判刑事和民事的第一审案件，法律另有规定的除外。基层人民法院对它所受理的刑事和民事案件，认为案情重大应当由上级人民法院审判的时候，可以请求移送上级人民法院审判。基层人民法院除审判案件外，办理下列事项：处理不需要开庭审判的民事纠纷和轻微的刑事案件；对人民调解委员会的调解工作进行业务指导。基层人民法院根据地区、人口和案件情况，可以设立若干人民法庭。人民法庭是基层人民法院的组成部分，人民法庭的判决和裁定即基层人民法院的判决和裁定。

中级人民法院由院长一人，副院长、审判委员会委员、庭长、副庭长和审判员若干人组成。中级人民法院设刑事审判庭、民事审判庭、经济审判庭，根据需要可以设立其他审判庭。中级人民法院审判下列案件：法律规定由其管辖的第一审案件；基层人民法院报请审理的第一审案件；上级人民法院指定管辖的第一审案件；对基层人民法院判决和裁定的上诉、抗诉案件；按照审判监督程序提起的再审案件。中级人民法院对它所受理的刑事和民事案件，认为案情重大应当由上级人民法院审判的时候，可以请求移送上级人民法院审判。

高级人民法院由院长一人，副院长、审判委员会委员、庭长、副庭长和审判员若干人组成。高级人民法院设刑事审判庭、民事审判庭、经济审判庭，根据需要可以设立其他审判庭。高级人民法院审判下列案件：法律规定由其管辖的第一审案件；下级人民法院报请审理的第一审案件；最高人民法院指定管辖的第一审案件；对中级人民法院判决和裁定的上诉、抗诉案件；按照审判监督程序提起的再审案件；中级人民法院报请复核的死刑案件。

市各级人民法院院长由本级人民代表大会选举，副院长、审判委员会委员、庭长、副庭长和审判员由院长提请本级人大常委会任免。在省、自治区内按地区设立的和在直辖市内设立的中级人民法院院长，由省、自治区、直辖市人民代表大会常务委员会根据主任会议的提名决定任免，副院长、审判委员会委员、庭长、副庭长和审判员由高级人民法院院长提请省、自治区、直辖市人民代表大会常务委员会任免。市各级人民法院院长任期与产生它的人民代表大会每届任期相同。市各级人民代表大会有权罢免由其选出的人民法院院长。在市人民代表大会闭会期间，市人民代表大会常务委员会认为市人民法院院长需要撤换的，应当报请上级人民代表大会常务委员会批准。

市人民法院的审判活动必须遵循以下原则：

第一，审判权独立行使原则。市人民法院依照法律规定独立行使审判权，不受行政机关、社会团体和个人的干涉。

第二，平等审判原则。市人民法院审判案件，对于一切公民，不分民族、种族、性别、职业、社会出身、宗教信仰、教育程度、财产状况、居住期限，在适用法律上一律平等，不允许任何组织和个人有超越法律的特权，禁止任何形式的歧视。

第三，公正审判原则。市人民法院坚持司法公正，以事实为根据，以法律为准绳，遵守法定程序，依法保护个人和组织的诉讼权利和其他合法权益，尊重和保障人权。当事人如果认为审判人员与本案有利害关系或者有其他关系不能公正审判，有权请求审判人员回避。审判人员是否应当回避，由本院院长决定。审判人员如果认为自己与本案有利害关系或者有其他关系，需要回避时，应当报告本院院长决定。

第四，司法公开原则。市人民法院审理案件，一律实行司法公开，法律另有规定的除外。

第五，权责统一原则。市人民法院实行司法责任制，建立健全权责统一的司法权力运行机制，实行审理者裁判、责任承担、错案终身追责。

第六，监督原则。市人民代表大会及其常务委员会对市人民法院的工作实施监督。最高人民法院监督地方各级人民法院和专门人民法院的审判工作，上级人民法院监督下级人民法院的审判工作，具体地说，最高人民法院对地方各级人民法院和各专门人民法院已经发生法律效力的判决和裁定，上级人民法院对下级人民法院已经发生法律效力的判决和裁定，如果发现确有错误，有权提审，或者指令下级人民法院再审；上级人民法院有权审判对下级人民法院的判决和裁定不服的上诉案件和人民检察院提起抗诉的案件；上级人民法院有权审理按照审判监督程序提起的案件；最高人民法院可以通过对具体应用法律的问题做出解释，纠正下级人民法院审判过程中的违法和不当行为。市人民法院应当加强内部监督，审判活动有违法情形的，应当及时调查核实，并根据违法情形依法处理。市人民法院应当接受人民群众监督，保障人民群众对人民法院工作依法享有知情权、参与权和监督权。

第七，被告人有权获得辩护原则。被告人除自己进行辩护外，有权委托律师为他辩护，可以由人民团体或者被告人所在单位推荐的或者经市人民法院许可的公民为他辩护，可以由被告人的近亲属、监护人为他辩护。市人民法院认为必要的时候，可以指定辩护人为他辩护。

第八，允许使用本民族语言文字进行诉讼的原则。各民族公民都有用本民族语言文字进行诉讼的权利。市人民法院对于不通晓当地通用的语言文字的当事人，应当为他们翻译。在少数民族聚居或者多民族杂居的地区，市人民法院应当用当地通用的语言进行审讯，用当地通用的文字发布判决书、布告和其他文件。

市各级人民法院设审判委员会，实行民主集中制。审判委员会由院长、副院长和若干资深法官组成，成员应当为单数。审判委员会会议分为全体会议和专业委员会会议。中级以上人民法院根据审判工作需要，可以按照审判委员会委员专业和工作分工，召开刑事审判、民事行政审判等专业委员会会议。审判委员会履行下列职能：总结审判工作经验；讨论决定重大、疑难、复杂案件的法律适用；讨论决定本院已经发生法律效力的判决、裁定、调解书是否应当再审；讨论决定其他有关审判工作的重大问题。

市人民法院审判案件，实行两审终审制。市人民法院第一审案件的判决和裁定，当事人可以按照法律规定的程序向上一级人民法院上诉，市人民检察院可以按照法律规定的程序向上一级人民法院抗诉。市人民法院第一审案件的判决和裁定，如果在上诉期限内当事人不上诉、市人民检察院不抗诉，就是发生法律效力的判决和裁定。市中级人民法院、高级人民法院的第二审案件的判决和裁定，都是终审的判决和裁定，也就是发生法律效力的判决和裁定。死刑除依法由最高人民法院判决的以外，应当报请最高人民法院核准。

2. 市人民检察院

市人民检察院是城市的国家法律监督机关，代表国家独立行使检察权。所谓检察权，是指依法监督城市国家机关和国家工作人员、企事业单位、人民团体和公民遵守宪法和法律的权力，是维护宪法和法律在城市统一、正确实施的一种特殊权力。市人民检察院向市人民代表大会及其常委会负责和报告工作，接受市人大及其常委会的监督。市人民检察院作为一级地方法律监督机关，必须接受上级人民检察院的领导。

市人民检察院根据城市行政地位的不同分别设置。直辖市设市人民检察院、市人民检察分院和市辖区人民检察院；设区的市设市人民检察院和市辖区人民检察院；不设区的市设市人民检察院。直辖市、不设区的市、市辖区的人民检察院，根据工作需要，提请本级人大常委会批准，可以在工矿区、农垦区、林区等区域设置人民检察院，作为派出机构。市人民检察院设检察长一人，副检察长和检察员若干人。检察长统一领导检察院的工作。市人民检察院设立检察委员会。检察委员会实行民主集中制，在检察长的主持下，讨论决定重大案件和其他重大问题。如果检察长在重大问题上不同意多数人的决定，可以报请市人大常委会决定。

市人民检察院通过行使检察权，追诉犯罪，维护国家安全和社会秩序，维护个人和组织的合法权益，维护国家利益和社会公共利益，保障法律正确实施，维护社会公平正义，维护国家法制统一、尊严和权威，保障中国特色社会主义建设的顺利进行。

市人民检察院行使下列职权：第一，对于叛国案、分裂国家案，以及严重破坏国家的政策、法律、法令、政令统一实施的重大犯罪案件，行使检察权。第二，对于直接受理的刑事案件，进行侦查。第三，对于公安机关侦查的案件，进行审查，决定是否逮捕、起诉或者免予起诉；对于公安机关的侦查活动是否合法，实行监督。第四，对于刑事案件提起公诉，支持公诉；对于人民法院的审判活动是否合法，实行监督。第五，对于刑事案件判决、裁定的执行和监狱、看守所、劳动改造机关的活动是否合法，实行监督。

市人民检察院的法律监督活动必须坚持以下原则：

第一，检察权独立行使原则。市人民检察院依照法律规定独立行使检察权，不受行政机关、社会团体和个人的干涉。

第二，法律面前人人平等原则。市人民检察院行使检察权在适用法律上一律平等，不允许任何组织和个人有超越法律的特权，禁止任何形式的歧视。

第三，司法公正原则。市人民检察院必须坚持司法公正，以事实为根据，以法律为准绳，遵守法定程序，尊重和保障人权。

第四，司法公开原则。市人民检察院实行司法公开，法律另有规定的除外。

第五，权责统一原则。市人民检察院实行司法责任制，建立健全权责统一的司法权力运行机制。

第六，监督原则。市各级人民代表大会及其常务委员会对本级人民检察院的工作实施监督。市人民检察院应当接受人民群众监督，保障人民群众对人民检察院工作依法享有知情权、参与权和监督权。人民监督员依照规定对人民检察院的办案活动实行监督。

第七，双重领导原则。市人民检察院既受同级人大及其常委会的领导，又受上级人民检察院的领导。因此，市人民检察院既必须主动地、定期向市人大及其常委会报告工作，认真贯彻执行有关的决议和指示，又要服从上级人民检察院的领导。最高人民检察院领导地方各级人民检察院和专门人民检察院的工作，上级人民检察院领导下级人民检察院的工作。

第八，互相配合原则。市人民检察院在办理刑事案件中，必须与市人民法院、公安机关分工负责、互相配合、互相制约，正确处理案件，做到不枉不纵，共同完成惩治犯罪的任务。

市各级人民检察院与各级人民法院相对应设置，分为：直辖市人民检察院；设区的市级人民检察院，包括省、自治区辖市人民检察院，直辖市人民检察院分院；基层人民检察院，包括不设区的市、市辖区人民检察院。直辖市人民检察院和设区的市级人民检察院根据检察工作需要，经最高人民检察院和省级有关部门同意，并提请本级人民代表大会常务委员会批准，可以在辖区内特定区域设立人民检察院，作为派出机构。市人民检察院根据检察工作需要，可以在监狱、看守所等场所设立检察室，行使派出它的人民检察院的部分职权，也可以对上述场所进行巡回检察。直辖市人民检察院设立检察室，应当经最高人民检察院和省级有关部门同意。设区的市级人民检察院、基层人民检察院设立检察室，应当经省级人民检察院和省级有关部门同意。市人民检察院根据检察工作需要，设必要的业务机构。检察官员额较少的设区的市级人民检察院和基层人民检察院，可以设综合业务机构。市人民检察院根据工作需要，可以设必要的检察辅助机构和行政管理机构。

市人民检察院行使下列具体职权：依照法律规定对有关刑事案件行使侦查权；对刑事案件进行审查，批准或者决定是否逮捕犯罪嫌疑人；对刑事案件进行审查，决定是否提起公诉，对决定提起公诉的案件支持公诉；依照法律规定提起公益诉讼；对诉讼活动实行法律监督；对判决、裁定等生效法律文书的执行工作实行法律监督；对监狱、看守所的执法活动实行法律监督；法律规定的其他职权。市人民检察院行使上述法律监督职权，可以进行调查核实，并依法提出抗诉、纠正意见、检察建议。有关单位应当予以配合，并及时将采纳纠正意见、检察建议的情况书面回复人民检察院。

上级人民检察院对下级人民检察院行使下列具体职权：认为下级人民检察院的决定错误的，指令下级人民检察院纠正，或者依法撤销、变更；可以对下级人民检察院管辖的案件指定管辖；可以办理下级人民检察院管辖的案件；可以统一调用辖区的检察人员办理案件。上级人民检察院的决定，应当以书面形式做出。下级人民检察院应当执行上级人民检察院的决定；有不同意见的，可以在执行的同时向上级人民检察院报告。人民检察院检察长或者检察长委托的副检察长，可以列席同级人民法院审判委员会会议。

市各级人民检察院设检察委员会。检察委员会由检察长、副检察长和若干资深检察官组成，成员应当为单数。检察委员会履行下列具体职能：总结检察工作经验；讨论决定重大、疑难、复杂案件；讨论决定其他有关检察工作的重大问题。检察委员会召开会议，应当有其组成人员的过半数出席。检察委员会会议由检察长或者检察长委托的副检察长主持。检察委员会实行民主集中制。

市人民检察院的检察人员由检察长、副检察长、检察委员会委员和检察员等人员组成。市各级人民检察院检察长由本级人民代表大会选举和罢免，副检察长、检察委员会委员和检察员由检察长提请本级人民代表大会常务委员会任免。市各级人民检察院检察长的任免，须报上一级人民检察院检察长提请本级人民代表大会常务委员会批准。直辖市人民检察院分院检察长、副检察长、检察委员会委员和检察员，由直辖市人民检察院检察长提请本级人民代表大会常务委员会任免。市人民检察院检察长任期与产生它的人民代表大会每届任期相同。全国人民代表大会常务委员会和省、自治区、直辖市人民代表大会常务委员会根据本级人民检察院检察长的建议，可以撤换下级人民检察院检察长、副检察长和检察委员会委员。市人民检察院的检察官、检察辅助人员和司法行政人员实行分类管理。

市人民检察院发现并且认为有犯罪行为时，应当依照法律程序立案侦查，或者交给市公安机关进行侦查。侦查终结，市人民检察院认为必须对被告人追究刑事责任时，应当向市人民法院提起公诉；认为不需要追究刑事责任时，应当将原案撤销。任何公民的逮捕，除市人民法院决定的以外，必须经市人民检察院批准。市人民检察院对于市公安机关要求起诉的案件，应当进行审查，决定起诉、免予起诉或者不起诉。对于主要犯罪事实不清、证据不足的，可以退回市公安机关补充侦查。

第三节　市民和城市社会组织

一、市民和市民参政

市民，又称城市居民，通常指常住在城市、具有城市有效户籍的合法公民。市民不是指所有居住在城市的人，而是指具有市民权的人，也就是说市民必须是具有身份自由、享有充分权利的城市共同体的正式成员。从历史的角度看，市民具有以下三方面的含义：第一，凡是有权参与市政活动的城市居民就是市民，具体地说，市民是城市所有享有选举权和被选举权的人。市民权的授予，必须得到城市共同体的认可，所有市民的法定权利只能限定在城市。第二，无论社会职业、政治派别和经济状况如何，市民之间的关系是平等自由的，任何市民都有自由选择自己生活的权利，包括风俗习惯、文化教育、宗教信仰等。第三，市民作为一个整体，所代表的是一种精神和素质，或者说是一种价值观和生活方式。

市民参政是指市民个人或市民群体通过一定的途径和方式参与城市政治生活，影响市政体系的结构和运行的行为。市民参政是市民实现其政治权利的主要方式，对城市政治、经济、社会、文化的发展具有十分重要的意义。市民参政有利于实现城市政治生活的民主化，有利于把市民当家作主落到实处，有利于建设廉洁和服务型城市政府。

市民参政需要一定的条件作为保障，市民参政的主要条件有：透明的市政过程、市民素质及市民参政素质的提高、有法律保障的多元化参政渠道、一定的物质基础和较低的参政成本。

我国市民参政的主要渠道有：

第一，政治选举。市民可以通过选举市或区人大代表来行使管理城市公共事务的民主权利。依照宪法和地方组织法的规定，我国不设区的市、市辖区的人大代表由选民直接选举产生，直辖市、设区的市的人大代表由下一级人民代表大会选举产生。选民在拥有选举权的同时也拥有了罢免权。这是我国市民参政最正式、最权威的形式。

第二，政治协商。在中共市委的领导下，参加市人民政协的各党派团体、各族各界人士履行政治协商、民主监督、参政议政职能，围绕城市改革发展稳定重大问题和涉及市民切身利益的实际问题，在决策之前和决策实施之中广泛协商，凝聚共识。市民可以通过政协委员反映自己对城市发展的意见或建议。

第三，政治结社。市民可以依法参加城市社会团体。城市社会团体是市民自愿组成，为实现会员共同意愿，按照其章程开展活动的非营利性社会组织，是群众自我教育、自我管理的重要平台。我国城市的社会团体有市工会、市妇联、市共青团等市人民团体，以及商会、协会、学会等非营利性民间组织。城市社会团体是市民依法、有序、广泛参与管理城市公共事务的重要渠道。

第四，政治表达。政治表达是指市民通过一定的渠道或方式向决策者表达诉求，从而影响决策的过程。市民可以通过人大代表、政协委员、社会团体等表达自己的利益诉求，监督城市国家权力的行使。市民可以通过参加听证会影响决策，我国许多城市实行了重大决策听证会制度，对涉及城市经济社会发展全局的重大事项以及同市民利益密切相关的重大问题，实行听证，认真听取市民的意见。市民还可以通过参加座谈会和市长接待日活动等，反映自己的诉求。市民的政治表达有利于实现决策的民主化和科学化。

随着我国社会主义民主政治的发展，市民参政的渠道不断得到拓展和深化，市民在市政管理中的作用越来越突出。

二、市人民团体

1. 市总工会

市总工会是中国共产党领导的职工自愿结合的工人阶级的群众组织，是中国共产党联系职工群众的桥梁和纽带，是城市国家政权的重要社会支柱，代表会员和职工的利益，依法维护职工的合法权益。城市的企业、事业单位、机关中以工资收入为主要生活来源的体力劳动者和脑力劳动者，不分民族、种族、性别、职业、宗教信仰、教育程度，都有依法参加和组织工会的权利。任何组织和个人不得阻挠和限制。

市总工会组织和教育职工依照宪法和法律的规定行使民主权利，发挥国家主人翁的作用，通过各种途径和形式，参与管理城市的政治、经济、社会、文化等公共事务；协助市人民政府开展工作，维护工人阶级领导的、以工农联盟为基础的人民民主专政的社会主义城市政权。

市总工会的基本职责是维护职工合法权益。市总工会在维护全市人民总体利益的同时，代表和维护职工的合法权益。工会通过平等协商和集体合同制度，协调劳动关系，维护企业职工劳动权益。工会依照法律规定通过职工代表大会或者其他形式，组织职工参与本单位的民主决策、民主管理和民主监督。工会必须密切联系职工，听取和反映职工的意见和要求，关心职工的生活，帮助职工解决困难，全心全意为职工服务。工会动员和组织职工积极参加经济建设，努力完成生产任务和工作任务；教育职工不断提高思想道德、技术业务和科学文化素质，建设有理想、有道德、有文化、有纪律的职工队伍。

工会的权利和义务有：第一，企业、事业单位违反职工代表大会制度和其他民主管理制度，工会有权要求纠正，保障职工依法行使民主管理的权利。第二，工会帮助、指导职工与企业以及实行企业化管理的事业单位签订劳动合同。第三，企业、事业单位处分职工，工会认为不适当的，有权提出意见。第四，企业、事业单位违反劳动法律法规规定，有侵犯职工劳动权益情形的，工会应当代表职工与企业、事业单位交涉，要求企业、事业单位采取措施予以改正。第五，依照国家规定对新建、扩建企业和技术改造工程中的劳动条件和安全卫生设施与主体工程同时设计、同时施工、同时投产使用进行监督。第六，企业、事业单位发生停工、怠工事件，工会应当代表职工同企业、事业单位或者有关方面协商，反映职工的意见和要求并提出解决意见。第七，协助企业、事业单位、机关办好职工集体福利事业，做好工资、劳动安全卫生和社会保险工作。第八，城市国家机关在组织起草或者修改直接涉及职工切身利益的法律法规规章时，应当听取工会意见。

2. 市妇联

市妇联是城市各族各界妇女为争取进一步解放与发展而联合起来的群众组织，是中国共产党领导下的人民团体，是党和政府联系妇女群众的桥梁和纽带，是城市国家政权的重要社会支柱。市妇联的基本职能是代表和维护妇女权益，促进男女平等，具体任务是：

第一，团结、动员妇女投身改革开放和社会主义经济建设、政治建设、文化建设、社会建设和生态文明建设，在中国特色社会主义伟大实践中发挥积极作用。

第二，代表妇女参与国家和社会事务的民主决策、民主管理、民主监督，参与有关法律、法规、规章和政策的制定，参与社会管理和公共服务，推动保障妇女权益法律政策和妇女、儿童发展纲要的实施。

第三，维护妇女儿童合法权益，倾听妇女意见，反映妇女诉求，向城市各级国家机关提出有关建议，要求并协助有关部门或单位查处侵害妇女儿童权益的行为，为受侵害的妇女儿童提供帮助。

第四，教育和引导广大妇女践行社会主义核心价值观，发扬自尊、自信、自立、自强的精神，提高综合素质，实现全面发展。宣传马克思主义妇女观，推动落实男女平等基本国策，营造有利于妇女全面发展的社会环境。宣传表彰优秀妇女典型，培养、推荐女性人才。

第五，关心妇女工作生活，拓宽服务渠道，建设服务阵地，发展公益事业，壮大巾帼志愿者队伍，加强妇女之家建设。加强与女性社会组织和社会各界的联系，推动全社会为妇女儿童和家庭服务。

第六，巩固和扩大各族各界妇女的大团结，加强同香港特别行政区、澳门特别行政区、台湾地区及海外华侨华人妇女、妇女组织的联谊，促进祖国和平统一大业；积极发展同世界各国妇女和妇女组织的友好交往，加深了解、增进友谊、促进合作，为维护世界和平作贡献。

市妇联的领导机构是城市妇女代表大会和它所产生的执行委员会。直辖市、设区的市、不设区的市和市辖区妇女代表大会，每五年举行一次，由同级妇女联合会执行委员会召集。市妇联执行委员会由同级妇女代表大会选举产生，市妇联常务委员会是市妇联执行委员会闭会期间的领导机构。

3. 市共青团

市共青团是中国共产党领导的先进青年的群众组织，是广大青年在实践中学习中国特色社会主义和共产主义的学校，是中国共产党的助手和后备军。

市共青团在新时代的基本任务是：高举中国特色社会主义伟大旗帜，坚定不移地贯彻党在社会主义初级阶段的基本路线，以经济建设为中心，坚持四项基本原则，坚持改革开放，用社会主义核心价值体系教育青年，在建设中国特色社会主义的伟大实践中，造就有理想、有道德、有文化、有纪律的接班人，不断巩固和扩大党执政的青年群众基础，努力为党输送新鲜血液，为国家培养青年建设人才，团结带领广大青年，自力更生，艰苦创业，积极推动社会主义经济建设、政治建设、文化建设、社会建设和生态文明建设，为加快推进社会主义现代化、实现中华民族伟大复兴的中国梦，贡献智慧和力量。

市共青团要完成现阶段的基本任务，必须以改革创新精神全面推进团的建设，不断提高共青团建设的科学化水平。要发扬优良传统和作风，生动活泼、富于创造性地开展工作，把共青团建设成为团结教育青年的坚强核心。团的建设必须坚持党的基本路线不动摇；坚持党建带团建；坚持先进性与群众性的统一；坚持把竭诚服务青年作为团的一切工作的出发点和落脚点，更好地吸引和凝聚青年；坚持民主集中制；坚持不懈地抓好基层建设。基层组织是团的一切工作的基础。

市共青团是按照民主集中制组织起来的统一整体。市共青团民主集中制的基本原则是：第一，团员个人服从组织，少数服从多数，下级组织服从上级组织。第二，市共青团的领导机关，是同级团的代表大会和它产生的团的委员会，团的各级委员会向同级代表大会负责并报告工作。第三，市共青团的各级领导机关，除它们派出的代表机关外，都由选举产生。第四，市共青团的各级领导机关应当经常听取并认真处理下级组织和团员的意见；团的下级组织既要向上级组织请示、报告工作，又要独立负责地解决自己职责范围内的问题。团的各级组织要使团员对团内事务有更多的了解和参与。第五，市共青团的各级委员会实行集体领导和个人分工负责相结合的制度。

共青团市代表大会选举产生市委员会，团市委是在中共市委和上级团委领导下负责全市共青团工作的领导机关。团市委根据工作需要，设立适当的工作部门，一般有办公室、组织部、宣传部、文体部、青工部、大学中专部、中学部等。

4. 市工商联

市工商联是中国共产党领导的面向工商界、以非公有制企业和非公有制经济人士为主体的人民团体和商会组织，是党和政府联系非公有制经济人士的桥梁纽带，是政府管理和服务非公有制经济的助手。工商联工作是党的统一战线工作和经济工作的重要内容。工商联事业是中国特色社会主义事业的重要组成部分。市工商联具有统战性、经济性、民间性有机统一的基本特征，以非公有制经济健康发展和非公有制经济人士的健康成长为工作主题。充分发挥工商联在非公有制经济人士思想政治工作中的引导作用，在非公有制经济人士参与国家政治生活和社会事务中的重要作用，在政府管理和服务非公有制经济中的助手作用，在行业协会商会改革发展中的促进作用，在构建和谐劳动关系、加强和创新社会管理中的协同作用，是工商联的主要职能。

市工商联要以建设政治坚定、特色鲜明、机制健全、服务高效、作风优良的人民团体和商会组织为目标，全面加强思想建设、组织建设、作风建设、反腐倡廉建设、制度建设，不断增强凝聚力、影响力、执行力；坚持团结、服务、引导、教育的方针，引导非公有制经济人士拥护中国共产党的领导，坚定不移走中国特色社会主义道路，积极投身社会主义经济建设、政治建设、文化建设、社会建设和生态文明建设，为把我国建设成为富强民主文明和谐的社会主义现代化国家，为实现祖国完全统一和中华民族伟大复兴而奋斗。

市工商联的职能与任务有：改进和加强非公有制经济人士的思想政治工作；参与政治协商，发挥民主监督作用，积极参政议政；协助政府管理和服务非公有制经济；促进行业协会商会改革发展；参与协调劳动关系，协同社会管理，促进社会和谐稳定；反映非公有制企业和非公有制经济人士利益诉求，维护其合法权益；参与经济纠纷的调解、仲裁；依法加强会产的管理和保护。

市工商联的最高权力机构是代表大会（会员大会），市工商联代表大会（会员大会）由执行委员会召集，大会期间由选举产生的主席团主持会议。市工商联的执行委员会，在代表大会（会员大会）闭会期间，是市工商联的最高领导机构。市工商联执行委员会常务委员会由主席、副主席、秘书长、常务委员组成，每届任期与执行委员会相同，在执行委员会闭会期间行使执行委员会职权。

三、城市公益性组织

1. 市红十字会

市红十字会是全国红十字总会的地方分会，是在城市从事人道主义工作的社会救助团体。市红十字会以保护人的生命和健康、发扬人道主义精神、促进和平进步事业为宗旨，协助政府开展人道领域的工作。中华人民共和国公民，不分民族、种族、性别、职业、宗教信仰、教育程度，承认红十字会章程并缴纳会费的，可以自愿参加红十字会。市人民政府对市红十字会给予支持和资助，保障红十字会依法履行职责，并对其活动进行监督；市红十字会协助市人民政府开展与其职责有关的活动。市红十字会可依法取得社会团体法人资格。

市红十字会设立理事会负责日常工作，理事会由会长、副会长、常务理事等组成。理事会由会员代表大会民主选举产生，理事会民主选举产生会长和副会长。在市红十字会会员代表大会闭会期间，由理事会执行会员代表大会的决议。理事会向会员代表大会负责并报告工作，接受其监督。市红十字会在上级红十字会指导下开展工作。市红十字会根据实际工作需设置办公室、业务部、赈济部、宣传部、联络部等工作部门，配备专职工作人员。

市红十字会履行以下职责：第一，开展救灾的准备工作，在自然灾害和突发事件中对伤病人员和其他受害者进行救助。市红十字会在尊重捐赠者意愿的前提下，有权处分其接受的救助物资。在自然灾害和突发事件中，执行救助任务并标有红十字标志的人员、物资和交通工具有优先通行的权利。第二，普及卫生救护和防病知识，进行初级卫生救护培训，组织群众参加现场救护；参与输血献血工作，推动无偿献血；开展其他人道主义服务活动。第三，开展红十字青少年活动。第四，参加国际人道主义救援工作。第五，宣传国际红十字和红新月运动的基本原则和日内瓦公约及其附加议定书。第六，依照国际红十字和红新月运动的基本原则，完成市人民政府委托事宜。第七，依照日内瓦公约及其附加议定书的有关规定开展工作。

任何组织和个人不得拒绝、阻碍红十字会工作人员依法履行职责。在自然灾害和突发事件中，以暴力、威胁方法阻碍红十字会工作人员依法履行职责的，比照刑法相关规定追究刑事责任；阻碍红十字会工作人员依法履行职责未使用暴力、威胁方法的，比照治安管理处罚法相关规定处罚。

2. 市慈善总会

市慈善总会的宗旨是：发扬人道主义精神，弘扬中华民族扶贫济困的传统美德，帮助社会上不幸的个人和困难群体，开展多种形式的社会救助工作。

市慈善总会坚持“立足民政、面向社会，以社会救助为中心”的工作方针，主要业务范围是：筹募善款；赈灾救助；扶贫济困；慈善救助；公益援助；交流与合作；举办符合市慈善总会宗旨的非营利机构，并开展相关的业务活动，筹措慈善资金；开展慈善宣传和业务培训，普及慈善意识，进行慈善理论与发展战略研究，探索具有中国特色的慈善事业发展道路；对市慈善总会单位会员的工作进行业务指导，促进城市慈善事业的发展；总结慈善工作经验，推广典型，表彰先进慈善工作集体和个人；反映城市各界人士的意见、建议和要求，为城市制定有关政策和法规提供咨询性意见。

市慈善总会由个人会员和单位会员组成。申请加入市慈善总会的会员，必须具备下列条件：拥护市慈善总会的章程；热心慈善事业，对慈善事业有一定贡献；愿意履行会员义务，自愿申请加入。会员入会的程序是：提交入会申请书；经理事会讨论通过；由理事会发给会员证。会员享有下列权利：市慈善总会的选举权、被选举权和表决权；参加市慈善总会的活动；获得市慈善总会服务的优先权；对市慈善总会工作的批评建议权和监督权；入会自愿、退会自由。会员履行下列义务：执行市慈善总会的决议；维护市慈善总会的合法权益和声誉；完成市慈善总会交办的工作；按规定交纳会费；向市慈善总会反映情况，提供有关资料。会员退会应书面通知市慈善总会，并交回会员证。会员一年不交纳会费或不参加本会活动，视为自动退会。会员如有严重违反慈善总会章程的行为，经理事会或常务理事会表决通过，予以除名。

市慈善总会的最高权力机构是会员代表大会，理事会是会员代表大会的执行机构。市慈善总会设立常务理事会。在常务理事会闭会期间，重要工作由会长办公会研究决定。

会长为市慈善总会法定代表人，副会长协助会长工作，秘书长在会长的领导下工作。市慈善总会设监事会，由会员大会选举产生，向会员大会负责。

3. 市志愿者协会

市志愿者协会是由志愿从事社会公益事业的各界人士组成的全市性社会团体，是经市民政局批准登记，具有社会团体法人资格，依法成立的非营利性社会公益组织。市志愿者协会是汇聚社会资源、传递社会关爱、弘扬社会正气的重要载体，是形成向上向善、诚信互助社会风尚的重要力量。市志愿者协会由团体会员和个人会员组成，社会团体、企业事业单位和其他组织可以申请成为市志愿者协会的团体会员。市志愿者协会奉行“奉献、友爱、互助、进步”的原则，依照国家宪法、法律、法规和有关政策，组织和指导全市志愿服务活动，倡导志愿者精神，推广志愿服务理念，推动城市社会主义精神文明建设和物质文明建设，促进社会协调发展和全面进步。市志愿者协会接受市共青团的业务指导和市民政局的监督管理。

市志愿者协会的主要职责是：改善社会风气和人际关系，为发展社会主义市场经济创造良好的社会环境；适应社会主义市场经济发展的需要，推动志愿服务体系和多层次社会保障制度的建立和完善；负责志愿者招募、培训、考核、表彰等管理工作，维护志愿者合法权益，为志愿者提供必要的帮助；接受、使用和管理志愿服务的资金、物资；制定志愿服务计划，指导单位和个人开展志愿服务活动；推动志愿服务的经验总结和推广，开展志愿服务的宣传活动；开展与海内外志愿者组织和团体的交流；履行志愿者协会章程规定的其他职责。

四、城市自治组织

城市居民委员会是城市居民自我管理、自我教育、自我服务的基层群众性自治组织。不设区的市、市辖区的人民政府或者它的派出机关对城市居民委员会的工作给予指导、支持和帮助。城市居民委员会协助不设区的市、市辖区的人民政府或者它的派出机关开展工作。

城市居民委员会的任务是：宣传宪法、法律、法规和国家的政策，维护居民的合法权益，教育居民履行依法应尽的义务，爱护公共财产，开展多种形式的社会主义精神文明建设活动；办理本居住地区居民的公共事务和公益事业；调解民间纠纷；协助维护社会治安；协助人民政府或者它的派出机关做好与居民利益有关的公共卫生、计划生育、优抚救济、青少年教育等项工作；向人民政府或者它的派出机关反映居民的意见、要求和提出建议。城市居民委员会管理本居民委员会的财产，任何部门和单位不得侵犯城市居民委员会的财产所有权。城市居民委员会成员应当遵守宪法、法律、法规和国家的政策，办事公道，热心为居民服务。

城市居民委员会根据居民居住状况，按照便于居民自治的原则，一般在一百户至七百户的范围内设立。城市居民委员会由主任、副主任和委员共五至九人组成。城市居民委员会每届任期五年，其成员可以连选连任。城市居民委员会根据需要设人民调解、治安保卫、公共卫生等委员会。居民委员会成员可以兼任下属的委员会的成员。居民较少的居民委员会可以不设下属的委员会，由居民委员会的成员分工负责有关工作。城市居民委员会可以分设若干居民小组，小组长由居民小组推选。

城市社区设有居民会议。居民会议可以由全体十八周岁以上的居民或者每户派代表参加，也可以由每个居民小组选举代表二至三人参加。居民会议必须有全体十八周岁以上的居民、户的代表或者居民小组选举的代表的过半数出席，才能举行。会议的决定，由出席人的过半数通过。

城市居民委员会向居民会议负责并报告工作。居民会议由居民委员会召集和主持。有五分之一以上的十八周岁以上的居民、五分之一以上的户，或者三分之一以上的居民小组提议，应当召集居民会议。涉及全本居民利益的重要问题，居民委员会必须提请居民会议讨论决定。居民会议有权撤换和补选居民委员会成员。城市居民委员会决定问题，采取少数服从多数的原则。城市居民委员会进行工作，应当采取民主的方法，不得强迫命令。

市民参政的主要渠道

第四节　市政体制

一、市政体制的内涵和作用

由于市政有广义、中义和狭义之分，市政体制也就有狭义、中义和广义之分。狭义的市政体制是对城市行政机关的组织结构、权力划分、职能配置、运行机制等的系统化制度安排；中义的市政体制是对城市国家机关的组织结构、权力划分、职能配置、运行机制等的系统化制度安排；广义的市政体制是对各种市政组织之间相互关系的制度化安排，涉及市政组织的结构、机构设置、权责配置、运行机制等问题。这里采用广义的市政体制。

市政体制与国家政体之间存在着密切的联系。一方面，市政体制是国家政体在城市的延伸，国家政体的内容决定着市政体制的内容，市政体制的形式要与国家政体的形式相统一；另一方面，由于市政体制的内容和形式虽然取决于国家政体，但也受到诸如生产力发展水平、自然禀赋条件、历史文化传统等多种因素的影响，因而市政体制比国家政体具有更多灵活性和多样性，具有国家政体没有的一些特征。此外，城市政权是国家政权的重要组成部分，市政体制是国家政体的组成部分，是国家政体的具体化，市政体制有利于发展和巩固国家政体，提高国家政体的运行效率。

市政体制的核心是国家权力的配置问题，即市政体制决定国家权力在各种市政组织之间配置的规则，规范城市政党组织、国家机构、社会组织之间的关系，具体表现为城市公共政策的决策权、执行权、监督权、评议权等权力在城市政党组织、国家机构、社会组织之间的配置。

市政体制主要包括以下几个方面的内容：

第一，城市政党组织与国家机构、社会团体之间的关系。

政党是代表一定阶级、阶层或集团的根本利益，并由其中一部分最积极的分子所组成，具有共同的政治纲领和理论主张，采取共同的行动，为参与、取得和维护政权而组成的政治组织。政党为了实现和维护一定阶级、阶层或集团的利益，履行国家职能，行使国家权力，都要组建各种国家机关，城市国家机构是政党实现其所代表的阶级、阶层或集团利益的工具。因此，在政党政治的情形下，城市国家机构都会受政党的影响或领导，尽管这种影响或领导的方式、途径等有很大的不同，但政党在城市国家机构组建和运行中的作用是关键性的，甚至是决定性的。

在现代民主政治中，市民可以通过政治选举、政治协商、政治表达、政治结社等方式，参与城市公共决策和公共事务管理，监督城市政党组织和国家机构的工作。随着现代民主政治的不断发展，社会团体与国家机构、政党组织之间的关系会越来越密切，市民和社会团体对城市政党组织、国家机构决策的影响越来越大，市民和社会团体在市政管理中发挥越来越重要的作用。

第二，城市代议机构、行政机构、监察机构、司法机构之间的关系。

城市代议机构、行政机构、监察机构、司法机构之间的关系，是立法权、行政权、监察权、司法权四大权力的分权制衡或分工合作关系。西方国家按照三权分立与制衡原则组建城市代议机构、行政机构和司法机构，分别执掌和行使立法权、行政权和司法权。尽管西方各国在这三个城市国家机关的设置、运作和相互关系等方面有差异，但这三个城市国家机关在城市国家机构体系中的基本地位、组织原则和基本职权大体上是相同的，城市代议机构主要行使立法权、财政权、监督权；城市行政机构的职权主要有执行法律与委托立法、管理城市公共事务和行政事务、立法参与权；城市司法机构独立行使司法权，其职权主要有审理各种诉讼案件、违宪审查以及处理某些非诉讼性事务。

中国城市国家机构以民主集中制作为组织原则，以立法权、行政权、监察权、司法权的配置为主要结构，由国家权力机关、行政机关、监察机关和司法机关构成，其中，市人民代表大会是市的国家权力机关，在城市行政区域内代表人民行使决定权、任免权、监督权、地方立法权等国家权力，城市行政机关、监察机关、司法机关都由它产生，并对它负责，接受其监督；城市行政机关既要对市人民代表大会负责并报告工作，又要对上一级国家行政机关负责并报告工作，并服从国务院的统一领导；城市监察机关依照法律规定独立行使监察权，对产生它的国家权力机关和上一级监察委员会负责；由审判机关人民法院和法律监督机关人民检察院组成的城市司法机关，依照宪法和法律代表国家行使审判权和法律监督权，由城市国家权力机关产生，对其负责，受其监督。上述四个城市国家机构既相互联系、相互依存，又相对独立，存在着一定的制约关系。

第三，市级政党组织、国家机构与其上下级政党组织、国家机构之间的关系。

市级政党组织、国家机构与其上下级政党组织、国家机构之间的关系，具体包括市级政党组织、国家机构与其上级政党组织、国家机构之间的关系；市级政党组织、国家机构与其所辖区（县）政党组织、国家机构之间的关系。在联邦制国家，上下级国家机构之间没有直接的隶属关系，下级国家机构拥有自治权。在单一制国家，既要有高度统一的中央集权，又要有适度的地方分权，在中央集中统一领导的前提下，充分发挥中央和地方两个积极性；既要保证中央权威，使政令统一和畅通，又要发挥地方的主动性和积极性。为此，要合理确定中央国家机构和地方国家机构的设置、职权范围及管理权限，以发挥全部国家机构的整体效能。此外，为了实现管理幅度的合理化，降低管理成本，提高管理效益，规模较大的城市一般要设置市辖区；为了发挥城市的中心作用，实现城乡融合发展，我国实行市领导县体制。城市与其所辖区（县）的关系也是市政体制的重要内容。

中国市级政党组织与其上下级政党组织的关系是：中国共产党的下级组织与上级组织，是被领导与领导的关系，下级组织必须服从上级组织，上级组织要经常听取下级组织和党员群众的意见，不断提高领导工作的科学化水平；各民主党派的下级组织服从上级组织，地方组织服从中央组织，上级组织要经常听取下级组织和党（会）员的意见，下级组织要遵守和执行上级组织的决议，及时向上级组织请示和汇报工作。全国人大与地方人大之间的关系、上级人大与下级人大之间的关系，是法律上的监督关系、选举上的指导关系、工作上的联系关系。上下级政府之间的关系是：国务院领导地方各级人民政府的工作，上级人民政府领导下级人民政府的工作。上下级监察委员会之间的关系是：国家监察委员会领导地方各级监察委员会的工作，上级监察委员会领导下级监察委员会的工作。上下级法院之间的关系是：最高人民法院监督地方各级人民法院和专门人民法院的审判工作，上级人民法院监督下级人民法院的审判工作。上下级检察院之间的关系是：最高人民检察院领导地方各级人民检察院和专门人民检察院的工作，上级人民检察院领导下级人民检察院的工作。

上述三方面关系中，城市政党组织与国家机构之间的关系，城市代议机构与行政机构、监察机构、司法机构之间的关系，是两对基本的关系，决定着市政体制的其他关系。在中国，共产党的市委员会与城市国家机构之间的关系，是市政体制中最主要的关系，主导和决定着市政体制的其他关系。

市政体制是城市政权中各种政治关系的制度化表现形式，法治化、系统化是市政体制的基本要求。其中，市政体制法治化的核心是将城市政党组织、国家机构之间的职权划分用法律规范固定下来，并确保其严格实施；市政体制的系统化是要对政党组织、国家机构、社会团体之间的关系进行系统规划，做到系统完备、功能健全、运行高效，实现整体效能的最优化。

市政体制对城市的发展具有十分重要的作用，具体体现在以下几方面：

第一，市政体制有利于巩固国家政权。城市政权是国家政权的重要基础，国家政权的巩固取决于城市政权的巩固。市政体制巩固国家政权的作用主要表现在：市政体制通过调整一定阶级、阶层或集团之间的关系，调动一切可以调动的积极因素，促进社会团结，建立和维护井然有序的城市社会共同体；市政体制通过规范和协调城市政党组织、代议机关、行政机关、监察机关和司法机关之间的关系，不断调整城市政权的组织形式、组织结构和组织功能，使城市政权不断适应城市的发展变化，从而确保城市政权的稳定；市政体制的科学化现代化，有利于提升城市政权的效能，增强城市政权的合法性基础。

第二，市政体制有利于确保市政管理活动的顺利和有效开展。由于市政体制的性质是由城市政权的统治和管理职能决定的，有什么样的城市政权统治和管理职能，就有什么样的市政体制，因此，市政管理活动必须适应城市政权行使统治和管理职能的需要。同时，市政体制也是组织和开展市政管理活动的基本依据，市政组织的设置、市政职能的配置、市政管理方式的选择，都要以市政体制为基本前提。城市政党组织和国家机构拥有什么样的权力、发挥什么作用以及怎样发挥作用，都取决于市政体制。市政体制可以使城市公共权力的行使受到监督和制约，确保市政管理活动能够维护和增进城市公共利益。

第三，市政体制有利于促进城市经济社会的发展。科学合理、权责明晰的市政体制，能够理顺各种关系，有效缓和各种社会矛盾，为城市经济社会的发展创造稳定的政治环境和社会环境；能够充分发挥市政管理人员的主动性、积极性和创造性，提升市政管理效率，提供更多更好的城市公共产品和公共服务，助力城市高质量发展；能够调动更广泛的社会成员参与到城市发展过程中来，从而更大激发城市活力，增强城市发展的内生动力。

二、西方国家的市政体制

由于国体和影响市政体制的具体国情、市情的不同，西方国家的市政体制具有以下特点：

第一，城市政府具有相对独立的政治地位，实行城市自治。

城市政府的政治地位是指城市政府在国家治理中所处的地位，它反映了城市政府在城市公共事务治理中的自主程度。在不同的国家结构形式下，城市政府的政治地位具有很大差异。在联邦制的美国，联邦政府与州政府实行法定分权，州政府与联邦政府之间没有隶属关系，州政府具有相对独立的政治地位。州政府通过立法或特许状的形式设立市政府并授予自治权。在单一制下，中央与地方的关系不是法定分权关系，而是命令和服从关系，地方政府必须接受中央政府的统一领导。但不同的单一制国家，城市政府的政治地位也不相同。英国具有地方自治传统，早在1835年，英国议会就通过了《市自治团体法》，以法律形式赋予城市自治权。法国的中央集权色彩浓厚，市镇须接受中央和上级政府的行政控制，自治权相对较小。城市自治是指联邦（中央）政府或上级政府依法将城市公共事务的治理权交给经市民选举产生的自治机关，由该自治机关对城市公共事务实行自主管理。一般来说，西方国家的城市自治具有以下特点：通过立法形式赋予城市自治机关自治权；市自治机关由市民直接选举产生；市政府负有自主治理和执行全国性法律的双重职责；市政府有权通过法律手段抵制联邦（中央）政府的越权干预；不同城市在法律关系上处于平等地位，不同城市自治机关之间没有行政隶属关系。

第二，市政体制的形式灵活，类型多样。

西方国家市政体制的具体形式灵活，类型多种多样。如英国的市议会就是市政府；法国的市长和市政府在办理中央事务方面不受市议会的监督，作为中央政府的代表，市长反而拥有若干监督市议会的权力；美国市政体制有市长议会制、市委员会制和市议会经理制等类型；德国的市政体制除了有美国的部分形式之外，还有市议会参事会制、市议会监督委员会制等。西方国家市政体制的类型多样化，是由其历史传统、国家结构形式以及自治程度等多种因素决定的。首先，各国的历史传统不同。如英国具有议会制的历史传统，因而在其市政体制中，就由市议会来独揽议决权和行政权；而法国历来是以中央集权为主的国家，其市政体制带有中央集权的色彩。其次，国家的结构形式差异。像美国这样的联邦制国家，领导地方政府是州政府的专有权力，联邦政府无权干预，各州有权规定各自的市政体制，因此各州的市政体制也各不相同。最后，自治程度不同。由于自治权限的大小不同，市议会与市政府的职权划分、市政府的组织体系等各不相同。

第三，市长、市议员和市法官由选举产生，代表所在政党的利益执政。

西方国家的市长、市议员一般由选民直接选举产生，对选民负责。市法官也由市民选举产生。与联邦（中央）政府相似，西方国家绝大多数的市长和市议员都属于某一政党，他们通过参加竞选获得任职机会，代表各自的政党执政，因而他们的言行自然会受到其所在政党利益的影响和约束。表面上看，通过竞选，市长和市议员能否当选是由选民决定的，但实际上受竞选资金、媒体的舆论导向、资本等因素的影响。

第四，多数城市不辖区和县，实行市县分离。

在西方国家，除了极少数大城市辖区外，绝大多数城市都不辖区和县。之所以不辖区和县，首先是因为多数城市的人口规模不大，在几万人至几十万人之间，没有必要设市辖区。其次是因为少数大城市随着人口规模的扩大，市区人口向郊区迁移，大城市的卫星城镇增加，这些卫星城镇的人口达到一定规模以后，就单独设市或镇，与大城市的行政区域脱离。最后是因为地方自治的传统。从历史的角度看，县先于市而存在，县具有地方自治的传统。随着城市的发展，县的辖区内不断有新市镇的出现，并脱离其所在县的管辖，但县仍主要代表乡村居民的利益，往往不愿因受市管辖而缩小原有的地方自治权。

第五，众多利益集团和非营利组织参与城市政治。

西方国家允许利益集团向市议会和市政府开展游说活动，因此在市政体制中存在着大量的利益集团，它们为了维护和谋取自己的特殊利益，通过各种方式影响政党和城市国家机构。利益集团对市政体制的作用具体表现在：向政党和城市国家机构反映自身的利益诉求；动员选民支持政党推举的候选人竞选市长、市议员和市法官；引导利益集团的成员拥护和支持符合自身利益的市议会决议、市政府命令和市法院判决；组织成员用各种形式抗议不符合自身利益的城市国家机构的决定；等等。利益集团的种类很多，形式多样，但本质上都是企图通过各种方式影响政党与国家机构，从而维护和谋取自己的利益。此外，西方国家公民的自治能力较强，在政府不能有效应对各种公共问题时，公民自发建立各种非营利组织，以维护和增进城市公共利益为宗旨，凝聚和代表民意，影响城市公共政策的制定，参与城市公共问题的治理。

西方国家的市政体制主要有以下几种类型：

1. 市议会制

市议会制是市议会兼行议决权和行政权的市政体制，即市议会就是市政府。

市议会制的基本特征是：第一，由市民直接选举的市议员组成市议会。市议会行使立法权、议决权、人事任免权、城市预算权以及监督行政权等。第二，由市议员从议员中选举议长，即市长。市长只有一些礼仪性的职权，没有决策和指挥等行政实权。市长在市议会表决时，一般先不投票，但在可否票数相等时，可以投决定性的一票。第三，市议会设立若干委员会，兼行市政府工作部门的部分职能。它们既行使市议会委员会的职权，又行使市政府工作部门的行政决策权。第四，市议会选举任免若干行政长官，聘任一些行政职员。行政长官以及行政职员与委员会对口设置，与委员会一起构成市政府的工作部门，共同行使行政执行权。行政长官对市议会负责，与委员会分工合作。

市议会制的优点是有利于维护市议会的权威性，加强市议会对市政管理的监督，减少议决机构与行政机构的矛盾，提高管理效率。市议会制的缺点是市长没有实权，不利于协调各部门工作，不利于行政效率的提高。

2. 议会市长制

议会市长制是城市的议决机构和行政机构分设，但市议会在与市长的关系上处于优势地位的市政体制，美国称其为弱市长制。

议会市长制的基本特征是：第一，市议员和市长分别由市民选举产生，市长不得兼任市议员。第二，市议会具有通过预算、地方性法规和决议的权力，如果市长有不同意见，可以要求复议，若市议会以超过 2/3 多数重新通过后，市长必须接受。第三，市长任免市政府部门首长必须征得市议会的同意。第四，市议会对市长和市政府的工作有建议权，具体包括强制性建议、参谋性建议、咨询性建议。第五，市议会对市长和市政府的工作具有调查权。市议会行使调查权具有准司法性质，即市议会在调查中，要求市长和市政府有关部门的工作人员必须配合和服从，否则市议会可以向法院起诉，由法院做出裁决。第六，市议会拥有通过不信任案而要求市长辞职的权力。第七，涉及市民切身利益和责任重大的特别行政机关，实行对市长和市议会双重负责的制度。特别行政机关的首长由市长提名，经市议会表决同意后，再由市长任免。特别行政机关直接向市议会报告工作，并对市长保持相对的独立性。

议会市长制的优点是市议会与市政府之间形成一定的制衡关系，有利于市议会监督市政府的工作，提高决策的科学性。作为市政府工作部门的特别行政机关对市长和市议会双重负责，在西方国家的市政管理中是比较独特的。议会市长制的缺点是市议会与市政府在工作上相互牵制，会降低市政管理的效率。

3. 市长议会制

市长议会制的议决机构和行政机构分设，分别行使议决权和行政权，但市长和市政府的地位高于市议会的地位。这种市政体制适应了大城市管理事务庞杂、需要有一位强有力的市长实行统一指挥的需要。在美国，市长议会制被称为强市长制。

综合分析法国和美国的市长议会制，市长议会制具有以下基本特征：

第一，市长由选举产生。法国的市长由市议会选举一位市议员担任，并兼任市议会议长，有权主持市议会会议、安排市议会议程、召集市议会的特别会议等；而美国的市长则是由市民选举产生，市长和市政府工作部门的首长不得兼任市议员，市长有权独立任免市政府工作部门的首长，各部门的首长对市长负责。

第二，市长有立法权。法国市长的立法权力来源于法国各级政府首长所固有的警察权，即他们有职责维护本地的治安和秩序，为此有权制定行政规章，经上级政府首长批准后生效，具有法律效力；美国市议会审议并通过的地方性法规议案，多数由市长提出，对市议会已经通过的地方性法规，市长有否决权，但如果市议会以 2/3 多数再次通过，市长必须接受。

第三，市长有一定的执行权。在法国，市长在执行市议会决议方面有一定的自由裁量权，这种权力来源于市长的双重身份，市长既是市政府的首长，也是中央政府的代表，市议会就城市自治权限的事项通过决议，只能做原则性规定，并委托市长负责制定详细的实施办法，市长有权依据法律对市议会的决议做适当的修改；而在美国的部分城市，市长具有准司法权，市长有权赦免触犯城市地方性法规的人。

第四，在美国的部分大城市，从强市长制演变出首席行政官强市长制，市长任命一位首席行政官，由他根据市长的授权处理市政府的日常行政事务，并对市长负责。首席行政官的职责包括编制财政预算、安排一般性行政事务、协调各部门工作、监督行政部门首长、向市长提供咨询意见等。在这种市政体制下，市长能够集中精力处理一些重要问题，如考虑大政方针、从事竞选连任、协调各种关系等。

市长议会制的优点是市长拥有较大的权力，有利于统一指挥，提高行政效率。市长议会制的缺点是市长大权在握，市议会对市长和市政府的制约较弱，容易产生市长专权，引发市政府与市议会之间的矛盾。

4. 市委员会制

市委员会制是指市委员会兼行市的议决权和行政权的市政体制，市委员会既是市议会，又是市政府。

市委员会制的基本特征是：第一，由市民选举或由州、县政府任命产生市委员，组成市委员会。第二，市委员会既制定政策又执行政策，实行集体领导和集体负责制。第三，市长既可由市民直接选举产生，也可由市委员会从委员中推选产生。市长是市委员会主席和市政府的代表，主持市委员会会议，并在一些重要场合代表市政府，没有领导市委员会工作的实权。第四，每个市委员分别兼任一个或几个行政部门的首长，独立指挥自己所任首长的行政部门的工作，并就该行政部门的工作对市委员会负责。第五，市委员会表决任免若干位较重要的行政长官，包括市秘书、市司库、市审计、市检察官和市学务委员会委员等，这些行政长官对市委员会负责。市委员有权任免自己所任首长的行政部门的行政长官和职员。

市委员会制与市议会制相类似，优点是实行议决权和行政权的统一行使，有利于精简机构和人员，提高市政管理的效率。市委员会制的缺点是缺乏一位统一指挥市政府各部门工作的行政首长；市委员兼任行政部门首长，有时较难处理好市委员会与行政部门之间的矛盾。

5. 市经理制

市经理制也称市议会经理制，是指市议会聘任一位市经理，把行政权授予市经理行使，市经理对城市公共事务进行专业化管理。

市经理制是企业管理经验在城市公共管理中的运用，具有以下基本特征：

第一，由市民选举的市议员组成市议会，市议会行使议决权，具体包括制定政策、通过法令、选举拨款、监督行政。

第二，市议会公开招聘一位专业人士担任市经理，市经理对市议会负责，必须执行市议会通过的地方性法规和决议。作为市政府的行政首长，市经理拥有领导市政府工作所必需的完整权力，包括任免市政府各部门的负责人，各部门的负责人只对市经理负责；统一指挥和协调市政府各部门的工作；编制预算草案并负责执行；向市议会提交地方性法规和决议的议案等。市议员无权对市经理发号施令，不得越权干预市政府工作部门的具体事务。

第三，市长由市议会选举产生，或由市议会议长兼任，或由选民选举产生。市长只有一些礼仪性的职权，没有实权，无权干预市经理的工作。

市经理制的优点是有利于引入市场竞争机制，可以在更大范围内选聘优秀专业人才负责市政管理；有利于提高市政管理的专业化水平，提高市政管理的效率；有利于把政治矛盾与市政管理相对分开，市议会负责处理政治矛盾和协调各种关系，而市经理则集中精力解决专业性和技术性行政问题；有利于节约财政资金，减少纳税人的负担。市经理制的缺点是政治问题与管理问题往往难以彻底分开，市议会从政治角度出发，市经理从管理角度出发，两者往往会产生分歧和矛盾，从而加大市经理处理问题的难度；当各种政治矛盾交织在一起、市议会难以处理政治矛盾时，市经理往往无能为力；市经理拥有广泛的执行权，但不直接对选民负责，选民只能通过间接途径对政策执行施加影响，这在一定程度上影响政府的回应性。

由于西方国家的城市不辖区或县，市政府与周围的乡镇政府也没有隶属关系，因此大都市区的出现和发展对西方国家原有的市政体制提出了新的挑战。所谓大都市区，是指中心城市与周边市镇具有内部关联、空间层次、地域分工和连带景观的巨型地域综合体，其主要特征是形成了以大城市为核心、由周围市镇环绕的网状结构。大都市区的发展，使得跨地区的公共管理和公共服务，与原有市县乡镇相互分割的市政体制产生了矛盾。为了适应大都市区发展的需要，西方国家对大都市区的市政体制进行了改革。西方大都市区的市政体制改革主要有以下三方面内容：

第一，少数大都市区设立市辖区。

少数大都市区在主体区域内划分二级管辖区，设置区议会和区级行政机构，彼此分工协作管理城市公共事务。美国纽约，法国巴黎、马赛和里昂，日本东京都和政令指定市都设有市辖区。

纽约市议会和区议会分别由市民选举产生，市政府负责城市规划、基础设施、交通管理、环境保护和社会治安等大多数公共事务，区级机构负责环境卫生、社区管理、小区绿化等事务。

巴黎共设有 20 个区，区既是基层行政区划又是选举单位，分别设有区议会和区长。区议会由本区选出的市议员和区议员组成。区议会主席兼任区长，由区议会选举一位本区的市议员担任，区长既要执行区议会的决议，又必须办理国家和市政府交办的事务。对于本区的重大事务，区议会须向市长报请，如市长不答复，则由市议会审议。市议会的议案涉及区的利益时，必须事先征求区议会的意见。市议会在市辖区内的社会、文化和体育设施的管理，由区议会决定。

日本东京都设有 23 个特别区，特别区政府的职能包括对中小学、公共浴室、零售市场、区内道路及绿化、医疗诊所、图书馆、小规模土地的区划整治、小规模的建筑物、区域的城市规划和公营住宅的管理等。特别区具有双重性质，既是行政区，又是自治体，实行准公选制选举区长，即先由居民选举几位区长候选人，然后由区议会选举产生区长，最后由东京都知事委任。

第二，市政府与市镇缔结联盟。

市政府与市镇缔结联盟的具体形式有以下几种：

大城市兼并周围的郊区。这种兼并不仅要经过郊区居民表决同意，而且要通过市区居民投票赞成。郊区的市镇议会保留大部分原有的自治权力，仅把一部分适宜由大城市政府统一提供的服务移交出去，大城市政府因此获得相应的税收和行政权力。

市县合并。县的政权机构可以并入市的政权机构，也可以保留部分职能和人员。原有县内的乡镇可以自行决定是否并入市的行政区域。对于并入市的乡镇，市政府根据提供服务的多少来确定征税额。

功能合并。大城市议会通过与都市地区乡镇议会协商，将乡镇政府的部分公共事务并入大城市政府，由大城市政府统一管理。

第三，市政府与周边市镇政府的合作。

有些大都市区的市镇居民不愿意放弃自治权，不同意市镇并入大城市的行政区划，而是支持市镇政府在适宜由大城市政府统一管理和提供服务的领域，与大城市政府开展不同形式的合作。大城市政府与周边市镇政府开展合作的具体形式有：

签订合作协议。大城市政府与周边市镇政府就市政信息交换、刑事案件侦查、特大火灾消防、公共服务购买、边界地区管理、事业举办等签订合作协议。

转移职能。州议会在征求地方政府意见的基础上，通过立法，把市镇政府的某些职能转移给大城市政府，或把大城市政府的某些职能转移给市镇政府，双方有义务为对方行使转移后的职能提供便利。

成立政府联合会。政府联合会是一种协商和咨询组织，由市镇的行政首长、议长和其他政府代表组成。政府联合会就共同面临的问题定期开会讨论，并由常设机构具体负责协调工作。政府联合会无权强制成员执行它的决议，只能依靠成员自觉遵守。

三、中国的市政体制

与中国的基本国情相适应，中国的市政体制是市人民代表大会制，具体包括以下主要内容：第一，城市的中国共产党组织在市政体制中处于领导核心地位。第二，市政协是中国共产党领导的多党合作和政治协商的重要机构，是我国政治生活中发扬社会主义民主的重要形式，是国家治理体系的重要组成部分，是具有中国特色的制度安排。中共市委和民主党派的城市组织分别作为组成团体参加市政协，中共市委在市政协就重大问题与各民主党派组织进行协商，听取民主党派组织的建议和意见，接受民主党派组织的民主监督。市人大和市政协同时召开会议，分合穿插，有利于民主党派组织参政议政。民主党派组织所推荐的候选人经中共市委同意后，由市人大及其常委会选举担任城市国家机构的领导职务。第三，市人大选举产生城市的政府、监察委员会、法院和检察院，它们对市人大负责，向市人大报告工作，接受市人大的监督。第四，市辖区、县的中共区委、县委、国家机构受中共市委、市级国家机构的领导。中共市委领导中共市辖区委、县委的工作，中共市辖区委、县委统一领导市辖区、县国家机构的工作。第五，市民和社会团体通过一定的方式，向城市政党组织、国家机构进行利益表达。

中国的市政体制具有以下基本特征：

第一，中共市委在市政体制中处于领导核心地位。

中共市委虽然不是城市国家机构的组成部分，但对城市国家机构发挥着领导核心的作用，这是由中国共产党在全国的领导核心地位决定的。中共市委对城市国家机构的领导核心作用表现在：中共市委依法确定城市国家机构之间的职权划分；中共市委常委会讨论决定城市国家机构工作中的重大问题；中共市委向市人大及其常委会推荐城市政府、监察委员会、法院和检察院的领导干部候选人；中共市委通过设在市人大常委会、市政府、市监察委员会、市法院和市检察院的中共党组，领导城市国家机构的日常工作；市长兼任市委副书记，从组织上保证市政府贯彻执行市委的决定；城市审判机关、检察机关、公安机关、国家安全机关、司法行政机关在中共市委政法委员会领导下开展工作；通过城市国家机构中中共党员的骨干、带头和桥梁作用，保证党的路线、方针和政策的贯彻执行。

第二，全国城市的市政体制具有同一性。

中国的市政体制是人民代表大会制度的政体在城市的延伸，每一级城市政权的权责配置、机构设置基本相同，全国所有城市的市政体制具有高度的同一性。城市政权由市人民代表大会、市政府、市监察委员会、市法院、市检察院组成。市人大及其常委会是城市的权力机关，市政府、市监察委员会、市法院和市检察院均由市人大及其常委会产生，市政府、市监察委员会、市法院和市检察院对市人大及其常委会负责并报告工作。市人大及其常委会具有监督市“一府一委两院”的权力。市辖区政权也是按照人民代表大会制度设置的。

第三，建制市具有双重性质，实行城乡合治。

中国的建制市是享有一定自主权的地方行政单位，接受国务院的统一领导。建制市具有双重性质，既具有一般地域型行政建制的性质，又具有专门市镇型行政建制的性质。由于实行市管县体制和撤县设市，中国市的行政区域包括了广大农村地区，市政府不仅要对辖区内的城市实施管理，而且还要对辖区内的农村进行管理，实行城乡合治，从而使建制市成为普通地域型的地方行政建制。

第四，城市的行政地位具有不同的等级。

按照城市行政地位的不同，中国的城市划分为直辖市、副省级市、地级市和县级市四种，不同等级的市拥有的职权大小不一。直辖市隶属于中央政府，与省和自治区的行政地位相同，但在实际管理过程中，直辖市的行政地位要高于省和自治区。副省级市拥有省级计划决策权和经济管理权。地级市在法律上属于省（自治区）辖市的范畴，其中经国务院批准的较大的地级市，有权制定地方性法规和规章，在管理上享有较大的自主权。直辖市、副省级市、地级市下辖区、县。县级市的行政地位相当于县，不再设区，接受地级市的领导。

第五，工会、共青团、妇联等社会团体在市政体制中发挥着重要作用。

在中国的市政体制中，工会、共青团、妇联等社会团体是中共市委联系城市居民的桥梁和纽带，是在市人大中各自所联系群众的代表。随着社会主义市场经济和民主政治的发展，各种社会团体在市政体制中日趋活跃，社会团体采用多种形式向城市国家机关进行利益表达，并宣传和执行城市国家机关所制定的公共政策。

改革开放以来，随着生产力水平的不断提高和社会经济的飞速发展，工业化和城市化进程为中国城市带来了日新月异的变化，这主要表现在城市数量急剧增加，城市规模不断扩大，城市在国家的政治、经济和社会发展中发挥着主导作用。与此相适应，中国市政体制的改革不断深化，并取得了明显成效。特别是党的十八大以来，中国把深化城市党组织和国家机构改革作为推进城市治理体系和治理能力现代化的一项重要任务，按照坚持党的全面领导、坚持以人民为中心、坚持优化协同高效、坚持全面依法治国的原则，深化城市党组织和国家机构改革，城市党组织和国家机构职能实现系统性、整体性重构，为城市发展提供了有力保障。

党的十八大以来，中国市政体制主要在以下几方面进行了改革：

第一，坚持和完善中国共产党总揽全局、协调各方的领导制度体系，把党的领导落实到城市发展各领域各方面各环节，提高党科学执政、民主执政、依法执政水平。

第二，统筹党政群机构改革，统筹考虑各类机构设置，科学配置党政部门权力，省市县对职能相近的党政机关合并设立或合署办公，推动城市国家机构、政协、人民团体、企事业单位、社会组织等在党的统一领导下协调行动、增强合力。

第三，坚持和完善中国共产党领导的多党合作和政治协商制度，提高中国特色社会主义参政党建设水平，加强人民政协专门协商机构建设，发挥社会主义协商民主独特优势，提高建言资政和凝聚共识水平。

第四，坚持和完善人民代表大会制度，加强人大对“一府一委两院”的监督，支持和保障人民依法通过各种途径和形式行使国家权力和管理城市公共事务。

第五，转变政府职能，优化政府机构设置和职能配置，完善职责明确、相互制约、相互协调的政府治理体系，推进简政放权、放管结合、优化服务，创新监管方式，提高行政效能。

第六，深化综合行政执法体制改革，优化司法职权配置，健全司法权力运行机制，建设公正高效权威的社会主义司法制度。

第七，健全中国共产党统一领导、全面覆盖、权威高效的权力运行机制和监督体系，强化对权力运行的制约和监督。

第八，优化行政区划设置，有条件的地方推进省直接管理县（市）体制改革，赋予省级及以下政府更多自主权。

当前中国的市政体制同全面建设社会主义现代化城市的要求还不完全适应，同实现城市治理体系和治理能力现代化的要求还不完全适应，同构建高水平社会主义市场经济体制的要求还不完全适应，需要在巩固市政体制改革成果的基础上继续深化改革，对市政体制进行调整和完善。深化市政体制改革的指导思想是：以中国特色社会主义理论为指导，以加强中国共产党集中统一领导为统领，以推进城市治理体系和治理能力现代化为导向，适应构建新发展格局、推动高质量发展的需要，坚持问题导向，统筹城市政党机构、人大机构、政府机构、政协机构，统筹中央和地方，深化重点领域机构改革，推动党对社会主义现代化建设的领导在机构设置上更加科学、在职能配置上更加优化、在体制机制上更加完善、在运行管理上更加高效。为此，中国市政体制深化改革要采取以下具体措施：

第一，加快市政职能转型。市政职能转型是深化市政体制改革的核心。市政职能转型，是推动中国城市化持续、快速、健康、和谐发展的内在要求。加快市政职能转型，也就是使市政职能切实转变到社会管理、生态管理和公共服务上来。具体来说，要继续深化机构改革和简政放权、放管结合、优化服务改革，切实理顺政企、政社和政事之间的关系；要不断深化配套制度改革，建立健全流动人口管理机制，真正实现城市基本公共服务的均等化；要对城市的功能进行准确定位，制定科学的城市发展规划，大力发展城市各项社会事业，提高人口的综合素质；要大力推进市政管理的社会参与，增强广大市民参与市政管理的意识和能力；要指导和扶助城市社区组织建设，充分发挥基层社区的民主自治和互助功能；要提高城市公共安全治理水平，保护市民的生命财产安全，维护社会稳定；要依法保护城市的各类资源和生态环境，努力实现城市的可持续发展；要科学调整城市布局和结构，塑造良好的城市形象，提高城市吸引力、竞争力、凝聚力和市民的自我约束力。

第二，优化市政机构设置。科学设置市政机构是市政体制高效运转的基本保证。市政机构设置要遵循精简、统一、效能的原则，既要撤并那些因职能错位而设置的管理部门，又要增设城市发展所必需的新管理部门。根据党的二十届二中全会通过的《党和国家机构改革方案》，省级党委要结合实际组建科技委员会，作为科技领域的议事协调机构；省、市、县级党委组建社会工作部门，负责统筹指导人民信访工作，指导人民建议征集工作，统筹推进党建引领基层治理和基层政权建设，统一领导行业协会商会党的工作，协调推动行业协会商会深化改革和转型发展，指导混合所有制企业、非公有制企业和新经济组织、新社会组织、新就业群体的党建工作，指导社会工作人才队伍建设等；组建人大常委会代表工作委员会，在常委会的领导下，负责有关代表工作；深化政府机构改革，地方政府结合实际调整科技部门职责，建立以中央金融管理部门地方派出机构为主的地方金融监管体制，省级政府结合实际组建数据管理机构，优化农业农村部门职责，完善老龄工作体制和知识产权管理体制；深化政协机构改革，优化政协界别设置和界别委员构成。

第三，合理设置市政体制层级结构。合理设置市政体制层级结构是完善市政管理体制、降低市政管理成本、提升市政管理效能的前提条件。合理设置市政体制的层级机构，首先应进一步推进中心城市行政区划改革，扩大城市政府的自主权，积极发挥区域经济的协同效应；其次应大力整合县级行政区的规模和结构，优化和调整县域行政区架构，推进建制城市设置标准和模式的创新与改革，适度整合县域行政区的管辖规模；最后要稳步推进“扩权强县”改革，积极稳妥地推进省直接管理县（市）改革，减少行政层次。

第四，完善基层市政管理体制。完善基层市政管理体制，是协调政府社会治理与社区自治组织、民间组织自我管理的基本出发点。因此，必须进一步理顺街道办事处、市政职能部门与社区居委会之间的关系，努力实现市政管理与社区自我管理的有效衔接，提高居民参与社区工作的积极性，逐步完善民主议事和民主监督机制，保障居民的参与权和监督权。此外，还应积极推动社区公共服务的多元化发展，完善社区公共服务体系，并建立财政保障机制，拓展筹资渠道，加强社区基础设施建设，强化社区工作者的专业化培训，促进基层市政管理的专业化和民主化建设。

第五，实现市政管理的法治化。依法治市是市政管理现代化的重要标志。实现市政管理的法治化，首要的任务是切实落实市人大及其常委会的职权，真正发挥市人大及其常委会的议决功能，加强市人大及其常委会对市政府、市监察委员会、市法院和市检察院的监督。同时，要加强市政管理法制建设，把市政的组织、职能、编制、程序等纳入法治化的轨道。城市政府还应建立健全地方性法规和规章，建立起从市长到一般市政工作人员的工作责任制，做到各司其职、各负其责。市政职能部门也应加强制度化建设，健全行政综合执法机制，实现市政管理的规范化。

中国市政体制的基本特征

案例分析

第四章　市政职能与市政绩效

市政职能体现了城市政府管理活动的实质和方向，是城市政府管理活动内容的总概括，是建立政府管理组织的基本依据。在不同的国家或地区，市政职能是不同的。即使在同一个国家或地区，不同历史时期的市政职能也是不同的，市政职能会随着城市的发展而变化。如何科学合理地调整市政职能范围和内在结构，不断优化市政过程，直接关系到市政绩效的高低和城市的兴衰。

第一节　市政职能

一、市政职能的内涵和意义

市政职能是城市政府依法对城市公共事务进行管理时所承担的职责和任务的总称。市政职能反映城市政府管理活动的内容和基本方向，决定城市政府的规模和管理方式。

市政职能是市政功能的表现形式。所谓市政功能，是指市政组织系统结构所发挥的作用。对于城市政府及其部门来说，由于其在国家或城市政权组织系统中所处的地位不同，其所具有的功能也是不同的。当对城市政府所具有的功能以规范化的职责、任务加以确定时，市政功能就表现为具体的市政职能。因此，研究市政职能必须以市政功能为基本依据。

市政职能的主体是城市政府。市政组织是多元的，一个城市的市政管理往往是该城市政党组织、权力机关、政府机关、监察机关、司法机关的复合行为，但在法理上和具体的管理分工中，城市政府无疑是确定、调整和实现市政职能活动的主体。因为城市政权结构赋予了城市政府直接管理城市公共事务的主体地位，而且城市政府的活动更能直接体现城市政权活动的方向。

市政职能的客体是城市公共事务。市政职能的客体是回答城市政府“应该做什么”的问题，反映城市政府管理活动的实质、内容、方向和重心所在，确定城市政府与其他市政组织之间的边界。由于大量人口在城市的聚居，集聚了大量而复杂的公共事务，导致了对公共产品和公共服务的巨大需求，城市政府的主要任务是要充分满足城市居民对公共产品和公共服务的需求。

市政职能的实现方式是科学化、现代化、法治化的城市公共管理。市政职能的实现方式回答城市政府“如何去做”的问题。市政职能必须通过城市政府的公共管理来实现，而城市公共管理必须遵循现代城市的发展和运行规律，坚持以法治的理念、法治的思维、法治的程序、法治的方式、法治的机制开展城市公共管理，坚持法定职责必须为、法无授权不可为，从而达到市政职能实现方式的科学化、现代化、法治化。

市政职能具有以下几个特点：

第一，市政职能的阶级性和广泛性。城市政府的各项职能都是为统治阶级的统治服务的，尤其是政治、公共安全等职能，直接反映和体现了国家的阶级本质，维护统治阶级的利益，其阶级性十分突出。中国是以工人阶级领导的、工农联盟为基础的人民民主专政国家，城市政府必须始终坚持以人民为中心，维护广大人民的根本利益，把人民对美好生活的向往作为市政职能的出发点和归宿。同时，市政职能又具有广泛性。从静态上看，市政职能涉及城市的经济、政治、社会、规划、基础设施建设、公共事业、生态环境保护等诸领域；从动态上看，市政职能包括城市政府所进行的计划、组织、协调、控制等一系列环节。可以说，城市社会生活的各个方面无一不包括在市政职能的范围之内，城市各个阶层无一不接受城市政府的管理和服务。

第二，市政职能的共性和特殊性。任何国家的城市政府，不论其性质、国情、发展阶段以及政府组织的层次如何设置，都必须适应国家或城市发展的共同需要，解决一些共同的社会问题，履行统治职能和一般社会公共事务管理的职能。此外，市政职能具体包括市政管理过程之中的计划、组织、指挥、控制、沟通、协调、监督等职能，这些职能贯穿于整个市政活动的始终和各个方面。市政职能的特殊性一是由市政管理的阶级性和政治性决定的；二是由具体国情或市情决定的；三是由市政组织系统不同层次具有的不同功能决定的。此外，不同国家的城市，同一国家不同历史时期、不同地域的城市，市政职能具有不同的内涵和特征。

第三，市政职能的强制性和服务性。作为城市国家权力的一种表现形式，市政职能以国家权力的强制性为基础，因而具有强制的性质。同时，在一系列城市公共事务的管理上，城市政府满足居民对各种城市公共产品和公共服务的需求，协调各种社会利益之间的关系，保护公民和企业的合法权益，维护正常的城市生产生活秩序，因而市政职能又具有服务的性质，可以说，公共服务职能也体现了城市政府的本质。在实际生活中，市政职能的强制性和服务性是紧密结合在一起的，服务中有强制，强制中也包含着服务。当今社会，建立服务型政府已成为政府的基本定位，服务性是政府职能的基本特征。对于城市政府而言，其市政职能的公共服务性特点更为突出，服务是城市政府的天职。

第四，市政职能的动态性和层次性。作为上层建筑组成部分的市政职能不是一成不变的，随着城市的发展，市政职能也在不断地发展变化。城市经济发展水平不同，市政职能的内容和范围也就有差别；城市的政治体制、经济体制、社会体制不同，市政职能的基本内涵和实现形式也就有变化。此外，市政职能是由不同层级的城市政府来分别行使的，不同层级城市的市政职能是有差异的。城市政府既有义务执行中央政府和上级政府制定的法律、法规、决议和决定，维护中央的权威，又要依法自主决定并处理仅仅关系到辖区内居民公共利益的公共事务，促进城市的良性发展。市政职能体系的层级，既相互贯通又相对独立，呈现一种互相交错的局面。

第五，市政职能的扩张性和多样性。市政职能是随着工业化、城镇化、现代化、信息化的发展不断扩张的。在前工业化阶段，西方国家的市政职能仅限于户籍、治安、消防、道路、照明、卫生等方面的管理；到了工业化阶段，社会福利、社会保障、生态环境治理、产业振兴等都被纳入城市政府职责范围内。随着信息化的发展，城市政府又把维护城市信息安全、网络安全作为其重要职能。此外，现代城市公共事务复杂多样，加之市政环境的剧烈变动和市政技术的飞速发展，以至于城市政府在管理公共事务、实现各项职能时，不得不采用多种手段、途径和方式，以适应不断变化的新情况，以保证城市政府各项职能的顺利实施。

第六，市政职能的专门性和业务性。市政职能是城市政府管理某项公共事务的职责和能力，某项市政职能就是城市政府对某项公共事务的专门管理，因此，市政职能的专门性很强。同时，市政职能具体表现为城市政府的业务活动，城市政府的各项职能通过城市政府机关的种种业务活动来实现。

市政职能可以根据不同的标准进行分类。按照各种市政职能产生的先后顺序，可以将市政职能分为传统职能和现代职能。传统职能主要是指近代以前的城市政府职能，这些职能从城市政府产生后一直延续至今，具有永久性、稳定性、基础性特征，如治安消防、道路交通、健康卫生、文化教育等。现代职能主要是指第二次产业革命后，随着现代城市文明的发展而逐步兴起，并且日益显示其重要性的市政职能，具有生产性、战略性、导向性特征，如城市规划和建设、生态环境保护、产业振兴和公共服务职能等。

根据市政职能的性质和实现方式，可以把市政职能分为防御职能和建设职能。防御职能主要是指城市政府依法通过限制性、保护性手段，从最低限度上维持一个城市正常的生产生活秩序，为城市居民提供生存和发展条件的各项市政职能，如治安消防、减灾救灾、生态环境与资源保护、市场监管、劳动安全管理、社会救济、食品卫生管理等。建设职能是在城市的基本秩序和安全得到保障的前提下，主动采取规划、组织、引导、激励等措施，积极为城市居民提供更富足的生活条件、更舒适的生活环境的各项职能，如经济发展、城市规划、资源开发、公共设施建设、文化教育及科技发展等。

根据城市公共事务的主要内容、特点和市政管理的实际情况，可以把市政职能分为一般职能和专门职能。一般职能是指城市政府和其他地方政府都具有的职能，如经济职能、社会职能和服务职能；专门职能则主要是城市政府特有的或特别突出的职能，如城市规划、城市建设、城市交通管理、城市流动人口管理等。一般职能和专门职能共同构成城市政府的基本职能。

此外，根据市政管理的运行过程，市政职能可分为决策职能、计划职能、组织职能、协调职能和控制职能；根据市政职能的属性，市政职能可分为统治职能、保卫职能、管理职能和服务职能；根据市政职能的作用领域，市政职能可分为经济职能、政治职能、文化职能、社会职能和生态环境保护职能。

市政职能在市政管理中占有十分重要的地位，具有以下重要意义：

第一，市政职能是认识市政管理的前提。城市政府的管理是通过发挥自己一系列职能来有效地完成国家所赋予的职责的。认识一个国家的市政管理，首先应认识其核心内容——市政职能。由市政职能出发，可以进而了解一个国家市政的性质、市政组织结构、市政过程和市政改革等。

第二，市政职能规定了城市政府活动的基本方向。市政职能规定了城市政府在特定的历史阶段管什么、管多少、怎样管，反映了城市政府行为的基本宗旨和目的。具体地说，市政职能通过明确城市政府的职责、落实城市政府的任务、界定城市政府管理的范围、确定城市政府管理的目标，为城市政府活动的开展指明了基本方向。城市政府只有在明确自身职责和能力的前提下，才能有所作为，才会不产生方向性失误。

第三，市政职能是确定和划分城市政府职权的基础和依据。由于市政职能表明城市政府机构应该做什么，城市政府职权表明城市政府机构必须做什么和怎样去做，因此，城市政府职权的内容必须以市政职能的内容为依据，与市政职能的内容相适应。此外，城市政府职权是实现市政职能的法律形式，是法律化的市政职能，因此，城市政府职权的内容要以法律为依据，通过法律的授权而取得。城市政府有什么职能，在法律上就应该有实现该项职能所必需的城市政府职权。

第四，市政职能是设置城市政府机构的基本依据。城市政府机构实质是市政职能的载体，是市政职能的执行者。有什么市政职能，就应该设立执行该项职能的政府机构。城市政府机构设置的规模、层次和数量，以及城市政府机构的撤并或调整，都必须以城市政府执行市政职能的需要为依据。

第五，市政职能是科学组织市政管理过程的重要依据。实现市政管理的程序化和科学化，必须依据市政职能，把每一项运行的市政职能作为市政管理过程的一个环节，并根据各项市政职能之间的内在的先后顺序和相互制约关系，把它们联结成紧密配合、运转协调的系统。

第六，市政职能是否科学合理，直接关系到市政绩效的高低。市政职能直接体现了如何正确处理政府与市场关系的问题，涉及政企关系、政社关系、政事关系等多方面的关系。科学合理地设置市政职能，就是要让城市政府管好市场、企业、社会管不了、管不好的事，将有限的公共资源投入更好地提供公共产品和公共服务中，提升市政绩效，推动城市高质量发展。

总之，市政职能是市政管理的中心问题，这个问题不解决好，整个市政管理的运行就难以正常进行。

二、西方国家的市政职能

根据工业化的不同发展阶段，可以把西方国家市政职能的演变划分为前工业化阶段、工业化阶段和后工业化阶段三个阶段。

工业革命开始以前，即 18 世纪中期以前的欧洲城市，城市经济以生产技术落后、规模狭小的手工业生产为主，人口增长缓慢，城市生活质量较低，城市规模较小，功能单一，居住和活动分散。这一时期的市政职能也比较简单，仅限于治安、消防、公共卫生以及简单的公用设施与市政工程，如道路、路灯、上下水道等；市政管理手段单一，管理方式较为原始，很多城市事务和服务具有私人性质，没有形成规模性的社会公共需求。

工业化阶段是西方城市迅速成长的时期，大约是从 18 世纪后期至 20 世纪 40 年代。工业革命促进了各种要素不断向大城市和城市中心区集中，城市人口不断增加，城市规模不断扩大，城市产业结构和社会结构发生了质的变化，由此引起城市公共事务的急剧扩大，市政职能的范围和内涵不断发展。这一时期，随着城市规模的扩张和城市经济的发展壮大，城市地区与其他地区的差异日益突出，城市的政治地位和经济地位日益提升，城市的自治权逐步扩大，城市政府管理的事务和提供的社会服务范围越来越广泛，市政职能大幅增加，铺路、供水、供电、保健、住房、教育等新职能成为市政职能的重要内容，一些传统职能如治安、消防、卫生等的技术含量不断提高，以适应工业化高速发展的需要。

20 世纪 40 年代，尤其是 60 年代以后，工业化、城市化和现代化使城市成为人类主要聚居区。随着发达国家城市产业结构的调整和变革，以信息和服务业为主的第三产业、以高新技术产业为主的第二产业日益兴起，第三产业成为城市的主导产业；交通的发展和信息技术的广泛应用，使得城市与周边地区的时空距离大幅缩短，城市的辐射作用日益增强。这些变化使西方国家的市政职能发生了划时代的转变，其主要表现是：

第一，市政职能范围进一步扩展，不仅渗透到城市社会生活的各个领域，还辐射到周边地区，甚至在国际范围内发挥影响。一些城市政府不仅管辖城市区域，同时也统辖周边的广大乡村地区，从而出现了更高层次的城乡共治局面，这在客观上扩大了市政职能的范围。

第二，城市经济与社会的发展，以及经济生活和社会生活的复杂化，促使市政职能逐步向标准化、制度化和法治化的方向发展。

第三，市政职能的中心转向城市发展的战略规划和提供公共服务，城市政府在规划、生态环境保护、社会保障、基础设施建设等方面的职能日益突出。

第四，政府的公共管理和公共服务开始出现分散化和民营化的趋势。西方发达国家逐步倾向于以市场作为社会资源配置的手段，将一部分可以由市场提供的公共产品和公共服务转交给社会；一些公共机构也逐步从政府组织体系中分离出来，转化为企业和中介机构，公共服务向市场化的方向发展。

纵观西方国家市政职能的发展历程，其职能范围越来越广泛，市政职能的法治化、科学化和现代化程度也越来越高，管理方式也由传统的以直接管理为主转化为以间接管理为主。从范围上来看，西方国家市政职能的主要内容包括以下几个方面：

第一，规划职能。规划职能以土地规划和区域综合开发计划为主，城市政府通过履行规划职能，规定城市在一定时期内的发展战略和目标，确定城市土地开发与利用的基本原则和具体规范，协调城市的空间布局和各项建设，发挥城市的整体优势。西方各国城市政府普遍重视城市规划，早在 20 世纪 20 年代，许多国家就成立了相应的规划管理机构，统筹管理城市土地的利用、城市的功能分区、产业布局，以及城市区域内的综合开发等工作。第二次世界大战以后，随着西方各国大规模城市重建工作的展开，各国广泛利用城市规划的新理论和新方法，注重解决交通拥挤、生态环境污染、人口稠密等城市问题，促进了城市的良性发展。

第二，交通运输职能。交通运输职能是指对包括道路、桥梁、机场、港口等交通设施的设置和管理，制定使用这些设施的权力及其相关规定；轨道交通、汽车运输、交通工具及其他运输事业的经营；制定通勤对策等职能。随着西方国家经济的发展，城市政府对城市交通运输事业的投入也不断增加，城市基础设施得到了显著改善，促进了经济社会的发展和市民生活福祉的提高。西方各国城市政府在行使交通运输职能时积累了大量宝贵经验，如实行城市基础设施建设筹资渠道的多元化、建立交通收费制度、鼓励公共交通网络的发展等。

第三，社会福利与社会保障职能。为了解决工业化、市场化和城市化带来的各种社会问题，维持和保证市民基本的生活水平，西方国家城市政府建立了比较完备的社会保障、社会福利和社会救济制度。一是建立城市社会保障制度。市民在年老、失业、疾病或者丧失劳动能力时，有从国家和社会获得帮助以保障其基本生活的权利，从而在一定程度上缓解社会矛盾，维护社会公平，促进城市的稳定和发展。二是建立社会福利制度。城市政府向全体市民提供文化教育、卫生保健、育儿等方面的社会福利。三是社会救济。城市政府向城市中陷入生活困境的市民，提供最低的生活保障和相应的服务。

第四，文化教育职能。文化教育职能主要是为提高市民的整体素质和丰富市民生活，对幼儿园、中小学、市立高等学校等教育机构进行政策指导和经费支持；对图书馆、博物馆、科学馆、文化馆、体育观、美术馆等文化设施的修建、维护和管理；对建筑物绘画、传统技艺、名胜古迹和历史文物的保护等。

第五，公共卫生与生态环境保护职能。随着城市生态环境问题的日趋严重，以及政府和市民对公共卫生及生态环境保护意识的日益强烈，公共卫生和生态环境保护职能成为市政职能的重要内容。西方国家城市政府的公共卫生和生态环境保护职能，既包括传统意义上的城市环境清洁、垃圾清除和处理，也包括城市公害的管制，城市生态环境规划与管理，自然资源的保护、再生和合理开发利用，生态环境保护科学技术的研发等。从管理实践来看，西方各国纷纷强化公共卫生和生态环境管理体系，坚持可持续性发展原则，建立健全公共卫生和生态环境保护法律法规，加大公共卫生和生态环境保护与治理的投资力度，运用科技手段解决公共卫生和生态环境问题。

第六，公共安全管理职能。公共安全管理职能主要包括：预防和打击犯罪，维护城市社会治安，保障市民的生命财产安全；保护公共设施，维护公共交通秩序；管理、控制公众集会；防灾救灾，应对突发性公共安全事件，处置各种人为与自然的灾害对市民造成的人身和财产损害。在长期维护城市公共安全的实践中，西方国家已经逐步形成了较为完善的城市公共安全管理机制，其共同特征是建立多层次、全方位的公共安全网络，充分发挥法律的保障作用；信息灵敏、统一指挥、运转协调、综合调配、行动迅速；加强社会沟通与合作，提升社会参与水平。

第七，产业振兴职能。产业振兴职能主要是为了振兴工商业和农业等产业所进行的技术援助、资金支持、基础设施建设等，以促进经济的增长。西方国家普遍实行市场经济制度，因此城市政府遵循市场经济的原则管理经济活动，以宏观指导、协调、扶持为原则，刺激和诱导市场主体的经营决策顺应城市经济社会发展的目标。以日本为例，城市政府在产业振兴方面提供的服务主要有组织协调基础设施建设、制订和实施经济社会发展计划、制定和执行振兴经济的产业政策、提供信息和咨询服务、扶持中小企业、鼓励私人企业投资等。

西方国家市政职能的实现方式是多途径、多元化的，但是以间接管理为主，直接管理为辅；宏观调控为主，微观监管为辅；法治手段为主，经济和行政手段为辅；公共服务为主，公共管理为辅。具体地说，西方国家市政职能的实现方式有：

第一，制订法规、政策和指导性社会经济发展计划。西方国家城市政府拥有相对独立的自治权，通过制订市政管理法规、政策或指导性计划，为企业法人、社团法人、特殊法人和市民提供一个得到普遍认同的、框架性的行为规范和努力目标，引导、激励、鞭策企业、社团、机构和市民的自律意识和自觉行动，以实现市政职能目标。

第二，吸纳民间力量参与公用事业，实行公用事业民营化。西方国家城市传统上对与市民生活密切相关的公用事业实行政府垄断经营，但自 20 世纪 80 年代以来，西方许多国家的城市政府开始大力推行公用事业的民营化。城市政府将公用事业分为非营利性和营利性两大类，对于非营利性公用事业采取政府直接管理和直接投资的方式；对于营利性公用事业采取间接调控的方法，允许民间经营，但对其价格、质量等实施严格的政府规制。

第三，依法行使各种审判权、认证权，对城市各项公共事务实施监督检查。为了掌握城市社会经济发展的基本状况，减少民事纠纷，西方国家法律明确规定了公民或法人在进行各种合法行为时，如开张营业、订立合同、停业、结婚、离婚、迁徙、收入、私人土地使用等，都有履行申报、登记、审核、公证、验证等手续，以便及时发现问题并及时加以纠正。此外，城市政府还通过巡视、检查、监督等活动，来维护正常的城市社会经济秩序。

第四，支持新技术的研发，引导和刺激经济发展。西方国家城市政府通过建设良好的基础设施等吸引投资，通过财政援助扶持中小企业，通过财政拨款支持新技术的研发。

尽管不同西方国家市政职能的具体内容存在或多或少的差别，但总体来说，西方国家市政职能具有以下基本特征：

第一，市政职能的法治化程度高。西方国家城市政府拥有相对独立的自治权，但这种自治权的实施必须建立在法治化的基础之上。为此，西方国家城市政府极为重视制定市政管理法律法规，建立市政职能规范体系，明确界定市政职能部门的权责范围、权责关系以及市政职能的实现方式等，使市政职能的履行有章可循、有法可依。此外，在履行市政职能的过程中，西方国家城市政府强化对市政职能部门的法律监督，市立法机关可依法对市政职能部门进行听证、质询和检查，市民团体和市民个人在必要时可依法要求市政职能部门就有关事项说明情况，以保证城市政府依法履行市政职能。

第二，内容广泛的市政职能体系。西方国家市政职能的内容十分广泛，既包括经济职能、社会服务职能等一般性职能，也包括城市规划、交通管理、基础设施建设和管理等专业性职能。西方国家市政职能内容的广泛性是由城市复杂的结构和功能决定的。第二次世界大战结束以来，随着城市化、工业化和信息化的不断发展，西方国家城市日益表现出集群化、多元化、国际化的特征，这使市政管理面对的任务和挑战日益复杂化。因此，西方国家城市政府一方面不断扩展市政管理的领域和范围，另一方面积极加大市政职能的投入，改进市政管理手段和方法，以维护正常有序的城市秩序。

第三，市政职能以服务为导向。由于受政治传统和经济发展模式的影响，西方国家的市政体制往往形成“小政府、大社会”的格局，城市政府并不直接干预城市社会生活，而是通过提供公共服务的途径来履行其市政职能，并以提供公共服务的数量、质量和效率作为评判市政职能履行程度的依据。西方国家市政职能的服务导向主要体现在：为城市可持续发展建设完备的公共服务设施和优良的生态环境，为城市经济发展和市民生活创造良好的条件；大力发展文化教育事业，提供优质的人才服务；建立和健全公共信息管理和服务系统，提供便捷高效的信息服务；提供全方位的法律和政策服务；等等。

第四，多样化的市政职能实现方式。西方国家城市公共事务内容复杂，城市政府职能广泛，特别是随着产业结构和社会结构的调整，城市政府所面临的新情况和新问题层出不穷，仅仅依靠单一的手段和方式很难解决问题。因此，为了适应城市发展的需要，西方国家城市政府采取多种手段、方式和方法，以保证市政管理的有效进行。在强化法治管理的基础上，西方国家市政职能的履行越来越依靠经济手段和行政手段，通过计划、产业规划、税收优惠等方式合理配置城市资源，促进城市发展；通过签约转包、委托服务等方式将部分市政职能交由企业、社会组织和市民团体来承担。多样化的市政职能实现方式，不仅有效整合了城市资源，也有助于提升市政职能的质量和效率。

三、中国的市政职能

改革开放以来，为适应社会主义市场经济和城镇化发展的需要，中国不断改革、调整和优化市政职能。当前，中国的市政职能主要有以下内容：

第一，规划和建设职能。依法制定城市规划和严格依法执行规划成为城市政府最重要的职能之一。城市规划是城市政府依法对城市未来发展目标、城市性质、城市规模、城市布局、城市用地、城市各项工程建设等的综合部署。而建设职能狭义上是指城市政府建设、经营和管理基础设施的职能。改革开放以来，城市政府不断加大安全、高效、便利的生活服务和市政公用设施的建设，不断提升城市建设特别是基础设施建设质量，形成了适度超前、相互衔接、满足未来需求的城市设施体系。

第二，社会职能。城市政府的社会职能是指城市政府在城市社会事务方面的职能，亦称社会管理职能。城市政府的社会职能在国家的社会事务管理中具有重要的地位和作用，直接影响着地区乃至整个国家的稳定和发展。城市政府的社会职能主要有：城市人口治理、城市公共安全治理、城市社会保障及其治理、城市社区治理等。

第三，城市公共事业管理职能。城市公共事业管理职能是指在一定的环境和条件下，以城市政府为核心的公共组织凭借公共权力，动员和运用有效资源，对城市公共事业进行决策、规划、调节和控制的过程，以满足公共需要，增进公共利益，促进城市高质量发展。城市公共事业管理职能包括教育事业管理、科技事业管理、文化事业管理、卫生事业管理等具体职能。

第四，城市经济管理职能。城市政府的经济管理职能，是指城市政府对城市经济进行规划、协调、服务、监督的职能和功能的总称。城市政府的经济管理职能主要包括经济社会发展规划管理、公共财政管理、市场监督管理、土地管理等具体职能。

第五，城市生态环境治理职能。城市生态环境治理职能是指城市政府依据生态学原理，运用多种手段对城市生态环境各种生态关系进行调节控制，对城市生态环境系统的结构、功能及协调度进行治理和调控，协调城市中人类社会经济活动与生态环境的关系，限制或禁止损害生态环境质量的行为。城市生态环境治理职能包括城市环境质量治理职能和自然资源治理职能两个方面。

改革开放以来，中国的市政职能深刻转变、持续优化，对增强城市活力和社会创造力发挥了重要作用。但是，当前中国城市政府仍然管了很多不该管的事情，存在放权不到位、监管缺失疏漏等问题，公共服务还有不少薄弱环节，市政职能实现方式还不够多元化，优化市政职能、提高效能还有很大空间。特别是当前世界百年未有之大变局加速演进，新一轮科技革命和产业变革深入发展，中国城市发展面临新的战略机遇、新的战略任务、新的战略阶段、新的战略要求、新的战略环境，对转变市政职能、优化城市政府职责体系和组织结构提出了新的更高要求。

中国市政职能优化的基本目标是：适应城市社会经济发展水平，遵循城市发展规律，加快转变城市政府职能，优化整合城市政府的规划、建设、治理和服务职能，健全完善功能齐全、结构合理、运行协调、灵活高效的市政职能体系。

中国市政职能优化的具体路径有：

第一，加快转变城市政府职能，建设职责明确、依法行政的城市政府治理体系。

城市政府要紧紧围绕推进治理体系和治理能力现代化加快转变职能。城市政府是城市治理的主体之一。推进城市政府治理体系和治理能力现代化，必须优化城市政府组织结构，使城市政府机构设置更加科学、职能更加优化、权责更加协同。这就要求加快转变城市政府职能，优化城市政府职责体系，理顺部门职责关系，不断完善城市政府经济调节、市场监管、社会管理、公共服务、生态环境保护等职能，全面提高城市政府效能，推动城市政府治理体系和治理能力的现代化。

城市政府要紧紧围绕构建高水平社会主义市场经济体制加快转变职能。构建高水平社会主义市场经济体制，核心是处理好政府和市场的关系，使市场在资源配置中起决定性作用，更好发挥政府作用。这就要求抓住加快转变城市政府职能这个关键，将有效市场和有为政府更好地结合起来，更加尊重市场经济一般规律，最大限度减少城市政府对市场资源的直接配置和对微观经济活动的直接干预，大力保护和激发市场主体活力；同时要继续创新和完善宏观调控，有效弥补市场失灵，着力推动形成新发展格局，努力实现更高质量、更有效率、更加公平、更可持续、更为安全的发展。

城市政府要紧紧围绕建设人民满意的服务型政府加快转变职能。当前，中国社会主要矛盾已经转化为人民日益增长的美好生活需要和不平衡不充分的发展之间的矛盾，人民对美好生活有更多新期待。这就要求把加快转变城市政府职能放在更突出位置，坚持以人民为中心的发展思想，不断优化城市政府服务，创造良好发展环境，抓住人民最关心最直接最现实的利益问题，大力保障和改善民生，促进社会公平正义，让人民群众有更多获得感、幸福感、安全感。

城市政府要紧紧围绕深入推进依法行政加快转变职能。城市政府作为城市国家权力机关的执行机关，承担着实施法律法规的重要职责，必须坚持依法行政，推进法治政府建设，让权力在阳光下运行。这就要求加快转变城市政府职能，推进机构、职能、权限、程序、责任法定化，推进城市政府事权规范化法律化，强化对行政权力的制约和监督，进一步提高城市政府工作人员依法行政能力，确保城市政府各项工作在法治轨道上全面推进。

第二，深化简政放权、放管结合、优化服务改革，持续优化营商环境。

简政放权、放管结合、优化服务改革作为推动城市政府职能转变的“牛鼻子”，是一场从理念到体制的深刻变革，要始终坚持目标导向、问题导向，拿出更大的勇气、更多的举措破除深层次体制机制障碍，以简政放权更大激发市场活力和社会创造力，以放管结合切实维护公平竞争市场秩序，以优化服务为市场主体和群众办事增添便利，加快建设国际一流营商环境，推进城市政府治理体系和治理能力现代化，推动城市持续健康发展。

全面实行政府权责清单制度。编制和公布权责清单，进一步明确城市政府职能边界，是促进城市政府部门更好履职尽责的重要举措。要以推进城市国家机构职能优化协同高效为着力点，加快编制和完善城市政府部门权责清单，系统梳理城市政府部门权责，逐项明确行使主体、权责名称、设定依据、履职方式等内容，确保真实、准确、完整。规范城市政府部门权责事项，逐项制定完善办事指南和运行流程图，提高行政职权运行的规范化水平。权责清单要向社会公布，并及时动态调整，不断完善城市国家机构职能体系。

持续优化市场化法治化国际化营商环境。城市政府要进一步通过深化改革优化营商环境，聚焦市场主体关切，加快关键环节和重要领域改革步伐，激发市场主体发展活力。坚持市场化改革方向，进一步放宽市场准入，全面实施市场准入负面清单制度，降低就业创业门槛，简化企业生产经营审批和条件，提升投资建设便利度。完善各类市场主体公平竞争的法治环境，依法平等保护各种所有制企业产权和自主经营权，加强知识产权保护，强化政务失信责任追究，构建亲清政商关系。健全外商投资促进、保护和服务体系，推动贸易和投资自由化便利化，以开放促改革、促发展、促创新。

实施涉企经营许可事项清单管理。城市政府要坚持一类事项原则上由一个部门统筹、一件事情原则上由一个部门负责，系统梳理对微观经济活动的不必要干预和可以由前置审批转为事中事后监管的许可事项，该取消的全部取消，将保留的涉企经营许可事项全部纳入清单管理，定期调整更新清单并向社会公布。

加强事中事后监管。城市政府在简政放权的同时，事中事后监管必须跟得上、管到位。要始终坚持放管结合、放管并重，把更多行政资源从事前审批转到加强事中事后监管上来，夯实监管责任，提升监管效能，确保放而不乱、管而有序。加快完善全过程全链条监管体系，使监管覆盖生产流通消费的各个环节。创新监管方式，加快社会信用体系建设，运用新技术提升智慧监管水平，对特殊重点领域实行严格监管，严守质量和安全底线。建立健全惩罚性赔偿和巨额罚款等制度，增强监管威慑力。

对新产业新业态实行包容审慎监管。对新产业新业态，既应鼓励创新、为新产业新业态成长留足空间，不断培育壮大新动能，又应切实保障安全、不能放任不管，引导新产业新业态规范健康发展。

第三，健全重大政策事前评估和事后评价制度，提高决策科学化、民主化、法治化水平。

转变城市政府职能，必须着眼于不断提升行政决策质量。要完善重大行政决策程序制度，健全重大政策事前评估和事后评价制度，充分听取各方面意见，防控决策风险，不断提高决策科学化、民主化、法治化水平。

健全重大政策事前评估和事后评价制度。重大政策出台前，城市政府要履行决策法定程序，充分论证政策的必要性、可行性、科学性等内容，科学审慎研判政策预期效果和各方面反应，确保政策符合中央决策部署，财政可承受并长期可持续；政策实施过程中，城市政府要密切跟踪监测实施情况，及时了解政策实施效果和产生的影响，深入分析出现的新情况和新问题，有针对性地调整完善相关政策，确保其取得预期成效；政策执行完成后，城市政府要将政策设定的目标和实际取得的效果进行对照分析，总结经验和不足，并将评价结果作为今后制定相关政策的重要依据和参考。

畅通参与政策制定的渠道。城市政府制定事关城市发展全局和涉及群众切身利益的重大政策，要采取座谈会、听证会、公开征求社会意见、民意调查等多种方式广泛听取意见建议，涉及特定群体利益的政策，还要与相关人民团体、社会组织以及群众代表沟通协商；制定与市场主体生产经营密切相关的政策文件，要主动了解市场主体所急所需所盼，完善常态化政企沟通机制，把听取市场主体诉求和意见建议贯穿全过程。

第四，推进政务服务标准化规范化便利化，深化政务公开。

推进城市政务服务标准化规范化便利化。推进城市政务服务标准化，首先要推进政务服务事项标准化，明确政务服务事项范围，建立健全政务服务事项动态管理机制；其次要推进政务服务事项实施清单标准化，健全政务服务标准体系。推进城市政务服务规范化，是指要规范行政审批服务，规范政务服务场所办事服务，规范网上办事服务，规范政务服务线上线下融合发展，规范开展政务服务评估评价。推进城市政务服务便利化，是指要推进政务服务事项集成化办理，推广“免证办”服务，推动更多政务服务事项“就近办”“网上办、掌上办”，推行告知承诺制和容缺受理服务模式，提升智慧化精准化个性化服务水平，提供更多便利服务。

深化城市政务公开。要把城市政务公开贯穿城市政务运行全过程，全面推进决策、执行、管理、服务、结果公开，以公开促落实、促规范、促服务。稳步推进统一政府信息公开平台建设，加强重点政务信息公开，便于公众查询获取，促进制度有效执行。加快构建公共企事业单位信息公开制度体系，重点推进民生领域信息公开。全面推进基层政务公开标准化规范化，健全基层政务公开标准体系，推进基层办事服务公开透明。加强和改进政策发布解读回应工作，强化政务舆情回应。

深化行业协会、商会和中介机构改革。要按照加快转变城市政府职能的要求，进一步厘清政府与行业协会、商会的边界，全面推进行业协会、商会与行政机关脱钩改革，切断利益链条，推动行业企业自律，维护行业企业合法权益，促进行业协会、商会自主运行、有序竞争、优化发展，使其真正成为依法自治的现代社会组织。

四、数字化市政职能体系建设

中国数字化市政职能体系建设是适应新一轮科技革命和产业变革趋势、引领驱动数字经济发展和数字社会建设、营造良好数字生态、加快数字化发展的必然要求，是建设网络强国、数字中国的基础性和先导性工程，是创新城市政府治理理念和方式、形成数字治理新格局、推进城市治理体系和治理能力现代化的重要举措，对加快转变城市政府职能，建设法治政府、廉洁政府和服务型政府意义重大。

中国数字化市政职能体系建设的指导思想是：高举中国特色社会主义伟大旗帜，坚持以中国特色社会主义理论为指导，立足新发展阶段，完整、准确、全面贯彻新发展理念，构建新发展格局，将数字技术广泛应用于城市政府管理服务，推进城市政府治理流程优化、模式创新和履职能力提升，构建数字化、智能化的城市政府运行新形态，充分发挥数字政府建设对数字经济、数字社会、数字生态的引领作用，促进经济社会高质量发展，不断增强人民群众获得感、幸福感、安全感，为推进城市治理体系和治理能力现代化提供有力支撑。

中国数字化市政职能体系建设的基本原则是：

第一，坚持党的全面领导。充分发挥党总揽全局、协调各方的领导核心作用，将坚持和加强党的全面领导贯穿数字政府建设各领域各环节，贯穿政府数字化改革和制度创新全过程，确保数字政府建设正确方向。

第二，坚持以人民为中心。始终把满足人民对美好生活的向往作为数字化市政职能体系建设的出发点和落脚点，着力破解企业和群众反映强烈的办事难、办事慢、办事繁问题，坚持数字普惠，消除“数字鸿沟”，让数字化市政职能体系建设成果更多更公平惠及全体人民。

第三，坚持改革引领。围绕经济社会发展迫切需要，着力强化改革思维，注重顶层设计和基层探索有机结合、技术创新和制度创新双轮驱动，以数字化改革助力城市政府职能转变，促进城市政府治理各方面改革创新，推动城市政府治理法治化与数字化深度融合。

第四，坚持数据赋能。建立健全数据治理制度和标准体系，加强数据汇聚融合、共享开放和开发利用，促进数据依法有序流动，充分发挥数据的基础资源作用和创新引擎作用，提高城市政府决策科学化水平和管理服务效率，催生经济社会发展新动能。

第五，坚持整体协同。强化系统观念，加强系统集成，全面提升数字化市政职能体系集约化建设水平，统筹推进技术融合、业务融合、数据融合，提升跨层级、跨地域、跨系统、跨部门、跨业务的协同管理和服务水平，促进数字化市政职能体系建设与数字经济、数字社会协调发展。

第六，坚持安全可控。全面落实总体国家安全观，坚持促进发展和依法管理相统一、安全可控和开放创新并重，严格落实网络安全各项法律法规制度，全面构建制度、管理和技术衔接配套的安全防护体系，切实守住网络安全底线。

中国数字化市政职能体系建设的主要目标是：到 2025 年，与城市政府治理能力现代化相适应的数字化市政职能体系的顶层设计更加完善、统筹协调机制更加健全，城市政府数字化履职能力、安全保障、制度规则、数据资源、平台支撑等数字化市政职能体系的框架基本形成，城市政府履职数字化、智能化水平显著提升，城市政府决策科学化、社会治理精准化、公共服务高效化取得重要进展，数字化市政职能体系建设在服务党和国家重大战略、促进城市经济社会高质量发展、建设人民满意的服务型政府等方面发挥重要作用。到 2035 年，与城市治理体系和治理能力现代化相适应的数字化市政职能体系框架更加成熟完备，整体协同、敏捷高效、智能精准、开放透明、公平普惠的数字化市政职能体系基本建成，为基本实现城市现代化提供有力支撑。

中国数字化市政职能体系建设，必须全面推进城市政府履职和政务运行数字化转型，统筹推进城市各行业各领域政务应用系统集约建设、互联互通、协同联动，创新市政管理和服务方式，全面提升城市政府履职效能，从而构建协同高效的城市政府数字化履职能力体系。具体地说，构建协同高效的城市政府数字化履职能力体系的重点任务是：

第一，强化经济运行大数据监测分析，提升经济调节能力。将数字技术广泛应用于宏观调控决策、经济社会发展分析、投资监督管理、财政预算管理、数字经济治理等方面，全面提升政府经济调节数字化水平。加强经济数据整合、汇聚、治理，全面构建经济治理基础数据库，加强对涉及国计民生关键数据的全链条全流程治理和应用，赋能传统产业转型升级和新兴产业高质量发展。运用大数据强化经济监测预警，加强覆盖经济运行全周期的统计监测和综合分析能力，强化经济趋势研判，助力跨周期政策设计，提高逆周期调节能力。提升经济政策精准性和协调性，强化经济运行动态感知，促进各领域经济政策有效衔接，持续提升经济调节政策的科学性、预见性和有效性。

第二，大力推行智慧监管，提升市场监管能力。充分运用数字技术支撑构建新型监管机制，加快建立全方位、多层次、立体化监管体系，实现事前事中事后全链条全领域监管，以有效监管维护公平竞争的市场秩序。以数字化手段提升监管精准化水平，加强监管事项清单数字化管理，运用多源数据为市场主体精准“画像”，强化风险研判与预测预警。加强监管工作平台建设，根据企业信用实施差异化监管。加强重点领域的全主体、全品种、全链条数字化追溯监管，以一体化在线监管提升监管协同化水平，大力推行“互联网＋监管”，构建全国一体化在线监管平台，推动监管数据和行政执法信息归集共享和有效利用，强化监管数据治理，推动跨地区、跨部门、跨层级协同监管，提升数字贸易跨境监管能力。以新型监管技术提升监管智能化水平，充分运用非现场、物联感知、掌上移动、穿透式等新型监管手段，弥补监管短板，提升监管效能。强化以网管网，加强平台经济等重点领域监管执法，全面提升对新技术、新产业、新业态、新模式的监管能力。

第三，积极推动数字化治理模式创新，提升社会治理能力。推动社会治理模式从单向管理转向双向互动、从线下转向线上线下融合，着力提升矛盾纠纷化解、社会治安防控、公共安全保障、基层社会治理等领域数字化治理能力。提升社会矛盾化解能力，提升网上行政复议、网上信访、网上调解、智慧法律援助等水平，促进矛盾纠纷源头预防和排查化解。推进社会治安防控体系智能化，深化数字化手段在国家安全、社会稳定、打击犯罪、治安联动等方面的应用，提高预测预警预防各类风险的能力。推进智慧应急建设，优化完善应急指挥通信网络，全面提升应急监督管理、指挥救援、物资保障、社会动员的数字化、智能化水平。提高基层社会治理精准化水平，实施“互联网＋基层治理”行动，构建新型基层管理服务平台，推进智慧社区建设，提升基层智慧治理能力。

第四，持续优化利企便民数字化服务，提升公共服务能力。持续优化全国一体化政务服务平台功能，全面提升公共服务数字化、智能化水平，不断满足企业和群众多层次多样化服务需求。打造泛在可及的服务体系，充分发挥全国一体化政务服务平台“一网通办”枢纽作用，推动政务服务线上线下标准统一、全面融合、服务同质，构建全时在线、渠道多元、全国通办的一体化政务服务体系。提升智慧便捷的服务能力，推行政务服务事项集成化办理，推广“免申即享”“民生直达”等服务方式，打造掌上办事服务新模式，提高主动服务、精准服务、协同服务、智慧服务能力。提供优质便利的涉企服务，以数字技术助推深化“证照分离”改革，探索照后减证和简化审批新途径，推进涉企审批减环节、减材料、减时限、减费用；强化企业全生命周期服务，推动涉企审批“一网通办”、惠企政策精准推送、政策兑现直达直享。拓展公平普惠的民生服务，推进“多卡合一”“多码合一”，推进基本公共服务数字化应用，积极打造多元参与、功能完备的数字化生活网络，提升普惠性、基础性、兜底性服务能力；围绕老年人、残疾人等特殊群体需求，完善线上线下服务渠道，推进信息无障碍建设，切实解决特殊群体在运用智能技术方面遇到的突出困难。

第五，强化动态感知和立体防控，提升生态环境保护能力。全面推动生态环境保护数字化转型，提升生态环境承载力、国土空间开发适宜性和资源利用科学性，更好支撑美丽中国建设。提升生态环保协同治理能力，建立一体化生态环境智能感知体系，打造生态环境综合管理信息化平台，强化大气、水、土壤、自然生态、核与辐射、气候变化等数据资源综合开发利用，推进重点流域区域协同治理。提高自然资源利用效率，构建精准感知、智慧管控的协同治理体系，完善自然资源三维立体“一张图”和国土空间基础信息平台，持续提升自然资源开发利用、国土空间规划实施、海洋资源保护利用、水资源管理调配水平。推动绿色低碳转型，加快构建碳排放智能监测和动态核算体系，推动形成集约节约、循环高效、普惠共享的绿色低碳发展新格局，服务保障碳达峰、碳中和目标顺利实现。

第六，加快推进数字机关建设，提升政务运行效能。提升辅助决策能力，建立健全大数据辅助科学决策机制，统筹推进决策信息资源系统建设，充分汇聚整合多源数据资源，拓展动态监测、统计分析、趋势研判、效果评估、风险防控等应用场景，全面提升城市政府决策科学化水平。提升行政执行能力，深化数字技术应用，创新行政执行方式，切实提高城市政府执行力；加快一体化协同办公体系建设，全面提升内部办公、机关事务管理等方面共性办公应用水平，推动机关内部服务事项线上集成化办理，不断提高机关运行效能。提升行政监督水平，以信息化平台固化行政权力事项运行流程，推动行政审批、行政执法、公共资源交易等全流程数字化运行、管理和监督，促进行政权力规范透明运行；优化完善“互联网＋督查”机制，形成目标精准、讲求实效、穿透性强的新型督查模式，提升督查效能，保障政令畅通。

第七，推进公开平台智能集约发展，提升政务公开水平。优化政策信息数字化发布，完善政务公开信息化平台，建设分类分级、集中统一、共享共用、动态更新的政策文件库；加快构建以网上发布为主、其他发布渠道为辅的政策发布新格局；优化政策智能推送服务，变“人找政策”为“政策找人”；顺应数字化发展趋势，完善政府信息公开保密审查制度，严格审查标准，消除安全隐患。发挥政务新媒体优势做好政策传播，积极构建政务新媒体矩阵体系，形成整体联动、同频共振的政策信息传播格局；适应不同类型新媒体平台传播特点，开发多样化政策解读产品；依托政务新媒体做好突发公共事件信息发布和政务舆情回应工作。紧贴群众需求畅通互动渠道，以政府网站集约化平台统一知识问答库为支撑，灵活开展政民互动，以数字化手段感知社会态势，辅助科学决策，及时回应群众关切。

中国数字化市政职能体系建设，必须做好以下保障工作：

第一，构建数字化市政职能全方位安全保障体系。全面强化数字化市政职能体系安全管理责任，落实安全管理制度，加快关键核心技术攻关，加强关键信息基础设施安全保障，强化安全防护技术应用，切实筑牢数字化市政职能体系建设安全防线。

第二，构建科学规范的数字化市政职能体系建设制度规则体系。以数字化改革促进制度创新，保障数字化市政职能体系建设和运行整体协同、智能高效、平稳有序，实现城市政府治理方式变革和治理能力提升。

第三，构建开放共享的数据资源体系。加快推进全国一体化政务大数据体系建设，加强数据治理，依法依规促进数据高效共享和有序开发利用，充分释放数据要素价值，确保各类数据和个人信息安全。

第四，构建智能集约的平台支撑体系。强化安全可信的信息技术应用创新，充分利用现有政务信息平台，整合构建结构合理、智能集约的平台支撑体系，适度超前布局相关新型基础设施，全面夯实数字化市政职能体系建设根基。

第五，以数字化市政职能体系建设全面引领驱动数字化发展。围绕加快数字化发展、建设数字中国重大战略部署，持续增强数字化市政职能体系效能，更好激发数字经济活力，优化数字社会环境，营造良好数字生态。

第六，加强党对数字化市政职能体系建设工作的领导。要始终把党的全面领导作为加强数字化市政职能体系建设、提高城市政府管理服务能力、推进城市治理体系和治理能力现代化的根本保证，坚持正确政治方向，把党的政治优势、组织优势转化为数字化市政职能体系建设的强大动力和坚强保障。

城市政府数字化履职能力体系建设

第二节　市政过程

市政过程是指市政组织以市政职能为核心，为维护城市秩序、推动城市发展而进行市政管理活动的过程。市政管理是一个动态的过程，它是市政组织在特定的内外环境下，通过信息的综合与分析，针对城市公共事务的具体状况所进行的市政决策、市政执行、市政监督的过程。这些环节相互衔接、相互作用，共同构成了市政管理的完整过程。

一、市政决策

市政决策是市政组织为解决城市的各种问题而进行的方案拟订和抉择。在中国，不同市政组织在市政决策中的地位是不同的，形成了以中共市委为核心的市政决策体制。

中共市委是重大市政决策的最主要做出者，中共市委享有城市重大公共事务的决策权；推荐城市国家机构组成人员和人民团体主要领导人的候选人；贯彻执行上级与中央的政策与指示；协调市政组织的活动；等等。中共市委的市政决策职能主要由市委常委掌握。中共市委对城市重大公共事务的决策，须经市人大转化为决议、命令、规章、条例等。

市政府是市政决策的主体，主要是针对城市发展中存在的各种具体问题制定解决方案。市政管理中的各种具体规定、办法、规划、计划、预算等，一般由市政府先提出具体方案，再交由中共市委、市人民代表大会及其常务委员会讨论、批准或通过。市政府的市政决策涉及市政管理的方方面面，内容纷繁复杂。

市人民代表大会的决策侧重于制定规范性文件；审查和批准政府的国民经济和社会发

展计划、预算执行情况等；选举和罢免市政府、市监委、市法院和市检察院的主要领导人。市人民代表大会的决策是一种确认性决策，是对中共市委、市政府提请审议的方案进行确认，一经通过即有法律效力。

市政决策大致有以下几个环节：

第一，获取决策信息。信息是市政决策的基础和依据。市政决策的信息有三个基本来源：一是从各种文字资料和多方沟通所获得的信息；二是实地调查研究获取的信息；三是通过各种媒体了解的信息。市政决策活动仅仅掌握信息是不够的，还必须善于运用各种方法和手段，对采集到的信息进行科学分析和加工，使信息发挥应有的价值，避免市政决策的失误。对信息进行科学的加工处理，包括两个环节：一是筛选信息。筛选信息是一个去粗取精、去伪存真的过程。由于信息的来源是多元化、多层次和多方位的，所以，最初收集到的信息往往密度高、数量大，只有对收集到的信息进行认真的过滤和筛选，剔除不准确、模糊、片面、重复的信息，才能为市政决策提供高质量的信息。二是分析信息。分析信息是对收集到的信息进行认真深入的研究，寻找信息所反映事物的全貌和真正内涵，进一步提高信息的质量和使用价值，使信息正确地为市政决策服务。

第二，科学预测。科学预测市政决策的可行性和效果，是市政决策的关键环节。在市政管理实践中，调查研究报告、可行性分析、工作设想、政策纲要、方案要点等，都可看作对市政决策的预测。市政决策的预测包括与实施市政决策相关的社会群体利益关系的分析；实施市政决策所涉及的客观条件的分析；市政决策所涉及的城市国家机构相关部门的职责、能力和权限分析；市政决策的效益或效果分析；实施市政决策可能出现的问题及其弥补措施分析；等等。市政决策预测的关键是对市政决策所涉及的具体实际情况开展调查研究。

第三，决策咨询。决策咨询是市政决策的必要条件。起草市政决策方案的主体是城市政党组织或城市国家机构的有关职能部门，决策咨询对象有三类：一是来自高等院校、研究机构、城市政党组织、国家机构等部门的专家，他们是主要的市政决策咨询对象。专家应该从科学性、技术性出发，独立自主地发表意见，这是专家做出市政决策咨询的价值所在。二是与市政决策有关的市民。每一项市政决策归根到底是为市民谋取利益，也要靠市民来实施市政决策，所以市民的拥护程度决定了市政决策实施的效果。三是上级、同级或下级政党组织和国家机构相关部门的工作人员。对上级工作人员来说，市政决策需要他们的审核和支持；对同级或下级工作人员来说，市政决策需要他们的合作或执行。在市政决策的实施过程中，党政机关工作人员对市政决策的支持和配合程度，对市政决策的执行会产生重要影响。

第四，多方案择优。多方案择优是市政决策的主要特征。多方案择优，首先是因为市政决策的多元目标以及每个目标的多个侧面强调的重点不同；其次是因为可以通过不同的途径、采用不同的手段实现市政决策的目标；最后是因为对实施市政决策可能出现问题的弥补、对意外情况的应急预案的设想和对策不同。市政决策的多种方案须由不同的机构来拟订。择优的标准包括在重点满足市政决策方案所要解决的市民群体利益的同时，平衡与之有矛盾的社会群体的利益；实施市政决策方案所涉及的客观条件较好；实施市政决策方案的成本较低，效益或效果较好；对实施市政决策方案可能出现的问题和意外情况的应对较充分；等等。市政决策主体选定某一市政决策方案后，有必要吸取其他市政决策方案的长处，进一步完善市政决策方案。

根据市政组织性质的不同，市政决策可以分为集体决策和个人决策。在中国，中共市委、市人大的市政决策实行合议制，通过集体表决做出决策，实行集体负责制。市政府的市政决策实行市长负责制，市长通过召开市人民政府全体会议、市人民政府常务会议、市长办公会议、专题性会议以及区、县长会议等，在民主讨论的基础上，对城市重要公共事务具有最后决策权，并对此全面负责。中共市委、市人大的市政决策实行合议制，主要是要充分体现最广大市民的利益和意志，协调各方面的关系。市政府的市政决策实行市长负责制，主要是有利于实现市长的统一指挥，提高行政效率。

二、市政执行

市政执行是城市政党组织、国家机构执行法律法规、上级的决定和本市的市政决策等，监督企事业单位、社会团体、市民执行有关的法律法规和市政决策，对企业生产和市民生活实施公共管理、提供公共服务的职务行为。

通过首长负责制和工作责任制将市政决策目标逐级分解、责任到人，是市政执行的保障。具体地说，城市政党组织和国家机构各自的总目标分解为这些机构所辖部门的分目标，部门分目标又进一步分解为工作人员的个人目标。责权利相结合是维护首长负责制和工作责任制的核心，这里的责是指职位所承担的职能和责任，其中执行上级的决定是职责的重要方面；权指权限，即自主决定的范围，权与责的关系体现在对权限内所做的决定负责；利与责、权之间的关系，体现在行使一定的权，承担一定的责，就应获得相应的利，具体体现在职务和职级的升迁、工资的提高、奖金的增加、各类福利待遇的改善以及精神激励等。

对城市政党组织和国家机构的首长和工作人员的工作目标，做出定性与定量相结合的具体规定，是明确市政执行要求以及方便考核的需要，工作目标能做出定量规定的应尽量定量化。但是，为了防止工作目标唯定量的偏向，要以定性的规定来补充和统驭定量的要求。通过定性与定量相结合规定工作目标，能充分调动城市政党组织和国家机构工作人员在市政执行过程中的积极性。

行政首长对下级的统一指挥，是市政执行重要的组织原则和工作原则。首长负责制是作为执行性质的城市行政组织所能采取的较适合的组织体制和管理体制。从组织体制看，市政执行组织是依靠一条等级链连接起来的，要求逐级负责，不允许越级负责。从管理体制看，市政执行组织是依靠一条“命令线”连接起来的，要求每一位工作人员只接受一位直接上级的命令，而不必接受来自其他方面的命令，否则会无所适从，造成管理体制和组织体制的混乱。市政执行组织的“命令线”要求统一指挥，不允许多头指挥。此外，一般情况下，市政执行组织只能逐级指挥，但在紧急或特殊情况下，迫不得已越级指挥也是可以的。同理，一般情况下，市政执行组织不允许越级汇报，但在逐级汇报无效的情况下，迫不得已越级反映也是可以的。

城市政党组织与国家机构之间的分工合作，是市政执行顺利进行的重要条件。城市政党组织和国家机构各有特定的职能，总体来说，城市政党组织提出的政策，转化为市人大的决议、命令、规章、条例等，再由市行政机关、监察机关和司法机关执行。城市政党组织与国家机构之间的分工合作，是城市政权行使统治职能和社会职能所必需的。现代城市公共政策具有的跨领域性质，要求强化城市政党组织和国家机构的职能部门在市政执行中的分工合作。城市国家机构的职能部门首先应尽量做到各司其职，避免因职能交叉导致职责不清。其次，对少数需要跨部门合作执行的事项，有必要明确主要责任和辅助责任，并明确各自分工和职责范围。最后，承担辅助责任的职能部门应具有主动、积极协助主要责任部门开展工作的义务。为了方便存在较多跨部门事项的职能部门之间的分工合作，可以成立部际委员会，以加强不同职能部门之间的工作合作。

通过多方面培训，不断提高城市国家机构公务员的素质，为市政执行奠定坚实的基础。公务员素质是市政执行的基础。公务员素质具体包括政治素质、职业道德素质、专业知识和智力素质、身体和心理素质等方面。政治素质主要是政治忠诚、政治定力、政治担当、政治能力、政治自律等方面的要求，如坚定正确的政治方向、密切联系群众、求真务实、勇于开拓前进、遵纪守法等。职业道德素质包括坚定信念、忠于国家、服务人民、恪尽职守、依法办事、公正廉洁。专业知识和智力素质包括具有符合职位要求的文化程度、业务知识和技能、工作能力等，具有较高的观察力、记忆力、思考力和想象力。身体和心理素质包括具备连续作战的体力，能够适应外部环境的各种变化；具有情绪的稳定性、团结协作的相容性、工作的独创性、面对服务对象的谦和态度、心理的自我调适等。培训是提高公务员素质的主要途径。

三、市政监督

市政监督是城市政党组织和国家机构的领导层为了确保按时实现市政决策的目标，对下级以及城市企事业单位、社会团体、市民执行市政决策的行为进行监督，及时发现和纠正偏差的过程。市政监督的主体有中共市委、纪律检查委员会、人大、监察委员会、法院、检察院、政府及其各工作部门、政协、各民主党派及人民团体、市民等。市政监督方式有外部监督与内部监督两大类。对城市政府的外部监督主要有政党监督、权力监督、监察监督、司法监督、社会监督等；对城市政府的内部监督主要有上级监督、同级监督、下级监督、审计监督等。

首长负责制所内含的领导监督、专门部门的专职监督、公务员的自我监督，组成了三位一体的市政监督体系。在三位一体市政监督体系中，首长负责制所内含的领导监督的重点是调配资源。若发现由于市政组织内外条件的变化，有些部门和职位在执行市政决策中发生了资源短缺，首长在其权限内就有必要调配市政组织内的资源。专门部门的专职监督包括办公室对领导重要指示或批示的督办；督导室对重大事项的跟踪监督；计划部门对资源调配和时间进度的监督；统计部门对数据和信息的监督；财务部门对资金使用的监督；人力资源部门通过考核对公务员完成绩效目标的监督；监察部门对违反纪律和失职行为的监督等。在三位一体市政监督体系中，专门部门专职监督的重点是调查偏差的原因并研究解决的措施。公务员的自我监督是三位一体市政监督体系的基础和关键。因为市政监督的精髓是及时发现并纠正偏差，而能够及时发现偏差及偏差细节的，莫过于在每个职位上工作的公务员本人。在三位一体市政监督体系中，公务员自我监督的重点是及时发现偏差。

所以，在市政目标管理和绩效考评中，应奖励公务员在日常工作中及时发现、纠正偏差并报告上级的行为。

及时发现偏差是市政监督的关键环节。监督一般有事前监督、事中监督和事后监督三种。事前监督的价值，在于预防和避免市政决策方案中的重大偏差或失误；事中监督的价值，体现为对现场正在进行的市政活动或行为给予必要的指导和监督；事后监督的价值，体现为及时总结已经结束的市政决策产生偏差的经验教训，为下一次市政决策提供借鉴，并积极采取措施预防同类偏差和损失的发生。在市政监督过程中，除了要充分发挥三种监督方式的作用、强化市政决策的全过程监督外，还应健全实施市政监督的制度、体制和机制。一是依托市政决策信息网的信息反馈程序和警示程序，及时全面掌握相关信息；二是对实施市政决策的关键和重点环节建立预警系统，及时发出确切的警示信息，并采取应对措施；三是加强现代信息技术在市政监督中的运用，实现对市政执行过程的实时监控、实时预警、实时导控，推动市政监督的信息化、智慧化。

运用管理学的弹性原则做好应对意外情况的准备，是市政监督的重要方面。市政决策涉及的因素复杂繁多，而且经常变动，在执行市政决策过程中，发生局部性的意外事件是常有的事，发生较大规模的意外情况也在情理之中。市政监督要求市政决策的目标应适当留有余地，宁可经过努力超额完成市政决策目标，也不要制定即使竭尽全力仍难以完成的市政决策目标；要对执行市政决策过程中可能出现的意外情况制定应急预案，做好应急的职责分工和资源贮备；要根据主客观条件的变化，及时修改市政决策方案，必要时停止执行原来的市政决策方案，直至做出新的市政决策方案。

健全对公务员政治责任和行政责任的监督，是市政监督的一项重要任务。对公务员政治责任的监督，指的是公务员有义务对人民负责，人民有权力对公务员进行监督，为此要健全人民对公务员的监督体系。对公务员行政责任的监督，指的是公务员有义务对上级负责，有义务和职责执行法律法规和上级的决定，上级或组织有权追究公务员的失职行为。对公务员行政责任的监督有两个方面：一是属于首长负责制组成部分的监督；二是属于人力资源管理部门职责的监督。在作为首长负责制组成部分的监督方面，行政首长实行管人和管事相结合，围绕工作任务来管人。在管人方面，行政首长有权决定或向人力资源管理部门提出公务员升迁、调动、奖惩、福利待遇等方面的建议；在管事方面，行政首长有权监督公务员履行岗位职责、完成工作任务的情况。在作为人力资源管理部门职责的监督方面，人力资源管理部门有权参与对公务员的考核，并根据考核结果做出人事安排。要健全公民通过投诉对公务员的政治责任和行政责任进行监督的制度。公民有权对公务员的职务行为进行投诉，或者向司法机关起诉。对公民投诉或起诉公务员的职务行为查有实据的，有关机关可依法对当事公务员进行处罚，直至追究法律责任。

第三节　市政绩效管理

一、市政绩效管理的内涵和意义

要理解市政绩效管理的内涵，首先必须了解市政绩效的概念。市政绩效是城市政府为实现市政职能、管理城市公共事务所取得的工作业绩和社会效能的总称。一般来说，市政绩效的概念包含以下几方面的内容：

第一，市政绩效是一个综合性的概念，包含经济、效率、效益、公平等方面。经济是指用尽可能低的成本提供规定的质和量的公共物品；效率是运用尽可能少的资源来提供规定的质和量的公共服务；效益是指能使城市政府实行其政策和目标而提供正确的服务；公平是指城市政府提供公共产品和公共服务过程的公开、公正与平等。因此，市政绩效所要衡量的既有市政管理的组织模式，又有市政管理活动的实际效果，还有市政管理活动的社会影响。

第二，市政绩效是一个多层次的概念。在横向层次上，市政绩效的内容包括内部绩效和外部绩效，其中，内部绩效主要是指衡量市政组织内部工作效果的标准，外部绩效是社会各界对市政组织工作实绩的整体评价；在纵向层次上，市政绩效包括组织绩效和个人绩效，其中，组织绩效是对市政组织工作业绩的整体评价，个人绩效是对从事市政管理活动工作人员工作实绩做出的个体评价。

第三，市政绩效是一个动态化的概念。市政绩效的动态化主要表现在三个方面：不同的城市政府部门承担着不同的市政职能，其市政绩效的内容和评价标准会有所不同；相同城市政府部门的市政绩效也会因城市发展阶段的差异导致内容和评价标准的变化；市政绩效的管理过程是动态的，包括目标确定、建构指标体系、资料的收集和整理以及绩效评价等一整套程序。

第四，市政绩效是对市政职能实现程度和结果的客观评价。确定市政职能的依据通常来自市政管理的客观实际，但是具体的市政决策过程，却饱含着管理者和参与者的主观愿望，体现了他们共同的主观意志。而市政职能能否顺利实现，并取得预期效果，则取决于市政职能客观的实现过程。也就是说，市政职能虽有主观因素参与，但衡量市政职能的实现程度和结果，则必须是客观的，即通过城市政府的工作实绩和社会效果加以衡量和评价。

市政绩效管理是一项复杂的系统工程，既涉及市政管理活动的各个主体、各个领域和各个环节，也包括一系列市政绩效评价的方法和技术。市政绩效管理是指根据本行政区域的发展目标和绩效责任单位、个人履行的职责设定绩效目标，实施日常监控，并对目标的完成情况和实际效果进行绩效考核评价，以达到绩效不断提升的全过程管理。市政绩效管理具有以下特征：

第一，坚持“人民满意”的价值取向。“以人民为中心”的发展思想决定了市政管理必须以人民为中心，以人民的需要为导向，倾听人民的声音，按照人民的要求提供公共服务，真正做到想人民之所想，急人民之所急，为人民之所需，做人民忠实而优质的服务者。因此，市政绩效的内涵和判定标准在于人民拥不拥护、赞不赞成，市政绩效管理是以人民满意作为基本价值定位。

第二，强调市政绩效评估。市政绩效评估是市政绩效管理的中心任务，是规范市政行为和提高市政效能的一项重要制度和有效方法，能够激发市政管理者的使命感和责任感。市政绩效管理必须采用定量评估和定性评估相结合的方法，全面科学合理地做好市政绩效评估工作。

第三，重视管理方法和技术，具有工具性。市政绩效管理讲求方法与目标的统一，积极采用可操作性的方法和技术，实现市政绩效管理的客观性和科学性。因此，市政绩效管理是改革市政管理模式和实现市政变革的有效工具，能尽可能地减少或消除主观随意性，确保市政绩效管理的公正和有效。

市政绩效管理具有民主、责任的基本价值理性和提升行政效能与治理能力的工具理性，能够实现城市治理主体角色分配合理化和执行高效化，推动城市政府治理规范化和诉求回应制度化，实现城市政府治理民主化和决策科学化，促进城市政府改革创新和职能转变，从而对实现城市治理体系和治理能力的现代化具有十分重要的意义。具体地说，市政绩效管理的意义表现在以下几方面：

第一，市政绩效管理有利于树立正确发展导向，推动城市政府转变职能。市政绩效管理通过科学确定指标体系和指标权重，减少经济增长等指标的数量和权重，增加依法行政、创新创优、公共服务、民生保障、生态环境保护等指标和权重，能够有效促进城市政府牢固树立和贯彻创新、协调、绿色、开放、共享的新发展理念，简政放权，切实把该放的权力放开放到位、把该管的事情管好管到位，不断增强发展的动力、活力和后劲。

第二，市政绩效管理有利于改进提升城市政府履职能力和履职水平。市政绩效管理通过“目标规划—评估实施—反馈整改—再评估”的运行机制，加强滚动管理和过程控制，强化对城市政府职能履行的持续推动和动态跟踪。通过目标规划，约束城市政府职能部门按照法定职能开展管理、提供服务，不断提升城市政府行政效率和公共服务水平；通过实施评估，及时发现突出问题和深层次矛盾，为城市政府改革创新提供方向；通过反馈整改，推动问题的解决、促进工作的改进；通过再评估，改变评估“一锤定音”的传统做法，建立起基于评估的管理闭环，促进城市政府履职能力和履职水平的持续提升。

第三，市政绩效管理有利于激励约束城市政府依法正确履行职能。市政绩效管理通过将评价结果与奖励、责任挂钩，对城市政府形成较强的激励和约束，对工作成效明显、成果突出的，给予一定形式的表彰奖励；对不作为、乱作为的，要严格追究相关人员责任。奖励惩戒不仅与部门挂钩，还与部门领导、单位工作人员直接挂钩，以此调动各个部门、各个层级人员的积极性。

第四，市政绩效管理有利于提高城市政府的公信力和人民满意度。市政绩效管理突出服务导向，以“民之所望，施政所向”为根本宗旨，阳光开放，通过平台对接、社会评议、第三方评估等多种形式，广泛吸纳民意，能够更加全面、客观、准确地评价城市政府履职情况。市政绩效管理注重绩效沟通，信息公开，鼓励和引导城市政府各职能部门及其工作人员积极参与市政绩效管理各个环节，有助于提高市政绩效评价的公信力，增强各方面对市政绩效管理的认同，实现城市政府与社会公众之间的良性互动，回应社会关切，推动城市政府持续改进管理方式和工作作风，建设人民满意的服务型政府。

二、市政绩效管理的机构和原则

市政绩效管理的机构是市和区、县（市）绩效管理委员会。市和区、县（市）绩效管理委员会统一领导本行政区域内的绩效管理工作，研究解决绩效管理工作中的重大问题，履行下列职责：统筹协调绩效管理工作；批准本级绩效管理总体规划、绩效评估制度和年度绩效评估工作方案；批准绩效评估结果；审议、决定有关绩效管理的其他重要事项。市和区、县（市）绩效管理机构具体负责本行政区域内的绩效管理有关工作，履行下列职责：拟订本级绩效管理总体规划、绩效评估制度和年度绩效评估工作方案，经批准后组织实施；批准绩效责任单位的绩效管理规划，审核和调整绩效责任单位的年度绩效目标，依法规范、协调各类考核事项；负责绩效管理的日常工作，对绩效责任单位的绩效管理工作进行指导、管理和监督；协调相关部门共同推进市政绩效管理工作；制定绩效管理规划、年度绩效目标、绩效自评报告的范本；与绩效管理相关的其他具体工作事项。

区、县（市）绩效管理机构在业务上接受市绩效管理机构的指导。机构编制、发展和改革、监察、财政、人力资源和社会保障、审计、统计、政府法制等绩效管理相关部门按照各自职责，依法做好绩效管理工作。市和区、县（市）人大常委会每年上半年听取本级人民政府各部门上年度绩效管理工作情况的报告。

市政绩效管理机构履行职责所必需的经费列入本级财政预算。市政绩效管理机构应当整合相关信息资源，建立绩效管理信息化系统，实现绩效信息的动态跟踪、全程管理、共享利用。

城市政府要站在城市治理体系和治理能力现代化的高度准确认识和把握市政绩效管理。市政绩效管理不是一项单纯的、局限在“考什么、如何考”等技术层面的管理工作，要跳出市政绩效看市政绩效，从更高的层次认识、看待市政绩效管理，将其放到党和国家的发展大局中去认识和把握，与实现城市治理体系和治理能力现代化、推动简政放权和城市政府职能转变、建立人民满意的服务型城市政府联系起来。具体地说，推进市政绩效管理工作要注重“六个结合”。

第一，与全面深化改革、推动城市治理体系和治理能力现代化的总目标相结合。一方面，市政绩效管理需要有清晰、稳定的战略目标作为指引。市政绩效管理系统一环扣一环，而战略目标是整个市政绩效管理循环的出发点。没有战略目标，市政绩效管理就会失去方向，仅仅成为市政管理工具，不仅没有意义，有时反而徒增时间和资金成本，带来负面效果。当前城市大的战略目标是全面深化改革、推动城市治理体系和治理能力现代化，现阶段市政绩效管理要紧紧围绕这个总目标来开展工作。另一方面，借助市政绩效管理促进全面深化改革总目标有效落实。大到任务分工、资源配置、干部选拔，小到进度安排，都可以通过市政绩效管理来实现。尤其是随着改革的难度越来越大、城市治理的复杂度越来越高，系统化、规范化、精细化、信息化的市政绩效管理系统，可以降低目标实现的复杂度，促进目标的有效落实。

第二，与城市政府职能转变、“放管服”改革相结合。城市政府部门权力和责任清单制度的推行，是市政绩效管理的契机和基础。市政绩效目标的分解有赖于清晰的部门职能和岗位职责，市政绩效目标的达成有赖于各部门和各岗位“权、责、利”的一致，市政绩效管理的正常运作有赖于部门管理流程的清晰和流畅。因此，城市政府要将“放管服”改革列为市政绩效管理的重要考核指标，及时发现市政职能配置和履行中存在的问题，为进一步优化市政职能配置提供支撑。同时，市政绩效管理的一项重要任务就是成本控制，即对政府投入和产出进行比较和计量，评判是否用较少的投入获得较高的产出，促使城市政府在市政管理各个环节合理地配置和使用市政资源，达到降低市政成本、提高市政效率的目的。市政绩效管理结合“放管服”改革，在改进城市政府工作业务流程、提高城市公共服务质量方面也有着不可低估的作用。通过市政绩效管理，建立业务流程测评和优化机制，有利于城市政府及时发现问题，借此了解服务对象对城市政府业务流程的具体需求，设计出更合理、更科学、更人性化的业务流程，进而达到提高城市公共服务质量的目的。

第三，与全面激发市政组织机构和公职人员的内生动力相结合。市政绩效管理不同于一般的传统管理控制，除能有效地在市政组织内部和外部建立互动之外，对市政组织内部因素的互相影响也有着不可替代的作用。因此，市政绩效管理应注重市政绩效沟通，变被动为主动，在衡量市政组织和公职人员的业绩和能力时，要让部门和人员清楚努力的方向和自身差距，激发内生动力，促进自身能力和水平的不断提高。另外，要实现市政绩效目标，就必须把任务合理分解到每个相关单位；要做好某个岗位的绩效，就必须匹配适合这个岗位要求的人员。对部门绩效而言，尤其是核心岗位和重要岗位，必须严格用人标准，对不同岗位配备不同的人员，以最大限度地保障市政组织绩效的实现。对总体市政绩效目标而言，每个部门必须严格落实职责分工和目标任务，各尽其职、各负其责。

第四，与市政组织和市政管理人员日常的职责履行相结合。寓市政绩效管理于市政组织及其市政管理人员日常的职责履行中，边干边管，而不仅仅是干完再管，仅仅对市政组织及其市政管理人员职责履行的结果进行绩效管理。如果侧重对市政组织及其市政管理人员职责履行结果进行绩效考核，容易形成“两张皮”，为了绩效而绩效，造成资源浪费，也不能及时纠偏纠错，起不到市政绩效管理的应有作用。所以在推进市政绩效管理时，对职责的分解和运行要有系统的管理方案，市政绩效管理的关键环节一个不能缺少。

第五，与市政组织重组和流程再造相结合。以市政绩效管理为杠杆，有效推动市政组织重组和流程再造。通过市政绩效管理不断发现市政组织、流程中的问题，促进市政组织重组和流程再造，使市政组织架构更加完善、管理流程更趋合理。以市政绩效管理为手段，形成发现问题—反馈—整改的良性互动管理闭环，促进市政组织的持续改进和不断完善，提升市政组织的内部治理水平。

第六，与对市政权力的监督相结合。构筑约束市政权力的笼子，除了制定法律法规和设立必要的机构之外，必须对所有城市公职人员行使权力的过程进行监管，确保市政权力始终在法律和制度的框架内运行，而对公职人员的绩效管理能在一定程度上实现这方面的监管。

根据推进市政绩效管理工作“六个结合”的基本要求，市政绩效管理具体要坚持以下原则：

第一，科学合理。健全科学合理的市政绩效管理制度，完善市政绩效目标、市政绩效监控、市政绩效评价、考核结果应用等市政绩效管理流程，既要健全共性的市政绩效指标框架，又要完善不同部门、不同行业的市政绩效指标体系，根据城市政府各部门职责、任务与战略发展规划，结合具体工作实际，设置市政绩效管理目标和指标体系，并遵循市政管理基本规律，充分运用系统管理方法，力求各类指标相互关联、有机统一，从而推动市政绩效管理标准科学、程序规范、方法合理、简便易行、结果可信。

第二，统筹协调。全面统筹推进市政绩效管理，将市政绩效理念和方法深度融入市政管理的全过程，构建事前事中事后市政绩效管理闭环系统；把市政绩效管理纳入城市政府工作总体部署，梳理整合各部门考核资源，逐步建立统一的市政绩效考核体系；将公务员考核与部门绩效考核相结合，把市政绩效管理融入部门的日常业务工作，强化统筹协调，形成部门内部的激励机制。

第三，公开公正。市政绩效管理全过程要向社会公开，大力推进市政绩效信息公开，提高市政绩效管理工作的透明度，自觉接受社会各界监督，确保市政绩效管理结果的客观性和公正性。此外，市政绩效的高低直接关系着城市公共利益的实现程度，这就要求市政绩效管理必须以实现和保障城市公共利益为价值取向，体现社会公正性与合理性，提高市政绩效管理工作的公信度。

第四，公众参与。市政管理活动涉及城市生活的各个领域，与广大市民的切身利益密切相关，这就意味着市政绩效管理并不仅仅是市政组织的内部事务，而是需要社会公众共同关注和参与。因此，要突出市政绩效管理的社会导向，重视城市政府对市民利益需求的回应，引导市民有序参与市政绩效评价，实现市政绩效管理工作的民主化。

第五，结果导向。通过市政绩效管理，将群众满意作为城市政府工作的目标和结果，注重城市政府工作的公平性、经济性、效率性和效果性，注重部门和个人实绩。建立目标倒逼机制，严格执行部门绩效和公务员个人考核，通过实施目标管理奖优罚劣，强化管理过程的指向性，激发创造力，提升执行力，实现目的和手段的有机统一。

三、市政绩效管理的主要环节

1. 制定市政绩效管理规划和年度市政绩效目标

市政绩效管理规划是市政绩效管理各个环节的基础，也是实施有效绩效管理的前提。制定市政绩效管理规划应注意长期性与现实性、稳定性与灵活性的有机结合，突出绩效管理的针对性、现实性和可操作性。

市政绩效责任单位应当根据本地区（行业）经济社会发展规划和本单位工作职责编制绩效管理规划，绩效管理规划期限为五年。绩效管理规划应当报绩效管理机构批准。经批准的绩效管理规划是绩效责任单位制定年度绩效目标和绩效管理机构实施监督管理的基本依据。绩效管理规划应当包括以下主要内容：本单位主要职责和承担的工作任务概述；履行主要职责和完成工作任务的总目标和主要指标；影响目标和工作任务的关键因素分析；完成目标和工作任务的方法、措施；和绩效管理有关的其他重大事项。

绩效责任单位应当根据市政绩效管理规划和年度重点工作计划制定年度绩效目标。年度绩效目标应当包括以下内容：制定依据和外部因素分析；具体目标、主要指标及其考核标准；主要职责和承担的工作任务；完成目标任务的方法、措施和进度安排；财政预算安排；其他有关事项。绩效责任单位编制绩效管理规划和制定年度绩效目标，涉及经济社会发展的重大事项或者专业性较强的事项的，应当事先组织必要性和可行性论证。绩效责任单位应当按照规定将年度绩效目标报市政绩效管理机构审核。市政绩效管理工作机构应当依据国民经济和社会发展计划、财政预算计划、市政府工作报告等要求进行审核。市政绩效管理机构认为年度绩效目标有不符合本行政区域的经济社会发展规划或者绩效责任单位职责情形的，应当向其反馈意见并进行协商，由绩效责任单位进行修改。年度绩效目标经审核确定后，由市政绩效管理机构向社会公布。因本行政区域内重大政策调整、机构调整或者不可抗力因素的影响，需要调整年度绩效目标的，有关单位应当将调整内容在规定时限内报市政绩效管理机构审核。需要调整的内容涉及政府全体会议、政府常务会议审议确定的重点工作目标的，有关单位应当将调整内容报市人民政府或者区、县（市）人民政府批准；依法应当由人大常委会批准的，人民政府应当报请同级人大常委会批准。新的重点工作任务需要纳入绩效管理的，市政绩效管理机构可以调整有关单位的年度绩效目标。

绩效责任单位在编制绩效管理规划、制定和调整年度绩效目标时，应当向社会公众公开征求意见。绩效管理机构在审核绩效责任单位的年度绩效目标时，应当听取社会公众意见。

2. 设置市政绩效指标体系

市政绩效指标是市政绩效管理规划的具体化，是衡量市政管理绩效的基本标准。市政绩效指标的设置应遵循的原则是：

第一，系统全面、客观公正。市政绩效指标的设计应客观全面地反映市政管理的综合绩效，通过合理的权重配置，避免过分突出某一个方面的指标。此外，市政绩效指标的选取要尽量排除人为因素的影响，使用易于获得、操作性强的指标，让事实和数据说话。

第二，通用性与专业性相结合。市政绩效指标的设计既要坚持规则的通用性和考评指标的整体平衡，又要充分考虑考评对象的个性特点和差异。为此，市政绩效指标要设计通用性指标和专业性指标两类，其中，通用性指标是适用于所有市政管理机构的普适性指标，专业性指标是针对不同政府职能部门的专业属性而设计的个性化指标，应综合通用性指标和专业性指标对市政绩效做出总体性评价。

第三，显绩与潜绩相结合。市政绩效考核既要考核显绩，又要考核潜绩，注重打基础、立长远的工作，将城市发展实绩通过不同维度和指标构建来体现。通过增强不同时期市政绩效指标的延续性和关联度，推动城市政府及其职能部门把实现阶段性目标和长远发展目标有机地统一起来，既抓好当前急需处理的重点工作，又做好长远规划。

第四，“硬”指标与“软”指标相结合。“硬”指标是指可以量化的定量分析指标，“软”指标则是指那些难以量化的定性分析指标。市政绩效指标的设计要做到定性和定量相结合、定量指标优先。一方面，要做到定量指标可计算，通过量化能直接进行评价，从而确保绩效实绩可量；另一方面，要积极探索具有可操作性的定性指标量化方法，如对定性指标进行量化分解，或者在定性分析的基础上以测评打分等方式做出定量评估。

第五，稳定性与动态性相结合。市政绩效指标在一定时期内要保持相对固定，同时要随着经济社会环境的变化有所调整，依据绩效考核的实际适时进行修订，一般以年度为周期调整或修订绩效指标及其权重，以确保绩效指标的信度和效度。绩效指标的信度是对绩效指标一致性、稳定性及可靠性的测量，一般多以内部一致性来表示绩效指标信度的高低；绩效指标的效度是指绩效指标能够准确测出所要测量事物的程度，包括内容效度、准则效度和结构效度。信度涉及绩效指标的客观性和准确性，效度涉及绩效指标的有效性，两者缺一不可。

城市政府各职能部门根据内部分工和岗位职责，结合年度工作任务，编制个人绩效考核指标体系，作为年度公务员考核的量化指标。对公务员个人绩效的考核，围绕公务员的职位职责和所承担的工作任务，以履行职责和完成工作目标任务情况为主要依据，全面考核德、能、勤、绩、廉各方面工作情况，重点考核工作实绩。

3. 过程管理

绩效责任单位应当按照经审核确定的年度绩效目标实施绩效管理，定期分析影响绩效目标实现的制约因素并采取措施，建立和完善内部责任体系和奖惩机制，推进年度绩效目标的实现。绩效责任单位应当按照要求向市政绩效管理机构报送反映其年度绩效目标进展情况、存在问题等方面的绩效信息，并对所提供的绩效信息的真实性、合法性、有效性和完整性负责。年度绩效目标进展情况应当向社会公开并接受监督。

市政绩效管理机构应当建立绩效监测工作制度，对绩效责任单位的年度绩效目标执行情况进行监督检查、协调和评估，督促绩效责任单位提高工作效能和服务质量。市政绩效管理相关部门应当按照各自职责，对年度绩效目标的执行实施监督，并将监督情况通报同级市政绩效管理机构。

市政绩效管理机构、市政绩效管理相关部门、绩效责任单位应当针对绩效管理中的突出问题，系统分析，研究对策，改进工作，提升绩效管理水平，必要时应当邀请有关专家、利害关系人参加。市政绩效管理机构应当将日常管理中发现的问题及时告知绩效责任单位，绩效责任单位应当自收到告知单之日起十个工作日内做出情况说明，提出处理意见，反馈处理结果。

市政绩效管理机构应当会同绩效管理相关部门对本地区经济社会有重大影响、涉及公众利益、关系民生或者需要较大财政资金投入的事项实行专项绩效管理。

4. 年度绩效评估和考核

市和区、县（市）绩效管理机构按照绩效评估制度和年度绩效评估工作方案，负责组织年度绩效评估。年度绩效评估可以从目标考核、社会评价、领导评价、特色评估等方面实施。对绩效责任单位的绩效管理工作实行综合绩效考核和专项绩效考核，对实行绩效管理的人员实行个人绩效考核。综合绩效评估和考核，从目标考核、社会评价、领导评价、内部评价、创新创优项目考核等方面实施；专项绩效评估和考核，从目标完成情况、协调推进情况、经济社会效益、综合评价等方面实施；个人绩效评估和考核，从履行岗位职责情况、领导评价、民主测评、考察情况综合评价等方面实施。

绩效责任单位应当对照年度绩效目标，编制年度绩效自评报告，按照规定报送绩效管理机构。年度绩效自评报告应当对年度绩效目标实现程度、未完成目标及其原因、改进措施和计划等进行说明。

市政绩效管理机构每年度组织绩效管理相关部门对绩效责任单位年度绩效目标进行考核。目标考核按照绩效责任单位提交绩效自评报告、专项工作责任单位考核、绩效管理机构检查考核和反馈、复核审定等程序进行。市政绩效管理相关部门负责制定本领域相关事项的绩效评估指标和评估办法，向市政绩效管理机构提供职责范围内与绩效管理有关的各类信息。

年度绩效评估的具体方式有：

第一，专业测评。市政绩效管理机构可以委托绩效评估专门机构、高等院校、科研院所、社会中介组织等第三方机构对部分绩效目标开展专业测评。

第二，社会评价。市政绩效管理机构每年度组织社会公众对绩效责任单位的总体工作情况通过问卷调查等方式进行满意度评价并征求意见。对政府年度工作计划所确定的重点工作，市政绩效管理机构可以根据需要组织利害关系人进行专项社会评价。市政绩效管理机构应当建立公众评价意见反馈机制。

第三，领导评价。市政绩效管理机构每年度组织市和区、县（市）领导人员对本级绩效责任单位的总体工作情况进行满意度评价。

第四，特色评估。市政绩效管理机构组织专家和第三方机构对绩效责任单位申报的特色项目、创新项目和创优项目进行特色评估。特色评估按照绩效责任单位申请、绩效管理机构审核、第三方评估等程序进行。

市政绩效管理机构应当汇总不同方面的考核情况，形成综合绩效考核结果、专项绩效考核结果和个人绩效考核结果。综合绩效考核结果、专项绩效考核结果由市政绩效管理机构报市政绩效管理委员会批准；个人绩效考核结果由所在单位确定后报相关市政绩效管理机构备案审核。市政绩效管理机构应当将批准的绩效考核结果告知绩效责任单位和个人，并告知其申请复核的权利。绩效责任单位和个人有异议的，可以自收到之日起三个工作日内，向市政绩效管理机构申请复核。市政绩效管理机构收到申请后，应当进行复核，并在十个工作日内做出复核决定。

5. 结果运用

绩效责任单位应当对绩效评估中反映出的问题和社会评价意见进行分析，制定和落实整改措施。市政绩效管理机构应当对绩效责任单位整改情况进行监督检查，将重点整改目标进展情况统一向社会公开，接受公众监督。

市政绩效评估结果作为政策调整、预算管理、编制管理、奖励惩戒、职务升降任免等方面的重要依据。对绩效评估结果合格以上的单位，按照有关规定进行差异化奖励。绩效考核物质奖励应当发放到个人。绩效考核奖励应当坚持向基层倾斜的导向，并根据经济社会发展情况，建立正常增长机制。对绩效评估结果不合格的单位给予通报批评，对直接负责的主管人员和其他直接责任人员，取消当年或者次年度评优评先资格。对连续两年绩效评估结果不合格的单位，除给予通报批评和取消当年或者次年度评优评先资格处理外，对直接负责的主管人员和其他直接责任人员一年内不得晋升职务。对连续三年以上绩效评估结果不合格的单位，对直接负责的主管人员和其他直接责任人员予以调离岗位、降职、免职、解聘或者辞退。

6. 绩效问责

绩效责任单位有下列情形之一的，由市政绩效管理机构在绩效评估中予以扣分；情节严重的，并予以通报批评；情节特别严重的，绩效评估结果直接确定为不合格：绩效管理自我评价严重失实的；无正当理由拒不按照规定提交年度绩效自评报告的；未依法公开绩效信息，或者隐瞒事实真相、提供虚假绩效信息的；阻挠市政绩效管理机构依法履行绩效管理职责，或者拒不按照规定提供有关资料、数据等绩效信息的。

绩效责任单位有下列情形之一的，由主管机关或者监察机关责令改正，对直接负责的主管人员和其他直接责任人员，按照管理权限，依法给予处分；情节较轻的，给予通报批评、告诫或者停职检查；情节轻微，经批评教育后改正的，可以免予处分：履行职责不力、失职失责，无正当理由未能完成上级机关确定由其承担的工作任务的；不正确执行上级机关依法做出的决策和部署，影响整体工作部署的；工作效率低下，服务质量差，公众反映强烈的；玩忽职守，造成公共利益、公民、法人和其他组织的合法权益遭受损失的；重大决策失误的。市政绩效管理工作人员有下列情形之一的，由主管机关或者监察机关按照管理权限，依法给予处分；情节较轻的，给予通报批评、告诫或者停职检查；情节轻微，经批评教育后改正的，可以免予处分：在组织实施绩效管理中，工作效率低下，严重影响绩效管理工作顺利开展的；不按照规定办理绩效管理方面的申诉或者投诉，造成不良影响的；在绩效管理中徇私舞弊或者滥用职权的；泄露绩效管理工作秘密的；有其他渎职、失职行为的。

市政绩效管理的基本要求

案例分析

第五章　城市规划管理

城市规划管理是城市政府最重要的职能之一。城市规划是城市各项建设的综合部署，关系到城市的空间布局和长远发展，关系到城市居民生活的合理安排，在城市发展中具有指导作用、控制作用和调节作用。加强城市规划管理，对于协调城市空间布局、改善人居环境、促进城市经济社会全面协调可持续发展具有十分重要的意义。

第一节　城市规划理论

一、古代城市规划理论

在城市发展的历史长河中，科学技术的进步和社会、经济、政治的发展，不断推动着城市结构和功能的变化，影响着人们对城市的认识。这种认识既包含对城市的各种现实需求，又反映了人们对未来城市的期望和想象。因而，不同历史时期的不同城市规划理论，指导着城市的建设和发展。一方面，城市规划理论具有对城市规划实践发展的预见性和指导性，是城市规划实践得以开展和完善的基础；另一方面，城市规划只有成为一项社会性的实践活动，城市规划的思想、理念、原则和具体的内容才能得到真正贯彻。①

中国古代城市的产生和发展有着几千年的漫长历史，古代的城市规划思想也随之不断发展演变。据考古证实，中国最早的城市距今有 4 000 多年的历史。夏朝开始有关于城市规划的史料记载，商朝是中国城市规划体系的萌芽阶段。西周是我国奴隶社会的鼎盛时期，形成了完整的社会等级制度、宗教法理关系和城市布局模式的严格规则。最早记载中国古代城市规划思想的是《周礼·考工记》。据该书记载，周代王城建设的空间布局是“匠人营国，方九里，旁三门。国中九经九纬，经涂九轨。左祖右社，前朝后市，市朝一夫”；按照封建等级，不同级别的城市（都、王城、诸侯城）在用地面积、道路宽度、城门数目、城墙高度等方面存在级别差异；城外的郊、田、林、牧地之间存在相互关系。《周礼》的城市形制反映了中国古代哲学思想对都城建设规划的影响，体现了奴隶制的社会等级制度和宗法礼教思想，对中国古代城市规划实践活动产生了深远的影响。西周是中国古代城市规划思想形成的最早阶段。

春秋战国时期是中国古代城市规划思想大繁荣时期，儒家、道家和法家等都是在这个时期形成并传承后世的。学术思想的百家争鸣、商业的发达、战争的频繁以及筑城、守城、攻城技术的发展，形成了城市规划思想的多元化。既有一脉相承的儒家思想，维护传

① 陈友华，赵民．城市规划概论．上海：上海科学技术文献出版社，2000.

统的社会等级和宗教礼法，表现为城市形制的皇权至上理念；也有以管子为代表的变革思想，在城市选址上提出“高勿近阜而水用足，低勿近水而沟防省”，在城市形制上强调“因天才，就地利，故城郭不必中规矩，道路不必中准绳”的自然至上理念，以及“筑城以卫君，造郭以守民”的社会要求。管子还认为，农业的发展是城市发展的前提，必须将土地开垦与城市建设统一协调起来；为了发展城市的商业和手工业，应采用功能分区制度。《管子》是中国古代城市规划思想发展史上一本革命性的也是极为重要的著作，打破了《周礼》单一模式的束缚，从城市功能出发，确立了理性思维和与自然环境和谐相处的准则，影响深远。

春秋战国时期另一本重要著作《商君书》更多地从城乡关系、区域经济和交通布局的角度，阐述城市的发展及城市管理制度等问题。《商君书》论述了都邑道路、农田分配及丘陵山谷之间的比例合理问题，分析了粮食供给、人口增长与城市发展规模之间的关系，开创了中国古代区域城镇关系研究的先例。

儒家提倡的礼制思想，核心是社会等级和宗法关系。这最有利于巩固皇权统治，汉武帝为此“罢黜百家，独尊儒术”，从此封建礼制思想开始了对中国长达 3 000 多年的统治。从曹魏邺城、唐长安城到元大都和明清北京城，《周礼·考工记》所记载的城市形制，对中国古代都城的影响得到了越来越完整的体现。与此同时，以管子和老子为代表的自然观也长期影响着中国古代城市形制，许多古代城市利用自然而不完全循规蹈矩。特别是宋代以后，随着商品经济的发展，一些位于交通要道的城市开始冲破礼制的约束，即突破坊里制约束，形成了开放的街巷制，城市的功能以政治功能为主转向以经济功能为主，如汴梁、临安。

总而言之，中国古代城市规划思想主要有三种：讲求尊卑、追求秩序的宗法礼制思想；人与自然和谐统一的“天人合一”思想；追求脱身世俗、隐居修心的宗教文化思想。这三种思想共同影响着中国古代城市的规划。中国古代城市规划强调严格有序的城市等级制度，强调人工环境与自然环境的和谐，强调整体观念和长远发展。这些理念在中国古代的城市规划和建设实践中得到了充分的体现，也影响了日本等东亚国家的城市规划和建设实践。

欧洲的古代文明是一幅绚丽多彩的历史巨卷。从公元前 5 世纪到公元 17 世纪，欧洲经历了从以古希腊和古罗马为代表的奴隶社会到封建社会的中世纪、文艺复兴和巴洛克几个历史时期，不同历史时期城市规划思想有着不同的特点。

古希腊是欧洲文明的发祥地。在古希腊繁盛时期，希波丹姆提出了城市规划建设的希波丹姆模式。该模式遵循古希腊哲理，寻求几何图像与数之间的和谐，强调以棋盘式的路网为城市骨架并构筑明确、规整的城市公共中心，以求得城市整体的秩序和美。希波丹姆模式满足了城市富裕阶层对典雅生活的追求，充分体现了民主平等的城邦精神，反映了古希腊时期的市民民主文化。

公元前 27 年，古罗马的规划师和建筑师维特鲁威撰写的《建筑十书》，继承了古希腊的城市规划思想和经验，总结了古罗马城市建设的辉煌业绩、先进的城市规划建设理念和技术，在城址选择、城市形态、城市布局、建筑建造技术等方面，提出了理想城市模式。该理想城市模式强调建筑的整体、局部、各个局部之间、局部与整体之间的比例关系，强调它们必须有一个共同的量度单位，并充分考虑了城市防御和方便使用的需要。

文艺复兴时期的阿尔伯蒂继承了维特鲁威的城市规划思想，并致力于对体现秩序、几何规则的“理想城市形态”的追求。阿尔伯蒂撰写的《论建筑》一书，遵循便利和美观原则，从城镇环境、地形地貌、水源、气候和土壤等方面着手，探讨了城址的合理选择、城市及街道在军事上的最佳形式，提出了有利于防御的多边星形平面。

二、近代城市规划理论

18世纪的工业革命极大地改变了人类居住地模式，推动了城市化的迅速发展，城市人口快速扩张，城市功能急剧变化，“城市病”不断加重。在这种情况下，对当时各种“城市病”的诸多思考和探索性尝试，有力地促进了近代西方各种城市规划理论及实践活动的产生，人们从不同学科、各种角度提出医治“城市病”的药方。可以说，在近代工业革命以后，城市规划才成为一个专门的、独立的学科。

1882年，西班牙工程师索里亚·玛塔提出了带形城市理论。玛塔提出，在新的集约运输条件下，城市将依赖于交通运输线组成城市的网络，带形城市是沿交通运输线布置的长条形建筑地带。未来的城市不再是一个个分散的不同地区的点，而是由铁路和公路干道串联在一起的、连绵不断的城市带，各种空间要素紧靠一条高速度、高运量的交通轴线聚集，并无限地向两端延展。

1889年，奥地利建筑师西谛出版的《城市建设艺术》一书，探讨了城市空间和城市美学。西谛提出以“确定的艺术方式”形成城市建设的艺术原则，主张通过研究古代的、过去的作品来寻求“美”的因素，以弥补当今艺术传统方面的损失。西谛认为，城市规划应当在美学的框架中实施，应当是一个有机的整体和一个三维的整体艺术品。西谛强调人的尺度、环境的尺度与人的活动以及他们的感受之间的协调，从而建立起丰富多彩的城市空间并实现与人的活动空间的有机互动。西谛还强调与环境合作，强调向自然学习，强调空间之间的视觉关系，强调多姿多彩的透视感。

在西方近代诸多城市规划思想家中，最有影响的是英国社会活动家霍华德。1898年，霍华德出版的《明天：走向真正改革的和平之路》（1902年修订再版时更名为《明日的田园城市》）一书，提出了田园城市理论。霍华德针对当时大城市存在的膨胀拥挤、土地投机、生活环境恶化、贫困等问题，提出了一个兼有城市和乡村优点的理想城市解决方案——田园城市。霍华德明确田园城市的定义是：为安排健康的生活和工业而设计的城市，其规模足以提供丰富的生活，但不应超过这一程度；四周要有永久性农业地带环绕，城市土地归公共所有，由委员会委托管理。霍华德的田园城市实质上就是城市和乡村的结合体并形成一个无贫民窟、无烟尘的城市群。[①]

法国建筑师戈涅在1901年提出了工业城市的设想，并于1904年在巴黎展出了这一设想的详细内容。1917年，戈涅出版了专著《工业城市》，阐述了其工业城市的具体设想。戈涅的工业城市是一个假想城市的规划方案，这个城市的人口为35 000人，位于山岭起

① 陈友华，赵民．城市规划概论．上海：上海科学技术文献出版社，2000；周国艳，于立．西方现代城市规划理论概论．南京：东南大学出版社，2010.

伏地带的河岸斜坡上，靠近原料产地或附近有提供能源的某种自然力量，或便于交通运输；城市内部按功能划分为工业区、居住区、城市中心区等，各功能分区之间是相互分离的，以便于今后各自的扩展需要；工业区靠近交通运输方便的地区，居住区布置在环境良好的位置，中心区联系工业区和居住区，工业区、居住区、城市中心区之间有方便快捷的交通服务。

1915 年，苏格兰城市规划思想家格迪斯出版的《进化中的城市：城市规划运动和文明之研究导论》，通过对城市基于生态学的研究，强调人与环境的相互关系，揭示了决定城市形成和发展的动力。格迪斯认为，原来局限于城市内部空间布局的城市规划，必须转变为区域规划。

1920 年，曾在霍华德指导下主持完成第一个田园城市规划和进行建筑设计的昂温，通过提出卫星城的概念来继续推进霍华德的理论。昂温的卫星城，是一个在经济上、社会上、文化上具有现代城市性质的独立单位，但同时又是从属于某个大城市的派生物。建设卫星城，可以防止大城市规模过大和不断蔓延的趋势。

现代建筑运动与城市规划最重要的代表人物法国的勒·柯布西耶，于 1922 年发表了《明日的城市》，从功能和理性的角度阐述了其对现代城市的基本理解，以及从现代建筑运动的思潮中引发的关于现代城市规划的基本构思。柯布西耶认为，要从规划着眼，以技术为手段，改善城市的有限空间；要提高城市中心区的建筑高度，通过向高层发展来增加人口密度。

为适应城市机动交通发展而带来的规划结构变化，美国社会学家佩里于 1929 年提出了邻里单位理论，要求在较大范围内统一规划居住区，使每一个邻里单位成为组成居住的细胞，并把居住区的安静、朝向、卫生和安全置于重要位置。佩里的邻里单位理论改变了过去住宅区结构从属于道路划分为方格状的状态。

1933 年，国际现代建筑协会在希腊雅典召开了国际现代建筑会议第四次会议，会议的主题是功能城市，通过了由柯布西耶倡导和亲自起草的《雅典宪章》。《雅典宪章》依据理性主义的思想方法，全面分析了当时城市发展中普遍存在的问题，其核心是提出了功能主义的城市规划思想，并把该宪章称为"现代城市规划大纲"[①]。《雅典宪章》的主要内容有：

第一，《雅典宪章》的思想方法是建立在物质空间决定论的基础之上的，认为通过对物质空间变量的有效控制，就可以形成良好的环境，从而自动解决城市中的经济、社会和政治问题，促进城市的进步和发展。

第二，城市中的诸多活动可以被划分为居住、游憩、劳动、交通四大基本类型，城市规划的目的就是要保证这四大功能的正常进行。功能分区思想是《雅典宪章》最为突出且影响最为深远的内容。

第三，影响城市发展的因素是多方面的，但城市规划仍然是一种基于长、宽、高三维立体空间的科学，要通过制定必要的法律来保证城市规划的实现。

第四，城市中广大人民的利益是城市规划的基础，人的需要和以人为出发点是一切建

① 张京祥．西方城市规划思想史纲．南京：东南大学出版社，2005.

设工作成功的关键，要以人的尺度和需要来估量功能分区的划分和布置。

第五，不能割裂城市与周围区域之间存在的有机联系，要保护具有历史意义的建筑和地区。

如果说霍华德与柯布西耶的理论分别代表了城市分散主义和集中主义的两种极端模式，那么沙里宁的有机疏散理论可以说是介于两者之间的折中。1943 年，芬兰裔的美籍建筑师和规划师沙里宁出版了《城市：它的发展、衰败和未来》一书，详尽地阐述了其有机城市和有机疏散的思想。沙里宁认为，城市与自然界的所有生物一样，都是有机的集合体；有机秩序的原则是大自然的基本规律，也应当作为人类建筑的基本原则。为了缓解城市机能过于集中所产生的弊端，使城市逐步恢复合理的秩序，沙里宁进而提出了有机疏散理论，通过“对日常活动进行功能性集中”和“对这些集中点进行有机的分散”这两种组织方式，使原先密集城市得以实现有机疏散。

三、现代城市规划理论

第二次世界大战以后，西方在较短时间内医治了战争的创伤，整个社会的经济和科学技术发展进入了一个新的发展时期，促进了城市规划理论的不断发展。

1952 年，刘易斯·凯博出版了《城市规划的原则和实践》，阐述了城市规划中的理性程序。刘易斯·凯博的理论是理性主义城市规划思想的典型代表，是当时城市规划编制工作的操作指南。

在刘易斯·凯博等制定理性的城市物质空间建设规划的同时，另一些规划师开始提出城市形态设计的理论，以把城市设计得更美观、更漂亮，让人们更满足。城市设计理论是将城市当作一个包括时间变化在内的四维空间，强调景观设计对人的活动和心理感知的重要意义，强调人与空间的内在互动。1953 年，吉伯德出版的《市镇设计》一书，把城市规划当作一门艺术，阐明了怎样把城市的各种要素组成适合于人们居住和工作的美好环境，体现了城市规划的“物质形体设计”的思想。1960 年，美国城市规划专家凯文·林奇出版了《城市意象》，认为人们对城市的认识并形成的意象，是通过对城市的环境形体的观察来实现的。林奇的城市设计理论重视人的切实需求，关注人的心理感知，体现了人本主义的规划原则。

在西方现代城市规划主体思想被功能理性主义所垄断的时候，一些富有远见的规划师开始注意到了功能理性主义的“非人性”方面对现代城市生活的简单对待和肢解，呼吁发展一种新的注重社会文化和人类自身价值的城市规划思想，Team 10 即是其中的代表。1954 年，国际现代建筑会议中的第 10 小组（Team 10）在荷兰发表了《杜恩宣言》，反驳了《雅典宪章》的精神，提出了以人为核心的“人际结合”思想，认为为了适应人们争取生活意义和丰富生活内容的社会需求，要按照不同的特性去研究人类的居住问题。

20 世纪 50 年代，由于城市的扩张带来了严重的生态环境问题，人们开始重视人居生态环境。1958 年希腊成立的雅典技术组织建立了研究人类居住科学与人类环境生态学的交叉学科——人类聚居学，指出人类居住环境由自然界、人、社会、建筑物和联系网络五个要素组成。1959 年在荷兰规划界产生了整体主义和整体设计的思想，提出要把城市作为一个整体环境来对待，以全面分析人类生活的生态环境问题。1969 年，英国环境设计师麦克哈格出版的《设计结合自然》一书，运用现代生态学理论，通过美国许多城市的规划实例，研究人类与大自然的依存关系，强调人工环境与自然环境之间的适应性问题，强调规划必须与自然结合。

20 世纪 60 年代，受到系统论的影响，原来只注重物质形态规划的功能理性思想发生了重大改变，城市被当作包含一系列特殊空间子集的复杂系统，城市规划成为系统性的规划。1969 年，麦克劳林出版的《系统方法在城市和区域规划中的应用》一书，是将系统方法、理性决策和控制论引入城市规划之中的重要标志。根据麦克劳林的方法，整个城市规划过程可分解为以下几个具体阶段：明确目的，确立具体的可操作性目标，选择相应的实施过程和方案、目标评价、实施方案并进行阶段性的检验、反馈、修正。

20 世纪 40 年代至 50 年代盛行的郊区化浪潮导致许多西方国家城市中心区的衰败，于是西方国家在二战结束后不久就普遍展开了大规模的由政府主导的城市更新运动。简·雅各布斯于 1961 年发表的《美国大城市的死与生》，猛烈抨击了简单粗暴的大规模的城市更新运动。雅各布斯从社会底层角度批判了规划界奉行的最高原则，强调规划师要从过去的“如何做好规划”转到“为谁做规划”。此后，一些城市规划学家开始从利益主体、利益机制、社会公平公正等角度探讨城市规划的社会学问题。

社会公正命题的提出，导致了城市规划中“公众参与”思想的兴起。1965 年，英国政府的规划咨询小组首次提出了公众应该参与城市规划全过程的思想：规划体制作为一种规划政策的工具，同时又应作为公众参与城市规划的手段，它应确保这两项宗旨的充分实施。1968 年，斯基夫顿领导的政府特别小组研究并提交了关于公众如何参与地方规划的报告，提出了诸如设立“社会论坛”、任命“社区发展官员”等一系列设想。1969 年，美国学者雪莉·阿恩斯坦提出了“公民参与阶梯论”，根据公民参与程度的不同，将公民参与城市规划分为操纵、引导、告知、咨询、劝解、合作、授权、公众控制八个阶梯。

1977 年，鉴于当时世界城市化趋势和城市规划中出现的新问题，国际建协在秘鲁首都利马玛雅文化遗址马丘比丘开会，签署了《马丘比丘宪章》。《马丘比丘宪章》对《雅典宪章》缺陷的修正，主要体现在以下几方面[①]：

第一，强调人与人之间的相互关系对于城市和城市规划的重要性，并将理解和贯彻这一关系视为城市规划的基本任务。

第二，城市规划必须对人类的各种需求做出解释和反应，并按照可能的经济条件和文化意义，提供与人民需求相适应的城市服务设施和城市形态。

第三，不应把城市当作一系列的组成部分拼在一起考虑，而必须努力去创造一个综合的、多功能的环境。

第四，城市是一个动态系统，城市规划师和政策指定者必须把城市看作连续发展与变化过程中的一个结构体系；城市规划是个动态过程，不仅要包括规划的制定而且包括规划的实施，以适应城市这个有机体物质和文化的不断变化；城市发展存在着明显的不确定性，它的最后形式是很难事先看到或确定下来的，规划师要通过不断搜索未来发展的可能

① 陈友华，赵民．城市规划概论．上海：上海科学技术文献出版社，2000.

性来实现比过去略好的城市状况。

第五，城市规划必须建立在各专业设计人、城市居民以及公众和政治领导人之间不断互相协作配合的基础上。建筑使用者要创造性地参与设计和施工，人们必须参与设计的全过程，要使用户成为建筑师工作整体中的一个部门；人民建筑是没有建筑师的建筑，只有当一个建筑设计能与人民的习惯、风格自然地融合在一起的时候，这个建筑才能对文化产生最大的影响。

1981年，国际建筑师联合会第十四届世界会议通过的《华沙宣言》，确立了“建筑-人-环境”作为一个整体的概念，并以此来使人们关注人、建筑和环境之间密切的相互关系，把建设和发展与社会整体统一起来进行考虑。《华沙宣言》的主要内容有①：

第一，强调一切的发展和建设都应当考虑人的发展，经济计划、城市规划、城市设计和建筑设计的共同目标，应当是探索并满足人们的各种需求。

第二，规划工作必须结合不断发展中的城市化过程，反映出城市及其周围地区之间实质上的动态统一性，并确立邻里、市区和城市其他构成要素之间的功能联系。

第三，规划实施过程中的具体工作更在于对规划实施状况的检测和检查。任何一个范围内的规划，都应包括连续不断的协调、对实施进行监督和评价，并在不同水平上用相关人们的反映进行检查。

第四，市民参与城市发展过程，应当认作是一项基本权利。规划工作和建筑设计，应当建立在设计人员与有关学科的科学家、城市居民，以及社区和政界领导系统地、不断地相互配合和共同协作的基础上。

第五，规划和建筑设计应努力创造一个整体的多功能的环境，把每座建筑当作一个连续统一体的一项要素，能与其他要素对话，以完善其自身的形象，营造维护个人、家庭和社会一致的生活居住环境，使各类聚居地中的居民能够真正地体验到一个连续的、有机的生活环境。一切对塑造社会面貌和民族特征有重大意义的东西，必须保护起来。

20世纪80年代，西方环境保护的规划思想逐步发展为可持续发展和生态城市的规划思想。1980年，国际自然保护同盟发表的《世界自然资源保护大纲》首次提出了“可持续发展”一词，联合国也向全世界发展呼吁：必须研究自然的、社会的、生态的、经济的以及利用自然资源过程中的基本关系，确保全球持续发展。1987年，联合国环境与发展委员会提交给联合国大会的《我们共同的未来》，全面阐述了可持续发展的概念：既满足当代人需要，又不对后代人满足其需要的能力构成危害的发展。1992年，联合国环境与发展大会通过的《环境与发展宣言》和《全球21世纪议程》，将可持续发展由理论和概念推向行动，标志着可持续发展开始成为人类的共同行动纲领。21世纪以来，将可持续发展思想贯彻到城市规划的理论和实践中去，已成为城市规划研究的重点内容。可持续发展理论和实践为生态城市思想提供了基础支撑。在城市规划领域，西方国家的生态城市思想主要是在以下三个层面展开的：在城市-区域层次上，生态城市强调对区域、流域甚至全国系统的影响，考虑区域、国家甚至全球生态系统的极限问题；在城市内部层次上，提出应按照生态原则建立合理的城市结构，扩大自然生态容量，形成城市开敞空间；在最基本

① 陈友华，赵民．城市规划概论．上海：上海科学技术文献出版社，2000.

实现层次上，建立具有长期发展和自我调节能力的城市社区。

为了解决20世纪50年代以来西方国家郊区化进程中出现的低密度无序城市蔓延，20世纪80年代末以后，西方国家形成了以“新城市主义”为领导的对郊区化增长模式的反思。新城市主义以终结郊区化蔓延为己任，倡导以人为中心的设计思想，努力重塑多样性、人性化、社区感的城镇生活范围。1996年，在美国南卡罗来纳州查尔斯顿召开的第四次大会上通过的《新城市主义宪章》，标志着新城市主义的宣言和行动纲领正式得以确立。《新城市主义宪章》蕴含着丰富的现代城市规划与可持续发展思想。

1999年，国际建协第20届世界建筑师大会在北京召开，大会通过的《北京宪章》被公认为是指导21世纪建筑发展的重要纲领性文献。《北京宪章》总结了百年来建筑发展的历程，并在剖析和整合20世纪的历史与现实、理论与实践、成就与问题以及各种新思路和新观点的基础上，展望了21世纪建筑学的前进方向。《北京宪章》的主要内容有：

第一，总结了20世纪的时代特征，展望21世纪的大转折。宪章认为，20世纪是大发展、大破坏时代，一方面，大规模的技术和艺术革新造就了丰富的建筑设计作品，并帮助人类从世界大战的创伤中恢复过来，在建筑史上是一个伟大而进步的时代；另一方面，人类对自然、文化遗产的破坏已经危及人类自身生存，“建设性”破坏屡见不鲜。宪章展望了21世纪的世界——大转折的世纪。21世纪，人类将处于一个变化更为迅速的时代，全球化和多样化的矛盾将继续存在，并且更加尖锐，建筑师应该自觉思考21世纪建筑学在新世纪的角色。

第二，指出了面临的挑战和选择。针对环境祸患、混乱的城市化、技术的“双刃剑”、建筑魂的失落等繁杂的问题，建筑学也要综合系统地利用生态、政治、经济、社会、技术、文化、美学等多种要素，走可持续发展的道路。

第三，提出了一个新的21世纪的建筑学体系——广义建筑学。广义建筑学的内涵包括：建筑学所包括的内容、建筑业的任务以及建筑师的职责，总是随时代的发展而不断变化的。当前，强调综合并在综合的前提下予以新的创造，是建筑学的核心观念；从聚居、地区、文化、科技、经济、艺术、政策法规、业务、教育、方法论等不同侧面，建构建筑学的基本理论；实现建筑学、地景学、城市规划学三位一体的综合；建筑是一个循环体系，构建着眼于人居环境建造的建筑学；注重多层次的技术建构以及技术与人文相结合；注重文化的多元性，建立全球——地区建筑学；创造整体的环境艺术，雕塑、绘画、工艺、手工劳动重新结合为建筑不可分割的部分；建立全方位的建筑学教育、发展全社会的建筑学；分析与综合兼顾但重在“整合”、承认并辩证处理矛盾的方法论。

第四，总结出两个基本结论，既要在纷繁的世界中探寻整合之点，又要各循不同的道路达到共同目标，从而做到一致百虑、殊途同归。

第二节　城市规划的特点、内容和原则

一、城市规划的特点和作用

城市规划是一定时期内城市发展的蓝图，是城市国家机构制定并经上级政府批准的在

一定时期内关于城市未来发展目标、城市性质、城市规模、城市布局、城市用地、城市各项工程建设等的综合部署。城市规划具有以下特点：

第一，综合性。城市规划的综合性主要体现在城市规划内容的综合性、城市规划涉及学科的综合性、城市规划方法的综合性、城市规划实施的综合性等。城市规划内容的综合性，是指城市规划包括城市的生态平衡、产业布局、基础设施建设、城市建筑风格、历史文化遗产保护等诸多内容。城市规划涉及学科的综合性，是指城市规划不仅是建筑学、管理学、经济学等学科知识的综合运用，还涉及历史学、地理学、社会学、生态学等诸多学科领域，因此在编制城市规划时要邀请各方面的专家参加，集思广益。城市规划方法的综合性，是指城市规划要综合运用区位理论、增长极理论、系统论、控制论、数学模型等方法。城市规划实施的综合性，是指城市规划的实施需要政府各部门、企事业单位、社会团体、新闻媒体、市民等的配合、合作和监督。城市规划的综合性，要求城市规划必须有综合的、全局的观念，通盘考虑和正确处理经济建设与生态保护、生产与生活、局部与整体、城市与乡村、近期与远期、平时与战时、需要与可能等一系列关系。

第二，政策性。城市规划是对城市发展和建设的战略性部署，是政府调控城市空间资源、指导城乡发展与建设、维护社会公平、保障公共安全和公众利益的重要政策手段。城市规划所涉及的城市性质与规模、城市产业布局、各项建设的用地标准等都不是单纯的经济和技术问题，而是关系到全国区域经济发展、生产力配置、城乡关系、积累与消费关系等一系列重大问题。这些重大问题的解决都涉及国家的一些方针政策，城市规划必须充分反映和符合国家的相关政策要求。

第三，权威性。城市规划是市民根本利益在城市空间布局上的反映，它体现了公众的意志，是一种公共事务。因此，城市规划只能由具有公共权威的城市国家机构来制定和监督执行。《中华人民共和国城乡规划法》对城市规划的编制原则、编制程序、城市规划的实施与修改等都做了严格规定，并明确规定：任何单位和个人都应当遵守经依法批准并公布的城乡规划，服从规划管理。若有单位或个人违反城市规划，城市国家机构有权采取措施，强制其服从统一的城市规划管理。

第四，地方性。每个城市都有其特有的经济条件、地理位置、历史文化等，这些特有条件塑造了城市的个性，而城市个性决定了城市规划的鲜明地方特色。城市规划的编制一定要根据各个城市的特点，从城市自身的实际情况出发，突出城市的个性，这样才能够扬长避短，避免与其他城市雷同和“千层一面”。

第五，动态性。城市规划既要解决城市当前存在的问题，更要指导城市今后一定时期的长远发展。因此，城市规划既要有现实性，又要有科学的预见性。城市规划工作者必须充分认识和遵循城市发展的客观规律，掌握先进的城市规划理论，运用科学的城市规划方法和新技术，科学准确地预测和规划城市的未来发展。影响城市发展的因素特别是科学技术是不断发展变化的，会出现很多新情况、新问题、新要求。城市规划要根据城市发展中各种因素和条件的变化，适时地进行调整和修订，从而使城市规划具有较强的动态性。

城市规划的基本任务是依据城市一定时期经济社会发展目标和要求，确定城市的性质、规模和发展方向，统筹安排城市各类用地和空间资源，综合部署城市各项建设，以实现城市经济社会的可持续发展。城市规划的上述基本任务决定了城市规划在城市建设和发展中占有重要的地位，对城市发展具有指导、控制和调节作用。具体地说，城市规划具有以下三方面的作用：

第一，城市规划是指导城市建设和治理工作的基本依据。城市规划是城市政府的一项重要职能，要把城市建设好、治理好，首先必须把城市规划好。当代世界许多著名的城市，都是在科学合理的城市规划指导下建设起来的。建设一座城市需要有规划，就如同建设一座建筑物要有设计一样，没有设计就不能施工。与单座建筑物的建设相比，城市建设又具有系统性、复杂性、长期性和连续性，因此，城市规划长期指导着城市的建设。有了城市规划，城市政府就能严格按照城市规划的要求，确定和优化城市各项设施的结构，包括城市主体设施、社会设施、基础设施在空间上的布局，在数量、质量、规模上的相互关系，并实现市政管理的科学化、法治化和现代化，以达到城市结构和功能的优化。

第二，城市规划控制着城市的规模和发展方向。城市规划的一项主要任务是确定城市的性质、规模和发展方向。其中，城市性质是由城市的特殊功能决定的，决定着城市的主导产业和发展方向；城市规模主要是指一定时期内城市的人口规模和用地规模。城市规划所确定的城市性质、规模和发展方向，政策性强，具有权威性。按照城市规划确定的城市性质和发展方向，严格控制城市人口规模和用地规模，禁止任何违法违章建筑和其他不适宜发展的项目，就能够使城市人口的增长与城市经济社会发展及其基础设施的承载力相适应，促进城市健康有序发展。

第三，城市规划调节着城市各要素之间的关系。城市是一个有机的、开放的、复杂的系统，由若干既有区别又相互联系、相互作用的要素组成，这些城市组成要素之间的关系一旦失调，就会产生各种“城市病”。城市规划规定和调节城市各种组成要素的构成以及相互关系，从而充分发挥城市的功能。

二、城市规划的内容

1. 城市总体规划

城市总体规划是指在一定的年限内城市各项建设综合平衡、合理安排的规划，是关于城市各项建设的战略部署。城市总体规划的期限一般为二十年，同时可以对城市远景发展的空间布局提出设想。编制城市总体规划，应当以全国城镇体系规划、省域城镇体系规划以及其他上层次法定规划为依据，从区域经济社会发展的角度研究城市定位和发展战略，按照人口与产业、就业岗位的协调发展要求，控制人口规模、提高人口素质；按照有效配置公共资源、改善人居环境的要求，充分发挥中心城市的区域辐射和带动作用，合理确定城乡空间布局，促进区域经济社会全面、协调和可持续发展。

编制城市总体规划，应当先组织编制城市总体规划纲要，研究确定城市总体规划中的重大问题，作为编制城市总体规划的依据。城市总体规划纲要应当包括下列内容：市域城镇体系规划纲要；提出城市规划区范围；分析城市职能、提出城市性质和发展目标；提出禁建区、限建区、适建区范围；预测城市人口规模；研究中心城区空间增长边界，提出建设用地规模和建设用地范围；提出交通发展战略及主要对外交通设施布局原则；提出重大基础设施和公共服务设施的发展目标；提出建立综合防灾体系的原则和建设方针。城市总体规划纲要成果包括纲要文本、说明、相应的图纸和研究报告。

城市总体规划包括市域城镇体系规划和中心城区规划。市域城镇体系规划的任务是：综合评价市域城镇发展条件；制定区域城镇发展战略；预测区域人口增长和城市化水平；拟订各相关城镇的发展方向与规模；协调城镇发展与产业配置的时空关系；统筹安排区域基础设施和公共服务设施；引导和控制区域城镇的合理发展与布局；指导城市总体规划的编制。

中心城区规划应当包括下列内容：分析确定城市性质、职能和发展目标；预测城市人口规模；划定禁建区、限建区、适建区和已建区，并制定空间管制措施；确定村镇发展与控制的原则及措施，确定需要发展、限制发展和不再保留的村庄，提出村镇建设控制标准；安排建设用地、农业用地、生态用地和其他用地；研究中心城区空间增长边界，确定建设用地规模，划定建设用地范围；确定建设用地的空间布局，提出土地使用强度管制区划和相应的控制指标；确定市级和区级中心的位置和规模，提出主要的公共服务设施的布局；确定交通发展战略和城市公共交通的总体布局，落实公交优先政策，确定主要对外交通设施和主要道路交通设施布局；确定绿地系统的发展目标及总体布局，划定各种功能绿地的保护范围（绿线），划定河湖水面的保护范围（蓝线），确定岸线使用原则；确定历史文化保护及地方传统特色保护的内容和要求，划定历史文化街区、历史建筑保护范围（紫线），确定各级文物保护单位的范围，研究确定特色风貌保护重点区域及保护措施；研究住房需求，确定住房政策、建设标准和居住用地布局，重点确定满足中低收入人群住房需求的居住用地布局及标准；确定电信、供水、排水、供电、燃气、供热、环卫发展目标及重大设施总体布局；确定生态环境保护与建设目标，提出污染控制与治理措施；确定综合防灾与公共安全保障体系，提出防洪、消防、人防、抗震、地质灾害防护等规划原则和建设方针；划定旧区范围，确定旧区有机更新的原则和方法，提出改善旧区生产、生活环境的标准和要求；提出地下空间开发利用的原则和建设方针；确定空间发展时序，提出规划实施步骤、措施和政策建议。

城市总体规划的强制性内容包括：城市规划区范围；市域内应当控制开发的地域；城市建设用地；城市基础设施和公共服务设施；城市历史文化遗产保护；生态环境保护与建设目标，污染控制与治理措施；城市防灾工程。

城市总体规划的成果应当包括规划文本、图纸及附件（说明、研究报告和基础资料等）。在规划文本中应当明确表述规划的强制性内容。

城市总体规划应当明确综合交通、环境保护、商业网点、医疗卫生、绿地系统、河湖水系、历史文化名城保护、地下空间、基础设施、综合防灾等专项规划的原则。编制各类专项规划，应当依据城市总体规划。

2. 城市近期建设规划

城市人民政府应当根据城市总体规划、土地利用总体规划和年度计划以及国民经济和社会发展规划，制定近期建设规划，报总体规划审批机关备案。城市近期建设规划应当明确近期内实施城市总体规划的重点和发展时序，确定城市近期发展方向、规模、空间布局、重要基础设施和公共服务设施选址安排，提出自然遗产与历史文化遗产的保护、城市生态环境建设与治理的措施。近期建设规划的期限为五年，原则上应当与城市国民经济和社会发展规划的年限一致，并不得违背城市总体规划的强制性内容。近期建设规划到期时，应当依据城市总体规划组织编制新的近期建设规划。

近期建设规划的内容应当包括：确定近期人口和建设用地规模，确定近期建设用地范围和布局；确定近期交通发展策略，确定主要对外交通设施和主要道路交通设施布局；确定各项基础设施、公共服务和公益设施的建设规模和选址；确定近期居住用地安排和布局；确定历史文化名城、历史文化街区、风景名胜区等的保护措施，城市河湖水系、绿化、环境等保护、整治和建设措施；确定控制和引导城市近期发展的原则和措施。其中，重要基础设施、公共服务设施和中低收入居民住房建设以及生态环境保护，是近期建设规划的重点内容。

近期建设规划的成果应当包括规划文本、图纸，以及包括相应说明的附件。在规划文本中应当明确表达规划的强制性内容。

3. 城市分区规划

编制城市分区规划，应当依据已经依法批准的城市总体规划，对城市土地利用、人口分布和公共服务设施、基础设施的配置做出进一步的安排，对控制性详细规划的编制提出指导性要求。编制分区规划，应当综合考虑城市总体规划确定的城市布局、片区特征、河流道路等自然和人工界限，结合城市行政区划，划定分区的范围界限。

城市分区规划应当包括下列内容：确定分区的空间布局、功能分区、土地使用性质和居住人口分布；确定绿地系统、河湖水面、供电高压线走廊、对外交通设施用地界线和风景名胜区、文物古迹、历史文化街区的保护范围，提出空间形态的保护要求；确定市、区、居住区级公共服务设施的分布、用地范围和控制原则；确定主要市政公用设施的位置、控制范围和工程干管的线路位置、管径，进行管线综合；确定城市干道的红线位置、断面、控制点坐标和标高，确定支路的走向、宽度，确定主要交叉口、广场、公交站场、交通枢纽等交通设施的位置和规模，确定轨道交通线路走向及控制范围，确定主要停车场规模与布局。

分区规划的成果应当包括规划文本、图件，以及包括相应说明的附件。

4. 城市详细规划

城市详细规划是在城市总体规划的基础上对城市近期建设区域内各项建设做出具体安排的规划。城市详细规划分为控制性详细规划和修建性详细规划。

编制城市控制性详细规划，应当依据已经依法批准的城市总体规划或分区规划，考虑相关专项规划的要求，对具体地块的土地利用和建设提出控制指标，作为建设主管部门和城市规划主管部门做出建设项目规划许可的依据。

控制性详细规划应当包括下列内容：确定规划范围内不同性质用地的界线，确定各类用地内适建、不适建或者有条件地允许建设的建筑类型；确定各地块建筑高度、建筑密度、容积率、绿地率等控制指标，确定公共设施配套要求、交通出入口方位、停车泊位、建筑后退红线距离等要求；提出各地块的建筑体量、体型、色彩等城市设计指导原则；根据交通需求分析，确定地块出入口位置、停车泊位、公共交通场站用地范围和站点位置、步行交通以及其他交通设施；规定各级道路的红线、断面、交叉口形式及渠化措施、控制点坐标和标高；根据规划建设容量，确定市政工程管线位置、管径和工程设施的用地界线，进行管线综合；确定地下空间开发利用具体要求；制定相应的土地使用与建筑管理规定。

控制性详细规划确定的各地块的主要用途、建筑密度、建筑高度、容积率、绿地率、基础设施和公共服务设施配套规定应当作为强制性内容。控制性详细规划成果应当包括规划文本、图件和附件。图件由图纸和图则两部分组成，规划说明、基础资料和研究报告收入附件。

修建性详细规划是指以城市总体规划或控制性详细规划为依据，用以指导各项建筑和工程设施的设计、施工的规划。编制城市修建性详细规划，应当依据已经依法批准的控制性详细规划，对所在地块的建设提出具体的安排和设计。

修建性详细规划应当包括下列内容：建设条件分析及综合技术经济论证；建筑、道路和绿地等的空间布局、景观规划设计、总平面图；对住宅、医院、学校和托幼等建筑进行日照分析；根据交通影响分析，提出交通组织方案和设计；市政工程管线规划设计和管线综合；竖向规划设计；估算工程量、拆迁量和总造价，分析投资效益。

修建性详细规划成果应当包括规划说明书、图纸。

三、城市规划的指导思想和基本原则

城市规划是一项综合性很强的社会实践活动，是城市建设和治理的具体行动纲领。在制定和实施这个行动纲领之前，首要的是确定城市规划的指导思想。因为指导思想是整个城市规划工作的灵魂，关系到整个城市规划工作的得失成败。城市规划的指导思想主要有：

第一，注重生态文明建设的思想。节约资源和保护环境，着力推进绿色发展、循环发展、低碳发展的生态文明建设，实现永续发展，是我国当前和未来发展的必然选择，也是城市规划重要的指导思想。永续发展的核心是发展，人类不求进步、不求发展，人类就不可能过上美好的生活。特别是对于发展中国家，发展更是硬道理。问题的关键是要从全局、长远的观点去认识发展，实现永续发展。如果是只顾眼前短期局部利益的发展，这种发展只能是饮鸩止渴，最终与发展的本质相悖，从长远和全局看也是得不偿失的。城市是人类经济社会活动最为集中的区域，城市的永续发展对实现全人类的永续发展关系重大。城市规划正是着眼于长远的、全局的利益，全面地综合权衡局部利益与全局利益、眼前利益与长远利益、经济利益与社会利益，来贯彻落实永续发展的战略方针。当前在城市规划实际工作中，发展与生态环境的矛盾依然突出，城市规划应更加注重生态文明建设，将划定生态红线作为城市规划布局的前提，守住城市的青山绿水，决不能以牺牲生态环境为代价来谋求发展。

第二，以人民为中心的发展思想。人民是历史的创造者，是决定国家前途命运的根本力量。城市规划工作必须坚持人民主体地位，坚持全心全意为人民服务，把人民对美好生活的向往作为目标，依靠人民做好城市规划工作。城市规划工作是为了人民，要把增进人民福祉、提高人民生活水平和质量、促进人的全面发展作为根本出发点和落脚点，要把实现好、维护好、发展好最广大人民根本利益作为城市规划工作的根本目的，为人民提供更好的生活、工作、学习和休闲的空间，更好地满足人民对美好生活的需求。在考虑城市的功能分区、住宅布局、交通网络等问题时，要把人民群众的居住和出行要求放在第一位。在城市绿化、水资源保护、空气净化方面要提高规划标准。城市规划工作要依靠人民，要把人民作为城市发展的力量源泉，充分尊重人民主体地位，充分尊重人民所表达的意愿、所创造的经验、所拥有的权利、所发挥的作用，充分尊重人民群众首创精神，让广大人民参与城市规划的全过程，不断从人民群众中汲取智慧和力量，实现城市规划的民主化。城市规划工作要有利于人民共享城市发展成果，使城市发展的成果惠及全体人民。

第三，面对现实、面向未来、统筹兼顾、综合部署的思想。城市规划是继承历史、创造今天、预测未来的一项工作。城市规划要立足于现实，符合国情和市情，使城市规划建立在经过努力可以实现的基础之上，根本不能实现的城市规划是没有任何意义的。但城市规划不能只顾眼前，要有预见性，要有远见。此外，统筹兼顾是城市规划的重要特征之一，城市规划要统筹城乡和区域协调发展，要对城市各项建设起综合指导作用，要使局部与全局、近期与远期、条条与块块、地上与地下、需要与可能、生产与生活有机地结合起来，从而使城市各项建设有序、协调、均衡进行，不断优化城市综合功能，提升城市整体素质。

制定和实施城市规划，应当遵循城乡统筹、合理布局、节约土地、集约发展和先规划后建设的原则，改善生态环境，促进资源、能源节约和综合利用，保护耕地等自然资源和历史文化遗产，保持地方特色、民族特色和传统风貌，防止污染和其他公害，并符合区域人口发展、国防建设、防灾减灾和公共卫生、公共安全的需要。具体地说，我国城市规划的制定和实施应遵循以下基本原则：

第一，城乡统筹。进入21世纪以后，我国提出了统筹城乡经济社会发展、实现城乡融合发展的目标，城乡统筹原则成为编制城市规划的重要原则之一。坚持城乡统筹原则就是要求各地在制定和实施城市规划时要统筹考虑城市、镇、乡和村庄发展，根据各类规划的内容要求和特点，编制好相关规划。同时根据城乡特点，协调城乡空间布局，促进城乡经济社会融合发展，

第二，合理布局。城市规划涉及方方面面，既有生产规划，也有生活规划。城市规划要坚持以人为本，重视社会公正和改善民生。在制定和实施城市规划时要合理配置公共资源，优先安排基础设施以及公共服务设施的建设，妥善处理新区开发与旧区改建的关系，统筹兼顾进城务工人员生活和周边农村经济社会发展、村民生产与生活的需要。尤其要关注中低收入群体的住房问题，做好住房建设规划，改善人居环境。

第三，节约用地。我国人口众多，人均耕地低于世界平均水平，制定和实施城市规划必须充分认识我国人口众多、人均资源短缺和环境容量压力大的基本国情，坚持适用、经济、合理用地、节约用地的原则。在城市建设中，要尽量注意节约土地、精打细算，防止多征、早征。在节约用地的基础上，更要注意城市土地的合理利用，根据城市土地的自然特点和社会特点，将其用于最适宜的地方，并要综合开发利用好城市地下空间。

第四，集约发展。在我国，土地是一种稀缺资源，在制定和实施城市规划时必须坚持集约发展原则，控制城市用地规模的盲目扩张，严格按照国家制定的城镇建设用地标准办事，合理确定发展规模、建设步骤和建设标准，推进城市建设发展方式从粗放型向集约型转变，增强可持续发展能力，尽可能达到城市土地的集约利用。

第五，先规划后建设。按照《中华人民共和国城乡规划法》的要求，依法制定和实施城乡规划，包括近期建设规划、控制性详细规划、乡和村庄规划。坚持以经依法批准的上位规划为依据，制定和实施下位规划不得违背上位规划的要求，制定和实施城市规划不得违背国家有关的技术标准和规范。城市规划区内的所有建设项目都必须实行规划管理，坚持先规划后建设原则。

城市规划的概念和特点　　城市规划的指导思想

第三节　城市规划的编制与实施

一、城市规划编制与实施管理的机构及其职责

国务院城市规划主管部门负责全国的城市规划管理工作。城市人民政府城市规划主管部门负责本行政区域内的城市规划管理工作。

国务院城市规划主管部门会同国务院有关部门组织编制全国城镇体系规划，报国务院审批。省、自治区人民政府组织编制省域城镇体系规划，报国务院审批。城市人民政府组织编制城市总体规划和城市分区规划。

我国重视城市规划的编制和管理工作，设立专门的机构负责城市规划的编制与实施管理。2008年，根据第十一届全国人民代表大会第一次会议批准的国务院机构改革方案、《国务院关于机构设置的通知》以及国务院办公厅《住房和城乡建设部主要职责内设机构和人员编制规定》，国家住房和城乡建设部的城乡规划司是全国城市规划的主管部门。随着我国城市化的快速发展，城市建设用地管理成为城市规划管理的重要内容，对城市土地进行规划管理是城市规划管理部门的核心职能之一。同时，城市的国土资源管理部门以代表国家行使国有土地所有权和代表政府行使土地行政管理权的双重身份，也负责城市土地资源管理。所以，我国有些城市合并了城市规划管理部门和土地管理部门，成立了市规划和国土资源管理局，如上海市；有些城市的城市规划管理部门和土地管理部门采取两块牌子、一套班子的做法，合署办公；有些城市的城市规划管理部门和土地管理部门虽然还是两个独立的部门，但建立了两者的协调机构。

2018年9月，中共中央办公厅、国务院办公厅《关于调整住房和城乡建设部职责机构编制的通知》中指出，根据党的十九届三中全会审议通过的《深化党和国家机构改革方案》和第十三届全国人民代表大会第一次会议批准的《国务院机构改革方案》，将住房和城乡建设部规划管理职责划入自然资源部，不再保留城乡规划司。根据上下对应的原则，城市人民政府城市规划主管部门也做了相应调整。

国务院城市规划主管部门的职责主要有：拟订城乡规划的政策和规章制度；组织编制和监督实施全国城镇体系规划；指导城乡规划编制并监督实施；指导城市勘察、市政工程

测量、城市地下空间开发利用和城市雕塑工作；承担国务院交办的城市总体规划、省域城镇体系规划的审查报批和监督实施；承担历史文化名城（镇、村）保护和监督管理的有关工作；制定城乡规划编制单位资质标准并监督实施。

省、自治区、直辖市政府城市规划主管部门的职责主要有：拟订全省（自治区、直辖市）城乡规划的政策和制度；组织编制全省（自治区、直辖市）城镇体系和区域城镇体系规划并监督实施；指导编制全省（自治区、直辖市）城乡规划、产业集聚区空间规划并监督实施；承担省（自治区、直辖市）政府交办的城市总体规划、区域城镇体系规划及其他规划的审查报批和监督实施工作等。

省会城市、经国务院批准的较大的市和多数地级市的市政府都设立了城市规划主管部门，负责城市规划的管理工作。县级市政府一般也设立专门的城市规划主管部门负责城市规划管理，行使城市规划日常管理的职能。市政府城市规划主管部门主要承担研究和编制城市规划、对城市规划的实施进行管理和监督检查的职责，其主要职责为：贯彻执行有关城市规划管理法律、法规、规章和政策；组织编制城市总体规划、分区规划、详细规划、城镇体系规划及市政府其他指令性规划；负责建设用地和建设工程的规划管理；对城市规划的实施进行监督检查，依法查处各类违法行为；负责全市城市雕塑、城市景观的规划管理工作；参与城市规划区内重要建设工程的竣工验收；负责全市城市建设档案管理工作；承办市委、市政府交办的其他事项。

城市规划组织编制机关应当委托具有相应资质等级的单位，承担城乡规划的具体编制工作。从事城市规划编制工作应当具备下列条件，并经国务院城市规划主管部门或者省、自治区、直辖市人民政府城乡规划主管部门依法审查合格，取得相应等级的资质证书后，方可在资质等级许可的范围内从事城市规划编制工作：有法人资格；有规定数量的经国务院城市规划主管部门注册的规划师；有规定数量的相关专业技术人员；有相应的技术装备；有健全的技术、质量、财务管理制度。

二、城市规划编制的阶段和步骤

我国城市规划的编制应当坚持政府组织、专家领衔、部门合作、公众参与、科学决策的原则，分为编制城市总体规划阶段和编制城市详细规划两个阶段。

城市总体规划的编制分为以下几个步骤：

第一，前期研究。市人民政府提出编制城市总体规划前，应当对现行城市总体规划以及各专项规划的实施情况进行总结，对基础设施的支撑能力和建设条件做出评价；针对存在问题和出现的新情况，从土地、水、能源和环境等城市长期的发展保障出发，依据全国城镇体系规划和省域城镇体系规划，着眼区域统筹和城乡统筹，对城市的定位、发展目标、城市功能和空间布局等战略问题进行前瞻性研究，作为城市总体规划编制的工作基础。在上述前期研究的基础上，市政府按规定提出进行城市规划编制工作的报告，经同意后方可组织编制。其中，组织编制直辖市、省会城市、国务院指定市的总体规划的，应当向国务院城市规划主管部门提出报告；组织编制其他市的总体规划的，应当向省、自治区城市规划主管部门提出报告。城市总体规划编制的前期研究，由市政府城市规划部门负责。

第二，编制城市总体规划纲要。编制城市总体规划纲要的主要任务是研究确定城市总体规划的重大原则和重大问题，用以指导城市总体规划的编制。城市总体规划纲要由市政府负责组织编制。市政府组织编制的城市总体规划纲要，要按规定提请审查。其中，组织编制直辖市、省会城市、国务院指定市的总体规划的，应当报请国务院城市规划主管部门组织审查；组织编制其他市的总体规划的，应当报请省、自治区城市规划主管部门组织审查。

第三，编制城市总体规划。依据国务院城市规划主管部门或者省、自治区城市规划主管部门对城市总体规划纲要提出的审查意见，市政府组织编制城市总体规划。在城市总体规划的编制中，对于涉及资源与生态环境保护、区域统筹与城乡统筹、城市发展目标与空间布局、城市历史文化遗产保护等重大专题，应当在城市人民政府组织下，由相关领域的专家领衔进行研究。在城市总体规划的编制中，应当在城市人民政府组织下，充分吸取政府有关部门和军事机关的意见。对于政府有关部门和军事机关提出意见的采纳结果，应当作为城市总体规划报送审批材料的专题组成部分。城市总体规划通常由市政府城市规划部门负责编制。

第四，评议城市总体规划。为了提高城市规划的科学性，我国城市规划实的编制要广泛听取公众和专家的意见。按照《中华人民共和国城乡规划法》的要求，城市规划报送审批前，组织编制机关应当依法将城市规划草案予以公告，并采取论证会、听证会或者其他方式征求专家和公众的意见。公告的时间不得少于 30 日。组织编制机关应当充分考虑专家和公众的意见，并在报送审批的材料中附具意见采纳情况及理由。

第五，通过城市总体规划。城市总体规划草案由市政府全体会议讨论通过。然后，由市政府向市人大提交关于城市总体规划的议案，提请市人大审议和通过。《中华人民共和国城乡规划法》明确规定，城市人民政府组织编制的总体规划，在报上一级人民政府审批前，应当先经本级人民代表大会常务委员会审议，常务委员会组成人员的审议意见交由本级人民政府研究处理。

第六，审批城市总体规划。我国城市规划实行分级审批。直辖市的总体规划由直辖市人民政府报国务院审批。省、自治区人民政府所在地的城市以及国务院确定的城市的总体规划，由省、自治区人民政府审查同意后，报国务院审批。其他城市的总体规划，由城市人民政府报省、自治区人民政府审批。

第七，修改城市总体规划。按照《中华人民共和国城乡规划法》的规定，有下列情形之一的，城市总体规划的组织编制机关可按照规定的权限和程序修改城市总体规划：一是上级人民政府制定的城市规划发生变更，提出修改规划要求的；二是行政区划调整确需修改规划的；三是因国务院批准重大建设工程确需修改规划的；四是经评估确需修改规划的；五是城市规划的审批机关认为应当修改规划的其他情形。修改城市总体规划前，组织编制机关应当对原规划的实施情况进行总结，并向原审批机关报告；修改涉及城市总体规划强制性内容的，应当先向原审批机关提出专题报告，经同意后，方可编制修改方案。修改后的城市总体规划依照审批程序报批。

城市详细规划是为实施城市总体规划而提出具体规划要求的地区性规划，包括控制性详细规划和修建性详细规划。

城市人民政府城市规划主管部门应当委托具备相应资质等级的规划编制单位承担控制性详细规划的具体编制工作。编制控制性详细规划，应当综合考虑当地资源条件、环境状况、历史文化遗产、公共安全以及土地权属等因素，满足城市地下空间利用的需要，妥善处理近期与长远、局部与整体、发展与保护的关系。编制控制性详细规划，应当依据经批准的城市总体规划，遵守国家有关标准和技术规范，采用符合国家有关规定的基础资料。编制大城市和特大城市的控制性详细规划，可以根据本地实际情况，结合城市空间布局、规划管理要求，以及社区边界、城乡建设要求等，将建设地区划分为若干规划控制单元，组织编制单元规划。城市人民政府城市规划主管部门编制完控制性详细规划后，再按照控制性详细规划组织编制重要地块的修建性详细规划。控制性详细规划是制定修建性详细规划的依据和准绳。

城市详细规划的编制程序是：第一，调查研究城市详细规划的资料；第二，征求有关部门、单位和公众的意见；第三，论证城市详细规划方案；第四，公布城市详细规划草案；第五，申报城市详细规划；第六，审批城市详细规划；第七，公布城市详细规划；第八，修改城市详细规划。

城市详细规划组织编制机关应当建立城市详细规划档案管理制度，逐步建立城市详细规划数字化信息管理平台；应当建立规划动态维护制度，有计划、有组织地对城市详细规划进行评估和维护。

三、城市规划的实施管理

城市规划的实施管理是城市规划主管部门以实施城市规划为目的行使行政权力的过程，具有一般行政管理的特点。具体地说，城市规划的实施管理是城市规划主管部门依据城市规划管理的法律法规，按照经法定程序编制和批准的城市规划，采用多种方法对城市各项用地和建设活动进行统一安排和控制，引导和调节城市各项建设事业有计划有秩序地发展。城市规划实施管理的内容主要包括：

1．“一书两证”的规划管理

“一书两证”的规划管理是指建设项目选址意见书的规划管理、建设用地规划许可证的规划管理、建设工程规划许可证的规划管理。

第一，建设项目选址意见书的规划管理。

按照国家规定需要有关部门批准或者核准的建设项目，以划拨方式提供国有土地使用权的，建设单位在报送有关部门批准或者核准前，应当向城市规划主管部门申请核发选址意见书。建设项目选址意见书是城市规划主管部门依法核发的有关建设项目的选址和布局的法律凭证。城市规划主管部门根据城市规划及有关法律法规对建设项目选址进行选择和确认，并核发建设项目选址意见书，以确保建设项目的选址和布点符合城市规划，统筹协调建设选址中的各种矛盾，促进建设项目前期工作的顺利进行，实现对城市各项建设的宏观调控。

建设项目选址意见书应当包括下列内容：建设项目的基本情况；建设项目规划选址的主要依据；建设项目选址、用地范围和具体规划要求；建设项目地址和用地范围的附图和明确有关问题的附件。

建设项目选址意见书，按建设项目审批、核准和备案权限实行分级规划管理。凡计划在城市规划区内进行建设，需要编制设计任务书的，建设单位必须向当地市政府城市规划主管部门提出选址申请。建设单位填写建设项目选址申请表后，城市规划主管部门根据相关法律法规的规定，分级核发建设项目选址意见书。按规定应由上级城市规划主管部门核发选址意见书的建设项目，城市规划主管部门应对建设单位的选址报告进行审核，并提出选址意见，报上级城市规划主管部门核发建设项目选址意见书。具体地说，地级、县级市人民政府发展和改革委员会审批、核准和备案的建设项目，由该市人民政府城市规划主管部门核发选址意见书；直辖市、副省级市人民政府发展和改革委员会审批、核准和备案的建设项目，由直辖市、副省级市人民政府城市规划主管部门核发选址意见书；省、自治区人民政府发展和改革委员会审批、核准和备案的建设项目，由项目所在城市人民政府城市规划主管部门提出审查意见，报省、自治区人民政府城市规划主管部门核发选址意见书；中央各部门审批、核准和备案的建设项目，由项目所在城市人民政府城市规划主管部门核发选址意见书；国家审批、核准和备案的大中型和限额以上的建设项目，由项目所在城市人民政府城市规划主管部门提出审查意见，报省、自治区、直辖市、副省级市人民政府城市规划主管部门核发选址意见书，并报国务院城市规划主管部门备案。

城市规划主管部门应对建设项目的选址申请进行程序性审核和实质性审核。城市规划主管部门应该在规定的时限内对建设单位的选址申请给予答复，对于符合城市规划的选址，应当颁发建设项目选址意见书；对于不符合城市规划的选址，应当说明理由，给予书面答复；对于重大项目选址应要求做出选址比较论证后，重新申请建设项目选址意见书。

第二，建设用地规划许可证的规划管理。

在城市规划区内以划拨方式提供国有土地使用权的建设项目，经有关部门批准、核准、备案后，建设单位应当向城市人民政府城市规划主管部门提出建设用地规划许可申请，由城市人民政府城市规划主管部门依据控制性详细规划核定建设用地的位置、面积、允许建设的范围，核发建设用地规划许可证；以出让方式取得国有土地使用权的建设项目，建设单位在取得建设项目的批准、核准、备案文件和签订国有土地使用权出让合同后，向城市政府城乡规划主管部门领取建设用地规划许可证。

建设用地规划许可证是经城市规划主管部门依法确认其建设项目位置和用地范围的法律凭证。建设用地规划许可证的规划管理，是为了控制建设用地总量，充分发挥土地供应的宏观调控作用，保证土地利用总体规划的实施。

建设单位在申请建设用地规划许可证前，应当申请并通过建设项目用地预审。建设项目用地预审，是指自然资源主管部门在建设项目审批、核准、备案阶段，依法对建设项目涉及的土地利用事项进行的审查。预审应当遵循下列原则：符合土地利用总体规划；保护耕地，特别是基本农田；合理和集约节约利用土地；符合国家供地政策。

建设项目用地实行分级预审。需人民政府或有批准权的人民政府发展改革等部门审批的建设项目，由该人民政府的自然资源主管部门预审。需核准和备案的建设项目，由与核准、备案机关同级的自然资源主管部门预审。依照相关法律法规的规定应当由自然资源部预审的建设项目，自然资源部委托项目所在地的省级自然资源主管部门受理，但建设项目占用规划确定的城市建设用地范围内土地的，委托市级自然资源主管部门受理。受理后，提出初审意见，转报自然资源部。涉密军事项目和国务院批准的特殊建设项目用地，建设用地单位可直接向自然资源部提出预审申请。应当由自然资源部负责预审的输电线塔基、钻探井位、通信基站等小面积零星分散建设项目用地，由省级自然资源主管部门预审，并报自然资源部备案。

负责初审的自然资源主管部门在转报用地预审申请时，应当提供下列材料：依据相关法律法规的规定，对申报材料做出的初步审查意见；标注项目用地范围的土地利用总体规划图、土地利用现状图及其他相关图件；属于相关法律法规规定情形，建设项目用地需修改土地利用总体规划的，应当出具规划修改方案。

符合相关法律法规规定的预审申请和初审转报件，自然资源主管部门应当受理和接收。不符合的，应当场或在五日内书面通知申请人和转报人，逾期不通知的，视为受理和接收。受自然资源部委托负责初审的自然资源主管部门应当自受理之日起二十日内完成初审工作，并转报自然资源部。

预审应当审查以下内容：建设项目用地是否符合国家供地政策和土地管理法律、法规规定的条件；建设项目选址是否符合土地利用总体规划，属法律法规规定的情形，建设项目用地需修改土地利用总体规划的，规划修改方案是否符合法律、法规的规定；建设项目用地规模是否符合有关土地使用标准的规定；对国家和地方尚未颁布土地使用标准和建设标准的建设项目，以及确需突破土地使用标准确定的规模和功能分区的建设项目，是否已组织建设项目节地评价并出具评审论证意见。占用基本农田或者其他耕地规模较大的建设项目，还应当审查是否已经组织踏勘论证。

自然资源主管部门应当自受理预审申请或者收到转报材料之日起二十日内，完成审查工作，并出具预审意见。二十日内不能出具预审意见的，经过负责预审的自然资源主管部门负责人批准后，可以延长十日。预审意见应当包括对相关法律法规规定内容的结论性意见和对建设用地单位的具体要求。

预审意见是有关部门审批项目可行性研究报告、核准项目申请报告的必备文件。建设项目用地预审文件有效期为三年，自批准之日起计算。已经预审的项目，如需对土地用途、建设项目选址等进行重大调整的，应当重新申请预审。未经预审或者预审未通过的，不得批复可行性研究报告、核准项目申请报告；不得批准农用地转用、土地征收，不得办理供地手续。预审审查的相关内容在建设用地报批时，未发生重大变化的，不再重复审查。

建设单位的建设项目用地预审通过后，应当向城市规划主管部门申请建设用地规划许可证。根据土地使用权的取得方式。申请程序分为以下两种情况：第一，以行政划拨取得土地使用权的，建设单位取得城市规划主管部门核发的建设项目选址意见书后，在规定时间内，如建设项目可行性研究报告获得批准或通过后，建设单位可向城市规划主管部门送审建设工程设计方案申请建设用地规划许可证。第二，以国有土地使用权有偿出让方式取得土地的，土地使用权受让人在签订国有土地使用权出让合同或申请办理中国法人登记注册手续后，可向城市规划主管部门申请建设用地规划许可证。

城市规划主管部门对建设单位的建设用地规划许可申请，应从建设用地必备文件和建设用地规划设计条件两方面，进行程序性审核和实质性审核。

经城市规划主管部门审核同意的，向建设单位核发建设用地规划许可证。城市人民政府城市规划主管部门不得在建设用地规划许可证中，擅自改变作为国有土地使用权出让合同组成部分的规划条件。城市规划主管部门不得在城市规划确定的建设用地范围以外做出规划许可。

第三，建设工程规划许可证的规划管理。

建设工程规划许可证是城市规划主管部门依法核发的有关建设工程的法律凭证。通过建设工程规划许可证的规划管理，不仅可以确认城市有关建设活动的合法性和保障有关建设单位及个人的合法权益，还可以作为城市建设过程中接受监督检查的法定依据和城市建设档案的重要内容。

建设单位或者个人的申请是城市规划主管部门核发建设工程规划许可证的前提。在城市规划区内进行建筑物、构筑物、道路、管线和其他工程建设的，建设单位或者个人应当向城市人民政府城市规划主管部门申请办理建设工程规划许可证。具备申请条件的申请人必须向城市规划主管部门提出书面申请并附送有关文件、图纸和资料。

城市规划主管部门收到建设单位或个人的建设工程规划许可申请后，应在法定期限内对申请人的申请及所附材料进行审核。[①]

对于地区开发建筑工程，城市规划主管部门主要审核地区开发建设修建性详细规划设计原则、用地平衡指标、总体规划布局、空间与环境设计、建筑单体规划布置、公共服务设施配建、绿地系统规划、道路系统规划。

对于单项建筑工程，城市规划主管部门主要审核建筑物使用性质、建筑容积率、建筑密度、建筑高度、建筑间距、建筑退让、无障碍设施、建筑空间环境、有关专业管理部门的意见、临时建筑等其他相关要素。

对于市政管线工程，城市规划主管部门主要审核管线的平面布置、管线的竖向布置、管线敷设与行道树及绿化的关系、管线敷设与市容景观的关系、相关管理部门的意见等。

对于市政道路工程，城市规划主管部门主要审核地面道路（公路）工程规划，包括道路走向及坐标、横断面、标高、路面结构类型、道路交叉口、道路附属设施等；高架市政交通工程规划；地下轨道交通工程规划；等等。

上述城市规划主管部门的审核，包括程序性审核和实质性审核两个方面。对符合控制性详细规划和规划条件的，由城市人民政府城市规划主管部门在法定期限内核发建设工程规划许可证。经审核认为不合格并决定不予许可的，城市规划主管部门应说明理由，并给予书面答复。城市人民政府城市规划主管部门应当依法将经审定的修建性详细规划、建设工程设计方案的总平面图予以公布。县级市以上人民政府城市规划主管部门按照国务院规定对建设工程是否符合规划条件予以核实。未经核实或者经核实不符合规划条件的，建设单位不得组织竣工验收。建设单位应当在竣工验收后六个月内向城市规划主管部门报送有关竣工验收资料。

此外，在城市规划区内进行临时建设的，应当经城市人民政府城市规划主管部门批准。

2. 国有土地使用权出让转让的规划管理

国有土地使用权有偿出让是国家以土地所有者的身份，通过协议出让和招标拍卖挂牌出让的方式，将一定期限内的土地使用权让与土地使用者，土地使用者向国家支付一定的土地使用权出让金的行为。对于非经营性用地，若同一地块只有一个意向用地者的，市人

① 王大勇，胡健，姜业超．城市规划理论与实践研究．北京：中国水利水电出版社，2015.

民政府自然资源行政主管部门方可按照法律法规的规定采取协议方式出让；对于经营性用地，以及同一地块有两个或者两个以上意向用地者的，市人民政府自然资源行政主管部门应当按照法律法规的规定，采取招标、拍卖或者挂牌方式出让。国有土地使用权转让是指国有土地使用人转移国有土地使用权的行为，包括出售、交换、赠予等。

国有土地使用权有偿出让转让的规划管理，是指城市规划主管部门和有关部门根据经济社会发展计划、国家产业政策、土地利用总体规划、土地利用年度计划、城市规划和土地市场状况，编制城市国有土地使用权出让规划和计划，保证城市国有土地使用权的出让有规划、有步骤、有计划地进行，以确保城市土地的科学合理使用和城市规划的顺利实施。

国务院城市规划主管部门负责全国城市国有土地使用权出让转让规划管理的指导工作。省、自治区、直辖市人民政府城市规划主管部门负责本省、自治区、直辖市行政区域内城市国有土地使用权出让转让规划管理的指导工作。城市人民政府城市规划主管部门负责城市规划区内城市国有土地使用权出让转让的规划管理工作。

国有土地使用权有偿出让转让的规划管理应坚持以下原则：第一，在城市规划区内城市国有土地使用权出让转让必须符合城市规划，有利于城市经济社会的发展。第二，城市国有土地使用权出让的投放量应当与城市土地资源、经济社会发展和市场需求相适应，城市土地使用权出让转让应当与建设项目相结合。第三，出让城市国有土地使用权，出让前应当制定控制性详细规划，提出出让地块的位置、使用性质、开发强度等规划条件。未确定规划条件的地块，不得出让国有土地使用权。第四，城市国有土地使用权出让应当遵循公开、公平、公正和诚实信用的原则。

建设单位在取得建设用地规划许可证后，方可向市人民政府自然资源主管部门申请用地，经市人民政府审批后，由自然资源主管部门划拨土地。在取得建设用地规划许可证后，建设单位方可办理土地使用权属证明。

出让的地块，必须具有城市规划主管部门提出的规划设计条件及附图。城市规划主管部门必须提高办事效率，对申领规划设计条件及附图的，应当在规定的期限内完成。规划设计条件及其附图应作为城市国有土地出让转让合同的组成部分。凡持未附具城市规划主管部门提供规划设计条件及附图的出让、转让合同，或擅自变更的，城市规划行政主管部门不予办理建设用地规划许可证。

在国有土地使用权有偿出让转让的规划管理过程中，城市规划主管部门和有关部门应当在城市政府的统一组织下，进行城市用地分等定级和土地出让金的测算。城市用地分等定级应当根据城市各地段的现状和规划要求等因素确定。土地出让金的测算应当把出让地块的规划设计条件作为重要依据之一。

对于以协议方式出让国有土地使用权的，城市规划主管部门和有关部门应当合理确定土地的出让金，加强对协议出让土地方案及其实施的规划管理。

对于采取招标、拍卖或者挂牌方式出让国有土地使用权的，城市规划主管部门和有关部门应加强对招标拍卖挂牌出让文件的规划管理。出让人应当根据招标拍卖挂牌出让地块的情况，编制招标拍卖挂牌出让文件。招标拍卖挂牌出让文件应当包括出让公告、投标或者竞买须知、土地使用条件、标书或者竞买申请书、报价单、中标通知书或者成交确认书、国有建设用地使用权出让合同文本。

城市规划主管部门有权对城市国有土地使用权出让转让过程是否符合城市规划进行监督检查。城市规划主管部门，应当对本行政区域内的城市国有土地使用权出让、转让规划管理情况逐项登记，定期汇总。

3. 城市规划实施的监督检查

城市规划实施的监督检查是市人大、市政府、城市规划主管部门以及城市中所有机构、单位和个人，对城市规划的整个实施过程的监督检查。具体地说，城市规划实施的监督检查包括：

第一，市人大及其常委会对城市规划实施的监督检查。市人民政府应当向本级人大常委会报告城市规划的实施情况，并接受监督。城市总体规划的组织编制机关应通过采取论证会、听证会或者其他方式征求公众意见，组织有关部门和专家定期对规划实施情况进行评估，向本级人大常委会提出评估报告并附具征求公众意见的情况。市人大及其常委会有权对城市规划的实施情况进行定期或不定期的检查，就城市规划实施的具体情况提出质询和建议，并督促市人民政府加以改进和完善。

第二，城市人民政府及其城市规划主管部门对城市规划实施的监督检查。城市人民政府及其城市规划主管部门为了实现城市规划管理的预期目标，依照有关法律法规，直接对行政相对人在城市规划和建设中行使权利和履行义务的情况进行监督检查，具有行政主体的法定性、行政行为的具体性、法律关系的相对性和行政执行的强制性等特点。

第三，城市中所有机构、单位和个人对城市规划实施的监督检查。任何单位和个人都有权就涉及其利害关系的建设活动是否符合城市规划的要求向城市规划主管部门查询，有权向城市规划主管部门或者其他有关部门举报或者控告违反城市规划的行为。城市规划主管部门或者其他有关部门对举报或者控告，应当及时受理并组织核查、处理。城市中所有机构、单位和个人对城市规划实施的监督检查，具有社会监督的属性。

城市人民政府及其城市规划主管部门是对城市规划实施情况进行监督检查的主体，有权采取以下措施：要求有关单位和人员提供与监督事项有关的文件、资料，并进行复制；要求有关单位和人员就监督事项涉及的问题做出解释和说明，并根据需要进入现场进行勘测；责令有关单位和人员停止违反有关城市规划的法律、法规的行为。城市规划主管部门的工作人员履行法律规定的监督检查职责，应当出示执法证件。被监督检查的单位和人员应当予以配合，不得妨碍和阻挠依法进行的监督检查活动。监督检查情况和处理结果应当依法公开，供公众查阅和监督。

城市人民政府及其城市规划主管部门在城市规划监督检查过程中，应当根据城市规划违法违纪行为的具体情形，采取相应的行政处罚措施。

案例分析

第六章　城市基础设施建设与管理

城市基础设施是保障城市正常运行和健康发展的物质基础，也是实现经济转型的重要支撑、改善民生的重要抓手、防范安全风险的重要保障。构建系统完备、高效实用、智能绿色、安全可靠的城市现代化基础设施体系，对更好地推进以人为核心的城镇化，畅通国内大循环、促进国内国际双循环，扩大内需，推动高质量发展具有重大意义，是确保城市社会经济全面、协调、可持续发展的重要基础。搞好城市基础设施的规划、建设和管理，对于保障整个城市系统的顺畅运转、推动城市结构调整和发展方式转变、实现城市现代化具有十分重要的意义。

第一节　城市基础设施概述

一、城市基础设施的含义和分类

城市基础设施是既为物质生产又为人民生活提供一般条件的公共设施，是城市赖以生存和发展的基础。城市基础设施可以按不同的标准进行分类。[①]

按照城市基础设施的性质，城市基础设施可分为社会性基础设施和技术性基础设施。社会性基础设施包括居民住宅、医疗卫生、幼儿保健、文化、教育、体育等设施；技术性基础设施包括道路、公共交通、供排水、燃气、热力、电力、通信、环境卫生、园林绿化、防灾等设施。

按照城市基础设施的服务范围，城市基础设施可分为狭义的城市基础设施和广义的城市基础设施。狭义的城市基础设施是城市主要的物质支撑体系，是确保城市各项活动正常进行的基本要素，具体包括城市交通运输、邮政通信、能源、供排水、环境卫生等设施；广义的城市基础设施除了上述内容以外，还包括文化、教育、科学、体育、卫生等设施。

按照城市基础设施的功能，城市基础设施这个大系统可以分为以下六大子系统：城市能源系统、城市供排水系统、城市交通运输系统、城市邮政通信系统、城市生态环境保护系统和城市安全防灾系统。

按照城市基础设施的市场结构即垄断和竞争的关系，城市基础设施可分为自然垄断性城市基础设施和竞争性城市基础设施。自然垄断性城市基础设施是指由于生产和配送方面的规模经济效益、网络经济效益、范围经济效益、沉淀成本、资源稀缺性等经济技术原因，只能由一家或极少数几家企业投资和经营的城市基础设施，呈现出垄断经营的特点，

① 王雅莉，张明斗．城市经济学．北京：中国财政经济出版社，2017.

如输变电设施、供排水设施、集中供热设施、通信设施等；竞争性城市基础设施是指市场集中度较低、由彼此竞争的多家不同企业提供的城市基础设施，如出租汽车等。

按照城市基础设施的特性或供给方式，城市基础设施可分为纯公共产品性质的城市基础设施、纯私人产品性质的城市基础设施和混合产品性质的城市基础设施。如果城市基础设施具有效用的不可分割性、消费的非竞争性和受益的非排他性三个基本特点，那就属于纯公共产品性质的城市基础设施，如城市道路、城市绿化、防灾设施等；如果城市基础设施具有效用的可分割性、消费的竞争性和受益的排他性三个基本特点，那就属于纯私人产品性质的城市基础设施，如城市出租车等；如果兼具公共产品性质和私人产品性质，那就属于混合产品性质的城市基础设施，如收费的高速公路等。混合产品性质的城市基础设施具有有限的效用不可分割性、消费非竞争性和受益非排他性，或者说效用的不可分割性、消费的非竞争性和受益的非排他性不完全。作为混合产品性质的城市基础设施，通常有两种情况，一是拥挤性的城市基础设施，即那些随着消费者人数的增加而产生拥挤，从而会减少每个消费者从中获得的收益。也就是说，这种城市基础设施的效用虽然是为所有城市居民共享，但消费上具有一定程度的竞争性，如城市公共交通。二是价格排他的城市基础设施，即名义上城市居民谁都可以享用城市基础设施，但受益上具有排他性，实行谁交费谁受益，如实行计量收费的城市供水、供电和供气等。

按照城市基础设施的历史发展，城市基础设施可分为传统城市基础设施和新型城市基础设施。传统城市基础设施是从城市产生到延续至今，具有永久性、稳定性等特征，如城市交通、水、能源、环卫、园林绿化等。新型城市基础设施是以新发展理念为引领，以技术创新为驱动，以信息网络为基础，提供数字转型、智能升级、融合创新等方面基础性、公共性服务的物质工程设施。信息基础设施、融合基础设施和创新基础设施三方面内容构成当前新型基础设施的主要框架体系。其中，信息基础设施主要是指基于新一代信息技术演化生成的基础设施，如5G、物联网、数据中心、人工智能、卫星通信、区块链基础设施等；融合基础设施主要是指传统基础设施应用新一代信息技术进行智能化改造后所形成的基础设施形态，包括以工业互联网、智慧交通物流设施、智慧能源系统为代表的新型生产性设施，和以智慧民生基础设施、智慧环境资源设施、智慧城市基础设施等为代表的新型社会性设施；创新基础设施是指支撑科学研究、技术开发、新产品和新服务研制的具有公益属性的基础设施。除具备基础性、公共性和强外部性等基础设施一般特征外，新型城市基础设施具有以下鲜明特点：

第一，多数新型城市基础设施尚处于发展的初级阶段。新型城市基础设施是近些年才出现的，其主导技术、产品形态、市场需求、配套产业、商业模式等都处于培育阶段，尚未稳定成型。这意味着新型城市基础设施的规划建设要着眼于长远，很多新型城市基础设施尚不具备大规模商用部署的基础，应从技术和应用方面培育新型城市基础设施。

第二，多数新型城市基础设施的自然垄断性大幅下降。新型城市基础设施多在信息网络之上构建，可实现“一点接入，全网服务”，这使得其投资规模可视需求变化弹性增加，初始投资门槛显著下降。更多企业可进入新型城市基础设施市场开展竞争，但同时也带来盲目投资、重复建设、技术标准难以统一等问题。

第三，新型城市基础设施的技术创新速度快。新型城市基础设施所依托的信息技术快速演进升级，并不断与传统城市基础设施技术交织融合，整体技术体系持续创新优化，城市基础设施需迭代式的开发和升级。建设和运营新型城市基础设施需要大批创新性强的高技术公司和人才，并形成与之相适应的融资、监管和发展环境。

第四，数据和网络安全的重要性进一步突出。一方面，必须构建有效促进数据流通的制度环境和技术标准体系。数据是新型城市基础设施正常运行的血液，在以市场力量为主的建设模式下，既需要加快健全数字治理体系，又需要形成统一的建设标准、技术规范等，推动不同所有者设施之间的互联互通。另一方面，对城市基础设施的安全可靠要求更高。信息基础设施和融合基础设施都是联网运行，数字世界和物理世界高度融合，人们生活生产的有序运转将取决于这些新型城市基础设施的安全可靠运行。

二、城市基础设施的内容和作用

从上述城市基础设施的分类可知城市基础设施的内容。一般来说，城市基础设施是具有经济性的、工程性、物质性的基础设施，具体有城市能源设施，包括电力设施、燃气设施和供热设施等；城市供排水设施，包括水资源保护和开发利用设施、自来水生产和供应设施、雨水排放设施、污水处理和排放设施等；城市交通设施，包括机场、铁路、港口和高速公路等对外交通设施，道路、桥梁、隧道、地铁、轻轨、公共汽车、出租汽车、停车场等对内交通设施；城市邮政通信设施，包括邮政、固定电话、移动电话、互联网、广播、电视等设施；城市生态环境保护设施，包括园林绿化、垃圾收集和处理、环境卫生、环境监测和生态环境污染治理等设施；城市安全防灾设施，包括防火、防洪、防震抗震、防台风、防地面沉降、人防等设施。上述六大类城市基础设施既相对独立、自成一体，又相互紧密配合、协调运转，共同构成了城市发展的主要物质支撑体系。

城市基础设施与城市系统的其他构成要素相互关联、相互制约、相互作用，是城市综合性功能形成和发展壮大的基础条件，是实现城市经济效益、社会效益和生态环境效益相统一的必要条件，是衡量城市现代化水平的重要标志。城市基础设施在城市发展中具有十分重要的作用，具体体现在以下几方面：

第一，城市基础设施是城市赖以存在和发展的物质基础。城市是各种要素聚集的空间结构形式，而城市基础设施则是各种要素在城市聚集的物质基础。古今中外的城市发展历史表明，城市基础设施是城市形成和发展的重要条件。例如，城市要能赖以生存，首先必须维持居民的生活，而要维持居民的生活，必须有足够的清洁水源供给。现代城市是人类的主要聚居地，具有交通中心、工业生产中心、市场中心、信息中心、科教中心、文化中心等多元化功能，而城市基础设施是人流、物流、资金流、信息流的载体，是保障城市多种功能形成、优化和发挥作用的基础性物质条件。现代城市所需要的基础性物质条件如能源供给、供排水、交通运输、邮政通信、生态环境保护、安全防灾减灾等，都是由城市基础设施供给的。这些城市基础设施越发达，现代城市的多元功能越完备。可以说，离开城市基础设施，城市就无法生存；离开城市基础设施的发展，城市也无法发展，城市基础设施已有的和未来可以增加的容量，决定着城市发展的潜力，

第二，城市基础设施是城市生产得以正常进行的前提条件。城市基础设施提供的供排水、能源、交通、通信等产品或服务，是城市生产不可或缺的生产要素，它们有的以社会

化方式直接参与了企业生产的全过程，有的虽不直接参与企业的生产过程，但间接地影响着企业的经济效益。不容置疑，没有自来水生产和供应、雨水和污水的处理排放，城市生产就无法进行；没有城市交通设施，各种生产资料就难以进入城市生产过程，城市生产的各种商品也无法流向市场。现代城市的生产都是社会化大生产，几乎所有的城市生产都要以能源为动力，以水为原料，以交通设施为载体。众多企业之所以选址在城市，就是要利用城市完善的基础设施。城市基础设施的数量和质量，直接决定着城市生产的效率和产品的质量，影响着企业的经济效益和竞争力。

第三，城市基础设施是提高城市居民生活水平和质量的基本物质条件。城市基础设施具有两重性，既为城市生产服务，又为城市居民的生活服务。首先，城市的防洪、防火、防震抗震、防台风、防地面沉降、人防等基础设施，能预防各种城市灾害的发生，减少各种自然或人为灾害给城市居民带来的损失，从而为城市居民提供安全保障。其次，城市基础设施的数量和质量直接影响着城市居民的生活水平和质量。没有城市基础设施提供的产品和服务，城市居民就不可能维持基本的生活。城市居民生活水平的提高和生活质量的改善，有赖于城市基础设施的扩展、改善和技术水平提高。中外城市发展的历史充分证明，先进、完备、优质、充足的城市基础设施能为城市居民创造一个井然有序、清洁卫生、优美舒适的生活环境，满足城市居民对美好生活的需求，提高城市居民生活的质量。

第四，城市基础设施是形成和提高城市聚集效益、发挥城市辐射力的条件和保障。城市作为人类文明巨大进步的象征和配置生产力诸要素的空间载体，是一定区域内劳动力、资本、生产资料、科学技术、信息、管理等社会生产力要素的聚集体，并产生巨大的城市聚集效益和辐射力。城市聚集效益的形成和提高是建立在良好的城市基础设施之上的，一方面，完备的城市基础设施能为城市生产的专业化分工提供物质条件，促进城市生产专业化分工的细化和深化；另一方面，通过城市基础设施的枢纽或载体作用，迅速传导人流、资金流、物流和信息流，吸纳和联结区域内的各种要素，并整合为有机的整体，从而产生很高的城市聚集效益。而城市聚集效益的形成和提高，必然增强城市本身的综合实力，并通过城市基础设施辐射出去。也就是说，城市基础设施是沟通城市内部与外部的纽带，是传导城市辐射力的载体。城市基础设施越发达先进，城市的中心作用越能得到充分发挥，城市的辐射力和辐射范围越大，从而越能带动整个区域的经济社会发展。

三、城市基础设施的特征

正确理解和把握城市基础设施的特征，对城市基础设施的规划、建设和管理具有重要的意义。尽管城市基础设施种类繁多，但具有以下一些共同特征：

第一，作用的基础性和建设的超前性。

城市基础设施是城市所有设施中的一部分，是其他产业赖以运作的基础性条件，对城市生产和生活起着物质承载性的基础性作用。众所周知，城市是承载人类生产和生活的人造空间，必须具备完善的基础设施。现代城市的建设都是从基础设施的建设开始的，先要平整土地，修筑道路，铺设供排水、供气、供热管道和供电、通信线路。只有在这些城市基础设施建设完成以后，城市其他主体功能设施如工厂、商店、机关、学校、医院等才能开始兴建。如果在缺乏城市基础设施的情况下直接动工兴建城市主体功能设施，必将造成城市系统功能紊乱，产生严重的“城市病”。因此，城市基础设施的布局决定着城市主体功能设施的布局；城市基础设施的空间地域规模，决定着城市发展的规模和潜力；城市基础设施的数量、质量和功能效率，直接制约着城市的运行。而且，从城市生产来看，城市基础设施所提供产品和服务的性能和价格变化，会对其他产业部门的生产产生连锁反应；从城市居民的生活来看，城市基础设施是人们在城市生活的先决条件，是满足城市居民对美好生活需求的基础性条件。总而言之，城市基础设施在城市发展中的基础性地位，决定着布局合理、设施配套、功能完备、安全高效的城市基础设施体系，是实现城市现代化的基础性条件，是城市现代化水平的标志。

由于城市基础设施是城市产生和发展的物质基础，是企业生产和居民生活的基础性条件，因此从建设时序上看，城市基础设施建设相对于城市主体功能设施而言应具有一定的超前性。特别是城市基础设施建设面广量大、投资数额大、施工周期长、技术要求高，必须全面系统建成后才能发挥效用，建设后在相当长的时期内一般是固定不变的。为了确保城市基础设施建设与城市主体功能设施建设同步形成使用能力，城市基础设施在建设时序上要先于城市其他主体功能设施进行建设；在容量上要超前，即根据未来一段时期对城市基础设施需求增长的预测，留出一定的富余量，否则刚一建好因不敷使用而不断扩建，造成巨大损失。

第二，系统整体性和运行的协调性。

城市基础设施不是孤立存在的，它与城市其他设施共同构成了一个不可分割的大系统。城市基础设施的规划、建设和管理，必须考虑到其作为城市这个整体不可或缺的组成部分，要与城市的经济社会发展保持同步，全盘考虑，统筹安排，在质和量、时间和空间上与城市整体的发展保持协调，从而满足城市整体顺畅运转的需要，提高城市竞争力。作为整个城市大系统的子系统，如果城市基础设施的发展与城市发展的态势不保持协同一致，那么就会出现各种“城市病”，从而制约城市的发展，影响城市居民对美好生活需求的满足。

城市基础设施本身是作为一个整体系统来为城市发展提供服务的，涉及众多行业，是一个由许多子系统集合而成的复杂的有机体。而组成城市基础设施这个综合性很强的大系统的各个子系统，既相对独立又自成体系，它们相互关联、相互依赖、相互制约。如城市道路建设涉及供排水、电力、供气、通信等地下管网的建设，以及城市园林绿化等，它们相互影响、互为因果。作为子系统的城市各项基础设施又是由次一级的系统组成的相对独立的系统，如城市交通系统由城市道路、公路、铁路、地铁、轻轨、机场、管道运输、公共汽车、出租车、公共自行车、交通安全设施等组成，城市供排水系统由水资源的净化、供水、排水、污水处理、中水回用等组成，这些城市基础设施子系统内部各个次一级系统之间也要相互协调、相互促进。总而言之，城市基础设施要保持自身发展的系统整体性和协调性，保持其系统内部各子系统之间的比例协调、运行顺畅、服务优质高效，避免某一个城市基础设施部门成为瓶颈，从而使城市基础设施出现效率损失。

第三，服务的公共性和效益的间接性。

绝大多数城市基础设施不是为特定的企业或个人服务的，服务对象往往是不确定的，甚至是随机的，具有十分典型的纯公共产品或准公共产品的特性。也就是说，城市基础设施是一个公共的开放性的系统，面向城市所有企业和个人提供社会化公共服务；人们在使用城市基础设施时一般不能独占，即一个人的使用不能以排斥其他人使用为前提，也不能选择特定的服务对象收费。因此，城市基础设施具有较明显的公共性和共享性特征。

城市基础设施的公共性决定了其效益的间接性。具体地说，提供城市基础设施产品或服务的企业，除了会产生直接的内部效益外，还具有相当大的间接外部效益。这种外部效益虽不为投资和经营城市基础设施的企业直接获得，但间接提升了城市整体的经济效益、社会效益和生态环境效益。甚至有些城市基础设施如城市安全防灾设施、城市生态环境保护设施，难以获得直接的经济回报，其效益几乎全部表现为间接的外部效益，它的建设和运营主要靠政府投资和政府补贴。因此，城市基础设施的投资和经营，不能仅以获取自身内部的直接的经济效益为目的，应以追求城市整体性高效益为目标，以提高整个城市的经济效益、社会效益和生态环境效益为重，努力推动城市这个有机体的整体效益提升。

第四，自然垄断性和经营的多样性。

城市基础设施的自然垄断性，是指城市基础设施由单个企业大规模投资建设比多个企业同时投资建设更有效率的现象。产生这种现象的原因有：一是城市基础设施具有规模经济性。在城市基础设施领域，同一网络向不同使用者提供服务，比对不同用户分设不同的网络，成本更低，效益更高。二是城市基础设施具有范围经济性。范围经济是指企业生产两种或两种以上的产品而引起的单位成本降低。如果由一个企业生产多种产品的成本低于几个企业分别生产它们的成本，就表明存在着范围经济。由于存在范围经济，由一家企业垄断经营某些城市基础设施会比多家企业经营某些城市基础设施更有效率。三是城市基础设施存在大量的沉淀成本。沉淀成本是指已经付出不可收回的成本，一般来说，固定资产和专用性资产等的沉淀成本比较高。大部分城市基础设施的资产具有专用性、耐用性和非流动性，不易出售或转作他用，一旦投资建成就会形成大量沉淀成本，从而客观上对其他企业形成了进入障碍，最终产生了城市基础设施的自然垄断性。四是城市基础设施提供服务的地区依附性。城市基础设施提供的服务是就地生产和就地消费，一方面城市基础设施服务的提供需要依赖一定的地区和特定的网络；另一方面，从城市基础设施的使用者角度看，不同地区、不同网络提供的同一服务是不同的，并不具有显著的替代性。城市基础设施提供服务的地区依附性，使得外地的同类企业难以与本地企业开展竞争。

城市基础设施的经营多样性是指城市基础设施的投资主体、经营方式和成本补偿方式等的多样性。一是城市基础设施的自然垄断并不意味着城市基础设施一定要实行垄断经营，可以通过竞争性激励（如特许投标）和诱导性激励（给予相应补偿或报酬）等方式，把城市基础设施的建设与经营分开，实现城市基础设施经营方式的多样化。而且，垄断性城市基础设施的投资建设也可以引入社会资本，实现投资主体的多元化。二是城市基础设施既有垄断性的，又有竞争性的；有些城市基础设施投资、建设和运营的全过程并不是都具有自然垄断的特性，有些环节属于竞争性业务。对竞争性基础设施或自然垄断性城市基础设施中的竞争性环节，一般可实行投资主体多元化和市场化经营。三是城市基础设施的投资、建设和运营过程中的各种消耗只有得到合理补偿，才能实现城市基础设施的良性发展。而城市基础设施的成本补偿方式主要有财政补偿、市场补偿和财政与市场复合补偿三种。属于纯公共产品性质的城市基础设施实行财政补偿，属于纯私人产品性质的城市基础设施实行市场补偿，属于准公共产品性质的城市基础设施实行财政与市场复合补偿。

第二节　城市基础设施建设

一、城市基础设施建设的总体要求和目标

改革开放以来，我国城市基础设施建设成就斐然，城市基础设施建设投入力度持续加大，城市基础设施建设与改造工作稳步推进，设施能力与服务水平不断提高，城市综合承载能力逐渐增强，城市人居环境显著改善，人民生活品质不断提升。但是，我国城市基础设施领域发展不平衡、不充分问题仍然突出，体系化水平、设施运行效率和效益有待提高，安全韧性不足，这些问题已成为制约城市基础设施高质量发展的瓶颈。

当前，我国城市基础设施建设的总体要求是：要以建设高质量城市基础设施体系为目标，以整体优化、协同融合为导向，从增量建设为主转向存量提质增效与增量结构调整并重，响应碳达峰、碳中和目标要求，统筹系统与局部、存量与增量、建设与管理、灰色与绿色、传统与新型城市基础设施协调发展，推进城市基础设施体系化建设；推动区域重大基础设施互联互通，促进城乡基础设施一体化发展；完善社区配套基础设施，打通城市建设管理“最后一公里”，保障居民享有完善的基础设施配套服务体系。

我国城市基础设施建设的指导思想是坚持以人民为中心的发展思想，坚持问题导向、目标导向，统筹发展和安全，系统谋划、整体协同，以解决人民群众最关心、最直接、最现实的利益问题为立足点，以高效、便利、智能、安全为导向，着力补短板、强弱项、提品质、增效益，调动全社会力量，构建系统完备、高效实用、智能绿色、安全可靠的现代化基础设施体系，实现经济效益、社会效益、生态效益、安全效益相统一，全面提高城市基础设施运行效率，完善城市基础设施全生命周期管理机制，持续推进城市基础设施高质量发展。

根据上述指导思想，我国城市基础设施建设必须坚持以下基本原则：

第一，绿色低碳，安全韧性。全面落实新发展理念，推动新时代城市基础设施的绿色低碳发展新模式、新路径，集中力量解决城市基础设施建设的薄弱环节，提高基础设施安全运行和抵抗风险的水平，加强重大风险预测预警能力，保障城市运行安全。

第二，民生优先，智能高效。坚持以人民为中心，系统谋划城市基础设施建设重点任务，因地制宜、因城施策，提升城市基础设施建设运营智能化管控水平，提高基础设施供给质量和运行效率，打造高品质生活空间，满足人民群众美好生活需要。

第三，科学统筹，补足短板。加强城市基础设施建设规划的统筹引领作用，科学确定目标指标，着力实现城市基础设施全领域系统推进和关键领域关键环节突破相结合，量力而行、尽力而为，加快推进设施建设补短板，不断增强城市承载能力。

第四，系统协调，开放共享。统筹做好城市基础设施建设系统协调工作，科学确定各类基础设施的规模和布局，针对不同城市资源禀赋，因地制宜推进城市基础设施建设，加强区域之间、城市群之间、城乡之间基础设施共建共享，提高设施使用效率。

当前，我国城市基础设施建设要坚持目标导向和问题导向相结合，对标 2035 年基本

实现社会主义现代化的战略目标，围绕基础设施的体系化、品质化、绿色化、低碳化、智慧化发展，适度超前布局有利于引领产业发展和维护国家安全的基础设施，同时把握好超前建设的度，研究推出一批重大行动和改革举措，靠前安排、加快形成实物工作量，推动建设宜居、绿色、韧性、智慧、人文城市。到 2025 年，城市建设方式和生产生活方式绿色转型的成效显著，基础设施体系化水平、运行效率和防风险能力显著提升，超大特大城市“城市病”得到有效缓解，基础设施运行更加高效，大中城市基础设施质量明显提升，中小城市基础设施短板加快补齐。到 2035 年，全面建成系统完备、高效实用、智能绿色、安全可靠的现代化城市基础设施体系，建设方式基本实现绿色转型，设施整体质量、运行效率和服务管理水平达到国际先进水平。到 21 世纪中叶，建成与社会主义现代化强国相匹配的城市基础设施体系。

二、城市基础设施规划

城市基础设施规划是城市基础设施建设着力提高科学性和前瞻性、避免盲目和无序建设的客观要求。城市政府必须牢固树立规划先行理念，遵循城镇化和城市发展客观规律，以资源和生态环境承载力为基础，系统编制涵盖城市交通、水、能源、环境卫生、园林绿化、信息通信、广播电视等系统的城市基础设施建设规划，统筹布局、集约建设，有序引导项目实施，科学指导城市基础设施各子系统规划编制，健全规划衔接协调机制；科学制订城市基础设施近期建设计划，并在项目实施中依法履行城乡规划建设相关程序，做好环境影响评价，合理有序安排各类城市基础设施建设项目，落实责任主体和资金安排。

此外，城市基础设施规划是转变城市发展方式的客观要求。我国新型城镇化的发展，使城市发展方式由粗放型发展模式转为内涵式、精细化发展模式，城市基础设施规划也呈现生态化、区域化、集约化、高标准化、综合化、智慧化发展趋势。城市政府应顺应上述发展趋势，根据城市地理区位和自然环境、城市经济和社会环境、城市空间布局和建设需求，科学编制城市基础设施规划，重点考虑城市基础设施的规划建设标准、种类配置、设施规划布局、网络型制、工程管线布置和敷设方式等内容，发挥其对城市基础设施建设的统筹、调控和引领作用，不断提高城市基础设施建设的科学性、预见性、协调性和经济性，为城市的健康持续发展奠定坚实的基础。

城市基础设施规划的总任务是根据城市的实际情况和经济社会发展目标，合理确定规划期内各类基础设施的规模和容量，科学布局各项基础设施，并制定相应的策略和措施。各项城市基础设施规划应在确保实现城市经济社会总目标的前提下，根据本系统的实际情况和特点，明确各自的规划任务。

从城市基础设施的具体内容看，城市基础设施规划具体包括城市道路交通规划、给水工程规划、排水工程规划、供电工程规划、燃气工程规划、供热系统规划、环卫设施规划、通信工程规划、综合防灾减灾规划、工程管线综合规划等内容。

从城市基础设施规划的层次看，城市基础设施规划主要包括以下内容[①]：

① 戴慎志，刘婷婷．城市基础设施规划与建设．北京：中国建筑工业出版社，2016.

1. 城市基础设施总体规划

城市基础设施总体规划包括城市总体规划层面的基础设施专题研究、城市总体规划中的基础设施规划、城市总体规划层面的基础设施专项规划。

城市总体规划层面的基础设施专题研究，主要是针对城市发展中亟待解决的问题进行深入分析研究，是城市总体规划确定的技术内容的前期研究性文件。由于各个城市的具体情况不同，城市基础设施专题研究的内容也不同。如缺水城市需进行城市水资源利用专题研究，面临洪水威胁的城市需进行城市防洪排涝专题研究。

城市总体规划中的基础设施规划，其编制的主要任务是确立目标、制定原则、确定标准、平衡总量、落实布局和保障策略等。由于城市总体规划一般包括市域、城市规划区、中心城区三个空间层次的规划，城市基础设施规划在上述三个层次都有对应的内容和深度要求。

市域层面基础设施规划内容与城市规划区层面基础设施规划内容基本一致，但两者的重点和深度有所不同。市域层面基础设施规划的重点是：进行资源及能源的需求量预测和供求平衡分析，进行重大基础设施的选址、布局及廊道的选线，确定重大基础设施的等级和线路网规划等；市域层面基础设施规划编制的深度是：确定市域范围内重大基础设施的等级、规模、布局以及重要主干管网的走线等。城市规划区层面基础设施规划的重点是：进行规划区资源及能源的需求量预测和供求平衡分析，进行重要基础设施的选址、布局及廊道的选线，确定重要基础设施的等级和线路网规划等；城市规划区层面基础设施规划编制的深度是：确定城市规划区范围内重要基础设施的等级、规模、布局以及重要的主次干管的走线等。

中心城区层面基础设施规划内容主要有：道路交通规划、给水工程规划、排水工程规划、供电工程规划、燃气工程规划、供热系统规划、环卫设施规划、通信工程规划、综合防灾减灾规划、管线综合工程规划等。中心城区层面基础设施规划要重点关注城市资源和能源的种类和供应情况，基础设施布局规划和线路网规划，基础设施的等级、规模、线路网的管径计算等。中心城区层面基础设施规划编制的深度是：中心城区范围内基础设施的布局和线路网规划。

城市总体规划层面的基础设施专项规划，直接指导着城市基础设施建设，一般由城市专业管理部门或城市规划主管部门负责组织编制，城市规划主管部门负责验收和管理。城市基础设施专项规划主要有：城市道路交通专项规划、城市给水系统专项规划、城市排水系统专项规划、城市电力系统专项规划、城市燃气系统专项规划、城市热力系统专项规划、城市通信系统专项规划、城市综合防灾减灾规划、城市地下管线综合规划等。

2. 城市基础设施分区规划

城市基础设施分区规划是在调查研究规划分区范围内基础设施现状的基础上，依据城市基础设施总体规划所确定的技术标准、主要基础设施布局以及城市分区规划布局，测算本分区的基础设施负荷，布局本分区内的基础设施和管网系统，制定本分区基础设施的保护措施。在本分区各类基础设施和管网布局基本确定后，进行城市工程管线综合分区规划，以检验、协调和调整各类基础设施和管网的分布。

城市基础设施分区规划有利于城市基础设施总体规划的调整完善和具体落实。

3. 城市基础设施详细规划

城市基础设施详细规划，分为控制性详细规划中的基础设施规划和修建性详细规划中的基础设施规划。

城市控制性详细规划中的基础设施规划主要包括：道路交通规划、给水工程规划、排水工程规划、供电工程规划、燃气工程规划、供热工程规划、环卫设施工程规划、通信工程规划、综合防灾减灾规划、工程管线综合规划等，并把各地块必须配置的上述各类基础设施加入城市控制性详细规划图中。城市控制性详细规划中的基础设施规划，要依据城市总体规划进一步确定控制性详细规划中各类基础设施的需要量，确定基础设施的具体布局和规模、基础设施的用地界限、管网类型及布局、管线管径等，为城市控制性详细规划中的基础设施建设提供法定依据。

城市修建性详细规划中的基础设施规划主要包括道路交通规划、给水工程规划、排水工程规划、供电工程规划、燃气工程规划、供热工程规划、环卫设施工程规划、通信工程规划、综合防灾工程规划、工程管线综合规划等，并估算上述各类基础设施建设所需的投资规模。城市修建性详细规划中的基础设施规划，要明确各类基础设施的布置、管网类型、管线管径、管线敷设方式和埋置深度、管线材料等。

三、城市基础设施建设的重点任务和重大行动

当前及今后相当长时期，我国城市基础设施建设的重点任务是：

第一，推进城市基础设施体系化建设，增强城市安全韧性能力。系统编制和统筹实施城市基础设施建设规划，统筹布局、集约建设，有序引导项目实施；系统提升城市基础设施供给能力和服务质量，更好地满足人民群众的实际生活需求；持续增强城市基础设施安全韧性能力，全面提升城市各类基础设施的防灾、减灾、抗灾、应急救灾能力和极端条件下城市重要基础设施快速恢复能力、关键部位综合防护能力；全面提高城市基础设施运行效率，提升交通衔接便捷性和轨道覆盖通勤出行比例，提高城市道路网密度和道路网整体运行效率，降低城市供水管网漏损，推进城市排水管网建设改造，提升清洁取暖率；推进城市基础设施协同建设，落实“全生命周期管理”理念，构建城市基础设施规划、建设、运行维护、更新等各环节的统筹建设发展机制，促进提升城市的整体性、系统性、生长性。

第二，推动城市基础设施共建共享，促进形成区域与城乡协调发展新格局。强化区域基础设施共建共享、互联互通，加强中心城市辐射带动周边地区协同发展；统筹规划城市群都市圈重大基础设施布局，协同建设城市群都市圈生态网络和绿道体系，推动城市群都市圈基础设施互联互通和一体化发展；统筹城乡基础设施建设，构建覆盖城乡的基础设施体系以及生态网络体系。

第三，完善城市生态基础设施体系，推动城市绿色低碳发展。构建蓝绿交织、灰绿相融、连续完整的城市生态基础设施体系，提高自然生态系统健康活力；统筹推进城市水系统建设，以水而定、量水而行，构建城市健康水循环；推进城市绿地系统建设，保护城市自然山水格局，合理布局绿心、绿楔、绿环、绿廊，多途径增加绿化空间；促进城市生产生活方式绿色转型，不断提升绿色出行水平，提高城市用水效率，推进城市能源系统高效

化、清洁化、低碳化发展，推行垃圾分类和减量化、资源化。

第四，加快新型城市基础设施建设，推进城市智慧化转型发展。推动城市基础设施智能化建设与改造，加强泛在感知、终端联网、智能调度体系构建；推进城市基础设施智能化管理，逐步实现城市基础设施建设数字化、监测感知网络化、运营管理智能化，对接城市运行管理服务平台，支撑城市运行“一网统管”；推进城市通信网、车联网、位置网、能源网等新型网络设施建设；构建信息通信网络基础设施系统，建设高速泛在、天地一体、集成互联、安全高效的信息基础设施，增强数据感知、传输、存储和运算能力，助力智慧城市建设。

为了完成上述重点任务，我国城市基础设施建设的重大行动有：

城市交通设施体系化与绿色化提升行动。开展城市道路体系化人性化补短板，提升城市道路网密度和通达性，精细化设计建设道路空间，开展道路设施人性化建设与改造；推进轨道交通与地面公交系统化建设，强化重点区域轨道交通建设与多网衔接，分类推进城市轨道交通建设，加强轨道交通与城市功能协同布局建设，提升轨道交通换乘衔接效率，全面提升地面公交服务品质；提升绿色交通出行品质，推进人行道净化行动，统筹建设非机动车专用道；强化停车设施建设改造，完善城市停车供给体系，开展非机动车停车设施补短板，增加城镇老旧小区停车泊位供给，加强停车场配套设施建设。

城市水系统体系化建设行动。因地制宜积极推进海绵城市建设；加强城市供水安全保障，推进全流程供水设施升级改造，强化城市节水工作，提高城市应急供水救援能力建设；实施城市内涝系统治理，用统筹的方式、系统的方法提升城市内涝防治水平，实施雨水源头减排工程、排水管网工程、排涝通道工程和雨水调蓄工程，完善应急管理体系；推进城市污水处理提质增效，推进城镇污水管网全覆盖，推动污水处理能力提升，提升污泥无害化处置和资源化利用水平。

城市能源系统安全保障和绿色化提升行动。开展城市韧性电网和智慧电网建设，增强城镇燃气安全供应保障能力，开展城市集中供热系统清洁化建设和改造，开展城市照明盲点暗区整治和节能改造。

城市环境卫生提升行动。建立生活垃圾分类管理系统，完善城市生活垃圾资源回收利用体系，建立健全建筑垃圾治理和综合利用体系。

城市园林绿化提升行动。完善城市绿地系统，建设城市与自然和谐共生的绿色空间格局，完善城市公园体系；增强城市绿化碳汇能力，持续推进城市生态修复，科学复绿、补绿、增绿，加强城市生物多样性保护，促进城市蓝绿空间融合，倡导节约型低碳型园林绿化；优化以人民为中心的绿色共享空间，建设友好型公园绿地系统，推进社区公园建设，贯通城乡绿道网络，塑造城市园林绿化特色。

城市基础设施智能化建设行动。开展智能化城市基础设施建设和更新改造，开展传统城市基础设施智能化建设和改造，建设智慧道路交通基础设施系统，开展智慧多功能灯杆系统建设；推进新一代信息通信基础设施建设，稳步推进5G网络建设，加快建设“千兆城市”，加快建设智慧广电网络；开展车城协同综合场景示范应用；加快推进智慧社区建设。

城市居住区市政配套基础设施补短板行动。实施居住区水电气热信路等设施更新改造，推进无障碍环境建设，完善居住区环卫设施，优化“十五分钟生活圈”公共空间。

城市燃气管道等老化更新改造行动。城市人民政府要切实落实城市各类地下管道建设改造等的总体责任，加强统筹协调，优化项目空间布局和建设时序安排，统筹加快推进城市燃气管道等老化更新改造。

四、城市基础设施的供给方式和建设资金来源

根据城市基础设施建设中政府与市场合理分工与合作的具体情形，城市基础设施的供给的具体方式有：

第一，政府直接生产。具有纯公共产品属性的城市基础设施，如城市道路、城市绿化、公园、街道清扫、路灯、交通安全设施等，由政府直接生产，即通过财政投入和组建专业化的公共企业来进行建设和运营。

第二，合同外包。适宜收费的城市基础设施，政府可通过合同外包的形式委托私人企业等负责生产和供给。政府一般通过公开招标的方式选择和确定私人企业，并签订合同。合同外包将市场机制引入城市基础设施建设领域，借助私人企业之间的竞争确定合理的城市基础设施价格或收费，并确保城市基础设施的质量。中标的私人企业必须严格依据合同的规定行使权利和履行义务。

第三，政府和社会资本合作。政府和社会资本合作是指城市政府为了增强城市基础设施产品和服务的供给能力，提高供给效率，通过特许经营、购买服务、股权合作等方式，与社会资本建立的利益共享、风险分担及长期合作关系。政府和社会资本合作的通常做法是由社会资本承担设计、建设、运营、维护城市基础设施的大部分工作，并通过“使用者付费”及必要的“政府付费”获得合理投资回报；政府部门负责基础设施及公共服务的价格和质量监管，以保证公共利益最大化。城市政府通过规划确定发展目标、任务和建设需求，采取公开招标、邀请招标、竞争性谈判等方式，择优选择社会资本合作伙伴，通过合同管理、绩效考核、按效付费，实现全产业链和项目全生命周期的政府和社会资本合作，积极引导社会资本有序参与城市基础设施建设、运行维护和服务，提高城市基础设施的投资效率和服务质量。政府和社会资本合作主要适用于政府负有提供责任又适宜市场化运作的城市基础设施类项目。

第四，政府补助。有些城市基础设施营利性不强，很难通过市场补偿来实现循环运营，政府需要根据城市基础设施的不同属性，给予不同的财政补助。有些城市基础设施可通过无偿划拨土地的方式给予补助，如城市污水处理厂；有些城市基础设施可以实行以市场补偿为主、政府财政补贴为辅的模式，如城市公共交通；有些城市基础设施可以实行政府财政补贴为主、市场补偿为辅的模式，如城市公园。政府补助的方式包括财政补贴、贴息贷款、减免税等。

第五，政府参股。政府参股是对于那些初始投资较大的城市基础设施项目，政府财政投入部分资金或者以土地入股等形式，与私人企业合作建设和运营。政府参股又可分为政府控股和政府入股。政府控股是针对那些具有举足轻重地位的城市基础设施；政府入股主要是向私人企业提供资本，以分担私人投资风险。政府参股的比例不是一成不变的，城市基础设施项目建设初期，政府股份一般较多，一旦项目进入正常经营，能取得稳定的正常

利润，政府便转让自己的股份，收回资金建设其他项目。

第六，私人供给。具有私人产品性质的城市基础设施在消费过程中具有竞争性和排他性，由私人企业按照市场规律自行安排供给，以满足市场需求，如城市出租车。政府不直接介入该城市基础设施的投资、建设和运营过程。

上述城市基础设施多种供给方式，决定了城市基础设施建设资金来源的多元化。为了适应城市化快速发展对城市基础设施不断增长的需求，必须通过多种渠道和途径筹措城市基础设施建设资金，以解决城市基础设施建设资金缺乏的问题。城市基础设施建设资金的来源具体有：

第一，中央和城市政府的财政预算。长期以来，财政预算是我国城市基础设施建设的最主要资金来源，随着市场经济的发展，政府财政预算资金在城市基础设施投资中的比重逐步下降，但仍是城市基础设施建设的重要资金来源，需要政府通过征收城市维护建设税、城镇土地使用税、城市公用事业附加、燃油税、车辆购置税、排污费、住宅建设配套费等一般性税收和收费，来为城市基础设施建设筹集资金。各级政府要把加强和改善城市基础设施建设作为重点工作，确保必要投入，集中财力建设非经营性城市基础设施项目。

第二，银行贷款。城市基础设施贷款是为城市道路、桥梁、隧道、轨道交通，供水、供气、供电、供热、排水、污水处理、垃圾处理、防洪等公共基础性设施建设发放的贷款。由政府授权或许可项目建设和运营城市基础设施的企业，如果土地征用手续齐备，列入政府年度土地利用计划；项目经政府职能部门批准立项；有 30%自筹资金，在银行开立贷款和偿债专户，可申请银行贷款。城市基础设施贷款金额不超过项目总投资的 70%，贷款期限一般最长不超过 10 年，宽限期不超过建设期。有收费机制项目采用收费权质押；以土地开发收益作为还款来源的项目采用土地使用权抵押；以财政补贴资金作为还款来源的项目采用政府或财政出具还款承诺函的方式。

第三，政府债券和企业债券。根据预算法等有关法律法规的规定，经国务院批准，省、自治区、直辖市政府可以适度举借债务，市县级政府确需举借债务的由省、自治区、直辖市政府代为举借，再转贷市县级政府使用。地方政府举债采取政府债券方式。没有收益的公益性事业发展确需政府举借一般债务的，由地方政府发行一般债券融资，主要以一般公共预算收入偿还。有一定收益的公益性事业发展确需政府举借专项债务的，由地方政府通过发行专项债券融资，以对应的政府性基金或专项收入偿还。专项债券又称为市政项目收益债券，由省级政府发行，市县级政府确需举借相关专项债务的，由省级政府代为分类发行专项债券。符合条件的企业可发行企业债券，在有效控制企业债券市场风险的前提下，充分发挥企业债券对城市基础设施建设的支持作用。

第四，城市经营。城市经营是指以城市政府为主导的多元经营主体，以城市发展、社会进步、人民物质文化生活水平的提高为目标，运用市场经济手段，对以公共资源为主体的各种可经营资源进行资本化、市场化运作，以获得一定的收益来进行城市基础设施建设。城市经营改变了传统体制下政府对城市基础设施只建设、不经营和只有投入、没有产出的状况，走出一条以城建城、以城兴城的市场化之路。

第五，使用者付费。使用者付费是根据谁受益、谁付款的原则，根据用户对城市基础设施产品和服务的消费量来收取费用。消费者要消费城市基础设施产品和服务，必须缴纳一定数量的费用，不消费不付费、多消费多付费。一般来说，如果城市基础设施产品和服务收费合理，以使用者付费机制为城市基础设施建设筹资，可以同时达到兼顾效率、公平和环保的目的。

第六，社会资本。城市政府要通过多种形式吸引包括民间资本在内的社会资本，参与投资、建设和运营有合理回报或一定投资回收能力的可经营性城市基础设施项目。鼓励和引导社会资本进入城市基础设施领域，要进一步打破垄断，引入市场竞争机制，开放城市基础设施投资、建设和运营市场；要坚持公平竞争，在市场准入和扶持政策方面对各类投资主体同等对待；要实行分类指导，根据不同地区、不同行业、不同业务环节的实际，采用合适的多种途径和方式，有序推进社会资本进入城市基础设施领域；要强化政府责任，加强行业监管，切实保障社会公共利益和投资者利益。城市政府可以通过建立公开募集基础设施证券投资基金，有效盘活存量资产，拓宽社会资本投资渠道，提升直接融资比重，广泛筹集项目资本金，降低债务风险，推动基础设施投融资市场化、规范化健康发展。公开募集基础设施证券投资基金是指依法向社会投资者公开募集资金形成基金财产，通过基础设施资产支持证券等特殊目的载体持有基础设施项目，由基金管理人等主动管理运营上述基础设施项目，并将产生的绝大部分收益分配给投资者的标准化金融产品。按照规定，我国基础设施公募证券投资基金在证券交易所上市交易。

城市基础设施的建设资金来源

第三节　城市基础设施管理

一、城市基础设施管理机构及其职责

城市基础设施功能的发挥，有赖于城市基础设施管理水平的不断提升。城市基础设施管理作为一项复杂的管理活动，内容繁多，范围广泛，涉及的管理部门和层次很多。城市基础设施管理机构主要有综合管理机构和专业管理机构两类：

城市基础设施具有很强的系统性，需要对其进行系统性、协调性的综合管理。我国城市基础设施的综合管理机构主要有市发展和改革委员会、市城乡建设委员会。

市发展和改革委员会承担的与城市基础设施管理相关的主要职责有：拟订重大经济体制改革方案；编制社会信息化发展规划并组织实施；拟订固定资产投资政策、投资体制改革建议方案并组织实施，拟订社会固定资产投资总规模、结构和资金来源方案，负责重大项目研究、储备和推进，规划重大项目和产业布局，会同有关部门提出年度政府投资建设计划，投资项目的立项审定、审核、转报、核准和监督管理；能源行业管理；资源节约和环境保护综合协调，贯彻落实国家发展循环经济相关政策，组织推进全市循环经济发展；拟订市级管理重要商品价格、服务价格和收费标准并组织实施，对中央、省管理的重要商

品价格和服务价格提出意见并组织实施，组织价格听证工作，研究提出价格调控和监管的建议。

市城乡建设委员会是城市政府对城市基础设施进行综合管理的最主要的职能部门，其承担的与城市基础设施管理相关的主要职责有：统筹城乡建设事业；国有土地房屋征收、拆迁补偿安置的管理和政府投资城建项目涉及的国有土地房屋征收、拆迁补偿安置的协调管理；市级政府投资城建项目管理和投资控制、审核把关；城市供节水、燃气和生活污水处理行业的监督管理责任；规范城建工程招投标行为；监督管理建筑市场、推进建筑业发展；城建工程质量安全监管；监督管理城建工程勘察设计行业；城市建设和建筑业行政执法。

城市基础设施由各个子系统组成，各个子系统内部又由许多环节和方面组成。对城市基础设施各个子系统或子系统内部组织部分进行专门管理的机构，即为城市基础设施专业管理机构，主要有市交通运输管理局、市绿化园林局、市水务局、市生态环境局等。

市交通运输管理局的主要职责有：贯彻执行上级政府有关交通运输的方针政策和法律法规，拟订全市交通运输行业发展战略、规划并组织实施，指导全市交通运输行业改革工作；组织编制全市综合运输体系规划及城乡基础设施专项规划和城乡客运、交通物流发展等行业规划，会同有关部门编制交通运输固定资产投资计划，负责交通运输行业统计和信息发布工作，指导交通运输行业内部审计工作；组织协调和管理交通工程项目建设；全市城乡道路、水路运输市场监管；市域内机动车维修、机动车驾驶培训、机动车综合性能检测的行业管理；全市路政、运政、航政、港政等行政执法工作，本市通航水域的水上安全监督、内河水上搜救工作，船舶及船用产品检验和防止船舶污染内河水域管理；全市交通运输科技与信息化工作，促进智能交通建设，指导并监督交通运输行业质量标准、技术规范、环境保护和节能减排工作；全市交通运输行业安全生产监督管理；协调全市铁路、民航相关工作，参与协调配合铁路建设开发工作，履行地方铁路管理事权，依法对民用机场实施监督管理；制订交通运输专项资金安排计划、编制资金预算，负责交通运输专项资金的使用管理，参与拟订全市交通运输行业投融资政策和规费征收政策并监督实施，提出交通运输相关财政、用地、价格等政策建议；指导全市交通运输行业队伍建设和交通运输行业对外交流合作工作。

市绿化园林局的主要职责有：拟订绿化园林工作方面的政策、规划、标准并组织实施，组织起草相关地方性法规、政府规章草案；制定林业和园林绿化发展中长期规划和年度计划，编制绿地系统规划、林业和园林专项规划，组织制定行业管理标准和规范，并统筹实施；组织林业生态保护修复和造林绿化工作；指导、监督城乡绿化美化工作；林业和园林绿化管理工作；湿地资源的监督管理；野生动植物资源监督管理工作；森林和绿地资源的监督管理；林业和园林绿化科技相关工作；组织、指导、监督林业和园林行政执法工作；林业和园林改革相关工作；落实综合防灾减灾规划相关要求，编制森林火灾防治规划、防护标准并指导实施；林业和园林绿化的法治宣传教育工作；监督管理林业、园林资金和国有资产，提出林业、园林绿化预算内财政性资金安排建议，审核规划内和年度计划内投资项目，组织实施林业生态补偿工作，监督指导林区公路建设和管理。

市水务局的主要职责有：贯彻上级政府有关水行政法律、法规和方针政策；研究拟订全市水务发展战略和政策，水务中长期规划、年度计划；负责全市水资源的统一管理和保护；负责全市供水管理工作；全市排水管理和生活污水处理、再生水利用管理工作；组织指导全市水行政执法工作；承担本行政区域内河道采砂执法管理和监督检查工作；全市城乡河道、湖泊、水库、塘坝及其水域、岸线以及堤坝、涵闸、泵站、灌区、沟渠等各类水务工程设施的管理与保护；全市农村水利工作，组织协调农田水利建设；组织指导全市水土保持工作；全市水务工程建设管理；全市水务科技信息工作；编制全市水务年度建设资金计划并组织实施；组织、协调、监督、指导全市防汛防旱防台排水防涝工作。

市生态环境局的主要职责有：编制环境保护规划计划；落实环境保护政策法规；落实环境影响评价制度；环境污染防治的监督管理；组织实施环境监察和稽查工作；组织落实污染物总量控制制度；固体废物、核与辐射安全的监督管理；自然生态和农村环境保护工作的监督管理；组织实施环境监测与科技管理；环保资金和重大项目的监督管理；组织开展环境保护宣传教育和信息公开工作。

此外，除了上述市政府的职能部门外，还有一些城市基础设施管理机构是上级政府设在城市的下级机构，如邮政管理局等。

二、城市基础设施管理的目标和内容

我国城市基础设施管理的目标是适应国民经济和城市可持续发展的需要，建设规划合理、投资主体多元、服务功能全面、市场竞争有序的现代化城市基础设施体系。为此，城市基础设施管理必须坚持以下原则：

第一，统一管理，保持城市基础设施的整体性和系统性。城市基础设施的整体性、系统性强，必须实行统一管理，避免条块分割、多头管理。为此要使城市基础设施各管理机构成为一个组合紧凑、职责分明、运转自如、协调高效的体系；建立完善城市基础设施建设标准规范和质量评价体系，建立健全以城市道路为核心、地上和地下统筹协调的基础设施管理体制机制；重点加强城市管网综合管理，统一规划、建设、管理、规范城市道路开挖和地下管线建设行为；整合城市管网信息资源，消除市政地下管网安全隐患；建立城市基础设施电子档案，完善数字城市管理平台，实现数字化城管全覆盖；不断提升城市管理标准化、信息化、精细化水平，促进城市防灾减灾综合能力和节能减排功能不断提升。

第二，分级分类管理，提高城市基础设施管理效率。首先，城市基础设施要实行分级管理。上级政府要把城市基础设施管理纳入重要议事日程，加大监督、指导和协调力度；市政府是城市基础设施管理的责任主体，要切实履行职责，抓好项目落实，科学确定项目规模和投资需求，做好城市基础设施管理各项具体工作；要简政放权，充分调动区政府和街道办事处的积极性，发挥区政府和街道办事处在城市基础设施管理中的作用。其次，城市基础设施要实行分类管理。对竞争性业务，监管的重点是防止无序竞争，建立和维护良性竞争秩序；对自然垄断性业务，实行政府规制下的特许投标经营等制度，形成有限竞争。

第三，正确处理竞争与垄断的关系，不断优化市场结构。垄断会损害消费者利益，政府为此要通过消除地方性的市场壁垒来开放市场，以打破地域垄断，保护和鼓励竞争，建立和发展城市基础设施全国统一大市场。同时，政府要支持若干家实力较强的省内外专业企业，采用并购、重组等方式，通过有效打包整合提升收益能力，提高产业集中度；打破以项目为单位的分散运营模式，实行规模化经营，降低建设和运营成本，提高投资效益；鼓励厂网一体、站网一体、收集处理一体、建设养护一体的投资建设运营。

第四，完善法律法规，不断提高城市基础设施管理的法治化程度。要建立完善城市基础设施管理的基本法律法规、单项法律法规和规章，科学立法，形成一个严密的城市基础设施管理法律法规体系。城市政府要依据国家的法律法规，结合本市的特点和基础设施管理的具体实践，把一些行之有效的办法用法规或规章的形式固定下来，从而使各项城市基础设施管理活动都有法可依。城市政府必须在法治轨道上开展城市基础设施管理工作，创新执法体制，完善执法程序，推进综合执法，严格执法责任，建立权责统一、权威高效的依法管理城市基础设施的体制。

第五，优先考虑社会效益和生态效益，兼顾经济效益，实现社会效益、生态效益和经济效益的有机统一。城市基础设施管理不能以追求经济效益最大化为首要目标，而应该把社会效益、生态效益放在首位。但是，城市基础设施建设也是一个投入与产出的过程，应该以较少的投入获得更多的产出，并从物质和价值上得到合理补偿，实现城市基础设施建设的良性循环。城市基础设施管理应该努力追求以较少的人力、物力和财力的消耗，获得较好的社会效益和生态效益，同时获得较合理的经济效益，从而实现社会效益、生态效益和经济效益的统一。城市基础设施管理既要反对片面追求经济效益而忽视或损害社会效益和生态效益，也要反对片面强调社会效益和生态效益而铺张浪费，不顾经济效益。

城市基础设施管理的内容主要有以下几方面：

1. 市场准入和退出规制

城市基础设施领域的准入和退出规制，是政府对城市基础设施进行经济性规制的重要内容。其中市场准入规制是市场竞争的前提条件，包括能否进入和是否愿意进入两个方面。其中能否进入取决于城市基础设施本身的自然垄断特性以及政府规制现状，而是否愿意进入则是由市场的外部性程度或营利前景决定的。如果某个城市基础设施产业存在很大程度的外部性，会使市场供给基础设施收回成本、取得合理利润的难度增加。所以，为了保证企业愿意进入外部性较大、营利前景不明确的城市基础设施行业，城市政府需要制定相应的机制以弥补企业的成本支出并取得合理的利润。城市基础设施产业准入规制的主要措施有：制定城市基础设施行业进入标准，规范市场准入；明确界定城市基础设施产业准入领域，不断调整和放宽城市基础设施投资限制。①

城市基础设施领域的退出规制是政府为了保证供给的稳定性，对已进入城市基础设施产业的企业退出该产业的“供给责任”规定，以限制企业任意退出产业。对企业实行退出规制，目的是保证社会公众的消费利益不受到损害。如果企业从城市基础设施产业中退出，会使供给得不到保障，损害社会公众的利益。为此，政府必须规定企业退出该供给，要对该供给有某种替代形式，以承担退出该产业的“供给责任”。

2. 质量规制

城市基础设施质量规制包括城市基础设施建设质量规制、城市基础设施产品或服务质

① 王雅莉，张明斗. 城市经济学. 北京：中国财政经济出版社，2017.

量规制两个方面。

第一，城市基础设施建设质量规制。

我国实行城市基础设施建设工程质量监督管理制度，具体通过行政手段、法律手段和经济手段来实施。其中，行政手段是政府对城市基础设施建设工程的许可和监督；法律手段是各责任主体通过严格的民事合同，界定各自的权利和义务，并通过司法程序解决纠纷；经济手段是各责任主体通过保险和担保合同等维护自身利益。①

城市基础设施建设单位、勘察单位、设计单位、施工单位、工程监理单位，依法对城市基础设施建设工程履行质量责任和义务；县（区）级以上人民政府建设行政主管部门对本行政区域内的城市基础设施建设工程质量实施监督管理。县（区）级以上人民政府交通运输、水务等有关部门在各自的职责范围内，负责对本行政区域内的城市基础设施专业建设工程质量实施监督管理。城市基础设施建设工程质量监督管理，由建设行政主管部门或者其他有关部门委托的建设工程质量监督机构具体实施。县（区）级以上地方人民政府建设行政主管部门和其他有关部门应当加强对有关城市基础设施建设工程质量的法律、法规和强制性标准执行情况的监督检查，并对违反相关法律法规的行为进行处罚。

任何单位和个人对城市基础设施建设工程的质量事故、质量缺陷都有权检举、控告、投诉。

第二，城市基础设施产品或服务质量规制。

城市基础设施对城市发展作用的实现程度，不仅取决于城市基础设施产品或服务在数量上是否充足，而且取决于质量上能否满足需要。城市基础设施产品或服务质量规制是为了保障消费者的权益，而对城市基础设施产品或服务的安全性、准时性、生态环境效益等方面的规制。城市基础设施产品或服务的质量，取决于城市基础设施的设计和建设质量、生产经营者的责任心和努力、消费者退出机制和表达机制的完善、政府对城市基础设施产品或服务质量规制的能力和水平等。

由于城市基础设施产品或服务质量本身属于公共产品，不具有竞争性和排他性，因此政府必须担当起控制城市基础设施产品或服务质量的职责，具体做好以下工作：

首先，政府要制定和完善城市基础设施产品或服务质量标准的法律法规，并确保任何企业或机构提供的城市基础设施产品或服务达到法定的质量标准。城市基础设施产品或服务质量标准具有统一性、权威性和强制性。

其次，为消费者控制城市基础设施产品或服务质量创造良好的环境和条件。政府要努力消除阻碍消费者退出机制和表达机制发挥作用的因素，对于适合市场竞争但仍由政府垄断经营的城市基础设施产品或服务，应实行市场化经营；建立公开、透明的信息发布和披露制度，使消费者及时了解城市基础设施产品或服务质量标准和执行情况；消除法律法规上不利于消费者运用表达机制和退出机制的规定，建立和完善有利于发挥退出机制和表达机制作用的制度环境和条件。

再次，及时纠正和严厉惩处违反城市基础设施产品或服务质量标准的行为，提高违反城市基础设施产品或服务质量标准的成本。严厉惩处是保证违反城市基础设施产品或服务

① 王雅莉，张明斗．城市经济学．北京：中国财政经济出版社，2017.

质量标准行为少发生或不发生的根本条件。

3. 价格规制

价格规制又称收费规制，是指政府为了保证资源的有效配置和产品或服务的公平供给，对城市基础设施产品或服务的价格水平和价格结构进行规制。价格规制的目的是要限制垄断企业制定垄断价格，促进公平竞争，兼顾社会分配的效率和公平，使价格真实反映资源的稀缺程度并能够真正成为一种激励因素，刺激企业不断优化生产要素组合，使企业成为一个具有自我积累、自我发展能力的经济实体。

城市基础设施产品或服务的价格规制，既要顾及其公共属性，也要体现其对经济利益的追求；既要考虑通过建立价格机制来刺激企业提高产品或服务的质量和效率，又要考虑居民特别是低收入家庭的承受能力。城市基础设施产品或服务的定价，既不能过低，也不能过高。如果城市基础设施产品或服务定价过低甚至免费使用，可能会造成某些人对城市基础设施产品或服务的过度使用，进而导致其他人无法使用，从而不利于社会公平的实现。如果城市基础设施产品或服务定价过高，虽然能使企业有足够的营利空间，减少了政府补贴，但会给居民的生活尤其是低收入家庭带来很大的负担，也会严重影响社会公平的实现。因此，城市基础设施产品或服务定价应遵循反映成本、保证企业获得合理利润、关注社会公平、差别化定价、灵活定价等原则。[①]

城市基础设施产品或服务价格规制的内容有：

第一，城市基础设施产品或服务价格水平的规制。

城市基础设施产品或服务价格水平是指每一单位产品或服务的收费标准，由正常成本加上合理的报酬确定。政府对城市基础设施产品或服务价格水平的规制，关键是要确定合适的定价方式。一般来说，城市基础设施企业的定价方式有按边际成本定价、按平均成本定价、按投资回报率定价和按最高限价定价。目前，政府对城市基础设施产品或服务较成功的价格水平规制方式，是按投资回报率定价和按最高限价定价。城市基础设施产品或服务价格水平的规制，要把质量与价格联系起来。如果被规制企业的商品和服务没有达到质量标准，或者消费者对商品和服务质量的投诉太多，政府就可以降低价格水平。

第二，城市基础设施产品或服务价格结构的规制。

城市基础设施产品或服务的价格结构，是指将企业提供的产品或服务的价格，与产品或服务的实际需求结构结合起来的各种价格组合。城市基础设施产品或服务价格结构规制的目的，是监督企业如何把许多共同成本合理地分摊到各种产品或服务之中，由不同类型的消费者分担，既保证价格结构有利于实现资源的充分利用，又防止发生不适当的价格歧视，确保价格的合理和公正。

城市基础设施产品或服务价格结构的基本表现形式，可分为线性定价和非线性定价两种。线性定价是按照每一需求量的平均价来确定价格，具体分为定额价格和同一从量价格。定额价格是指不论消费量的大小，都按固定的标准确定价格。同一从量价格是指无论其需求量多少，都按同一的单位价格收费，即每一需求量的平均价格都是固定的。线性定价由于不论需求量多少都用同一个标准向用户收费，需求量大的用户对此感到不公平，因

① 戴慎志，刘婷婷．城市基础设施规划与建设．北京：中国建筑工业出版社，2016.

此，在实际的价格结构规制中用得很少，大都采用具有复杂结构的非线性定价。常见的非线性定价方式有：

第一，二部定价。即城市基础设施产品或服务的价格结构，由与消费量无关的“基本费”和按消费量收取的“从量费”两部分组成。

第二，高峰负荷定价。企业对高峰需求制定高价，以抑制消费；对非高峰需求制定低价，以鼓励消费。高峰负荷定价法最适用于电力产业的价格规制。

第三，拉姆塞定价。为了实现企业的收支平衡，实际定价必须偏离边际成本，而实际定价与边际成本的偏离程度，应该与消费者的需求弹性成反比，即对于需求弹性高的消费者，实际定价不应高于边际成本太多；对于需求弹性低的消费者，实际定价可较多地高于边际成本。

第四，成本定价。政府通过收集企业提供的各类城市基础设施产品或服务的成本信息，以及企业从不同消费者和不同产品或服务上获得的收益率，了解各类城市基础设施产品或服务的成本结构，并以此作为价格结构规制的依据，防止出现价格歧视和发生产品或服务之间的交叉补贴。

政府在对城市基础设施产品或服务价格进行规制的过程中，应由政府价格主管部门采取听证会形式，征求经营者、消费者和有关方面的意见，对制定城市基础设施产品或服务价格的必要性、可行性、合理性进行论证，以提高政府制定城市基础设施产品或服务价格的民主性、科学性和透明度。

三、城市基础设施投融资体制和运营机制

城市基础设施种类繁多、性质各异，必须依据其不同性质和运营特点，建立和完善城市基础设施投融资体制和运营机制。

建立和完善城市基础设施投融资体制和运营机制的指导思想是：打破城市基础设施行业垄断和市场壁垒，进一步放宽准入条件，建立公平开放透明的市场规则，营造权利平等、机会平等、规则平等的城市基础设施投资环境，广泛吸引社会资本参与城市基础设施建设和运营，增加城市基础设施产品或服务的有效供给。

建立和完善城市基础设施投融资体制和运营机制的基本原则是要实现政府与市场的合理分工，既要发挥市场在资源配置中的决定性作用，又要更好发挥政府的作用。具体有以下几方面的原则：

第一，合理界定城市基础设施可市场化与不可市场化的界限。从经济技术角度来看，城市基础设施能否市场化，要依据其公共性的强弱和可分割性的难易。以此为标准，社会治安、消防、防洪、防灾、生态环境保护、公共绿地、城市道路等可能是难以市场化的；公共交通、停车场、供水、供电、供气、供热、电信、公园等是可以市场化的。对于难以市场化的城市基础设施，要加大政府投入力度，并通过科学管理来降低成本、提高效率；对于可以市场化的城市基础设施，要引入市场机制，广泛吸引包括民间资本在内的社会资本，参与投资、建设和运营。

第二，充分发挥政府在城市基础设施建设中的主导作用。政府在城市基础设施建设中的主导作用，不是体现在量即投入资本的比例上，而应主要体现在质上，体现在政府投资

“四两拨千斤”的引导带动作用，为此要优化政府投资使用方向和方式，根据非经营性、准经营性和经营性城市基础设施的不同特点，采取针对性的不同模式，加快城市基础设施建设。对于非经营性城市基础设施，政府应集中财力建设，并不断加大政府财政资金投入力度；也可采用合同外包的形式，委托私人部门生产和提供。对于准经营性和经营性城市基础设施，政府要创建一个符合市场经济规律的公平、开放、透明的制度环境，在市场准入和扶持政策方面对各类投资主体统一、同等对待，创造平等投资机会；根据不同项目情况，通过提供项目启动资金、投资补助、基金注资、担保补贴、贷款贴息、税收优惠等方式，支持社会资本参与建设；改进和完善城市基础设施价格形成、调整和补偿机制，使经营者能够获得合理收益，并要实行上下游价格调整联动机制，价格调整不到位时，政府可根据实际情况安排财政性资金对企业运营进行合理补偿，从而实现城市基础设施投资-建设-维护-投资回收的良性循环。

第三，充分利用市场机制筹集城市基础设施建设资金。市场是城市基础设施建设资金的主要来源，而营利性是吸引社会资本投资的关键因素。需要根据城市基础设施的技术特点和营利能力进行科学分类，采取不同的投融资政策。对于因自然垄断性可以获得超额利润的城市基础设施项目，政府应通过价格规制和征税，使经营者取得合理利润；对大致上可以取得社会平均利润的城市基础设施项目，采取中性的投融资政策；对盈利低于社会平均利润水平的政策性亏损城市基础设施项目，可通过财政补贴、不同盈利水平项目的组合等方式，来吸引社会资本投资。

完善城市基础设施投融资体制和运营机制的任务是：实行投资、建设、运营和监管分开，形成权责明确、制约有效、管理专业的市场化管理体制和运行机制，实现投资主体和资金来源多元化、产品或服务商品化、运营专业化、管理社会化、经营企业化、调节市场化。

第一，投资主体和资金来源多元化。随着城市化的快速发展和人们对美好生活的追求，对城市基础设施产品或服务需求的不断增长，仅靠政府投资难以化解城市基础设施的供求矛盾，必须在加大和规范政府对城市基础设施投资的同时，通过特许经营、投资补助、政府购买服务等多种形式，大力吸引包括民间资本、外商投资在内的社会资本参与投资、建设和运营，从而实现城市基础设施投资主体的多元化。此外，要通过利用市政债券、股权融资、基础设施资产证券化、政策性和商业性银行贷款、公共基金和保险资金等，广泛筹集社会资金进行城市基础设施建设，以实现城市基础设施资金来源的多元化。

第二，产品或服务商品化。对具有消费排他性的城市基础设施产品或服务，在政府规制下可引入市场机制，授权私人部门负责生产和运营。由于城市基础设施产品或服务具有公益性，其定价既要考虑市场供求关系和产业的可持续发展，也要考虑社会效益以及居民的承受能力，以实现综合效益的最大化。

第三，运营专业化。社会分工的细化和专业化程度的提高，要求城市基础设施投融资和运营实行精细化管理，通过专业化的资本运营实现城市基础设施的产业化发展。也就是说，城市基础设施投融资和运营，要利用市场法则，通过资本运作实现价值增值和效益提高。

第四，管理社会化。城市基础设施管理社会化程度的高低，是衡量城市现代化水平的一个重要指标。城市基础设施的社会化管理，符合经济效率原则，能最优化配置和使用城市基础设施，避免重复建设、零散建设和建而不用、用而不全现象的发生，使有限的财力和物力发挥最大的效用。

第五，经营企业化。经营企业化是城市基础设施建设运营的事业单位管理模式，向独立核算、自主经营的企业化管理模式转变，实现政资分开、政企分开，建立公司法人治理结构，由企业负责城市基础设施的投资、建设和运营。政府出资兴办和拥有股份的城市基础设施经营企业，政府行使所有者或股东职能，不干预企业的日常经营活动；投资经营城市基础设施的私人企业，依法独立自主经营，政府对其产品或服务质量、价格等进行规制。

第六，调节市场化。城市基础设施的投资和经营要符合市场规律，以市场作为调节城市基础设施供求关系的基础手段。为此，要统筹运用税收、费价政策，按照补偿成本、合理收益、公平负担的原则，清晰界定政府、企业和消费者的权利义务，按照市场规律完善城市基础设施产品或服务的价格形成机制，发挥价格杠杆作用。

城市基础设施管理机构　　**案例分析**

第七章　城市公共事业管理

城市公共事业管理关系到城市全体居民整体的生活质量和共同利益，具有十分重要的意义。新时代，人们对美好生活需求的范围更广，对美好生活需求的品质和层次要求更高。城市居民对城市公共事业的更多、更高的要求，是城市公共事业管理的动力源泉。

第一节　城市公共事业管理概述

一、城市公共事业管理的含义和内容

城市公共事业是以满足城市社会公共需要为基本目标，不以营利为目的，直接或间接为城市发展和社会生活提供公共服务的社会活动，关系到城市全体居民的生活质量和共同利益。要全面正确理解城市公共事业，首先必须认识城市公共需要的含义。

人类的需要多种多样，但从需要的主体来划分，一般分为个别需要和公共需要两大类，其中个别需要包括个体需要和群体需要。个体需要是社会单个个体对客观事物的需要，包括天然需要、物质需要和精神需要，是社会需要中最基本的需要，呈现多元化、多样化特征。群体需要是群体对其存在和发展的客观条件的依赖和需求，具有整体性、一致性特征。

人类社会是由单个个体通过一定方式所组成的共同体，公共需要是人类社会共同体所具有的带有共同性、共享性的需求，是人类整体作为需要主体而具有的一般、普遍的需要，是满足社会公共利益的需要。公共需要具有非加总性、无差别性、不可分割性、代价的非对称性、社会历史性等特征。

公共需要是与公共供给相对应的，有公共需要就要有公共供给。城市公共事业作为一种满足特定公共需要的社会活动，具有以下基本特征：

第一，公共性。城市公共事业的服务对象是城市的全体社会成员，以解决城市公共问题、满足城市公共需要为出发点，以维护和增进公共利益为归宿。公共性是城市公共事业最主要和最本质的特征。

第二，非营利性。城市公共事业是以城市公共财政为主要基础的，以促进公共利益为宗旨，其经营收入不能作为利润在成员之间进行分配，只能用于其所提供的各种服务活动及自身发展。

第三，非物质性。城市公共事业提供的服务，一般不具有外在的物质形态，服务提供的过程与服务的消费过程是同步的，而且服务的消费活动并不与一定的物质运动相连接。

第四，混合性。城市公共事业提供的服务或劳务，是一种由纯公共产品和准公共产品

组成的混合体。一些城市公共事业提供的服务，是向全体社会成员共同提供的，属于纯公共产品；大部分城市公共事业提供的服务既带有纯公共产品的特性，又带有私人产品的性质，属于准公共产品。

城市公共事业管理是指在一定的环境和条件下，以城市政府为核心的公共组织凭借公共权力，动员和运用有效资源，对城市公共事业进行决策、规划、调节和控制的过程，以满足公共需要，增进公共利益，促进城市高质量发展。正确理解和把握城市公共事业管理的含义，必须注意以下几方面：

第一，城市公共事业管理的主体是城市公共组织，包括政府组织和非政府组织，其中，城市政府是最大、最权威的城市公共组织；非政府组织包括事业单位、社会团体、社会服务机构、基金会以及各种社区组织。

第二，城市公共事业管理的客体既包括城市公共事业自身，也包括城市公共事业管理主体中的非政府组织。一方面，由于市场不会自动发展城市公共事业，需要城市公共组织利用各种手段对公共事业进行规划、组织和调控；另一方面，城市政府需要对各类非政府组织的组建、活动和发展进行规制。

第三，城市公共事业管理的目标是满足公共需要，增进公共利益，提高居民的生活质量。城市公共事业管理需要兼顾政治、经济、社会等多个方面的目标。城市公共事业管理必须将追求社会效益放在首位，以社会效益为主，兼顾经济效益。

第四，城市公共事业管理的方法包括行政的、法律的、经济的、社会化的方法。城市公共事业管理要树立服务理念，密切注意外部环境变化尤其是公共需要变化，适时调整管理方法和手段；要以国家相关法律和政策为依据，在运用好行政的、法律的、经济的管理方法的同时，更多地使用社会化的方法，如合同外包、特许经营、政府补助、政府购买服务等。

城市公共事业管理的内容主要有以下几方面：

第一，城市公共事业规划管理。

城市公共事业规划管理是城市规划管理部门对一定时期城市公共事业发展目标、布局和建设等方面的综合部署，以及对城市公共事业用地和建设活动等进行统一安排和控制，引导和调节城市公共事业有计划有秩序地发展。

城市公共事业规划管理的内容具体包括：在城市总体规划中提出重大公共服务设施的发展目标，确定主要公共服务设施的布局；在城市近期建设规划中，确定各项公共服务和公益设施的建设规模和选址；在城市分区规划中，确定市、区、居住区级公共服务设施的分布、用地范围和控制原则；在城市控制性详细规划中，对公共事业建设所用具体地块的土地利用和建设提出控制指标；在城市修建性详细规划中，对公共事业建设项目所用地块上各项建筑和工程设施的设计和施工，做出具体的安排和规定；核发公共事业建设项目选址意见书、建设用地规划许可证和建设工程规划许可证；建立公共事业规划档案管理制度。

第二，城市公共事业计划管理。

城市公共事业计划管理是城市政府的发展和改革部门会同城市公共事业管理等部门，对一定时期城市公共事业发展所做的预测和安排。

城市公共事业计划管理的内容具体包括：预测城市公共事业产品的供给和需求，制订中长期城市公共事业发展计划；测算公共事业建设项目所需用地、资金等，做好综合平衡工作；审核公共事业建设立项申请；监督管理公共事业建设工程的招投标；监督、检查和考核公共事业发展计划的执行等。

第三，城市公共事业准入和退出规制。

城市公共事业准入规制是城市公共事业管理部门依法确定城市公共事业准入范围，明确和审核进入城市公共事业领域的资格。从城市公共事业准入范围看，属于纯公共物品的基础教育、基础研究、基本医疗、公共卫生防疫等，城市政府必须承担主要职能，社会资本起拾遗补阙作用；属于准公共物品或私人物品的城市公共事业广泛开放；对垄断部门和垄断业务，一般由公共部门经营，政府加强规制；对非垄断部门和非垄断业务，积极推进多元化，发挥民营企业与非营利组织的作用。从城市公共事业准入资格条件看，依据公共事业内容与社会公共利益的关系、运营所需资本及技术等设定准入的资格条件，从职业资格、从业条件、注册资本、技术等方面给予一定限制。

城市公共事业退出规制是城市政府为了保证公共事业产品供给的稳定性，对已进入公共事业领域的组织退出该公共事业的“供给责任”规定，如替代者和替代形式，以保障社会公众的利益不受到损害。

第四，城市公共事业价格规制。

在城市公共事业领域，为了保证资源的有效配置和服务的公平供给，城市政府必须对公共事业产品的价格或收费进行规制，以实现社会公共利益的最大化。城市公共事业产品大多实行政府定价或政府指导价。

城市公共事业产品的政府定价或政府指导价，要建立听证制度，广泛征求消费者、经营者、专家和有关方面的意见，论证城市公共事业产品价格的必要性、可行性和合理性。此外，城市公共事业产品的政府定价、政府指导价实施后，定价机关应当对价格决定执行情况进行跟踪调查和监测，并根据法律法规的有关规定对价格违法行为进行行政处罚。

二、城市公共事业管理的基本特征和原则

城市公共事业管理主要有以下基本特征：

第一，公共性。公共性是城市公共事业管理最鲜明的特点，这一特点首先体现在城市公共事业管理的目标是满足城市居民特定的公共需要，提高城市居民的生活质量，保障城市的稳定和发展。城市公共事业管理必须服从于这一目标，以满足城市居民的公共需要为出发点，为城市居民提供必需的公共服务。其次，城市公共事业管理的公共性体现在管理的手段和过程中，城市公共事业管理必须按照公共权力运行的公共性要求，正确进行管理角色定位及相应管理手段的运用，并注重公众的参与性。

第二，强制性。强制性是公共权力最基本的属性，是公共权力实现对城市公共事业进行有效管理的必要条件，因为城市公共事业本身具有的公共性和外部性，使得市场难以保证城市公共事业产品的提供及对公共利益的维护和促进，必须由城市政府代表公共利益，凭借公共权力的权威，从满足城市居民的公共需要出发，采取多种措施对城市公共事业进行统筹和规制，以弥补市场机制的缺陷。

第三，非营利性。城市公共事业管理必须从公共组织的基本目标和公共事业的基本特

性出发，以非营利为依归。具体地说，城市公共事业管理不能考虑从管理的结果中获得多少经济效益，尤其不能考虑从中获得城市政府自身的经济利益，而应首先考虑通过管理能带来多大的社会效益。但是，必须注意的是，城市公共事业管理讲究社会效益，要力求以最少的投入取得更高的社会效益。

第四，服务性。城市公共事业涉及的是关系城市居民日常生活及发展需求的社会性事物，其产品多是非物质的服务形态，需要创造更多更好的条件使服务得以顺利进行。因此，城市公共事业管理具有明显的服务性，是为城市居民提供更多更好的公共服务。为此，城市公共事业管理要树立强烈的服务意识，以服务城市居民作为基本的绩效管理指标。

城市公共事业管理的上述基本特征，决定了城市公共事业管理必须遵循以下原则：

第一，以人民为中心原则。

城市公共事业管理始终要把人民放在心中最高的位置，任何时候要把群众利益放在第一位，自觉站在人民立场上想问题、做决策、做服务，做有利于人民、符合人民眼前利益要求和长远利益要求的事。这是城市公共事业管理公共性这一本质特征最集中的反映，也是贯穿城市公共事业管理全过程的基本要求。对幸福生活的追求是推动人类文明进步最持久的力量。进入新时代，人民对美好生活的向往更加强烈，期盼有更好的教育、更高水平的医疗卫生服务、更丰富的精神文化生活等。

城市公共事业管理坚持以人民为中心原则，具体要做到以下三方面：一是必须以维护和提高公共利益为城市公共事业管理的出发点和归宿。二是必须根据城市居民的特点、公共需要内容等来运用管理措施和手段。三是必须用维护和增进城市居民的公共利益来激励管理人员。

第二，服务原则。

城市公共事业管理主要是围绕城市社会问题，通过提供城市公共事业产品，提高城市居民的生活质量，增进社会公共利益。城市公共事业管理机构虽然有规制和服务两大任务，但规制本质上仍然是为城市居民服务，立足点还是在服务上。因此，城市公共事业管理最终都要落实到服务上，为实现好、维护好、发展好最广大人民的根本利益服务。服务是城市公共事业管理的内核和基础，是城市公共事业管理最重要的特征。城市公共事业管理遵循服务原则，究其原因，一是城市公共事业管理是社会主义市场经济条件下的管理，城市公共事业管理机构要尊重市场主体的基本权利，为他们的经营活动创造良好的营商环境。二是城市公共事业管理的公共性要求其管理的方式方法合乎公共管理的一般规律，通过提供条件充分发挥社会的作用，让社会自我管理和自我服务。

城市公共事业管理遵循服务原则，要求城市公共事业管理机构大力强化公共服务职能，完善城市公共服务设施，并通过制定法规和政策为社会提供公共产品和服务创造良好的条件；在履行规制职能时，要站在社会公众的立场上，树立管理就是服务的理念，并落实到具体管理过程之中；要以提供更多更好的公共事业产品为目标，增强对城市居民公共需求的回应力。

第三，社会效益优先原则。

城市公共事业管理要通过提供足量和优质的公共事业产品来保证城市居民的生活质

量，增进公共利益，其中足量和优质涉及效率，保证城市居民的生活质量和增进公共利益则涉及公平即社会效益。这里的效率强调的是城市公共事业管理过程中的投入与产出之间的关系，要以尽可能少的投入取得尽可能多、尽可能好的公共事业产品；公平强调的是城市公共事业管理的实际结果与城市公共事业管理的本质及最终目的的关系。城市公共事业管理坚持社会效益优先原则，首先必须解决公平问题。

坚持社会效益优先原则，要求城市公共事业管理具体做到以下几方面：一是在过程管理与结果管理相统一的基础上重视结果管理，更多地突出公平。二是在内部管理与外部管理相结合的基础上加强外部管理，向城市居民提供更多更好的公共事业产品。三是要将社会效益作为城市公共事业管理绩效评估的最重要内容，把社会效益优先原则落到实处。

第四，法治原则。

城市公共事业管理是在社会主义市场经济条件下进行的，市场经济是法治经济，因而城市公共事业管理必须纳入法治的轨道，做到科学立法、严格执法、公正司法、全民守法。

城市公共事业管理坚持法治原则，城市政府要做到法定职责必须为、法无授权不可为，着力实现政府职能深刻转变，形成边界清晰、分工合理、权责一致、运行高效、法治保障的公共事业管理机构职能体系；要做到科学立法、民主立法、依法立法，努力使城市公共事业管理各方面制度更加健全、更加完善；要做到科学决策、民主决策、依法决策，不断提升城市公共事业管理决策的公信力和执行力；要健全城市公共事业行政执法工作体系，全面推进严格规范公正文明执法，普遍提升城市公共事业管理人员的行政执法水平；要健全城市公共事业管理权力的制约和监督体系，促进城市公共事业管理权力的规范透明运行；要运用现代技术手段促进依法行政，着力实现城市公共事业管理信息化与法治化深度融合，优化革新城市公共事业管理流程和方式；要建立健全行政裁量权基准制度，规范城市公共事业管理人员行使行政裁量权。

三、城市公共事业管理的主体

城市公共事业管理的主体是以城市政府为核心的城市公共组织。城市公共组织是依法成立的，拥有公共权力或者有公共权力的授权，负有公共责任，以增进城市公共利益为目标，以管理公共事务、提供公共产品或服务为基本职能的组织，包括城市政府和非营利性组织。

城市政府是城市公共事业管理的核心主体，承担着管理城市教育、科学、文化、卫生、体育事业的法定职责，决定着城市公共事业管理的模式和体制，负责非营利性组织的登记注册，确定非营利组织的业务范围，监督管理非营利组织的日常运行和具体业务活动。除了政府在城市公共事业管理中处于关键地位外，城市公共事业管理的主体还有以下几方面：

1. 事业单位

事业单位是指国家为了社会公益目的，由国家机关举办或者其他组织利用国有资产举办的，从事教育、科技、文化、卫生等活动的社会服务组织。事业单位具有以下基本特征：事业单位的性质是社会公益组织；事业单位的举办主体是国家机关或者其他组织；事业单位的主要经费来源是国有资产；事业单位的目的是从事社会公共服务；事业单位的活动领域是教育、科技、文化、卫生等。事业单位是我国城市经济社会发展中提供公益服务的主要载体。

按照事业单位的社会功能，我国将事业单位划分为从事生产经营活动和从事公益服务两个类别。根据事业单位的职责任务、服务对象和资源配置方式等情况，可将从事公益服务的事业单位进一步分为两类：承担义务教育、基础性科研、公共文化、公共卫生及基层的基本医疗服务等基本公益服务，不能或不宜由市场配置资源的，划入公益一类；承担高等教育、非营利医疗等公益服务，可部分由市场配置资源的，划入公益二类。公益类事业单位还可以按照其服务对象，划分为向社会提供公益服务的事业单位和为机关提供支持保障的事业单位两类。按照事业单位的资金来源，我国的事业单位可分为全额拨款事业单位、财政补助事业单位和自收自支事业单位。

2. 社会团体

社会团体是指中国公民自愿组成，为实现会员共同意愿，按照其章程开展活动的非营利性社会组织。社会团体具有非政府性和国民性、自愿性、共同性、非营利性和自我约束性等基本特征。与事业单位相比，社会团体的目的是为实现会员共同意愿，更加注重组织内会员的互益目的，是为了实现协会内的成员无法单独实现的目标；社会团体的经费来源主要是社团成员交纳的会费以及一些社会捐助等，社会团体也会得到政府的资助，但这不是它们的主要经费来源；社会团体不得从事营利性经营活动，社会团体的经费以及开展章程规定的活动所取得的合法收入，必须用于章程规定的业务活动，不得在会员中分配。

社会团体的作用主要有：向政府反映社团成员的要求，实现政府与社团成员之间的沟通和协调；参与公共服务的供给，弥补政府失灵和市场失灵；为企业提供咨询、信息、法律、公证等公益服务，实现企业与社团成员之间的沟通和协调；建立和完善社会团体与其内部成员之间的联系关系、代表关系、服务关系、管理关系和监督关系，实现社团成员之间的沟通和协调。

按照社会职能的不同，可将社会团体分为政治性团体、经济性团体和社会性团体；按照组织形式的不同，可将社会团体分为协会、研究会、联合会、联谊会、促进会和商会；按照宗旨和活动内容的不同，可将社会团体分为为谋取自身合法权益的互益性社团和为谋求社会共同利益的公益性社团等。为了便于社会团体的登记管理，我国根据社会团体的性质和任务，将社会团体分为学术性社会团体、行业性社会团体、专业性社会团体和联合性社会团体。

3. 民办非企业单位

民办非企业单位是指企业、事业单位、社会团体和其他社会力量以及公民个人利用非国有资产举办的，从事非营利性服务活动的社会组织，具有非政府性、非营利性、公益性、实体性等基本特征。与企业相比，民办非企业单位的宗旨和目的不是营利，是向社会提供公益服务，是要通过自身的服务活动，促进社会的进步与发展，因而能享受税收等方面的一些特殊减免政策；盈余和清算后的剩余财产只能用于社会公益事业，不得在成员间进行分配。

我国民办非企业单位遍布城市公共事业各个领域和层面，数量众多，它们的普遍性，促进了城市公共事业的繁荣，满足了人民群众日益增长的对各类公共服务多样化、个性化的需求，扩大了社会就业。民办非企业单位日益成为我国社会主义现代化建设事业中不可或缺的组成部分，在城市社会经济生活中的作用越来越大。

按照承担民事责任的不同，我国民办非企业单位可以分为法人型民办非企业单位、合伙型民办非企业单位和个体型民办非企业单位。

4. 基金会

基金会是利用自然人、法人或者其他组织捐赠的财产，以从事公益事业为目的，按照相关法律法规的规定成立的非营利性法人。与其他社会组织相比，基金会有以下主要特征：第一，基金会存在的依据是基金，而不是组织或个人。第二，基金会基金的来源是自然人、法人或者其他组织自愿的、不图回报的捐赠。第三，基金会成立的目的是从事公益事业。第四，基金会具有独立的法人地位。基金会为改善城市公共服务、缓解城市公共事业资金短缺、加快城市公共事业发展起到了重要的积极作用。

基金会作为社会公益组织，具备其他社会公益组织具有的独立、非政府、非营利的一般特征，但还是有明显的区别，集中体现在突出的公益性和基金信托性两个方面。首先，基金会的公益性非常突出；其次，基金会是以捐赠为基础的公益财产的集合，且这些公益财产又以信托形式存在，因此基金会具有其他公益组织没有的基金信托特性。充分认识基金会与其他社会公益组织的上述区别，是管理基金会、保证基金会充分发挥其公益作用的前提。

我国将基金会分为公募基金会和非公募基金会。公募基金会主要通过面向社会公众开展公开募捐活动获得资金以从事公益事业。非公募基金会不得向社会公众公开募捐，主要依靠接受特定对象的捐赠资金及资金的增值从事公益事业。

城市公共事业管理的含义

第二节　城市教育事业管理

一、城市教育事业管理的含义和内容

古今中外学者都把教育看作一种培养人的活动，这是教育的质的规定性。教育有广义和狭义之分。广义的教育是增进人们的知识和技能、影响人们的思想品德的活动。广义的教育范围极为广阔、形式多种多样、内容繁杂丰富。狭义的教育主要指学校教育，是指社会通过学校对受教育者的身心所施加的一种有目的、有计划、有组织的影响，以便使受教育者发生预期变化的活动。狭义的教育一般包括学前教育、初等教育、中等教育、高等教育、特殊教育等。教育具有政治功能、科技发展功能、经济功能、文化功能和个体发展功能等。

城市教育事业管理是城市政府在特定的社会环境下，遵循教育的客观规律，依据教育

的法律法规，对各种教育资源进行合理配置，对教育系统进行规划、组织、协调和控制，以贯彻教育方针和实现教育目标的行为。城市教育事业管理包括城市教育行政管理和学校管理。

与其他城市公共事业管理相比，城市教育事业管理具有以下特点：首先，教育是一种培养人的事业，具有自身的规律和特点，城市教育事业管理的成效取决于对教育与人的发展、教育与社会关系及其规律的正确认识。其次，教育具有鲜明的价值导向性，牵涉其他管理活动不常碰到的伦理道德及价值观的问题。城市政府及其职能部门、管理者、教育者等所秉持的基本理念和价值观，是城市教育事业管理活动顺利和高效开展的前提。再次，教育是一种周期性很长的活动，城市教育事业管理的效果大多是隐性的，且效果显现具有较长的滞后性，在短期内难以衡量其成效。

城市教育事业管理的内容主要包括以下几方面：

(1) 教育预测。教育预测是指在分析教育发展的历史和现状的基础上，借助科学的预测方法和技术，系统分析影响教育发展的各种因素、条件和可能变化的趋势，科学预测教育的未来发展趋势，测算教育发展的规模、速度、结构等。教育预测是教育决策的前提和基础。

(2) 教育决策。教育决策是指为了解决教育事业发展中存在的各种问题，采用科学的方法和手段，从多个预选方案中选择一个最佳方案或综合成一种较为满意方案的过程。教育决策关系到教育事业发展的前途和命运，是实现教育管理现代化的关键。

(3) 教育计划。教育计划是在教育方针政策的指导下，为实现预定的教育目标及完成教育事业发展任务，制定的教育事业发展目标、指标、原则、步骤、方法和措施等的总和。教育计划是实施教育决策的行动纲领和具体方案。

(4) 教育组织。教育组织是指在特定的环境中，合理配置教育资源、确定教育系统中各要素之间关系的过程，目的在于使教育系统中的人、财、物和信息发挥更大的作用，取得更佳的效益，使教育决策和教育计划得以顺利实施。教育组织是城市教育管理的核心。

(5) 教育督导。教育督导是由教育督导机构及其成员根据教育理论、教育法规和教育政策，运用科学的方法和手段，对教育事业发展进行视察、监督、检查、评估和指导，以促进教育效率和教育质量提高的过程。教育督导是对教育决策、教育计划和教育组织的监督和指导，在督促落实教育法律法规和教育方针政策、规范办学行为、提高教育质量、促进教育公平、推动学校实施素质教育等方面发挥了重要作用。

(6) 教育评价。教育评价是指在一定教育价值观的指导下，依据确立的教育目标，通过使用一定的技术和方法，对所实施的各种教育活动、教育过程和教育结果进行科学判定的过程。教育评价是做出科学的教育决策、修正教育计划、优化教育组织的重要保证，有利于提高教育决策、教育计划和教育组织的科学性，有利于完善教育督导体制机制。

二、城市教育事业管理的意义和基本制度

城市教育事业管理的目的是要提高学生的知识、能力、品德等方面的素质，并为实现国家的教育理念、促进教育事业的健康发展创造条件。具体地说，城市教育事业管理的意义体现在以下几方面：

第一，城市教育活动的复杂性和特殊性，需要实施有效的教育事业管理。现代教育已形成了从学前教育到中小学教育、高等教育再到各类成人教育这样一个人数众多、规模庞大的体系，对于这样一个层次多、规模和投入巨大的事业，不进行管理是不可想象的。

第二，城市教育事业管理协调教育与各种环境之间的关系，解决教育发展过程中的各种矛盾。教育组织生存在自然环境、社会环境和特殊的内部环境中，要面对学生个体与学生总体之间、学生的主体地位与教师的主导作用之间的不协调。城市教育事业管理能够协调教育与各种环境之间的关系，解决教育、教学过程中出现的各种矛盾，从而促进学生素质的提高和教育事业的发展。

第三，城市教育事业管理的质量直接决定教育的质量。教育质量是教育事业的生命线，也是教育事业存在的价值体现。教育质量一般由教育过程质量和毕业生质量相互联系的两部分组成。良好的城市教育事业管理，能提高教育过程的质量和毕业生的质量。可以说，教育质量是城市教育事业管理水平的综合体现。

第四，城市教育事业管理有利于实现教育资源的合理配置和有效利用。教育活动的展开需要投入大量的资源，而相对于人们对教育事业的巨大需求而言，教育资源是稀缺的，需要通过有效的城市教育事业管理对教育资源进行合理的配置，以实现教育资源的高效利用。

根据我国《教育法》的规定，城市教育的基本制度有：

第一，学校教育制度。我国实行学前教育、初等教育、中等教育、高等教育的学校教育制度，并设立科学的学制系统。学制系统内的学校和其他教育机构的设置、教育形式、修业年限、招生对象、培养目标等，由国务院或由国务院授权教育行政部门规定。

第二，义务教育制度。我国实行九年制义务教育制度。义务教育是国家统一实施的所有适龄儿童、少年必须接受的教育，是国家必须予以保障的公益性事业。实施义务教育，不收学费、杂费，国家建立义务教育经费保障机制，保证义务教育制度实施。凡具有中华人民共和国国籍的适龄儿童、少年，不分性别、民族、种族、家庭财产状况、宗教信仰等，依法享有平等接受义务教育的权利，并履行接受义务教育的义务。

第三，职业教育和继续教育制度。职业教育，是指为了培养高素质技术技能人才，使受教育者具备从事某种职业或者实现职业发展所需要的职业道德、科学文化与专业知识、技术技能等职业综合素质和行动能力而实施的教育，包括职业学校教育和职业培训。职业教育是与普通教育具有同等重要地位的教育类型，是国民教育体系和人力资源开发的重要组成部分，是培养多样化人才、传承技术技能、促进就业创业的重要途径。职业教育实行政府统筹、分级管理、地方为主、行业指导、校企合作、社会参与。此外，国家鼓励发展多种形式的继续教育，使公民接受适当形式的政治、经济、文化、科学、技术、业务等方面的教育，促进不同类型学习成果的互认和衔接，推动全民终身学习。

第四，教育考试制度。国家教育考试是指国家批准实施教育考试的机构根据一定的考试目的，对受教育者的知识水平和能力按一定的标准所进行的测定。国家教育考试由国务院教育行政部门确定种类，并由国家批准的实施教育考试的机构承办。国家教育考试主要包括入学考试、水平考试和文凭方面的考试等。实行国家教育考试制度对于实现教育机会均等、保护受教育者的合法权益具有十分重要的意义。

第五，学业证书制度。学业证书是指经国家批准设立或者认可的学校及其他教育机构，对在该学校或者其他教育机构正式注册并完成了规定学业的受教育者颁发的证明文件，采用证书的形式加以记载。实施学校教育的，按照学制阶段，分别颁发毕业证书、肄业证书等学历性的学业证书；实施其他类型教育的，颁发非学历性的其他学业证书。学业证书制度是关于学业证书颁发单位的资格，证书的种类与作用，颁发的条件、程序、办法以及学业证书的管理等规程或准则。学业证书制度对于维护教育活动正常而有序地进行，保证教育质量，有着不可替代的作用。

第六，学位制度。学位制度是我国有关学位的申请、授予与管理事项的法律制度，主要由《学位条例》及暂行实施办法予以规定，目的是促进科学专门人才的成长，促进各门学科学术水平的提高和教育、科学事业的发展，以适应社会主义现代化建设的需要。学位是标志被授予者的受教育程度和学术水平达到规定标准的学术称号。我国学位分学士、硕士、博士三级，学士学位由国务院授权的高等学校授予，硕士学位、博士学位由国务院授权的高等学校和科学研究机构授予。学位授予单位，在学位评定委员会做出授予学位的决议后，发给学位获得者相应的学位证书。

第七，教育督导制度。教育督导制度是教育法律实施的行政监督制度和专门监督制度，是教育督导机构设置、督导人员选用、督导内容、督导职能、督导方式等方面的体系、制度、方法、形式的总称。教育督导的内容包括县级以上人民政府对下级人民政府落实教育法律、法规、规章和国家教育方针、政策的督导；县级以上地方人民政府对本行政区域内的学校和其他教育机构教育教学工作的督导。教育督导有综合督导、专项督导和经常性督导三种类型。

第八，教育评估制度。教育评估制度是指各级教育行政部门或者经过教育行政部门认可的社会组织，对学校及其他教育机构的办学水平、办学质量、办学条件等方面，进行综合的或者单项的考核和评定的制度。教育评估有利于增强学校及其他教育机构主动适应社会需要的能力，发挥社会对学校教育的监督作用，不断提高办学水平和办学质量。教育评估的主要职能是根据一定的教育目标和标准，通过系统收集学校及其他教育机构的各方面信息，准确了解教育活动的实际情况，对学校办学水平和教育质量进行评价，为学校改进工作、开展教育改革和教育管理部门改善宏观管理提供可靠的依据。教育评估主要有合格评估、办学水平评估、选优评估及学校内部评估等形式。

三、城市教育事业管理的重点任务

1. 办好人民满意的城市教育

办好人民满意的城市教育的指导思想是：全面落实党的教育方针，坚持为党育人、为国育才，遵循教育规律和人才成长规律，顺应社会主要矛盾的变化，以高质量发展为主线，以深化城市教育改革为动力，以凝聚人心、完善人格、开发人力、培育人才、造福人民为目标，健全学校、家庭、社会育人机制，培养德智体美劳全面发展的社会主义建设者和接班人。

办好人民满意的城市教育的总体思路是：

第一，坚持立德树人的根本任务，引导学生树立正确的世界观、人生观和价值观，培养党和国家需要、对社会有用的人。

第二，坚持科学的教育理念，坚定教育自信，弘扬我国优秀教育传统，吸收借鉴国际先进经验，构建德智体美劳全面培养的教育体系，坚持以学生为本，注重因材施教，努力让每个学生都有人生出彩的机会。

第三，坚持教育事业的公益属性，平衡好公办教育和民办教育、政府责任和社会责任，让教育发展成果更多更公平惠及全体人民。

第四，坚持教育质量的生命线，全方位调整教育观念、教育体制、教学方式等，把促进人的全面发展、适应国家社会需要作为衡量城市教育质量的标准，统筹城市教育发展的规模、结构和效益，全面提高各级各类教育的质量。

办好人民满意城市教育的重点任务是：

第一，加强党对教育工作的领导。党的领导是办好教育的根本保证。要以党的政治建设为统领，全面加强教育系统党的建设，坚持和完善党委领导下的校长负责制，改革创新学校思想政治理论课，把教育系统建设成为坚持党的领导的坚强阵地。深入推进依法治教、依法治校，完善教育治理体系、提高教育治理能力，赋予学校更多办学自主权，激发学校发展活力。

第二，加快建设高质量城市教育体系。各级教育要巩固提升普及水平，更加注重高质量发展。学前教育要多渠道增加普惠性资源，全面提升科学保教水平。义务教育要落实“五育并举”要求，加快义务教育优质均衡发展和城乡一体化。要坚持高中阶段学校多样化发展，加强县域普通高中建设。高等教育要促进内涵式发展，鼓励高校在不同定位上办出特色、争创一流，加强基础学科、新兴学科、交叉学科建设，全面提高人才自主培养质量。要优化职业教育类型定位，推动高职提质培优，稳步发展本科职业教育，推进职普融通、产教融合、科教融汇，培养更多应用型、技能型人才。

第三，深化城市教育领域综合改革。城市政府要发挥关键领域改革的作用，带动育人方式、办学模式、管理体制、保障机制等综合改革。学校的职责归根结底是教书育人，要推动办学治校坚守育人的本源，完善学校管理和教育评价体系。深化考试招生制度改革，完善自主招生、特才特招等选拔机制。要发挥学校育人的主阵地作用，持续优化教育教学秩序和综合育人环境。稳步推进民办义务教育治理，引导规范民办教育发展。教育督导改革要重点完善常态化监测，强化结果运用和问责机制。同时，要坚持以开放促改革、促发展，加强国际教育交流合作，拓展全方位、多层次、宽领域的教育对外开放格局。

第四，加强教师队伍建设。城市政府要深入实施新时代基础教育强师计划，加强师德师风建设，培养高素质教师队伍，弘扬尊师重教社会风尚。推动政策、资源、投入进一步向教师倾斜，引导师范院校坚持“师范为本”、以培养教师为主业，支持高水平综合大学开展教师教育，保证教师队伍有充足的师资来源。深入推进义务教育学校教师“县管校聘”管理改革，加大对乡村教师的倾斜支持，完善城镇优秀教师、校长向乡村学校、薄弱学校交流轮岗的激励机制，扩大中小学中高级岗位比例，提高教龄津贴标准，吸引和激励更多优秀人才长期从教、终身从教。

第五，着力完善保障条件。教育优先发展是党和国家的重大战略，要健全财政教育投入机制，全面落实城市政府支出责任，确保国家财政性教育经费投入。不断优化经费支出结构，健全各级教育生均标准，完善覆盖全学段学生资助体系，把新增教育经费更多用在教师队伍建设和教学设施改善上，提高教育经费使用效益。加强教材建设和管理，推进教育数字化。

2. 加快推进城市教育现代化

城市教育现代化是教育高水平的发展状态，是对传统教育的超越，是教育发展理念、发展方式、体系制度等全方位的转变。城市政府必须抓住机遇，超前布局，加快推进城市教育现代化，推动我国城市教育不断朝着更高质量、更有效率、更加公平、更可持续的方向前进。

我国城市教育现代化的指导思想是：以中国特色社会主义理论为指导，坚定实施科教兴国战略、人才强国战略，在党的坚强领导下，全面贯彻党的教育方针，坚持马克思主义指导地位，坚持中国特色社会主义教育发展道路，坚持社会主义办学方向，立足基本国情，遵循教育规律，坚持改革创新，以凝聚人心、完善人格、开发人力、培育人才、造福人民为工作目标，培养德智体美劳全面发展的社会主义建设者和接班人，加快推进教育现代化、建设教育强国、办好人民满意的教育。将服务中华民族伟大复兴作为教育的重要使命，坚持教育为人民服务、为中国共产党治国理政服务、为巩固和发展中国特色社会主义制度服务、为改革开放和社会主义现代化建设服务，优先发展教育，大力推进教育理念、体系、制度、内容、方法、治理现代化，着力提高教育质量，促进教育公平，优化教育结构，为全面建成社会主义现代化城市提供有力支撑。

推进城市教育现代化，要树立下列基本理念：更加注重以德为先，更加注重全面发展，更加注重面向人人，更加注重终身学习，更加注重因材施教，更加注重知行合一，更加注重融合发展，更加注重共建共享。推进城市教育现代化的基本原则是：坚持党的领导、坚持中国特色、坚持优先发展、坚持服务人民、坚持改革创新、坚持依法治教、坚持统筹推进。

推进城市教育现代化的总体目标是：到2035年，总体实现教育现代化，迈入教育强国行列，推动我国成为学习大国、人力资源强国和人才强国，为到21世纪中叶建成富强民主文明和谐美丽的社会主义现代化强国奠定坚实基础。2035年，我国城市教育主要发展目标是：建成服务全民终身学习的现代教育体系、普及有质量的学前教育、实现优质均衡的义务教育、全面普及高中阶段教育、职业教育服务能力显著提升、高等教育竞争力明显提升、残疾儿童少年享有适合的教育、形成全社会共同参与的城市教育治理新格局。

到2035年，我国城市教育现代化的战略任务是：学习中国特色社会主义理论，这是推进城市教育现代化的根本遵循；发展中国特色世界先进水平的优质教育，全面落实立德树人根本任务，形成高水平人才培养体系，这是教育现代化的核心要求；推动各级教育高水平高质量普及，全面扩大人民群众受教育机会，这是实现教育现代化的重要基础；实现基本公共教育服务均等化，努力让全体人民享有更公平的教育，这是教育现代化的基本要求；构建服务全民的终身学习体系，加快建设学习型社会，这是服务终身学习、建设学习大国的迫切需要；提升一流人才培养与创新能力，优化教育体系结构和学校布局结构，努力提升高校创新服务水平；建设高素质专业化创新型教师队伍，坚持把教师队伍建设作为基础工作，为教育现代化提供人才支撑；加快信息化时代教育变革，推动教育组织形式和管理模式的变革创新，以信息化推进教育现代化；开创教育对外开放新格局，全面加强与世界各国和国际组织的教育务实合作，提升我国教育国际影响力；推进教育治理体系和治理能力现代化，建立多元参与的协同治理新机制，这是教育现代化的重要保障。其中，教育优质化、普及化、公平化、终身化和创新服务能力反映了城市教育现代化的主要内涵，教师队伍专业化、治理现代化、信息化、国际化是城市教育现代化的重要支撑。

我国城市教育现代化的实施路径是：总体规划，分区推进；细化目标，分步推进；精准施策，统筹推进；改革先行，系统推进。实现城市教育现代化的目标任务，要加强党对教育工作的全面领导，完善教育现代化投入支撑体制和落实机制。

第三节　城市科技事业管理

一、城市科技事业管理的概念和意义

要正确理解城市科技事业管理的概念，首先要了解科技和科技活动。科技是科学和技术的统称。其中，科学是关于自然、社会和思维的知识体系，其任务是认识世界；技术是根据科学原理及生产实践的经验而发展起来的各种技能和操作方法，广义的技术还包括相应的生产工具和工艺装备与设备，以及指导或从事生产实践所必需的全部知识。科学与技术本来是两个概念。科学的任务是通过回答“是什么”和“为什么”的问题，揭示自然的本质及其内在规律，其目的在于认识自然；技术的任务是通过回答“做什么”和“怎么做”的问题，满足人类生产和生活的实际需要，其目的在于改造自然。20 世纪初之前，科学和技术一直是平行发展的，虽然有时也相互影响、相互作用，但两者总体上融合度不高。从 20 世纪 20 年代开始，特别是 60 年代以来，科学和技术的相互作用和相互依赖的程度有了明显增强，科学和技术日益一体化发展。需要指出的是，科学和技术的一体化发展并没有消除科学与技术的区别，两者的性质、作用和发展规律不同。

科技活动是指与科技知识的产生、发展、传播和应用相关的有组织的活动。根据科技活动的性质、范围或领域，科技活动有以下四类：一是基础研究。基础研究回答“是什么”和“为什么”的问题，揭示客观事物的本质和规律，获得新发现、新学说，或者对已有的发现和学说作补充。基础研究是科技与经济发展的源泉，是新发明或新技术的先导。二是应用研究。应用研究回答“做什么”和“怎么做”的问题，是为达到预定的目标利用一定的基础研究成果探索应采取的新方法、新途径等。三是试验发展。试验发展是指利用基础研究、应用研究及实际经验所获得的知识，开发新产品新工艺或者改进现有产品和工艺。四是技术推广。技术推广是指政府为了促进社会经济发展和增进公共利益，通过示范、培训、指导以及咨询服务等手段，普及和传播技术。

城市科技事业管理是城市政府及其职能部门为了促进城市发展和增进公共利益，对城市科学技术活动的计划、组织、协调、控制等治理活动的统称。城市科技事业管理对于推动城市现代化建设、促进城市综合实力的提升具有重要的战略意义。

第一，城市科技事业管理是适应现代科学技术发展的需要。20 世纪下半叶以来，现代科学技术呈现出许多前所未有的新特点：一是科学的多极化发展和各门类、各个学科越

来越交叉融合，使科学技术呈现网络化发展的新局面；二是科学与技术的联系越来越紧密，科学技术的发现、发明到应用的周期越来越短，高新技术正改变着产业结构和世界发展的面貌；三是科学技术与社会、经济的联系紧密，自然科学和社会科学结合的成果被用以解决重大的社会经济问题；四是知识呈现指数式增长。城市科技事业管理必须适应现代科学技术发展的上述特点，不断进行改革和调整，以自身的现代化来促进现代科学技术的发展。

第二，城市科技事业管理是实现科技强国的需要。现代科学技术渗透到社会生产力的各个要素之中，科学技术以一种不可逆转、不可抗拒的力量推动着人类社会向前发展。科技创新对促进城市发展、提高城市综合实力、满足人民日益增长美好生活需要的支撑引领作用显著增强。加快建设科技强国，必须面向世界科技前沿、面向经济主战场、面向国家重大需求、面向人民生命健康，不断实现高水平科技自立自强。为了落实科技强国的战略方针，必须加强城市科技事业管理。

第三，城市科技事业管理是应对知识经济和信息社会挑战的需要。知识经济和信息社会的发展，不仅带动了社会生产力和科学技术的飞速发展，也催生了社会结构、行为方式和管理模式的根本性变革，对城市发展和城市管理带来了许多新的挑战和机遇。城市作为一个国家政治、经济、科学和文化的中心，是应对知识经济和信息社会挑战的主要阵地。城市政府要通过有效的政策手段，对知识经济和信息社会带来的新变化和新格局进行预测、规划和组织，积极促进高新技术产业的发展，以适应知识经济和信息社会的发展趋势。

第四，城市科技事业管理是深入实施创新驱动发展战略的关键。科技创新是提高城市生产力的战略支撑，是引领城市发展的第一动力，在城市发展全局中处于核心位置。为了推动我国城市的高质量发展，必须坚持走中国特色自主创新道路，实施创新驱动发展战略。城市政府要通过制定科技发展规划并组织实施，合理配置科技资源，对科技发展进行科学引导和管理，从制度、机制和组织等方面为科技创新提供支持和保障创造良好的环境。

第五，城市科技事业管理是提升城市综合实力的重要手段。在城市综合实力竞争中，科技发展能力具有至关重要的地位，科技兴则城市兴，科技弱则城市弱。但科技发展一般又具有高投入、高风险的特征，这就决定了单纯依靠单一社会组织、企业或个人的力量，很难实现科技的可持续发展。因此，城市政府要通过对辖区内科技事业的管理，科学规划科技发展布局，加大科技投入，加强科技人才的培养，积极扶持基础研究，以有效提升城市综合实力。

二、城市科技事业管理的特点和任务

城市科技事业管理具有以下特点：

第一，城市科技事业管理具有很大的灵活性。城市科技事业管理的灵活性主要来源于：一是科技领域有许多未知因素，变化迅速。城市科技事业管理要根据科技的变化及时进行调整。二是科技劳动是以探索性和创造性劳动为主的脑力劳动，自身具有灵活性。即使预先制订了科技发展计划或科研方案，在随后的执行过程中往往会出现难以预料到的问题，不得不进行计划的修订或方案的调整，这就要求城市科技事业管理要具有相应的灵活性。三是科技活动具有相当的自由度。虽然科技活动的自由度因科技活动的不同而有较大的差异，但其必然要求城市科技事业管理有一定的弹性、柔性和机动性，不仅要允许科技计划或方案的调整，还应包容失败。

第二，城市科技事业管理具有整体性。为了促进各学科之间的相互交叉，推动综合性大科学的发展，城市科技事业管理要充分尊重和反映科学技术各领域的内在关系，使科技机构形成协调一致的有机整体。一方面，城市科技事业管理要按照国家发展科学技术的战略规划进行纵深部署，确保科技机构必要的投入，形成协调一致、运转正常的整体性科技发展网络，并集中优势力量解决与城市经济社会发展休戚相关的重大科技问题；另一方面，每个科技机构要在立足于完成本机构任务的同时，兼顾与其他科技机构的衔接和配合。

第三，城市科技事业管理具有长远性。城市科技事业管理要注重长远性，在充分估计和科学预测科学技术长期发展趋势的基础上，确立长期的科技发展战略和规划，选准长期科技发展的突破口。此外，城市科技事业管理要密切跟踪科技发展新动向，做好当前和近期的科技工作安排，以形成远近结合的完整科技发展网络。

城市科技事业管理的任务主要包括以下几方面：

第一，健全完善科技政策和法规。科技政策和法规是政府为实现一定时期的科技任务而规定的基本行动准则，为城市科技事业确定发展方向，是开展科技创新活动的制度保障，是制定城市科技发展规划和计划的依据。制定正确的科技政策，既要处理好科学技术活动领域内的各种关系，又要处理好科学技术与社会、经济的相互关系。要围绕最大限度激励和保障科技创新，全面提升科技管理的法治化水平，加快形成互相衔接、精准有效的科技创新法规体系；加强知识产权法治保障，持续推进知识产权创造、保护和运用，健全知识产权侵权行为惩罚性赔偿制度。

第二，确立科技体制和设置机构。科技体制的确立和机构设置，要针对科技的特点，适应科技事业进步和社会主义市场经济发展的需要，符合精简、职责明确、高效率的原则。要加快构建关键核心技术攻关和支持颠覆性技术创新的体制机制，优化问题导向、需求导向的选题机制，健全科技项目分类管理机制，完善符合科研规律、以信任为前提的科研经费使用管理，加快转变城市政府科技管理职能，提升科技投入效能。

第三，编制科技发展规划与计划。科技发展规划是为指导城市较长时期科技发展而制定的综合性规划，包括科技发展的方向、目标、主要政策和重要措施等，是科技发展方针政策的具体体现，反映科技发展的水平和科技体制改革的进程。科技发展计划是为实现科技发展规划而制订的，是对城市一定时期科技发展的具体安排，具有具体、可测、可衡量的特征，是科研的依据和保证。科技发展规划和计划的制订，要经过充分的科学论证，既要有科学依据，又要留有余地，确保科技发展规划和计划的连续性、严肃性和可行性。此外，科技发展规划与计划必须聚集重大决策部署，根据国家的需要和科技发展本身的需要，以及现有的人力、物力、资源和技术条件，选择科技发展的重点和主攻方向。

第四，科技资源的合理配置。科技资源是从事科技活动的人物财等要素的总称，具体包括科研人员、科研经费、科研物质条件和知识资料等。要做好科技人员的选拔、使用、考核、晋级和培养提高等工作，善于发现人才，大胆地使用人才，真正做到人尽其才；要做好科研经费的预算，确定各类科研工作的投资比例及投资重点，搞好科研投资的效果分析，真正做到财尽其用；要提供科技发展所必需的基础设施、仪器、设备、材料等物质条件和科技情报、图书等知识资料，确保科技工作的正常进行。

第五，组织科研协作。由于当代一些重大科研任务越来越具有综合性，不是一个学科或一个部门所能完成的，必须围绕重点研究任务，实现多学科、多工种、多部门的大协作，因而科研协作成为当今科技创新和突破的新范式。科研机构通过建立相关的体制和机制，有效整合科技资源，发挥各科研主体的比较优势，加快科技的研发、推广和应用。

第六，科技成果管理。科技成果管理包括科技成果鉴定、评价、登记、交流、推广、奖励、保护等项工作。科技成果管理直接影响科技人员的积极性和科研工作的效益，对推动城市的发展有着重要的意义。

三、城市科技事业管理的原则和重点

我国城市科技事业管理必须坚持以下原则：

第一，系统性原则。在现代大规模的科技研发工作中，任何一个科技研发部门或任何一项科技工作都不是孤立的，都是由相互联系、相互制约的各个部分组成的有机系统。城市科技事业管理机构要运用系统工程方法进行科技研发的组织和管理，按照科技发展规律制定科技研发分工协作的规范，使科技研发既有合理有序的分工，又有充分有效的协作，从而提高城市科技系统的整体效能。

第二，能级性原则。能级主要是指城市科技事业管理机构各部门或各管理岗位职能上的等级差别。城市科技事业管理机构是由能级层次构成的稳定的组织形态，应合理划分不同能级的责权利，使各部门和各管理岗位之间形成责任明确、权限清晰、奖惩分明的高效率管理机制。

第三，平衡性原则。城市科技事业管理机构要确保科技研发机构的科技研发任务与其拥有的科技研发资源的平衡。只有做到科技研发任务与科技研发资源的匹配，科技研发机构才能有效完成科技研发任务。

第四，前瞻性原则。当代科学技术发展日新月异，激烈的市场竞争使得科技创新的周期不断缩短，这就要求城市科技事业管理机构发挥科技情报和科技预测的作用，充分估计科技发展的趋势，密切跟踪科技发展的新动向，加强对科技研发机构和企业科技创新的前瞻性指导。

当前和今后一个相当长时期我国城市科技事业管理的重点是：

1. 加强科技基础能力建设

科技基础是指科技创新活动赖以开展的物质技术基础和制度文化基础，既包括各类科技创新组织、科研设施平台、科学数据和文献期刊等“硬条件”，也包括科技政策与制度法规、创新文化等“软环境”。科技基础能力在很大程度上决定着科技创新的能力和水平，在城市科技事业发展中具有十分重要的战略性、基础性作用。科技基础能力是城市综合科技实力的重要体现，是国家或城市创新体系的重要基石，是实现高水平科技自立自强的战略支撑。

加强科技基础能力建设，是加快建设世界科技强国的必然要求，是实现高水平科技自立自强的急迫需求，是抢抓新一轮科技革命和产业变革战略机遇的战略举措，具有十分重大的意义。城市政府要遵循科技基础能力建设体系化、长周期、持续性等规律和特点，着眼世界科技发展前沿加强前瞻性研判，立足世界科技强国建设目标加强全局性谋划，围绕高水平科技自立自强加强战略性布局，按照全国一盘棋的要求系统性推进，加快落实科技基础能力建设的各项重点任务。我国加强科技基础能力建设的重点举措是：

第一，以《中华人民共和国科学技术进步法》为统领，持续完善科技创新的政策法规体系。政策法规是开展科技创新活动的制度保障，要围绕最大限度激励和保障科技创新，全面提升科技创新管理的法治化水平，加大科技创新政策制定力度，加快形成互相衔接、精准有效的科技创新政策法规体系。

第二，以强化国家战略科技力量为牵引，加快构建高水平的创新组织体系。创新组织是开展科技创新活动的平台载体，其中国家战略科技力量发挥着十分重要的骨干引领作用。要以强化国家战略科技力量为引领，加强各类创新主体的统筹协同，提升国家创新体系整体效能。

第三，以统筹布局和开放共享为重点，优化完善科技创新的设施条件体系。科技设施、各类资源库、数据和期刊等设施条件是开展科技创新活动的物质技术基础，要面向国家重大战略需求以及新一轮科技革命和产业变革的重大方向，前瞻谋划、统筹布局各类科技创新条件平台和共享服务网络建设，提升安全保障和开放共享水平。

第四，以大力弘扬科学家精神为核心，深入推进中国特色创新文化体系建设。创新文化是滋养创新精神、强化创新动力、激发创新活力的根基和土壤，要深入挖掘中华民族的创新精神禀赋，引导广大科研人员将创新精神内化于心、外化于行，将科技发展深深根植于中国特色创新文化中。

2. 加快实现高水平科技自立自强

实现全面建设社会主义现代化城市这一战略目标，必须坚持科技是第一生产力、人才是第一资源、创新是第一动力，把科技自立自强作为我国城市现代化建设的基础性、战略性支撑，开辟发展新领域新赛道，不断塑造发展新动能新优势。实现高水平科技自立自强，是国家强盛和民族复兴的战略基石，是应对风险挑战和维护国家利益的必然选择，是贯彻新发展理念、构建新发展格局、推动高质量发展的本质要求，具有十分重大的战略意义。

我国科技发展的战略部署是：到 2035 年，我国经济实力、科技实力、综合国力大幅跃升，实现高水平科技自立自强，进入创新型国家前列，建成科技强国。为了全面落实高水平科技自立自强的战略部署，城市政府必须采取以下措施：

第一，加强党对科技工作的全面领导。把党的领导落实到科技事业各领域各方面各环节，在政治立场、政治方向、政治原则、政治道路上始终同党中央保持高度一致，为城市科技事业发展提供坚强政治保证。强化战略谋划和总体布局，调动各方面积极性，加速聚集创新要素，优化配置创新资源，实现创新驱动系统能力整合，增强科技创新活动的组织力、战斗力。

第二，构建体系化全局性科技发展新格局。坚持面向世界科技前沿、面向经济主战场、面向国家重大需求、面向人民生命健康，坚持系统观念，加快形成与科技自立自强匹配的“顶层设计牵引、重大任务带动、基础能力支撑”科技创新体系化能力。

第三，强化国家战略科技力量。以国家目标和战略需求为导向，优化国家科研机构、高水平研究型大学、科技领军企业定位和布局，打造世界科学前沿领域和新兴产业技术创新、全球科技创新要素的汇聚地，发挥科技型骨干企业引领支撑作用。

第四，坚决打赢关键核心技术攻坚战。健全新型举国体制，加强战略谋划和系统布局，以国家战略需求为导向，积聚力量进行原创性引领性科技攻关，着力解决影响制约国家发展全局和长远利益的重大科技问题。

第五，加强基础研究。把原始创新能力提升摆在更加突出的位置，坚持目标导向和自由探索并举布局基础研究，勇于挑战最前沿的科学问题，提出更多原创理论，实现前瞻性基础研究、引领性原创成果重大突破。

第六，深化科技体制改革。着力破解深层次体制机制障碍，着力营造良好政策环境，深化科技评价改革，加大多元化科技投入，加强知识产权法治保障，形成支持全面创新的基础制度。

第七，扩大国际科技交流合作。积极主动融入全球创新体系，用好全球创新资源，实施开放包容、互惠共享的国际科技合作战略，夯实国际合作基础，推进国际科技交流合作。加强国际化科研环境建设，形成具有全球竞争力的开放创新生态。

3. 强化企业科技创新主体地位

强化企业科技创新主体地位，是实现城市高质量发展的内在要求，是构建新发展格局的迫切需要，是提升国家创新体系整体效能的关键所在，具有十分重大的战略意义。

强化企业科技创新主体地位，关键在于实现创新体系协同高效、科技经济深度融合、创新生态优化完善，建设创新引领的现代产业体系。具体地说，强化企业科技创新主体地位的主要任务是：

第一，构建企业主导的产学研深度融合创新体系。深化科技体制改革，培育产学研深度融合的创新体系，解决好“由谁来创新”“动力在哪里”“成果如何用”等问题，促进创新主体充满活力、创新链条有机衔接、创新效率大幅提高。

第二，塑造大中小微科技企业协同高效的创新格局。着力提升企业自主创新能力，全面建设创新型企业；科技型骨干企业要发挥引领支撑作用，大企业要积极开放供应链，形成协同、高效、融合、顺畅的创新生态；培育企业创新平台和基地，整合集聚优势资源，促进产业链上中下游企业合作对接；为中小企业发展营造良好环境，激发涌现更多专精特新中小企业。

第三，推动创新链、产业链、资金链、人才链深度融合。强化企业创新资源要素集聚能力，促进各类创新要素向企业集聚，营造充分释放企业创新活力的良好环境；坚持以科技自立自强为引领打造创新链，以提升韧性和竞争力为重点巩固产业链，以金融为纽带优化资金链，以人才队伍建设为抓手提升人才链；加快推动产业链完善升级，做好关键领域的固链、强链、补链、控链和融链，引领全链贯通和全要素融合创新，实现产业链、供应链的稳定和自主可控。

强化企业科技创新主体地位，必须落实以下几方面的关键举措：

第一，推动科技企业融通创新，全面提升创新链、产业链水平。充分发挥企业市场主体和产业主体作用，强化企业科技创新主体地位，明确科技型骨干企业的主导地位，推动大中小微企业发挥能动作用，融通创新链产业链，全面提升创新链产业链水平。为此，城市政府要发挥科技型骨干企业引领支撑作用，推动科技型中小微企业成为创新重要生力军，推动产业链上中下游、大中小微企业融通创新。

第二，以企业为主导，打造产学研深度融合的创新体系。以企业为核心构建科技和产业之间互融互通的桥梁纽带，形成以企业为主体、市场为导向、产学研深度融合的创新体系。为此，城市政府要发挥企业产学研主导作用，支持企业牵头组建创新联合体，引导建立产学研深度融合的利益分配和风险控制机制。

第三，加大财政金融支持力度，整体提升企业创新投入强度。构建以财政投入为引导、企业投入为主体、金融机构为支撑、社会资本为补充的多元化科技投入体系，整体提升企业创新投入强度。为此，城市政府要扩大税收优惠和财政补贴规模与水平，优化金融保障体系，畅通科技企业市场融资渠道。

第四，进一步优化政策与环境，促进各类创新人才向企业集聚。营造企业创新人才良好发展环境，畅通人才流通渠道，提升企业的吸引力、凝聚力和容纳力，促进创新人才向企业集聚。为此，城市政府要发挥企业家的重要作用，推动企业培养一大批创新人才，畅通创新人才流动渠道。

第五，营造良好企业创新生态，激发科技创新内生动力。加快建立协同创新机制，围绕产业链部署创新链，围绕创新链完善资金链，打造开放协同高效的创新环境。为此，城市政府要充分激发各类主体创新活力，统筹推进区域科技创新能力发展，提高企业创新国际化水平。

第四节　城市文化事业管理

一、城市文化事业管理的内涵和必要性

要正确把握城市文化事业管理的内涵，首先要正确理解文化和文化事业的内涵。文化即人化，属于社会意识范畴，是相对“自然”而言的，其内涵是随着人类历史的演进而不断丰富的，古代“文化”一词突出“人为的”或“教化的”性质，是指人所确立的不同于外部自然与生物本能的行为规范和价值体系。

人们一般从广义和狭义两种意义上使用“文化”这一概念。广义的文化指人类在社会实践过程中所获得的物质、精神的生产能力和创造的物质、精神财富的总和。广义的文化包括物质文化、制度文化和精神文化三种基本形态。在文化发展过程中，物质文化、制度文化、精神文化都不是孤立进行的，而是相互影响、相互作用的，其中精神文化是整个文化体系的核心和灵魂，引领着文化的发展。

狭义的文化是与经济、政治相对应的文化，专指精神文化，包括社会心理、风俗习

惯、科学、政治法律思想、道德、艺术、宗教、哲学等。这里是在狭义文化定义的基础上展开对城市文化事业管理的研究。

从总体上看，文化具有人为性、群体性、历史性、公共性、私人性等基本特征。在现实中，文化具有公共性和私人性的双重属性，表现为文化同时具有意识形态属性和产业属性。文化的公共性往往直接与意识形态紧密联系在一起，所以提供公益性文化服务是城市政府的职责；文化的私人性直接与文化市场、文化产业相联系，满足人们对个性化文化的需求，是文化市场、文化产业发展的动力。充分认识文化公共性和私人性的双重属性，是推进城市文化事业改革、促进城市文化发展的前提。

任何社会和时代都需要文化，文化在推动人类社会发展中发挥着重要的非物质性的作用。文化是一个国家、一个民族的灵魂和精神命脉，也是国家治理之魂。文化的力量深深地熔铸在民族的生命力、创造力和凝聚力之中。在当代，文化越来越成为民族振兴和社会发展的重要源泉，越来越成为综合国力竞争的重要因素，丰富精神文化生活越来越成为人民群众的热切愿望。

文化事业的概念也有狭义和广义之分。狭义的文化事业是以实现公共利益为目的、由国家机关或其他组织利用国有资产举办的，在文化领域从事研究创作、精神产品生产和公共文化服务等活动的集合。狭义文化事业的本质特征在于非营利性，从这个意义上来说，非国有性质的公益性文化服务组织，以及其他社会文化服务组织，也属于狭义文化事业的范畴。

狭义文化事业的概念，是与营利性的文化产业相对应的。文化产业是指为社会公众提供文化产品和文化相关产品的生产活动的集合，其范围具体包括：以文化为核心内容，为直接满足人们的精神需要而进行的创作、制造、传播、展示等文化产品的生产活动；为实现文化产品的生产活动所需的文化辅助生产和中介服务、文化装备生产和文化消费终端生产等活动。狭义的文化事业与文化产业的主要区别在于：狭义的文化事业具有公益性，是非营利的，所需经费由国家全部或部分提供的；而文化产业则指文化中非公益性的营利部分。狭义的文化事业和文化产业构成了广义的文化事业，也就是说，广义的文化事业由公益性文化事业和经营性文化产业组成。

公益性文化事业即非营利性文化事业，是以满足社会共同的文化需要为目的的。这类文化事业着眼于提高公众的文化素质和文化水平，它既能给公众提供最基本的文化精神享受，也是保证和维持社会生存与发展所必需的文化基础和条件。公益性文化事业主要有公共图书馆、文物馆、博物馆、纪念馆、群众艺术、群众文化站（馆）等。

经营性文化产业即营利性文化产业，是以满足特定群体或个人的文化消费需要为主要目的的。这类文化活动主要关注特定群体和个人的享受需要和发展需要，主要满足特定群体和个人的文化消费偏好，同时也是促进社会文化繁荣发展的基本动力。经营性文化产业包括娱乐业、演出业、新闻出版、广播电视、影视音像等。

城市文化事业管理是基于广义的文化事业概念基础之上的。城市文化事业管理是城市政府及其职能部门和各种文化企事业单位对各项文化事业和具体文化活动的规划、组织、协调和监督。城市文化事业管理包括文化事业的行政管理和文化事业的微观管理两个层面。

城市文化事业管理的必要性具体表现在以下几个方面：

第一，文化产品的外部性决定了必须加强城市文化事业管理。公共性是文化产品最基本的属性，文化产品是满足社会全体成员基本的、共同的文化需要，其外部性非常强，私人往往不愿意进行投资，所以仅靠市场是无法保证满足公众基本的文化需求的。而城市文化事业管理机构代表社会对文化产品的外部收益支付费用，并通过一定的方式加强社会基础文化设施建设，以满足公众的基本文化需求。此外，现代社会中电视广播、报纸杂志虽然自身具有经营能力，但一些代表国家意识形态和主流思想的政治性报刊，以及一些反映国家科学文化事业水平的理论性较强的刊物，具有十分突出的外部收益，城市文化事业管理机构应代表社会对这一外部收益支付费用。

第二，文化产品所具有的意识形态属性决定了必须加强城市文化事业管理。文化是一种精神产品，属于意识形态领域，文化事业活动中贯穿着特定的意识形态。因此，现实中尽管每个国家的文化传统、经济发展程度、政治经济体制、文化事业管理的方式和程度各不相同，但统治阶级为了巩固自己的统治地位，不可能放任文化产品市场和文化产品生产的自由发展，总会凭借掌握的权力，通过制定法律法规，对文化产品市场和文化产品生产进行必要的引导和管理，以维护自己的政治经济利益。

第三，文化产品的双重属性决定了必须加强城市文化事业管理。文化产品既具有一般商品的共性，又具有精神产品的特殊性；既具有经济效益，又具有社会效益。在社会主义市场经济条件下，文化产品的社会效益与经济效益有统一的一面，也有对立的一面。有的文化产品的社会效益与经济效益是一致的，由市场来调节其供求是没有问题的。但一些主要有社会效益而经济效益低的文化产品，如果放任市场来进行调节，则可能会被完全挤出市场。因此，城市文化事业管理机构在尊重市场经济规律的基础上，充分发挥其对文化事业发展的引导和监管作用，促进文化产品的社会效益与经济效益的统一，实现城市文化事业发展与经济发展的良性循环。

第四，文化产品的商品属性决定了必须加强城市文化事业管理。完全自由的文化商品市场会产生市场失灵，不能真正满足社会对文化产品的需求。城市文化事业管理机构对文化产品的生产、流通、销售进行监管，有利于规范文化经营行为，保护公民、法人和其他组织的合法权益，促进文化市场的健康发展。因此，对文化市场进行规范和监督，是保证城市文化事业健康发展必不可少的条件。

二、城市文化事业管理的任务和基本原则

城市文化事业管理对提升国家文化软实力、实现建设社会主义文化强国的战略目标具有强大的引领、支撑和保障作用。具体来说，城市文化事业管理的任务主要包括以下几个方面：

第一，完善文化发展法治体系，制定文化发展战略与规划。

健全社会主义市场经济条件下的文化发展法治体系，提高文化法治水平，是文化发展的有力保障。要按照与市场经济规律相符合，与文化发展趋势相适应，与文化管理体制改革相衔接的要求，坚持立法先行，健全促进社会效益和经济效益有机统一的制度规范；建立健全重大决策合法性审查、公平竞争审查、风险评估等工作制度；加强互联网文化管理

及文化新业态法规制度建设探索；健全综合执法制度，完善文化事业综合执法体制机制；建立健全文化产业安全监管机制，守好意识形态安全和社会稳定底线，完善和落实安全生产责任制。

文化发展战略与规划是对文化长远发展的整体谋划，是对一定时期内为实现城市发展的总体目标而做出的有关文化发展的目标、任务、重点、对策措施及实施方式等的谋划与抉择，具有权威性、原则性、科学性和系统性。制定文化发展战略与规划，旨在发展先进文化，凝聚全社会精神力量，从而使文化事业能适应城市经济社会的发展和进步。制定文化发展战略与规划是城市文化事业管理的首要任务。

第二，优化文化资源配置，促进文化产业发展。

文化资源是人们从事文化生产或文化活动时可资利用的资源，是能够满足人类文化需求、为文化事业发展提供基础的自然资源或社会资源。由于大多数文化产品不具有完全的竞争性和排他性，纯粹由市场来配置文化资源，必然会导致文化产业发展与大众的文化需求失衡。政府要积极利用各种手段调控文化资源的流向，完善公共文化设施网络，推动公共文化数字化建设，创新实施文化惠民工程，补齐公共文化服务短板，提升基本公共文化服务标准化均等化水平。

城市文化事业管理要以推动文化产业高质量发展为主题，以深化供给侧结构性改革为主线，落实文化产业数字化战略，以文化创意、科技创新、产业融合催生新发展动能，提升产业链现代化水平和创新链效能，不断健全现代文化产业体系，建设高标准文化市场体系，促进满足人民文化需求和增强人民精神力量相统一，为社会主义文化强国建设奠定坚实基础。

第三，规范文化市场秩序，倡导和引导积极向上的健康文化消费。

文化市场是指按市场规律进行文化产品交换和提供有偿文化服务的场所，是文化生产和消费的中介，一般由出版物市场、文化娱乐市场、文物市场、艺术品市场、文化艺术培训市场和文化人才市场等构成。文化市场是推动文化事业全面发展的重要力量，加强文化市场管理是政府的重要职责之一。文化市场管理是政府文化行政部门在有关行政主管部门支持配合下，对经营性文化单位和文化产品生产、经营、销售以及服务等活动进行监督管理的行为。文化市场管理工作应当坚持依法管理、市场配置、分类指导、政府投入、综合协调的原则，规范文化市场秩序。

文化消费是人们为满足精神文化生活的需要所进行的消费活动，具有层次性和多元性。随着人们生活方式的变化和生活水平的不断提高，文化消费需求不断增加，但有些人会盲目进行攀比性的畸形文化消费，甚至消费有损身心健康、有害社会进步的消极文化产品或服务。因此，为了推动社会主义先进文化的发展和全社会文明程度的全面提高，政府应积极倡导和引导人们树立正确的积极向上的文化消费观，消费健康的文化产品和文化服务，并不断挖掘和引领新的文化消费需求。

第四，促进文化交流，维护文化安全。

文化交流是国际交流的重要渠道，是增进各国人民间相互了解和友谊的重要桥梁。在经济全球化背景下，文化交流是中华文化走向国际舞台的重要途径，是推动我国社会主义现代化强国建设的需要，因此我国要坚定中华文化立场和文化自信，深入开展各种形式的人文交流活动，搭建开放包容的文明对话平台，深化政府和民间对外文化交流，深化旅游交流。

经济全球化是一柄“双刃剑”，在促进各国间经济联系和经济发展的同时，也会给一些国家的民族文化生存带来威胁。因此，在对外文化交往日益频繁和扩大的今天，越来越多的国家认识到，国家安全不仅包括军事安全、政治安全和经济安全，也包括文化安全这一项重要内容。城市文化事业管理要在扩大对外文化交流的同时，确保本民族的文化安全。

第五，加强文化人才队伍建设。

人才是社会主义文化繁荣发展的关键。政府要着眼于文化事业长远发展，深刻认识文化人才队伍面临的新形势新要求，改革文化人才培养方式，优化文化人才结构，创新文化人才培训形式，加大文化人才培训力度，加强政治能力建设和业务能力建设，加强领军人物和专业文化人才培养，夯实基层文化人才队伍建设，完善文化人才评价激励机制，建设勇担使命责任、善于创新创造的时代新军，为文化大发展大繁荣提供丰富的智力资源和坚实的人才保障。

城市文化事业管理应坚持以下基本原则：

第一，坚持党的全面领导。坚持和完善党领导文化发展的体制机制，贯彻落实党管宣传、党管意识形态、党管媒体原则，把党的领导落实到宣传思想文化工作方方面面，为实现文化高质量发展提供根本保证。

第二，坚持人民至上。以人民为中心，尊重人民主体地位，保障人民文化权益，把宣传、教育、引导和服务群众结合起来，鼓励人民参与文化创新创造、依法参与国家文化治理，做到文化发展为了人民、依靠人民、成果由人民共享，促进满足人民文化需求和增强人民精神力量相统一。

第三，坚持新发展理念。把新发展理念贯穿文化发展全过程和各领域，优化文化发展生态，转变文化发展方式，重构文化发展格局，实现更高质量、更有效率、更加公平、更可持续、更为安全的发展。

第四，坚持固本培元、守正创新。坚持中国特色社会主义文化发展道路，坚持社会主义核心价值体系，坚定不移深化文化体制改革，有序推进文化对外开放，增强文化发展动力，激发文化发展活力，发展社会主义先进文化，继承革命文化，传承和弘扬中华优秀传统文化。

第五，坚持把社会效益放在首位、社会效益和经济效益相统一。把握社会主义市场经济条件下文化建设的特点和规律，正确处理文化的意识形态属性和产业属性、社会效益和经济效益之间的关系，推动有效市场和有为政府更好结合，彰显和壮大主流价值、主流舆论、主流文化。

第六，坚持统筹兼顾、全面推进。牢固树立系统观念，统筹发展和安全，统筹理论与舆论、文化与文明、内宣与外宣、网上与网下，统筹国内与国际、事业与产业、国有与民营、阵地与市场，促进系统集成、协同高效，实现文化发展质量、结构、规模、速度、效益、安全相统一。

三、推动城市文化事业繁荣发展的意义和举措

城市文化事业的繁荣发展具有重大的意义，有助于发展社会主义文化、坚持和发展中

国特色社会主义；有助于更好满足人民文化需求、实现人民对美好生活新期待；有助于以文化人、以文育人、以文培元，增强人民精神力量、促进人的全面发展；有助于培育弘扬社会主义核心价值观，建设中华民族共有精神家园；有助于传承中华文明，提高国家文化软实力、提升中华文化影响力，发展人类文明新形态。总之，没有社会主义文化繁荣发展，就没有社会主义现代化。

推动城市文化事业繁荣发展的指导思想是：以中国特色社会主义理论为指导，紧紧围绕举旗帜、聚民心、育新人、兴文化、展形象的使命任务，以社会主义核心价值观为引领，以推动文化高质量发展为主题，以深化文化领域供给侧结构性改革为主线，以文化改革创新为根本动力，以满足人民日益增长的精神文化生活需要为根本目的，以满足人民文化需求、增强人民精神力量为着力点，坚持稳中求进、守正创新，为城市经济社会发展赋能，为实现城市现代化聚力。

推动城市文化事业繁荣发展的举措主要有以下几方面：

第一，推动社会主义文艺繁荣兴盛。推动社会主义文艺的繁荣兴盛，要坚持以人民为中心的创作导向，推出更多增强人民精神力量的优秀作品，培育造就大批德艺双馨的文学艺术家和规模宏大的文化文艺人才队伍；要坚定以人民为中心的立场、守住为人民服务的初心，把为人民服务作为文艺工作者的天职、把人民作为艺术表现的主体，推出更加丰富、更有营养、人民喜闻乐见的优秀文艺作品；要引领广大文艺工作者深入生活、扎根人民，从中汲取营养、激发灵感；要把握时代主题和时代价值，推出更多精品力作；坚持养德、修艺相统一，加强艺德艺风建设和文艺工作者队伍建设。

第二，健全现代公共文化服务体系。健全现代公共文化服务体系，要坚持政府主导、社会参与、重心下移、共建共享，统筹基础设施建设和服务效能提升，努力为人民群众提供更高质量、更有效率、更加公平、更可持续的公共文化服务；要大力推进基本公共文化服务标准化均等化，建立健全城乡公共文化服务标准体系，优化基层公共文化设施布局，推进区域协调发展；要把提升质量作为重中之重，建设高水平图书馆，明确新时代文化馆新定位，建好用好基层公共文化空间，精准开展分众式公共文化服务；要建立健全群众需求反馈机制，推动社会力量广泛参与，创新开展文化志愿服务，提升公共文化服务效能；要丰富群众性文化活动，打造更多文化惠民品牌；要提升公共文化服务数字化水平，丰富数字文化资源，拓展智慧公共文化服务应用。

第三，加强文化遗产系统性保护利用。加强文化遗产的系统性保护利用，要坚持保护第一、加强管理、挖掘价值、有效利用、让文物活起来的新时代文物工作方针，全面提升文物保护利用水平；要做好考古挖掘、整理、研究、阐释等工作，建设中国特色、中国风格、中国气派的考古学；要强化系统保护、整体保护，筑牢文物安全底线；要完善古籍工作体系，提升古籍工作质量；要坚持保护为先、合理利用相结合，聚焦保护、传承、发展、传播，完善保护制度体系，加强传承实践能力建设，推动非物质文化遗产保护传承工作呈现新气象。

第四，健全现代文化产业体系和文化市场体系。健全现代文化产业体系和市场体系，要完整、准确、全面贯彻新发展理念，以创新为核心驱动力，以重大文化产业项目为抓手，优化产业结构布局，扩大城乡居民文化消费，提升产业发展整体实力和竞争力；要顺应数字产业化和产业数字化发展趋势，推动现代技术在文化创作、生产、传播、消费等各环节应用；要改造提升传统业态，培育新业态、新模式；要加快培育一批品牌文化产业园区，提升国家级文化产业园区建设水平；要建立健全文化和旅游市场服务质量评价体系，完善市场监管机制，推动形成统一开放、竞争有序的市场体系。

第五，促进文化和旅游深度融合发展。促进文化和旅游的深度融合发展，要牢牢把握文化建设和旅游发展的规律特点，坚持以文塑旅、以旅彰文，坚持优势互补、相得益彰，推动文化和旅游在更广范围、更深层次、更高水平上实现融合；要坚持以文塑旅，用文化丰富旅游内涵、提升旅游品位；要坚持以旅彰文，发挥旅游的优势，用旅游带动文化传播、推动文化繁荣；要找准契合处、联结点，形成兼具文化和旅游特色的新产品、新服务、新业态。

第六，提高国家文化软实力、提升中华文化影响力。提高国家文化软实力、提升中华文化影响力，要坚守中华文化立场，提炼展示中华文明的精神标识和文化精髓，加快构建中国话语和中国叙事体系；要加强国际传播能力建设，打造多维度、立体化交流渠道和平台，全面提升国际传播效能，形成同我国综合国力和国际地位相匹配的国际话语权；要深化文明交流互鉴，统筹文化交流与产业合作，形成相互促进、双轮驱动工作格局，推动中华文化更好地走向世界。

第七，全面深化文化领域体制机制改革。全面深化文化领域体制机制改革，要坚持把社会效益放在首位，社会效益和经济效益相统一，聚焦文化领域高质量发展的体制机制障碍；要围绕建设社会主义文化强国等重大任务，明确文化领域全面深化改革的主攻方向、战略重点、任务举措；要持续深化“放管服”改革，持续深化国有文艺院团改革，推动国有文化企业深化改革、加快发展；要以构建公共文化新型空间为重点，推动基层公共文化机构与新时代文明实践中心建设协调发展；要完善以高质量发展为导向的文化经济政策，加强文化法治建设，为文化改革发展提供坚强保障。

第八，促进城乡区域文化协调发展。优化城乡和区域文化资源配置，推进一体化谋划、联动式合作、协同性发展，加快形成点线面结合、东中西呼应、城乡均衡协调的文化发展空间格局，促进文化更平衡更充分发展。为此，要加强城市文化建设，促进乡村文化振兴。

城市文化事业管理的任务和基本原则

第五节　城市卫生事业管理

一、城市卫生事业管理的内涵及意义

健康是人类社会永恒的追求目标，而卫生是健康的保证。卫生事业是一个国家和民族生存发展的基本条件，与国家的性质及经济发展程度密切相关。“卫生”一词从构成上说，

是一个动宾结构的词组。卫为动词，指保卫或护卫；生为名词，指生命或身体。“卫”“生”二字组合成“卫生”一词，本意为保卫生命或保护身体。当把“卫生”看作名词时，其意义则转变为保护生命或身体的行为，或保护生命或身体所采取的一切措施。在现代汉语中，“卫生”也作形容词，意思是干净、清洁，而这也是维护健康的措施之一。

卫生的内涵是随着人类社会的发展进步而不断丰富和深化的。狭义的卫生主要指疾病的预防和治疗。广义的卫生包括了人类维护及增进健康的全部活动，卫生事业管理是建立在广义卫生概念基础之上的。由于卫生具有明显的外部性，与社会公众的利益密切相关，有利于保障基本人权，因此现代社会普遍使用公共卫生的概念。公共卫生是全社会通过有组织的努力来防治疾病、促进健康、延长寿命的科学和实践。现在我们常说的卫生实际上是公共卫生的简称，卫生事业也就是公共卫生事业。此外，卫生事业是以医疗为主要内容的，人们又常将卫生事业称为医疗卫生事业，因而很难也没有必要严格区分卫生事业与医疗卫生事业。

城市卫生事业是城市公共事业的组成部分，是国家和社会在防治疾病、保护和增进居民健康方面所采取的综合性社会公益行动。城市卫生事业是一个复杂庞大的系统，由医疗、卫生、医药、医学和药学研究、突发事故救护等子系统组成。其中，医疗是临床医学所涉及的、医疗机构以治病为主要内容的活动；卫生主要是指对疾病的预防，尤其是以预防流行疾病的活动；医药是指以防病、治病、保健为主要目的的药品研制活动；医学和药学研究是指专门的研究机构对病理、药理及临床治疗技术的研究活动；突发事故救护是指专门的救护机构对突发伤病进行的救助和护理活动。上述几方面相互依存、相互制约，形成一个有机的城市卫生事业系统。

城市卫生事业是政府实行一定福利政策的社会公益事业。具体地说，城市卫生事业是一项由国家、集体和个人共同投资的社会公益事业；同时城市政府对卫生事业实行一定的福利政策，城市政府应确保卫生事业的投入，并随着城市发展不断提高投入的比例。上述城市卫生事业的性质，决定了城市卫生事业具有公益性、福利性等基本特征。

城市卫生事业管理是城市政府为履行公共卫生管理职能，合理分配卫生资源，为居民提供卫生服务，保障卫生事业发展的活动，包括卫生行政管理、卫生规范管理和卫生经营管理。其中，卫生行政管理具体包括制定卫生政策和卫生事业发展规划、筹集和分配卫生资源、建立卫生服务组织、设置必要的卫生管理机构、健全医疗卫生保障制度、提供基本医疗和预防保健服务、组织和提供基础医药研究等；卫生规范管理具体包括医疗卫生产品的标准建立和认证，以及医学、医药、器械的技术规范和操作规程的建立和执行等；卫生经营管理具体包括医药市场监管、经营资质的认定、卫生医疗价格和药品价格的制定及监管等。

城市卫生事业管理的具体内容是不断调整变化的，其主要影响因素有：

第一，社会制度。社会制度是反映并维护一定社会形态或社会结构的各种制度的总称。社会制度不同，城市卫生事业管理的重点、方针政策及方法都会有所不同。社会主义制度决定了我国城市卫生事业管理是以为人民服务为根本宗旨的，是要不断提高全民族的健康素质，满足人民日益增长的美好生活需要。

第二，经济发展水平。城市卫生事业管理很大程度上受经济基础的制约，经济发展水平影响城市卫生事业管理的内容和措施。一方面，城市政府在制定卫生事业发展规划时，要从城市社会经济发展的实际出发，提出切实可行的卫生事业发展目标。另一方面，由于各个城市经济发展水平存在差异，就必然存在卫生事业发展的不平衡。因此，城市卫生事业管理必须考虑城市经济发展水平的高低。

第三，文化传统。一个国家或地区的文化传统不同，城市卫生管理所涉及范围的大小就不同，对城市卫生管理可以实行的政策、手段、方法的接受方式和程度也不同。

第四，人口状况。人口状况与城市卫生事业管理的关系密切，人口数量决定着卫生资源的平均占有量，人口结构和人口分布决定着卫生资源的分配结构。总之，人口状况影响着城市政府对卫生事业的规划统筹、政策制定、重点投入领域等的选择。

第五，科技发展水平。科技发展水平决定城市医疗卫生产品和服务的供给能力，也决定城市卫生事业管理的能力和水平。现代科学技术直接带来医疗卫生技术的提高、医疗卫生设备的更新换代和卫生事业管理手段的改善。一方面，先进的医疗卫生设备和技术，使人民的健康变得更加触手可及；另一方面，在医疗卫生管理方面，通过运用新技术，实现了就医流程再造，大大提高了医疗卫生的可及性，缩短了就医时间，提高了卫生资源利用效率，提升人民群众对医疗卫生的获得感和满意度。

健康是促进人的全面发展的必然要求，是经济社会发展的基础条件。实现国民健康长寿，是国家富强、民族振兴的重要标志，也是人民的共同愿望。城市卫生事业管理具有以下重大意义：

第一，促进经济增长。居民健康与经济增长之间存在着密切的联系，城市公共卫生管理可以从三个方面促进经济增长：减少病休和延长工作寿命，提高劳动效率或劳动生产率；卫生事业投入改善了城市居民的生存环境，促进自然资源合理利用，提升资源利用效率；健康的增进可减少医疗费用，减轻国家、单位和个人的医疗负担，促进经济发展。

第二，保障基本人权。保护和增进人类健康，让人人享有健康权是人权的基本体现，具有重大的政治意义。城市卫生事业管理对基本人权的保障具体体现在：预防和治疗疾病；不断改善人们的生活环境和工作环境；有效保障社会成员都能享有基本的医疗卫生保障。

第三，维护社会稳定。城市卫生事业管理涉及重大疾病的防治，可以通过三个途径对社会稳定发挥作用：一是通过卫生健康教育和倡导文明健康生活方式，形成科学的卫生观念和健康意识；二是通过做好卫生防疫工作，有效防治传染病、流行病等，保障城市居民的身体健康；三是通过对医疗卫生的有效监管，校正医疗卫生市场的失灵，缓解医药卫生领域存在的信息不对称，确保卫生事业的公益性。

二、城市卫生事业管理的组织机构和工作方针

我国城市卫生事业管理的组织机构包括卫生行政组织、医疗卫生机构、政府协调性组织和群众性卫生组织。

卫生行政组织是依据宪法和法律组建的国家行政机关体系，是负责贯彻实施国家卫生工作方针政策和法律法规、监督管理卫生事业的专门政府机构，按照依法设置、完整统一、精简高效和权责一致的原则设置。国务院和地方各级人民政府领导医疗卫生与健康促

进工作。国务院卫生健康主管部门负责统筹协调全国医疗卫生与健康促进工作。国务院其他有关部门在各自职责范围内负责有关的医疗卫生与健康促进工作。县级以上地方人民政府卫生健康主管部门负责统筹协调本行政区域医疗卫生与健康促进工作。县级以上地方人民政府其他有关部门在各自职责范围内负责有关的医疗卫生与健康促进工作。

医疗卫生机构是由基层医疗卫生机构、医院、专业公共卫生机构等组成的城乡全覆盖、功能互补、连续协同的医疗卫生服务组织体系。基层医疗卫生机构主要提供预防、保健、健康教育、疾病管理，为居民建立健康档案，常见病、多发病的诊疗以及部分疾病的康复、护理等基本医疗卫生服务。医院主要提供疾病诊治，特别是急危重症和疑难病症的诊疗，突发事件医疗处置和救援等医疗卫生服务，并开展医学教育、医疗卫生人员培训、医学科学研究和对基层医疗卫生机构的业务指导等工作。专业公共卫生机构主要提供传染病、慢性非传染性疾病、职业病、地方病等疾病预防控制和健康教育、妇幼保健、精神卫生、院前急救、采供血、食品安全风险监测评估、出生缺陷防治等公共卫生服务。

爱国卫生运动委员会是我国卫生事业管理的政府议事协调机构，是在党中央、国务院和各级党委、政府的领导下，负责爱国卫生运动的领导机构，其基本职能是制定国家爱国卫生工作的方针、政策和工作计划；协调政府有关部门，动员组织群众，加强公共卫生基础设施建设，开展城乡环境卫生整治；组织开展健康城市、健康村镇建设，加强社会健康综合治理，协同推进健康中国战略实施；开展全民健康教育和健康促进活动，倡导文明健康、绿色环保生活方式；协调政府有关部门及人民团体为爱国卫生工作开展创造条件；开展群众性卫生监督，建立健全监测评价机制，组织卫生检查和效果评价，推进爱国卫生立法工作等。

群众性卫生组织是发动群众参与卫生管理、开展卫生工作的组织保证，包括红十字会、卫生学术性团体、基层群众卫生组织等。其中，红十字会是以保护人的生命和健康、维护人的尊严为目的，从事人道主义工作的社会救助团体；卫生学术性团体是由卫生专业人员组成的学术性社会组织，主要是通过团结各级各类医务工作者，执行卫生政策，开展各种学术活动，促进各项卫生事业的发展；基层群众卫生组织是由广大基层群众卫生积极分子组成的，主要是发动群众开展卫生工作、宣传卫生知识、组织群众卫生自救活动等。

卫生工作方针是国家指导卫生事业发展的重要指导原则和基本思想，是卫生基本政策的总概括，是指导国家各项卫生工作和制定具体卫生政策的依据。我国新时代卫生与健康工作方针为：以基层为重点，以改革创新为动力，预防为主，中西医并重，将健康融入所有政策，人民共建共享。具体地说，要从以下几方面理解和把握我国新时代卫生与健康工作方针：

第一，以基层为重点。以基层为重点，契合城镇化建设大局和统筹城乡发展趋势。只有普遍提高基层机构的医疗水平和服务能力，全面提升基层群众的健康素养和健康追求，全民健康才有坚实的落脚点。

第二，以改革创新为动力。健康中国的实现离不开改革创新的支持，卫生与健康事业需要从理论、体制、管理、技术多个层面进行改革。当网络经济的触角延伸到社会的方方面面，卫生健康相关的新技术、新产业、新业态层出不穷，远程医疗、智慧医院、精准医学、健康大数据发展日新月异，只有敏锐捕捉、积极行动，才能抓住新的增长点。改革创新为新时代卫生与健康工作提供了条件和无限的可能性。

第三，预防为主。我国要坚定不移贯彻预防为主方针，坚持防治结合、联防联控、群防群控，努力为人民群众提供全生命周期的卫生与健康服务；要重视重大疾病防控，优化防治策略；要重视重点人群健康工作，倡导健康文明生活方式，建立健全健康教育体系；要加大心理健康问题基础性研究，做好心理健康知识和心理疾病科普工作，规范发展心理健康服务；要实行最严格的生态环境保护制度，建设有利于健康的生态环境；要深入开展爱国卫生运动，综合整治城乡环境卫生；要完善食品安全体系，加强食品安全监管；要健全公共安全体系，努力减少公共安全事件对人民生命健康的威胁。

第四，中西医并重。新时代提出中西医并重的方针，是我国医疗卫生事业的显著特征和独特优势。坚持中西医并重，要坚定文化自信，用开放包容的心态促进传统医学和现代医学更好融合；要建立健全适合中医药发展的政策体系、管理体系、标准体系和评价体系，实施中医药传承创新工程，推动中医药和西医药相互补充、协调发展；要推动综合医院中西医协同发展，提升中医药参与新发突发传染病防治和公共卫生事件应急处置能力，建设高素质中医药人才队伍。

第五，将健康融入所有政策。将健康融入所有政策，必须树立“大卫生、大健康”理念，增强全生命周期健康管理理念，通过完善各方面政策，全方位全周期维护人民健康；必须把人民健康放在优先发展的战略地位，将健康理念融入各项政策及其制定过程；必须加大健康知识传播力度，将健康教育纳入国民教育体系，建立健康知识和技能核心信息发布制度；必须制定并实施健康影响评估制度，将公民主要健康指标的改善情况纳入城市政府目标责任考核，对各项城市经济社会发展规划、政策、工程项目进行系统的健康影响评估；必须建立政府主导、部门合作、全社会参与的全民健康素养促进长效机制和工作体系。

第六，人民共建共享。在全面建设社会主义现代化城市新阶段，人民群众有更多获得感，不仅源自对发展成果的共享，也源自对发展进程亲身参与的共建。因此，既要激活政府的能量、市场的能量、民间的能量、全民的能量，共筑健康防线；又要全社会共享健康成果，实现健康公平可及。人民共建共享，是新时代卫生与健康工作必须坚持的正确方向，体现了新时代卫生与健康工作的根本宗旨。

三、城市卫生事业的发展和改革

我国城市卫生事业发展的指导思想是：以中国特色社会主义理论为指导，坚持以人民为中心的发展思想，牢固树立和贯彻落实新发展理念，贯彻新时代国家卫生与健康工作方针，以提高人民健康水平为核心，以体制机制改革创新为动力，以普及健康生活、优化健康服务、完善健康保障、建设健康环境、发展健康产业为重点，把健康融入所有政策，加快转变健康领域发展方式，全方位、全周期维护和保障人民健康，大幅提高健康水平，显著改善健康公平，为全面建成社会主义现代化强国提供坚实健康基础。

我国城市卫生事业的发展要遵循以下原则：

第一，健康优先。把健康摆在优先发展的战略地位，立足国情，将促进健康的理念融入公共政策制定实施的全过程，加快形成有利于健康的生活方式、生态环境和经济社会发展模式，实现健康与经济社会良性协调发展。

第二，改革创新。坚持政府主导，发挥市场机制作用，加快关键环节改革步伐，冲破思想观念束缚，破除利益固化藩篱，清除体制机制障碍，发挥科技创新和信息化的引领支撑作用，形成具有中国特色、促进全民健康的制度体系。

第三，科学发展。把握健康领域发展规律，坚持预防为主、防治结合、中西医并重，转变服务模式，构建整合型医疗卫生服务体系，推动健康服务绿色集约式发展，推动中医药和西医药相互补充、协调发展，提升健康服务水平。

第四，公平公正。以基层为重点，推动健康领域基本公共服务均等化，维护基本医疗卫生服务的公益性，逐步缩小城乡、地区、人群间基本健康服务和健康水平的差异，实现全民健康覆盖，促进社会公平。

到 2025 年，我国城市卫生事业发展的战略目标是：卫生健康体系更加完善，中国特色基本医疗卫生制度逐步健全，资源配置和服务均衡性逐步提高，重大疫情和突发公共卫生事件防控应对能力显著提升，中医药独特优势进一步发挥，中西医发展更加协调，有序就医和诊疗体系建设取得积极成效，健康科技创新能力明显增强。

到 2030 年，我国城市卫生事业发展的战略目标是：促进全民健康的制度体系更加完善，健康领域发展更加协调，健康生活方式得到普及，健康服务质量和健康保障水平不断提高，健康产业繁荣发展，基本实现健康公平，主要健康指标进入高收入国家行列。

到 2035 年，形成与基本实现社会主义现代化相适应，体系完整、分工明确、功能互补、连续协同、运行高效、富有韧性的整合型医疗卫生服务体系，医疗卫生服务公平性、可及性和优质服务供给能力明显增强，促进人民群众健康水平显著提升。

到 2050 年，我国城市卫生事业发展的战略目标是：建成与社会主义现代化城市相适应的健康城市。

我国促进城市卫生事业发展的措施主要有：

第一，普及健康生活。加强健康教育，提高全民健康素养，加大学校健康教育力度；塑造自主自律的健康行为，引导合理膳食，开展控烟限酒，促进心理健康，减少不安全性行为和毒品危害；提高全民身体素质，完善全民健身公共服务体系，广泛开展全民健身运动，加强体医融合和非医疗健康干预，促进重点人群体育活动。

第二，优化健康服务。强化覆盖全民的公共卫生服务，防治重大疾病，完善计划生育服务管理，推进基本公共卫生服务均等化；提供优质高效的医疗服务，完善医疗卫生服务体系，创新医疗卫生服务供给模式，提升医疗服务水平和质量；充分发挥中医药独特优势，提高中医药服务能力，发展中医养生保健治未病服务，推进中医药继承创新；加强重点人群健康服务，提高妇幼健康水平，促进健康老龄化，维护残疾人健康。

第三，完善健康保障。健全医疗保障体系，完善全民医保体系，健全医保管理服务体系，积极发展商业健康保险；完善药品供应保障体系，深化药品、医疗器械流通体制改革，完善国家药物政策。

第四，建设健康环境。深入开展爱国卫生运动，加强城乡环境卫生综合整治，建设健康城市和健康村镇；加强影响健康的环境问题治理，深入开展污染防治，实施工业污染源全面达标排放计划，建立健全环境与健康监测、调查和风险评估制度；保障食品药品安全，加强食品安全监管，强化药品安全监管；完善公共安全体系，强化安全生产和职业健康，促进道路交通安全，预防和减少伤害，提高突发事件应急能力，健全口岸公共卫生体系。

第五，发展健康产业。优化多元办医格局，发展健康服务新业态，积极发展健身休闲运动产业；促进医药产业发展，加强医药技术创新，提升产业发展水平。

第六，健全支撑与保障。深化体制机制改革，加强健康人力资源建设，推动健康科技创新，建设健康信息化服务体系，加强国际交流合作。

我国全面深化城市卫生体制机制改革具体包括以下几方面内容：

第一，把健康融入所有政策。加强各部门各行业的沟通协作，形成促进健康的合力。全面建立健康影响评价评估制度，系统评估城市各项经济社会发展规划和政策、重大工程项目对健康的影响，健全监督机制。畅通公众参与渠道，加强社会监督。

第二，全面深化医药卫生体制改革。加快建立更加成熟定型的城市基本医疗卫生制度，维护城市公共医疗卫生的公益性。推进政事分开、管办分开，理顺公立医疗卫生机构与政府的关系，建立现代公立医院管理制度。清晰划分中央和地方以及地方各级政府医药卫生管理事权，实施属地化和全行业管理。健全卫生计生全行业综合监管体系。

第三，完善健康筹资机制。健全城市政府健康领域相关投入机制，调整优化城市公共财政支出结构，加大健康领域投入力度，科学合理界定中央政府和地方政府支出责任，履行政府保障基本健康服务需求的责任。建立结果导向的健康投入机制，开展健康投入绩效监测和评价。充分调动社会组织、企业等的积极性，形成多元筹资格局。鼓励金融等机构创新产品和服务，完善扶持措施。大力发展慈善事业，鼓励社会和个人捐赠与互助。

第四，加快转变城市政府职能。进一步推进健康相关领域简政放权、放管结合、优化服务。继续深化药品、医疗机构等审批改革，规范医疗机构设置审批行为。推进健康相关部门依法行政，推进政务公开和信息公开。加强健康领域监管创新，加快构建事中事后监管体系。推进综合监管，加强行业自律和诚信建设，鼓励行业协会、商会发展，充分发挥社会力量在监管中的作用，促进公平竞争，推动健康相关行业科学发展，简化健康领域公共服务流程，优化城市政府服务，提高服务效率。

案例分析

第八章　城市经济管理

城市是一个国家或地区的经济中心，城市经济管理既是落实国家宏观经济管理的重要环节，又是保证企业微观管理合理实施和充分有效的重要条件，能将宏观经济管理与微观经济管理有机结合起来。在社会主义市场经济条件下，明确城市经济管理的重点，优化城市经济管理，对于实现市政管理的科学化、现代化具有十分重要的意义。城市政府必须完善适合市场经济发展的公共财政，加强和改善城市市场管理和土地资源管理。

第一节　城市公共财政管理

一、城市公共财政的含义和职能

城市公共财政是城市政府为城市提供公共产品和公共服务的分配活动或经济活动。公共财政是与市场经济相适应的一种财政类型和模式，它以市场的基础性作用为基点，以市场失灵为前提。城市公共财政具有公共性、非营利性、强制性、补偿性、公平性、法治性等特点。

城市公共财政属于地方财政，是国家公共财政的重要组成部分。它是城市政府凭借国家给予的权限，利用价值形式参与国民收入分配和再分配的工具，是实现城市政府职能的经济基础和财力保证。在社会主义市场经济体制下，城市公共财政具有以下职能：

第一，资源配置职能。

在社会主义市场经济体制下，市场在资源配置中起决定性作用，但市场在资源配置中也存在固有的缺陷，如市场不能提供纯粹无盈利的城市公共产品或服务，不能有效解决城市基础产业和基础设施的“瓶颈制约”，会导致经济的频繁波动。当市场配置资源失效或低效时，城市公共财政应通过预算、税收、财政投资等政策手段进行调节，以优化资源配置。

城市政府以公共财政手段进行资源配置，主要可利用以下政策工具：第一，城市政府可直接提供某些市场供给不足的产品。城市政府直接提供某些市场供给不足的产品，并不是说这些产品都直接由政府生产，也可以由私人企业生产，再由城市政府购买后提供给城市居民。第二，城市政府可以通过财政补贴的方式，刺激私人企业生产市场供给不足的产品。第三，城市政府通过对私人产品的购买，可以扩大私人产品的需求，刺激私人产品的生产。第四，城市政府可以通过调整税率来鼓励或限制某些产品的生产。

第二，收入分配职能。

市场经济是按效率优先的原则组织收入分配的，这从微观上看是必要的和合理的，但从宏观上看不一定是公平的。因为，进入市场的经济主体所占有的生产要素是不公平的，人与人之间的竞争机会是不均等的，各人的经济背景与家庭负担状况往往存在较大的差距，企业之间也会因客观因素的影响而导致盈利水平的高低悬殊和苦乐不均。当出现上述分配不公的问题时，城市公共财政就要运用其掌握的税收、转移支付、社会保障等政策手段，校正原有的分配格局，实现收入的公平分配。但城市政府公共财政政策的具体着眼点是防止贫困，而不是限制最高收入。

城市政府为了改善收入分配的不公平状况而采取的公共财政措施主要有：一是税收-转移支付制度。它包括按照支付能力原则设计的税收制度和按照受益能力原则设计的转移支付制度。城市政府可以通过征税强制性地把财富从那些应该减少收入的人手中收集起来，再通过救济金或补助金制度用货币或实物形式转移给那些应该增加收入的人。二是城市政府可以将通过征收累进所得税筹集的收入用于公共投资，如公共租赁房建设等，以利于低收入阶层。三是城市政府可对奢侈品以高税率征税，对日用品进行补贴，借以加重高收入阶层的负担，减轻低收入阶层的负担。

第三，经济稳定与增长职能。

一般来说，单靠市场机制的自发作用难以实现总供求的均衡和城市经济的稳定发展，需要城市政府的干预和调节，来实现充分就业、价格稳定和经济增长。当城市经济出现波动时，城市财政一方面可以通过有意识运用紧缩性、扩张性或中性的财政政策手段进行调节，以促进城市经济的持续增长；另一方面可以借助于税收等的自动稳定器功能，消除或减轻城市经济波动。

在城市政府可采用的各种经济政策手段中，财政政策的地位举足轻重，它在影响总需求方面有着不可替代的作用，这主要体现在以下两个方面：

第一，相机抉择的财政政策。它是城市政府利用公共财政有意识地干预城市经济运行的行为。具体地说，城市政府根据当时的经济形势以及财政政策目标的实现状况，采用不同的财政政策以消除通货膨胀缺口和通货紧缩缺口。城市政府可以在经济萧条时通过一定数量的公共投资恢复经济活力，也可以根据经济膨胀和紧缩的具体情况，交替使用紧缩性和扩张性财政政策，以避免经济的剧烈波动。

第二，自动稳定器。自动稳定器是一些能够根据经济周期波动情况自动发生稳定作用的制度，能够在经济繁荣时自动抑制膨胀，在经济衰退时自动减轻萧条，无须城市政府采取任何行动。自动稳定器主要有累进所得税制和城市政府的转移性支出。税收和城市政府转移性支出的自动变化，可以缓和经济的周期波动，避免城市经济的大起大落。

城市公共财政对于促进城市经济和各项社会事业的发展起着非常重要的作用。具体体现在以下几方面：

第一，促进城市建设和维护，实现城市规划。由于城市公共设施的建设与维护是城市各项生产和生活活动的基础，因此，城市公共财政的首要任务是进行城市的建设和维护。同时，城市规划的具体实施和科学化、合理化，需要城市公共财政提供相应的人力、物力和财力，需要城市公共财政的支持、调节、控制和监督。

第二，支援国家经济建设。城市是国家的经济中心，也是筹集国家建设资金的中心，是国家经济发展的财力基础。所以，城市公共财政担负着为国家建设筹集资金的重要任务。此外，城市公共财政资金的合理分配和有效使用，会影响城市经济发展速度、经济结构和经济效益，从而是城市经济发展和城市经济结构合理化的调节器。

第三，促进城市各项社会事业的发展。城市教育、科技、文化、卫生、体育、社会保障、社会福利等事业的发展，需要大量的资金投入，需要城市公共财政的大力支持。如果没有城市公共财政的支持，城市各项社会事业就会因资金不足而发展缓慢，从而就会严重影响城市的建设与发展。

第四，保障和提高城市居民的生活水平。城市政府用于发展生产的财政资金，能创造更多的社会财富，从而为改善城市居民生活奠定坚实的基础。此外，城市政府通过财政补贴、抚恤救济等手段，来保障城市居民的正常生活。

城市公共财政要正确履行职能和发挥作用，必须正确处理城市公共财政与城市建设、城市公共财政与中央公共财政的关系，合理调整城市公共财政资金的分配，提高城市公共财政资金的使用效益，抓好生财、聚财、理财、用财四个相互联系、相互制约的城市公共财政活动环节。城市财政活动的生财、聚财环节涉及城市公共收入，城市公共财政活动的理财、用财涉及城市公共支出。

二、城市公共收支管理

根据目前我国城市公共收入构成情况，结合国际通行的分类方法，城市公共收入按经济性质可分为：各项税收收入、行政事业性收费收入、国有资源（资产）有偿使用收入、转移性收入和其他收入。

城市公共收入的基本问题，是如何把城市政府提供的公共物品或服务的成本费用分配给其社会成员。为此，城市公共收入要坚持公平原则和效率原则。其中，公平原则中的公平包括横向公平和纵向公平。横向公平是指境遇相同的人应该承担相同的税负，纵向公平是指境遇不同的人应该承担不同的税负。城市公共收入坚持公平原则，具体要坚持以下两个原则：一是受益原则。所谓受益原则，是指城市政府所提供的商品或服务的成本费用的分摊，要与社会成员从城市政府所提供的商品或服务中所获得的收益相联系。根据受益原则，每个社会成员承担的税负，应该与社会成员从政府提供的公共产品和公共服务中获得的利益相当。从这个原则的角度看，规费和使用费是最理想的公共收入形式。二是支付能力原则。所谓支付能力原则，是指城市政府所提供的商品或服务的成本费用的分摊，与社会成员的支付能力相联系，即根据各人纳税能力的大小来确定各人应承担的税负。根据支付能力原则，城市政府所提供商品或服务的成本费用分摊，可以使社会成员的境况达到一种相对公平的状态。

城市公共收入的效率原则是指城市公共收入应能促进资源的有效配置，具体分为城市公共收入的经济效率原则和城市公共收入本身的效率原则。城市公共收入的经济效率原则，主要是指征税必须使社会承受的额外负担为最小，以最小的额外负担换取最大的经济效率。城市公共收入本身的效率又称为城市公共收入行政效率，以税收为例，税收的行政效率可以从征税费用和纳税费用两方面考察。征税费用是指城市税务机关为征税而花费的行政管理费用，一般来说，征税费用是较容易计算的，可以从公共支出的有关项目中得到。征税费用占所征税额的比重，即为征税效率。纳税费用亦称为税收奉行费用，是纳税人按照税法在纳税过程中所支付的费用，纳税费用通常不易计算。

城市公共收入的效率原则要求税收做到以下几方面：第一，充分且有弹性。充分是指税收应为城市政府活动提供充裕的资金，满足城市政府实现其职能的需要。有弹性是指税收应随着城市经济的增长而增长，以满足长期的公共品与私人品组合效率提高的要求。第二，节约与便利。所谓节约就是要求税收尽可能地减少征管费用；所谓便利是要求税收制度能方便纳税人，尽可能地减少纳税费用。第三，中性与校正性。税收的中性是指对不同的商品或服务、不同的生产要素收入、不同性质的生产者，采取不偏不倚、不抑不扬的税收政策，使不同商品、服务、生产要素的相对价格反映其相对成本，保持市场调节所能达到的资源配置效率状态；税收的校正性要求区别对待，以校正市场缺陷和资源配置。

城市公共支出是城市政府为履行职能而支出的一切费用的总和。城市公共支出就其实质而言，是满足社会公共需要的社会资源配置活动，是实现城市政府职能的主要手段，是弥补市场失灵、实现社会公平、保证城市经济社会稳定发展的重要途径。城市公共支出一般可以按支出功能分类和按支出经济分类。其中，支出功能分类主要反映城市政府活动的不同功能和政策目标；支出经济分类主要反映城市政府支出的经济性质和具体用途。

从城市公共支出的性质看，城市公共支出包括公共消耗性支出和公共转移性支出。公共消耗性支出是城市政府采购商品和劳务的支出，是一种实质性支出，有商品和劳务的实际交易，它直接形成总需求，是国民收入的一个重要组成部分。公共转移性支出是城市政府把一部分以税收形式筹集到的公共收入，用于社会保障方面的支出。公共转移性支出是一种货币性支出，是一种不以取得商品和劳务作为报偿的支出，是国民收入在不同社会成员之间进行的转移和重新分配，城市政府在其中实际上只起了一个中介人的作用。因此，公共转移性支出不是国民收入的组成部分，没有改变国民收入总量。

根据社会主义市场经济条件下城市政府职能活动情况及国际通行做法，城市公共支出按照功能可以分为：一般公共服务支出，外交、公共安全、国防支出，农业、环境保护支出，教育、科技、文化、卫生、体育支出，社会保障及就业支出和其他支出。

城市公共财政支出按照经济性质分类有：工资福利支出、商品和服务支出、资本性支出和其他支出。

城市政府在进行公共支出时，首先要严格控制城市公共支出的范围，把城市公共支出的范围限定在私人部门不愿、不能或不宜经办的事项上，限定在市场自身无法解决的领域，以实现市场与政府的合理分工。弥补市场失灵的原则，从根本上决定着城市公共支出的规模、使用范围及其变化。由于市场失灵的具体内容并不是固定不变的，必须动态地、适时地调整公共支出的范围。

其次要讲求效益。城市公共支出要有利于提高资源配置效率，使社会得到最大的效益。一是要实现城市资源在公共部门和私人部门之间的最优配置，保证双方都获得合理的资源，既不妨碍私人部门的发展，又能满足公共部门的需要，从而使社会效益最大。二是在使用由公共财政配置的资源时，应以最小的社会成本获得最大的社会效益，这里的社会成本和社会效益是多方面的，包括内在和外在、有形和无形、直接和间接各个方面。

再次，城市公共支出应该使所有居民普遍而平等地受益。具体地说，通过城市公共支出所产生的利益在城市各个阶层居民中的分配应达到公平状态，能恰当地符合城市各个阶层居民的需要。一是要同等对待城市同一层次的居民，实现横向公平；二是要差别对待城市不同层次的居民，实现纵向公平。城市政府要通过公共支出结构和对象的调整，来修正城市社会成员和社会集团在社会财富中占有的份额，满足每一个城市社会成员的基本生存需要和发展需要，实现社会财富的公平分配。

最后，量入为出。在城市公共收入总额已定的前提下，城市政府要根据公共收入的规模确定公共支出的规模，用收入制约支出。为此，城市政府要实事求是地估量自身的财力，认真分析公共收入的来源，严格执行公共预算，节约公共支出，精打细算，用较少的经费完成较多的行政工作，提高资金的使用效益，促进公共收支的平衡。

为了规范城市公共收支行为，必须建立健全全面规范、公开透明的预算制度，强化预算约束。预算由预算收入和预算支出组成，城市政府的全部收入和支出都应当纳入预算。预算包括一般公共预算、政府性基金预算、国有资本经营预算、社会保险基金预算。其中，一般公共预算是对以税收为主体的财政收入，安排用于保障和改善民生、推动经济社会发展、维护国家安全、维持国家机构正常运转等方面的收支预算；政府性基金预算是对依照法律、行政法规的规定在一定期限内向特定对象征收、收取或者以其他方式筹集的资金，专项用于特定公共事业发展的收支预算，应当根据基金项目收入情况和实际支出需要，按基金项目编制，做到以收定支；国有资本经营预算是对国有资本收益做出支出安排的收支预算，按照收支平衡的原则编制，不列赤字，并安排资金调入一般公共预算；社会保险基金预算是对社会保险缴款、一般公共预算安排和其他方式筹集的资金，专项用于社会保险的收支预算，应当按照统筹层次和社会保险项目分别编制，做到收支平衡。一般公共预算、政府性基金预算、国有资本经营预算、社会保险基金预算应当保持完整、独立；政府性基金预算、国有资本经营预算、社会保险基金预算应当与一般公共预算相衔接。预算应当遵循统筹兼顾、勤俭节约、量力而行、讲求绩效和收支平衡的原则，并建立跨年度预算平衡机制。

三、城市政府采购制度

1. 城市政府采购的含义和原则

城市政府采购是指城市各级国家机关、事业单位和团体组织，使用财政性资金采购依法制定的集中采购目录以内的或者采购限额标准以上的货物、工程和服务的行为。其中采购，是指以合同方式有偿取得货物、工程和服务的行为，包括购买、租赁、委托、雇用等；货物是指各种形态和种类的物品，包括原材料、燃料、设备、产品等；工程是指建设工程，包括建筑物和构筑物的新建、改建、扩建、装修、拆除、修缮等；服务是指除货物和工程以外的其他政府采购对象。

城市政府采购应当遵循以下原则：

第一，有助于实现城市的经济和社会发展政策目标。城市政府采购对单个采购实体而言，是一种微观经济行为，但将城市政府作为整体而言，政府采购就成为城市政府的一种经济调节手段。通过政府采购，城市政府可以将政府调控与微观经济行为结合起来，以实现城市政府的政策目标。为此，城市政府采购应当采购本国货物、工程和服务。

但有下列情形之一的除外：需要采购的货物、工程或者服务在中国境内无法获取或者无法以合理的商业条件获取的；为在中国境外使用而进行采购的；其他法律、行政法规另有规定的。

第二，公开透明原则。城市政府采购的信息应当在城市政府采购监督管理部门指定的媒体上及时向社会公开发布，但涉及商业秘密的除外。城市政府采购限额标准，属于中央预算的政府采购项目，由国务院确定并公布；属于地方预算的政府采购项目，由省、自治区、直辖市人民政府或者其授权的机构确定并公布。城市政府采购项目的采购标准应当公开。采用依法规定的采购方式的，采购人在采购活动完成后，应当将采购结果予以公布。

第三，公平竞争原则。任何单位和个人不得采用任何方式，阻挠和限制供应商自由进入城市政府采购市场。采购人可以根据采购项目的特殊要求，规定供应商的特定条件，但不得以不合理的条件对供应商实行差别待遇或者歧视待遇。政府采购当事人不得相互串通损害国家利益、社会公共利益和其他当事人的合法权益，不得以任何手段排斥其他供应商参与竞争。供应商不得以向采购人、采购代理机构、评标委员会的组成人员、竞争性谈判小组的组成人员、询价小组的组成人员行贿或者采取其他不正当手段谋取中标或者成交。

第四，公正原则。在城市政府采购活动中，采购人员及相关人员与供应商有利害关系的，必须回避。供应商认为采购人员及相关人员与其他供应商有利害关系的，可以申请其回避。采购代理机构不得以向采购人行贿或者采取其他不正当手段谋取非法利益。采购代理机构与行政机关不得存在隶属关系或者其他利益关系。任何单位和个人不得违反法律规定，要求采购人或者采购工作人员向其指定的供应商进行采购。

第五，诚实信用原则。供应商参加政府采购活动应当具备下列条件：具有独立承担民事责任的能力；具有良好的商业信誉和健全的财务会计制度；具有履行合同所必需的设备和专业技术能力；有依法缴纳税收和社会保障资金的良好记录；参加政府采购活动前三年内，在经营活动中没有重大违法记录；法律、行政法规规定的其他条件。采购人可以要求参加政府采购的供应商提供有关资质证明文件和业绩情况，并根据法律规定的供应商条件和采购项目对供应商的特定要求、资格进行审查。采购人和供应商之间的权利和义务，应当按照平等、自愿的原则以合同方式约定。政府采购合同的双方当事人不得擅自变更、中止或者终止合同。

2. 城市政府采购的方式

城市政府采购实行集中采购和分散采购相结合。集中采购的范围由省级以上人民政府公布的集中采购目录确定。纳入集中采购目录的政府采购项目，应当实行集中采购。设区的市人民政府根据本级政府采购项目组织集中采购的需要设立集中采购机构。集中采购机构为采购代理机构和非营利事业法人，根据采购人的委托办理采购事宜。集中采购机构进行政府采购活动，应当符合采购价格低于市场平均价格、采购效率更高、采购质量优良和服务良好的要求。采购人采购纳入集中采购目录的城市政府采购项目，必须委托集中采购机构代理采购；采购未纳入集中采购目录的城市政府采购项目，可以自行采购，也可以委托集中采购机构在委托的范围内代理采购。纳入集中采购目录属于通用的城市政府采购项目的，应当委托集中采购机构代理采购；属于本部门、本系统有特殊要求的项目，应当实行部门集中采购；属于本单位有特殊要求的项目，经省级以上人民政府批准，可以自行采购。

政府采购的具体方式有：

第一，公开招标。公开招标应作为城市政府采购的主要采购方式。采购人采购货物或者服务应当采用公开招标方式的，其具体数额标准，属于中央预算的政府采购项目，由国务院规定；属于地方预算的政府采购项目，由省、自治区、直辖市人民政府规定；因特殊情况需要采用公开招标以外的采购方式的，应当在采购活动开始前获得设区的市以上人民政府采购监督管理部门的批准。采购人不得将应当以公开招标方式采购的货物或者服务化整为零或者以其他任何方式规避公开招标采购。

第二，邀请招标。符合下列情形之一的货物或者服务，可以依法采用邀请招标方式采购：具有特殊性，只能从有限范围的供应商处采购的；采用公开招标方式的费用占政府采购项目总价值的比例过大的。

第三，竞争性谈判。符合下列情形之一的货物或者服务，可以依法采用竞争性谈判方式采购：招标后没有供应商投标或者没有合格标的或者重新招标未能成立的；技术复杂或者性质特殊，不能确定详细规格或者具体要求的；采用招标所需时间不能满足用户紧急需要的；不能事先计算出价格总额的。

第四，单一来源采购。符合下列情形之一的货物或者服务，可以依法采用单一来源方式采购：只能从唯一供应商处采购的；发生了不可预见的紧急情况不能从其他供应商处采购的；必须保证原有采购项目一致性或者服务配套的要求，需要继续从原供应商处添购，且添购资金总额不超过原合同采购金额百分之十的。

第五，询价。采购的货物规格、标准统一，现货货源充足且价格变化幅度小的政府采购项目，可以依法采用询价方式采购。

第六，国务院政府采购监督管理部门认定的其他采购方式。

3. 城市政府采购的程序

城市政府负有编制部门预算职责的部门在编制下一财政年度部门预算时，应当将该财政年度政府采购的项目及资金预算列出，报本级财政部门汇总。城市政府采购应当严格按照批准的预算执行。

货物或者服务项目采取邀请招标方式采购的，采购人应当从符合相应资格条件的供应商中，通过随机方式选择三家以上的供应商，并向其发出投标邀请书。货物和服务项目实行招标方式采购的，自招标文件开始发出之日起至投标人提交投标文件截止之日止，不得少于二十日。

在招标采购中，出现下列情形之一的，应予废标：符合专业条件的供应商或者对招标文件作实质响应的供应商不足三家的；出现影响采购公正的违法、违规行为的；投标人的报价均超过了采购预算，采购人不能支付的；因重大变故，采购任务取消的。废标后，采购人应当将废标理由通知所有投标人。废标后，除采购任务取消情形外，应当重新组织招标；需要采取其他方式采购的，应当在采购活动开始前获得设区的市以上人民政府采购监督管理部门或者政府有关部门批准。

采用竞争性谈判方式采购的，应当遵循下列程序：成立谈判小组、制定谈判文件、确定邀请参加谈判的供应商名单、谈判、确定成交供应商。

采取单一来源方式采购的，采购人与供应商应当遵循有关法律法规规定的原则，在保证采购项目质量和双方商定合理价格的基础上进行采购。

采取询价方式采购的，应当遵循下列程序：成立询价小组、确定被询价的供应商名单、询价、确定成交供应商。

采购人或者其委托的采购代理机构应当组织对供应商履约的验收。大型或者复杂的城市政府采购项目，应当邀请国家认可的质量检测机构参加验收工作。验收方成员应当在验收书上签字，并承担相应的法律责任。采购人、采购代理机构对政府采购项目每项采购活动的采购文件应当妥善保存，不得伪造、变造、隐匿或者销毁。采购文件的保存期限为从采购结束之日起至少保存十五年。采购文件包括采购活动记录、采购预算、招标文件、投标文件、评标标准、评估报告、定标文件、合同文本、验收证明、质疑答复、投诉处理决定及其他有关文件、资料。采购活动记录至少应当包括下列内容：采购项目类别、名称；采购项目预算、资金构成和合同价格；采购方式，采用公开招标以外的采购方式的，应当载明原因；邀请和选择供应商的条件及原因；评标标准及确定中标人的原因；废标的原因；采用招标以外采购方式的相应记载。

4. 城市政府采购的监督检查和违法处罚

城市政府采购监督管理部门应当加强对城市政府采购活动和集中采购机构的监督检查。监督检查的主要内容是：有关政府采购的法律、行政法规和规章的执行情况；采购范围、采购方式和采购程序的执行情况；城市政府采购人员的职业素质和专业技能。城市政府采购监督管理部门不得设置集中采购机构，不得参与政府采购项目的采购活动。

集中采购机构应当建立健全内部监督管理制度。采购活动的决策和执行程序应当明确，并相互监督、相互制约。经办采购的人员与负责采购合同审核、验收人员的职责权限应当明确，并相互分离。集中采购机构的采购人员应当具有相关职业素质和专业技能，符合政府采购监督管理部门规定的专业岗位任职要求。集中采购机构对其工作人员应当加强教育和培训；对采购人员的专业水平、工作实绩和职业道德状况定期进行考核。采购人员经考核不合格的，不得继续任职。

城市政府采购监督管理部门应当对城市政府采购项目的采购活动进行检查，城市政府采购当事人应当如实反映情况，提供有关材料。城市政府采购监督管理部门应当对集中采购机构的采购价格、节约资金效果、服务质量、信誉状况、有无违法行为等事项进行考核，并定期如实公布考核结果。

依照法律、行政法规的规定对城市政府采购负有行政监督职责的城市政府有关部门，应当按照职责分工，加强对政府采购活动的监督检查，并依法对违法行为进行处罚。城市政府审计机关应当对城市政府采购进行审计监督，城市政府采购监督管理部门、城市政府采购各当事人有关政府采购活动，应当接受城市审计机关的审计监督；城市政府监察机关应当加强对参与城市政府采购活动的国家机关、国家公务员和国家行政机关任命的其他人员实施监察；任何单位和个人对城市政府采购活动中的违法行为，有权控告和检举，有关部门、机关应当依照各自职责及时处理。

城市政府采购的含义与原则

第二节　城市市场监督管理

一、城市市场监督管理的内容和任务

城市市场监督管理是城市政府及其职能部门在国家赋予的职权范围内，对市场要素及经济活动所进行的监督管理。城市政府履行市场监督管理职责，对促进城市经济的繁荣和发展有着十分重要的意义，有利于维护城市经济秩序，有利于促进城市企业的生产和再生产，有利于保障商品生产者、经营者和消费者的合法权益。

由于城市市场监督管理的目的主要是规范商品生产者和经营者的市场行为，建立和维护城市经济秩序，因此，城市市场监督管理的内容主要有以下几方面：第一，对商品经营者及其市场行为的监督管理。具体包括：对商品经营者的资格、登记注册事项的监督管理；对商品经营者市场行为的监督管理。第二，对商品的监督管理。具体包括：对商品交换范围的监督管理；对商品质量的监督管理；对商品价格的监督管理；对商品计量的监督管理。第三，对市场交易场所的监督管理。市场交易场所是商品经营者从事商品交换活动的场所，城市政府要加强商品交易市场的监督管理，制定市场交易规则，维护市场交易秩序。

我国城市市场监督管理的指导思想是立足新发展阶段，完整、准确、全面贯彻新发展理念，构建新发展格局，坚持统筹发展和安全、效率和公平、活力和秩序、国内和国际，围绕“大市场、大质量、大监管”一体推进市场监管体系完善和效能提升，推进市场监管现代化，着力营造市场化法治化国际化营商环境、激发市场活力，强化公平竞争政策基础地位、维护市场秩序，坚守安全底线、增强人民群众获得感幸福感安全感，完善质量政策和技术体系、全面提升质量水平，维护和优化高效、有序、统一、安全的超大规模市场，切实推动高质量发展，为全面建设社会主义现代化国家提供有力支撑。

依据上述指导思想，城市政府及其职能部门对市场进行监督管理时，必须坚持以下原则：

第一，坚持以人民为中心。将增进人民福祉作为市场监管工作的出发点和落脚点，围绕人民群众需求，坚守质量安全底线，强化消费者权益保护，提升市场监管领域政务服务水平，不断增强人民群众获得感幸福感安全感。依靠人民推进监管，自觉接受人民监督，形成市场监管社会共治合力。

第二，坚持改革创新、提升效能。围绕建设高标准市场体系，加快推动市场监管制度机制不断成熟定型。遵循市场监管规律，顺应市场发展趋势，创新丰富监管工具，优化监

管资源配置，强化科技支撑，不断增强监管效能。

第三，坚持有效市场、有为政府。正确处理政府和市场的关系，充分发挥市场在资源配置中的决定性作用，更好发挥政府作用，进一步激发市场活力。加强市场监管与经济调控的协同，促进市场健康发展；提高市场规制能力，有效维护市场秩序和消费安全。

第四，坚持依法行政、公正监管。加快推动市场监管领域法律法规制度完善和统一，营造稳定公平透明可预期的制度环境，依法规范政府监管行为，一视同仁对待各类市场主体，为激发市场活力和维护市场主体合法权益提供法治保障。

第五，坚持系统观念、统筹施策。统筹监管线上和线下、产品和服务、传统经济和新兴业态等各类对象，统筹发展和安全、效率和公平、活力和秩序、国内和国际等多元目标，统筹运用市场、法律、技术、标准、信用、行政等多种手段，统筹行业管理和综合监管、事前事中事后监管，统筹发挥市场、政府、社会等各方作用，切实提高市场综合监管能力。

当前，我国城市市场监督管理的重点任务是：

第一，持续优化营商环境，充分激发市场主体活力。城市政府要坚持放管结合、放管并重，深入推进“放管服”改革，深化商事制度改革，提升公正监管水平，完善市场主体支持政策，有效降低制度性交易成本，更大激发市场主体活力和发展内生动力，为畅通经济循环、推动高质量发展提供有力支撑。

第二，加强市场秩序综合治理，营造公平竞争市场环境。城市政府要加强市场综合监管，提高竞争执法水平，推进线上线下市场一体化监管，在规范市场秩序中推动发展，在维护公平竞争中增强创新动力。

第三，维护和完善国内统一市场，促进市场循环充分畅通。城市政府要加强市场监管与产业政策的协调，深入实施公平竞争政策，破除妨碍要素市场化配置和自由流动的制度障碍，促进经济循环畅通，维护和完善全国统一大市场。

第四，完善质量政策和技术体系，服务高质量发展。城市政府要大力推进质量强国建设，深入实施质量提升行动，统筹推进企业、行业、产业质量提升，加强全面质量管理和质量基础设施体系建设，全面提升产品和服务质量水平，塑造产品供给和需求良性互动的大市场。

第五，坚守安全底线，强化消费者权益保护。城市政府要统筹发展和安全，对涉及人民群众身体健康和生命财产安全、公共安全的特殊行业、重点领域，加强全覆盖重点监管，强化消费者权益保护，构建和完善产品设施安全可靠、人民群众放心消费的安全大市场。

第六，构建现代化市场监管体系，全面提高市场综合监管效能。城市政府要完善基础制度，健全体制机制，创新监管工具，加强科技支撑，统筹运用市场、法律、技术、标准、信用、行政等多种手段，提升市场综合监管能力，提高市场监管现代化水平。

二、市场结构管理

市场结构管理主要是指城市政府对市场主体的垄断行为和竞争行为的监督管理。为了保护市场公平竞争，鼓励创新，提高经济运行效率，维护消费者利益和社会公共利益，促进社会主义市场经济健康发展，城市政府要预防和制止垄断行为，制止不正当竞争行为。

1. 反垄断管理

城市政府要坚持市场化、法治化原则，强化竞争政策基础地位，制定和实施与社会主义市场经济相适应的竞争规则，完善宏观调控，健全统一、开放、竞争、有序的市场体系。城市行政机关和法律、法规授权的具有管理公共事务职能的组织在制定涉及市场主体经济活动的规定时，应当进行公平竞争审查。

根据我国有关法律法规的规定，禁止下列垄断行为：经营者达成垄断协议；经营者滥用市场支配地位；具有或者可能具有排除、限制竞争效果的经营者集中。其中，经营者达成垄断协议，是指经营者有排除、限制竞争的协议、决定或者其他协同行为，若经营者有上述行为，反垄断执法机构即可对其进行调查并采取相应措施。反垄断执法机构认定经营者具有市场支配地位，应当依据下列因素：该经营者在相关市场的市场份额，以及相关市场的竞争状况；该经营者控制销售市场或者原材料采购市场的能力；该经营者的财力和技术条件；其他经营者对该经营者在交易上的依赖程度；其他经营者进入相关市场的难易程度；与认定该经营者市场支配地位有关的其他因素。有下列情形之一的，可以推定经营者具有市场支配地位：一个经营者在相关市场的市场份额达到二分之一的；两个经营者在相关市场的市场份额合计达到三分之二的；三个经营者在相关市场的市场份额合计达到四分之三的。

反垄断执法机构审查经营者集中，应当考虑下列因素：参与集中的经营者在相关市场的市场份额及其对市场的控制力；相关市场的市场集中度；经营者集中对市场进入、技术进步的影响；经营者集中对消费者和其他有关经营者的影响；经营者集中对国民经济发展的影响；国务院反垄断执法机构认为应当考虑的影响市场竞争的其他因素。

行政机关和法律、法规授权的具有管理公共事务职能的组织不得滥用行政权力排除和限制竞争，禁止实施以下行为：第一，限定或者变相限定单位或者个人经营、购买、使用其指定的经营者提供的商品。第二，滥用行政权力，通过与经营者签订合作协议、备忘录等方式，妨碍其他经营者进入相关市场或者对其他经营者实行不平等待遇，排除、限制竞争。第三，妨碍商品在地区之间的自由流通；对外地商品设定歧视性收费项目、实行歧视性收费标准，或者规定歧视性价格；对外地商品规定与本地同类商品不同的技术要求、检验标准，或者对外地商品采取重复检验、重复认证等歧视性技术措施，限制外地商品进入本地市场；采取专门针对外地商品的行政许可，限制外地商品进入本地市场；设置关卡或者采取其他手段，阻碍外地商品进入或者本地商品运出；妨碍商品在地区之间自由流通的其他行为。第四，以设定歧视性资质要求、评审标准或者不依法发布信息等方式，排斥或者限制外地经营者参加招标投标以及其他经营活动。第五，采取与本地经营者不平等待遇等方式，排斥、限制、强制或者变相强制外地经营者在本地投资或者设立分支机构。第六，强制或者变相强制经营者从事法律规定的垄断行为。第七，制定含有排除、限制竞争内容的规定。

我国不断健全完善反垄断规则制度，强化反垄断监管力量，提高监管能力和监管体系现代化水平，加强反垄断执法司法，依法公正高效审理垄断案件，健全行政执法和司法衔接机制，维护公平竞争秩序。国务院设立反垄断委员会，负责组织、协调、指导反垄断工作。国务院规定的承担反垄断执法职责的机构负责反垄断执法工作。国务院反垄断执法机构根据工作需要，可以授权省、自治区、直辖市人民政府相应的机构，依照法律规定负责有关反垄断执法工作。行业协会应当加强行业自律，引导本行业的经营者依法竞争，合规经营，维护市场竞争秩序。

反垄断执法机构依法对涉嫌垄断行为进行调查，并可以采取下列措施：进入被调查的经营者的营业场所或者其他有关场所进行检查；询问被调查的经营者、利害关系人或者其他有关单位或者个人，要求其说明有关情况；查阅、复制被调查的经营者、利害关系人或者其他有关单位或者个人的有关单证、协议、会计账簿、业务函电、电子数据等文件、资料；查封、扣押相关证据；查询经营者的银行账户。反垄断执法机构对涉嫌垄断行为调查核实后，认为构成垄断行为的，应当依法做出处理决定，并可以向社会公布。

2. 反不正当竞争管理

经营者在生产经营活动中应当遵循自愿、平等、公平、诚实信用的原则，遵守法律和商业道德。经营者在生产经营活动中违反上述原则和相关法律法规的规定，扰乱市场经济秩序的竞争，损害其他经营者或消费者的合法权益，就是不正当竞争。

经营者不得实施下列混淆行为，引人误认为是他人商品或者与他人存在特定联系：擅自使用与他人有一定影响的商品名称、包装、装潢等相同或者近似的标识；擅自使用他人有一定影响的企业名称（包括简称、字号等）、社会组织名称（包括简称等）、姓名（包括笔名、艺名、译名等）；擅自使用他人有一定影响的域名主体部分、网站名称、网页等；其他足以引人误认为是他人商品或者与他人存在特定联系的混淆行为。

经营者不得采用财物或者其他手段贿赂下列单位或者个人，以谋取交易机会或者竞争优势：交易相对方的工作人员；受交易相对方委托办理相关事务的单位或者个人；利用职权或者影响力影响交易的单位或者个人。经营者在交易活动中，可以以明示方式向交易相对方支付折扣，或者向中间人支付佣金。经营者向交易相对方支付折扣、向中间人支付佣金的，应当如实入账。接受折扣、佣金的经营者也应当如实入账。经营者的工作人员进行贿赂的，应当认定为经营者的行为；但是，经营者有证据证明该工作人员的行为与为经营者谋取交易机会或者竞争优势无关的除外。

经营者不得对其商品的性能、功能、质量、销售状况、用户评价、曾获荣誉等作虚假或者引人误解的商业宣传，欺骗、误导消费者。经营者不得通过组织虚假交易等方式，帮助其他经营者进行虚假或者引人误解的商业宣传。

经营者不得实施下列侵犯商业秘密的行为：以盗窃、贿赂、欺诈、胁迫、电子侵入或者其他不正当手段获取权利人的商业秘密；披露、使用或者允许他人使用以前项手段获取的权利人的商业秘密；违反保密义务或者违反权利人有关保守商业秘密的要求，披露、使用或者允许他人使用其所掌握的商业秘密；教唆、引诱、帮助他人违反保密义务或者违反权利人有关保守商业秘密的要求，获取、披露、使用或者允许他人使用权利人的商业秘密。这里的商业秘密，是指不为公众所知悉、具有商业价值并经权利人采取相应保密措施的技术信息、经营信息等商业信息。

经营者进行有奖销售不得存在下列情形：所设奖的种类、兑奖条件、奖金金额或者奖品等有奖销售信息不明确，影响兑奖；采用谎称有奖或者故意让内定人员中奖的欺骗方式进行有奖销售；抽奖式的有奖销售，最高奖的金额超过 5 万元。经营者不得编造、传播虚假信息或者误导性信息，损害竞争对手的商业信誉、商品声誉。

经营者利用网络从事生产经营活动，不得利用技术手段，通过影响用户选择或者其他方式，实施下列妨碍、破坏其他经营者合法提供的网络产品或者服务正常运行的行为：未经其他经营者同意，在其合法提供的网络产品或者服务中，插入链接、强制进行目标跳转；误导、欺骗、强迫用户修改、关闭、卸载其他经营者合法提供的网络产品或者服务；恶意对其他经营者合法提供的网络产品或者服务实施不兼容；其他妨碍、破坏其他经营者合法提供的网络产品或者服务正常运行的行为。

为了规范市场主体行为，鼓励和保护市场公平竞争，制止不正当竞争，保护经营者和消费者的合法权益，保障社会主义市场经济的健康发展，城市市场监督管理部门对不正当竞争行为进行监督检查。城市市场监督管理部门调查涉嫌不正当竞争行为，可以采取下列措施：进入涉嫌不正当竞争行为的经营场所进行检查；询问被调查的经营者、利害关系人及其他有关单位、个人，要求其说明有关情况或者提供与被调查行为有关的其他资料；查询、复制与涉嫌不正当竞争行为有关的协议、账簿、单据、文件、记录、业务函电和其他资料；查封、扣押与涉嫌不正当竞争行为有关的财物；查询涉嫌不正当竞争行为的经营者的银行账户。监督检查部门采取上述的措施，应当向市场监督管理部门主要负责人书面报告，并经批准。查封、扣押与涉嫌不正当竞争行为有关的财物，或查询涉嫌不正当竞争行为的经营者的银行账户，应当向设区的市级以上人民政府市场监督管理部门主要负责人书面报告，并经批准。市场监督管理部门调查涉嫌不正当竞争行为，应当遵守《中华人民共和国行政强制法》和其他有关法律、行政法规的规定，并应当将查处结果及时向社会公开。

三、价格管理

在社会主义市场经济体制下，我国实行宏观经济调控下主要由市场形成价格的机制。价格的制定应当符合价值规律的要求，大多数商品和服务价格实行市场调节价，极少数商品和服务价格实行政府指导价或者政府定价。其中市场调节价是指由经营者自主制定，通过市场竞争形成的价格。对于市场调节价，城市政府要监督经营者依法进行价格活动，不能有法律法规禁止的不正当价格行为。

政府指导价是指依照《中华人民共和国价格法》的规定，由政府价格主管部门或者其他有关部门，按照定价权限和范围规定基准价格及其浮动幅度，指导经营者制定的价格。政府定价是指依照《中华人民共和国价格法》的规定，由政府价格主管部门或者其他有关部门，按照定价权限和范围制定的价格。实行政府指导价或者政府定价的商品和服务价格是：与国民经济发展和人民生活关系重大的极少数商品价格；资源稀缺的少数商品价格；自然垄断经营的商品价格；重要的公用事业价格；重要的公益性服务价格。政府在从事上述商品和服务的定价工作时要坚持公平、公开、公正和效率的原则，具体遵循以下规则：

第一，政府指导价、政府定价的定价权限和具体适用范围，以中央的和地方的定价目录为依据。其中，中央定价目录由国务院价格主管部门制定和修订，报国务院批准后公布；地方定价目录由省、自治区、直辖市人民政府价格主管部门按照中央定价目录规定的定价权限和具体适用范围制定和修订，经本级人民政府审核同意，报国务院价格主管部门审定后公布。省、自治区、直辖市人民政府以下各级地方人民政府不得制定定价目录。

第二，制定政府指导价、政府定价，应当根据有关商品或者服务的社会平均成本和市场供求状况、国民经济与社会发展要求以及社会承受能力，实行合理的购销差价、批零差价、地区差价和季节差价。

第三，政府价格主管部门和其他有关部门制定政府指导价、政府定价，应当开展价格、成本调查，听取消费者、经营者和行业组织等有关方面的意见，有关单位应当如实反映情况，提供必需的账簿、文件以及其他资料。定价机关制定价格时，还应当对市场供求、社会承受能力进行调查，分析对相关行业、消费者的影响。

第四，制定关系群众切身利益的公用事业价格、公益性服务价格、自然垄断经营的商品价格等政府指导价、政府定价，应当建立听证会制度，征求消费者、经营者和有关方面的意见，论证其必要性、可行性。制定专业技术性较强的商品和服务价格时，定价机关应当聘请有关方面的专家进行论证。对依法不实行听证的，定价机关可以选择座谈会、书面或者互联网等形式，听取消费者、经营者和有关方面的意见。

第五，定价机关在形成制定价格的方案时，应当载明以下内容：现行价格和拟制定的价格、单位调价幅度；制定价格的依据和理由；经过成本监审的，附上成本监审报告；制定价格后对相关行业和消费者的影响；经过专家论证的，附上专家论证意见纪要；消费者、经营者和有关方面的意见；经过听证的，附听证会纪要；价格的执行时间和范围。

第六，制定价格的方案经集体审议后，认为需要制定价格的，定价机关应当适时做出制定价格的决定。制定价格的决定应当载明以下内容：制定价格的项目、制定的价格；制定价格的依据；价格的执行时间和范围；做出决定的定价机关名称和做出决定的日期。制定价格的决定必须盖有做出决定的定价机关的印章。除涉及国家秘密外，制定价格的决定做出后，由做出决定的定价机关在指定的报刊、网站等媒体上向社会公布。

第七，政府指导价、政府定价实施后，定价机关应当对价格决定执行情况进行跟踪调查和监测。

我国价格管理实行统一领导、分级管理的原则。全国价格管理的方针政策由中央统一制定，具体的商品和服务价格由中央政府和地方政府分级管理。国务院价格主管部门统一负责全国的价格工作。国务院其他有关部门在各自的职责范围内，负责有关的价格工作。县级以上地方各级人民政府价格主管部门负责本行政区域内的价格工作。县级以上地方各级人民政府其他有关部门在各自的职责范围内，负责有关的价格工作。

为了稳定价格总水平，维护正常的价格秩序，支持和促进公开、公平、合法的市场竞争，城市政府除了建立重要商品储备制度、价格调节基金、价格监测制度外，还必须依法对价格活动进行监督检查，并对价格违法行为依法实施行政处罚。

为了提高价格监督检查的效力，城市政府价格主管应当充分发挥消费者组织、职工价格监督组织、居民委员会、村民委员会等组织以及消费者对价格的社会监督作用，充分发挥新闻单位对价格的舆论监督作用，并建立对价格违法行为的举报制度。

四、质量监督

质量监督是指城市政府根据法律法规，对产品、服务质量和企业保证质量所具备的条件进行监督的活动。质量监督实质上是一种行政监督执法，是城市政府机关利用行政权力和权威，依据法律法规来行使的，具有权威性和威慑力。它从社会的整体利益出发，不受部门利益和行业利益的限制，不受其他单位的影响和干扰，只受行政诉讼法的约束。

质量监督是维护消费者权益的需要，是充分满足人民美好生活需要的有力手段，是保证实现国家质量目标的重要措施，是发展国际贸易、提高产品国际竞争能力的重要手段，是贯彻质量法律和技术标准、维护市场经济秩序的重要保证，是促进企业提高素质、健全质量体系的重要条件，是城市政府获得质量信息和经济信息的重要渠道。

质量监督的方针是：紧紧围绕经济建设这个中心，通过对商品和服务质量的有效监督管理和检验，实现对质量的宏观控制；提高商品和服务的总体质量，提高资源配置效率；保护消费者和生产者的合法权益，维护人们的安全和健康，提高人们的生活质量；维护市场经济秩序和国家的全局利益，为实现国家关于提高质量和效益的目标任务，为促进生产力和市场经济的发展服务。为此，质量监督应遵循以下原则：

第一，统一管理和分级分工管理相结合。国务院市场监督管理部门主管全国产品质量监督工作。国务院有关部门在各自的职责范围内负责产品质量监督工作。县级以上地方市场监督管理部门主管本行政区域内的产品质量监督工作。县级以上地方人民政府有关部门在各自的职责范围内负责产品质量监督工作。

第二，公正、科学。政府对质量的监督，要站在国家和人民的立场上，严格依据标准秉公执法，不受任何组织和个人的影响。质量检验检疫机构要具备设备、人员、环境和管理等方面的条件，科学地对商品质量进行检验和评价。

第三，生产领域和流通领域商品质量的监督并举。政府应对质量产生、形成、实现的全过程进行监督，对生产领域的商品质量进行监督是保证商品质量达到法律、法规、标准、规范要求的重要手段，对流通领域的商品质量进行监督是维护消费者利益的重要举措。只有这样双管齐下，才能对伪劣商品一断其源、二断其流。

第四，突出重点。政府要重点监督对国民经济有重大影响的重要工农业产品；有关人身安全健康的产品；质量问题较多、消费者反映较大的产品；市场紧俏商品；消费者不易识别伪劣、质量无法保证的商品。

第五，区别对待。对有意识偷工减料、粗制滥造、掺杂使假的要从重处罚。对多次抽查不合格又不认真整改的企业负责人，给予必要的行政处分。对因管理和技术条件不完善造成的一般商品不合格并没有造成严重后果的，以批评教育为主，辅以必要的处罚，监督其采取措施保证商品质量合格。对因质量问题造成严重后果和社会影响的，依法追究其责任；对触犯刑法的，及时移交司法机关追究其刑事责任。

质量监督的基本形式有抽查型质量监督、评价型质量监督、仲裁型质量监督三种。

抽查型质量监督是一种国家监督抽查，是国家市场监督管理总局依法组织有关省市市场监督管理机构对生产、销售的商品，依据有关规定进行抽样、检验，并对抽查结果依法公告和处理的活动。抽查型质量监督分为定期实施的国家监督抽查和不定期实施的国家监督抽查两种。国家监督抽查的产品目录和被抽查的企业名单，用随机抽样方法决定，不事先通知被查企业，随时突击在用户和销售单位抽取样品。国家监督抽查的样品由被抽查单位无偿提供，国家监督抽查也不向企业收取检验费用，所需费用由财政部门安排专项经费解决。抽查型质量监督只对产品的主要特征进行抽查检验，有的要作全项检验，包括型式实验。抽查型质量监督属于一种逆向工作，政府通过对部分重点产品的监督抽查，发现质量问题及发展趋势，指导并加强政府对产品质量的宏观控制，督促企业按标准生产合格产品。

评价型质量监督是指国家的市场监督管理机构对申请新产品生产证、产品生产许可证、优质产品和质量认证证书与标志等的企业，进行生产条件、质量体系和产品质量复查的一种质量监督活动，具体包括企业质量体系认证制度和产品质量认证制度。评价型质量监督主要是一种顺向工作，以扶优限劣，鼓励企业生产优质产品，使我国的产品质量向世界先进水平靠拢。对可能危及人类健康安全、动植物生命健康以及环境保护、公共安全的特殊产品，我国参照国际先进的产品标准和技术要求，推行强制性产品认证制度。

仲裁型质量监督是质量监督机构通过对有争议的产品进行仲裁检验和质量裁定，以公正判定、裁决有质量争议的产品，维护标准的严肃性，保护当事人的合法权益。目前，仲裁型质量监督包括争议方委托的质量仲裁、司法机关委托的质量仲裁、合同管理部门委托的质量仲裁、消费者质量投诉等。仲裁型质量监督只对有争议的产品进行检验，必要时要检查生产企业、经销商和使用者的质量保证条件，以弄清楚质量责任。

根据《中华人民共和国产品质量法》的规定，我国对产品质量实行以抽查为主要方式的监督检查制度，对可能危及人体健康和人身、财产安全的产品，影响国计民生的重要工业产品以及消费者、有关组织反映有质量问题的产品进行抽查。具体地说，我国产品监督的对象或监督抽查的范围是：可能危及人体健康和人身、财产安全的产品；影响国计民生的重要工业产品；消费者、有关组织反映有质量问题的产品；涉及国家重大经济政策的产品或能大大提高劳动生产率的产品；获得各种质量证书、标志的产品。抽查的样品应当在市场上或者企业成品仓库内的待销产品中随机抽取。监督抽查工作由国务院市场监督管理部门规划和组织。城市政府市场监督管理部门在本行政区域内也可以组织监督抽查。国家监督抽查的产品，地方不得另行重复抽查；上级监督抽查的产品，下级不得另行重复抽查。

质量监督的含义及意义

第三节 城市土地管理

一、城市土地管理的含义和必要性

土地有广义和狭义之分。广义的土地包括地球表面的陆地及各种自然资源，如土壤、水、大气、矿物、植被等。狭义的土地仅指地球表面的陆地。这里的城市土地是狭义的土地，是一个与城市人口、城市经济活动相联系的地域性概念，它是城市形成和发展的前提，也是城市人口和城市各种活动的基础。在中国，城市土地一般是指城市市区内的土地，属于国家所有。城市土地按其使用情况，有工业用地、公共设施用地、居住用地、仓储用地、道路广场用地、对外交通用地、市政设施用地、绿化用地、特殊用地等。

城市土地是一种天然形成的自然物，是由许多自然物质组成的独立的自然综合体，具有以下自然特性：第一，位置固定性。城市土地是一种天然形成的自然物，在一段可度量的历史时期内，它总是固定在地球的某个位置上，不可以移动，既不能凭空创造，也不会无故消失。第二，差异性。在地质、地貌、水文等方面，世界上没有两块城市土地会是完全一致的。第三，耐久性。城市土地能被人类长久利用，永远不会丧失使用价值。

城市土地的自然特性，客观上决定了它的经济特性。所谓城市土地的经济特性，是人们在使用城市土地时引起的经济关系，主要有：第一，稀缺性。城市土地是自然赋予的非再生物，对于不断增长的城市人口及其需求而言，城市土地是有限的。不仅是城市土地的总量是有限的，而且用于某种特定用途的城市土地数量是有限的、排他的。第二，区位效益性。不同区位的城市土地，由于有不同的直接或间接的投入，会产出不同的效益。第三，边际产出递减性。对城市土地的使用强度超过一定限度后，收益即开始下降，任何过度开发，既会破坏生态环境，又会造成经济损失。

城市土地管理是城市政府依据国家有关城市土地资源的法律法规，对城市土地占有、分配、使用的规划、组织、控制和监督。城市土地管理的任务是维护城市土地的社会主义国有制，调整城市土地关系，保护和开发城市土地，合理利用城市土地，保护土地所有者和使用者的合法权益，促进城市经济社会的可持续发展。城市土地管理的必要性是：

首先，城市土地本身的特点要求加强城市土地管理。城市土地是建筑地段，是城市范围内一切建筑物的土地互相结合的体系，对人类具有巨大的不可替代的功能。同时，城市土地是一种有限的不可再生的自然资源，位置也不能搬动，这就要求城市政府必须以生态效益为前提加强城市土地管理，有计划、因地制宜地合理安排好城市土地，以便使其得到充分合理的利用。

其次，城市土地与城市经济社会发展的密切关系要求加强城市土地管理。一方面，城市社会经济的日益发展会对城市土地利用不断提出新的要求；另一方面，城市土地利用的合理与否，会对城市经济社会的发展产生直接的、重大的影响。因此，为了正确协调好城市土地与城市经济社会发展的关系，城市政府必须加强城市土地管理。

最后，我国城市土地的国有制要求加强城市土地管理。城市土地管理是国家对城市土地行使所有权的一个重要体现，能保障土地所有者的权益，维护全体劳动人民的整体利益。

二、城市土地管理机构和内容

城市土地管理机构主要有：(1) 市规划和自然资源局。它统一负责城市土地的监督管理工作，统一规划管理城市建设用地和建设工程，负责核发建设用地规划许可证和建设工程规划许可证，是城市土地最主要的监督管理部门。(2) 市房产管理局。它承担规范和管理房地产市场的责任，主要负责已经开发使用的城镇建设用地的管理工作，配合做好国有土地使用权出让工作，指导、监督管理或组织实施国有土地上房屋征收与补偿工作。(3) 市司法局。它主要监督城市土地管理法律法规的实施，受理各种城市土地违法案件。此外，国务院授权的机构对省、自治区、直辖市人民政府以及国务院确定的城市人民政府土地利用和土地管理情况进行督察。

城市自然资源主管部门在履行监督检查职责时，有权采取下列措施：要求被检查单位或者个人提供有关土地权利的文件和资料，进行查阅或者予以复制；要求被检查的单位或者个人就有关土地权利的问题做出说明；进入被检查单位或者个人非法占用的土地现场进行勘测；责令非法占用土地的单位或者个人停止违反土地管理法律、法规的行为。

城市土地管理的内容非常广泛，主要包括以下几个方面：

1. 城市土地的地籍管理

城市土地的地籍管理是城市政府为了取得有关地籍资料和全面研究城市土地的权属、自然和经济状况而采取的以城市土地调查、登记、统计、评价等为主要内容的政府措施，亦称地籍工作。城市地籍管理的对象是作为自然资源和生产资料的城市土地，城市地籍管理的核心是城市土地的权属问题。

城市地籍管理的内容大致可以分为两个方面：一是有关作为自然资源和生产资料的城市土地的数量和质量资料的收集整理；二是作为城市土地所有权、使用权客体（对象）的土地权属资料的调查、审核和确认。具体地说，城市地籍管理由以下几个部分组成：

第一，城市土地的调查。它是以查清城市土地的数量、质量、利用和权属状况而进行的调查，具体分为城市土地利用现状调查、地籍调查和城市土地条件调查。其中，城市土地利用现状调查主要按城市土地利用分类，以调查各类用地的分布、面积、利用状况为主要内容；地籍调查是以城市土地的权属、位置、类别、等级、地界、面积为主要对象的调查；城市土地条件调查主要是对城市土地的土壤、植被、地貌、气象、水文、地质等自然条件，以及对城市土地的投入产出、收益、交通、位置等社会经济条件的调查和资料的收集整理。

第二，城市土地的评价。在对城市土地利用分类的基础上，根据城市土地的自然和社会经济条件，进行城市土地的适宜性评价、经济评价和分等定级。其中，城市土地的等级，是城市土地的自然、社会经济综合质量好坏的标志，是合理确定城市土地补偿标准的重要依据。城市政府自然资源主管部门会同同级有关部门根据土地调查成果、规划土地用途和国家制定的统一标准，评定土地等级。

第三，城市土地的登记。它是城市政府用以确认城市土地的所有权和使用权，依法进行的城市土地权属申请、审核、登记造册和核发证书的过程。城市土地所有权和使用权的登记，依照有关不动产登记的法律、行政法规执行。依法登记的城市土地的所有权和使用权受法律保护，任何单位和个人不得侵犯。

第四，城市土地的统计。它是对城市土地的数量、质量、分布、利用和权属状况进行统计调查、汇总、统计分析和提供城市土地统计资料的制度。城市政府统计机构和自然资源主管部门依法进行土地统计调查，定期发布土地统计资料。

第五，城市地籍档案的收集、整理、保管等。城市土地的调查、评价、登记、统计过程，会产生大量的文字、图表、图像、册、卡等资料，要及时分类整理，建立城市地籍资料档案及其管理、应用、更新等一整套制度。

2. 城市土地的规划管理

城市土地规划是一项组织合理利用城市土地的经济、生态、技术、法权的综合措施，是城市政府合理配置土地、调整土地关系、确定土地用途的过程。一般来说，城市土地规划包括城市土地利用总体规划、城市各类用地的具体规划和城市企业用地规划三部分，主要任务是摸清城市土地利用现状、合理分配城市土地、优化城市土地利用结构。

城市政府应当依据城市经济和社会发展规划、国土整治和资源环境保护的要求、土地供给能力、各项建设对土地的需求，以及上一级政府的土地利用总体规划，组织编制城市土地利用总体规划。城市土地利用总体规划包括用地规模、各类用地的比重、空间控制标准、建筑密度控制标准、人口密度控制标准等。城市土地利用总体规划的期限一般为15年。城市政府在编制城市土地利用总体规划时应坚持以下原则：落实国土空间开发保护要求，严格土地用途管制；严格保护永久基本农田，严格控制非农业建设占用农用地；提高城市土地节约集约利用水平，保障城市土地的可持续利用；统筹安排城乡各业用地。

城市土地利用总体规划实行分级审批。省、自治区、直辖市的土地利用总体规划报国务院批准；省、自治区人民政府所在地的市、人口在100万以上的城市以及国务院指定的城市的土地利用总体规划，经省、自治区人民政府审查同意后，报国务院批准；其他城市的土地利用总体规划，逐级上报省、自治区、直辖市人民政府批准。城市土地利用总体规划一经批准，必须严格执行。经批准的城市土地利用总体规划的修改，须经原批准机关批准；未经批准，不得改变城市土地利用总体规划确定的土地用途。经国务院批准的大型能源、交通、水利等基础设施建设用地，需要改变城市土地利用总体规划的，根据国务院的批准文件修改城市土地利用总体规划。

城市政府应当加强城市土地利用计划管理，实行城市建设用地的总量控制。为此，城市政府要根据城市经济和社会发展计划、国家产业政策、城市土地利用总体规划以及建设用地和土地利用的实际状况，编制城市土地利用年度计划。土地利用年度计划应当对法律规定的集体经营性建设用地做出合理安排。土地利用年度计划的编制审批程序与土地利用总体规划的编制审批程序相同，一经审批下达，必须严格执行。

3. 城市土地的行政、经济、法治管理

城市土地的行政管理是指城市政府用行政手段对城市土地进行管理。具体包括：管理城市土地的征用、调拨工作，负责征（拨）用地的审查、报批；主管城市土地的调查、登记、统计、分等定级和发证工作；负责城市土地使用权出让的组织、协调、审查、报批和土地使用权转让、出租、抵押等权属管理工作；受理城市土地使用权申报登记，发放城市土地使用权证；制定城市土地使用费标准，征收城市土地使用费；解决城市土地纠纷，协调各部门、各单位的土地利用；处理违法占用、出租、转让城市土地的案件；编制和管理地籍资料；组织城市土地的综合开发；等等。

城市土地的经济管理是指城市政府用经济手段管理城市土地资源。城市政府通过经济手段管理城市土地，能把投入城市土地的大量资金通过城市土地的有偿使用和出让予以回收，并再投入城市土地的整治和开发，从而实现城市建设资金的良性循环。同时，经济手段是城市政府指导城市用地的重要杠杆，能充分发挥城市土地的使用效益。

城市土地的法治管理是指城市政府用法律手段管理城市土地。事实上，城市土地资源的地籍管理、规划管理、行政管理和经济管理，都要有法律依据和保障。国家及城市政府要不断健全和完善城市土地管理法律规范体系，完善城市土地管理执法、司法、守法等方面的体制机制，从而做到城市土地管理的有法可依、有法必依、执法必严、违法必究。

三、城市土地市场管理

城市土地市场，从狭义上说，是城市土地使用权流通的场所；从广义上讲，是体现在城市土地使用权流通全过程中的各种经济关系的总和。目前，我国城市土地市场由以下三级市场组成：第一，一级市场。它是国家凭借对城市土地的所有权，把一定时期的城市土地使用权批租或出让给城市土地的经营者和使用者，是城市土地使用权在国家与城市土地经营者、使用者之间的纵向流动，具有垄断性质。第二，二级市场。它是城市土地使用权在城市土地经营者与使用者之间的横向流动或转让，具体表现为获得城市土地使用权的经营者，直接将土地投入市场流通，或通过建设商品房间接地将土地投入市场流通。第三，三级市场。它是城市土地使用权在城市土地使用者之间的横向流动或转让，具体表现为城市土地的使用者通过房产的交易间接地使城市土地进入市场流通。

上述三级市场形成了城市土地的批发、零售、调剂三种互相联系的市场形态。其中，一级市场是二、三级市场的基础和前提，起着导向作用；二、三级市场是一级市场的延伸和扩大，能促进城市土地市场的完善和繁荣。我国完善城市土地市场的基本政策是垄断一级市场，搞活二、三级市场。

完善社会主义城市土地市场，充分利用市场机制来调节城市土地的利用，是城市土地管理的一个重要任务，是完善城市土地有偿使用制度的客观要求。从宏观角度看，城市土地市场的供求状况是国家确定城市土地有偿使用税费征收标准的客观依据。从微观角度看，城市土地市场能实现城市土地使用权在城市土地使用者之间的横向流动，实现城市土地要素与其他生产要素的最佳组合。因此，必须把城市土地的有偿使用与城市土地市场的完善有机地结合起来。完善城市土地市场，关键是要完善与市场经济相适应的城市土地使用权的有偿出让、转让机制。

第一，城市土地使用权的有偿出让。城市土地使用权的有偿出让是通过竞争方式实现城市国有土地的使用权向城市土地经营者和使用者的转移。具体地说，城市土地使用权的有偿出让是国家以土地所有者的身份将一定年限内的土地使用权出让给土地经营者或使用者，土地经营者或使用者必须向国家支付土地使用权出让金。根据我国有关法律法规的规定，城市土地使用权出让的最高年限分别为：居住用地 70 年；工业用地 50 年；教育、科技、文化、卫生、体育用地 50 年；商业、旅游、娱乐用地 40 年；综合或者其他用地 50 年。每一幅土地的实际使用年限，在最高年限内，由出让方确定或者由出让、受让双方商定。城市土地使用期满时，城市土地使用者还可以申请续期。城市土地使用权的有偿出让方式主要有协议出让、招标出让和拍卖出让三种。其中，协议出让主要适用于市政公益事业项目用地、非营利性项目用地、高科技项目用地以及城市政府为调整经济结构、实施产业政策而需要给予扶持、优惠的项目；招标出让方式一般适用于大型发展项目用地、小区成片开发用地、关键性的发展项目用地、技术难度较大的项目用地；拍卖出让主要适用于竞争性强的商业、旅游业、娱乐业、房地产业、金融业等用地。

第二，城市土地使用权的转让。城市土地使用权转让，是指城市土地使用者将城市土地使用权再进行有偿转移的行为，包括出售、交换和赠予。具体地说，城市土地使用权转让是指原受让方对已经获得城市土地使用权的土地按规定投入一定资金进行开发后，通过有偿的出售、交换或无偿的赠予等方式，把城市土地使用权连同地上的建筑物及其他附着物的所有权转让给新的受让者。从上可知，城市土地使用权转让的方式有：首先，出售或买卖。它是指城市土地使用者按照一定的方式将城市土地的使用权转移给买方，而买方为此支付价款的行为。其次，交换或互易。它是指当事人双方约定互相转移城市土地使用权的行为，或者是一方转移城市土地使用权、另一方转移金钱以外标的物的行为。城市土地使用权交换成功的前提是当事人双方都需要支配对方的物并能达成合意，其基本特征是以物易物，可以是城市土地使用权之间的互易，也可以是城市土地使用权与其他物的互易。再次，赠予。它是指赠予人自愿把自己拥有的城市土地使用权无偿转移给受赠人，而受赠人表示接受的行为，其基本特征是无偿。

为了提高城市土地利用率，发挥城市土地的最佳效益，扼制炒卖地皮以牟取暴利的土地投机行为，城市土地使用权转让必须符合以下条件：只有通过出让方式取得的城市土地使用权才能进行转让；取得使用权的城市土地不能直接进入市场流通，必须按照城市土地使用权出让合同规定的期限和条件对城市土地进行投资、开发、利用后，城市土地使用权方可转让；城市土地使用权的转让必须签订合同，并办理过户登记。

城市土地使用权转让必须坚持以下三个原则：第一，“认地不认人”原则。即城市土地使用者转让城市土地使用权时，城市土地使用权出让合同和登记文件中载明的权利和义务随城市土地使用权一并转移。第二，房、地产一致原则。即在转让城市土地使用权时，其地上建筑物及其他附着物的所有权也必须随之转让；城市土地使用者转让地上建筑物、其他附着物等不动产所有权时，相应范围内的城市土地使用权也必须随之转让。第三，效益不可损原则。凡是无损于城市土地及地上建筑物、其他附着物经济效益的转让，城市政府有关部门应依法予以批准。

四、城市土地有偿使用

城市土地的有偿使用是社会主义市场经济的内在要求。首先，城市土地的国家所有权，不仅是一个法律上的概念，而且要求以地租的形式在经济上得到实现，从而使城市土地仍然要通过采取商品的形式进行交换，并受市场经济的内在规律制约。其次，现实的城市土地大都是已经开发了的土地，人们在城市土地上投入了一定数量的活劳动和物化劳动，它本身就有价值，具有商品属性。最后，城市土地的有偿使用，能协调人们在城市土地利用上的物质利益矛盾，促进城市土地利用者自觉提高土地资源利用效率。

总之，在社会主义市场经济条件下，把城市土地作为商品来经营管理，实行城市土地的有偿使用，具有客观必然性。需要指出的是，下列建设用地，经城市政府依法批准，可以以划拨方式取得：国家机关用地和军事用地；城市基础设施用地和公益事业用地；国家重点扶持的能源、交通、水利等基础设施用地；法律、行政法规规定的其他用地。

我国城市土地有偿使用的目标是：运用市场机制，主要通过土地市场来调节城市土地的供求关系，合理配置城市土地，提高城市土地利用效益；同时，增加国家和城市的财政收入，为城市企业创造良好的、公平的竞争环境。城市土地有偿使用必须遵循以下原则：坚持城市土地单一的社会主义国有制性质；坚持城市土地所有权与使用权相分离，城市土地的所有权不能进入市场流通，国家出让的只是土地使用权；坚持因地制宜、区别对待，根据不同的城市、不同的区位、不同的性质和不同的对象实行城市土地的有偿使用；国家要通过立法和法律监督，管理和规范城市地产市场。

实行城市土地的有偿使用，关键在于由国家向城市土地使用者收取土地有偿使用费。从理论上讲，城市土地有偿使用费应该由城市绝对地租、级差地租、垄断地租、土地开发投资及投资利息组成。目前，我国城市土地有偿使用主要是通过征收以下税费形式进行：

第一，土地出让金。根据我国有关法律法规的规定，新占用土地的使用者，必须在签订土地使用权出让合同后的规定时间内，向土地所有者一次性交付使用期限内的土地使用权出让金。土地使用权出让金实际上是土地使用权的价格，即所出让土地的地价，反映了土地所有者与使用者之间的经济关系。

第二，土地使用税。根据我国有关法律法规的规定，使用土地的单位和个人必须按照其实际占用的土地面积，按期向税务机关交纳土地使用税，具体税额由有关地方政府根据市政建设状况、经济繁荣度、土地的不同等级等确定。土地使用税实际上是绝对地租，体现了国家政权与土地使用者之间的行政关系。

第三，土地使用费。土地使用费是外商投资企业和外商驻华机构每年向土地所有者交纳的费用，实际上也是一种地租，体现了土地所有者与土地使用者之间的经济关系。土地使用费一般是根据土地类别和用地性质分别确定的，每 3～5 年调整一次。

第四，土地增值税。根据我国有关法律法规的规定，转让房地产并取得收入的单位和个人，为土地增值税的纳税义务人，具体按照纳税人转让房地产所取得的增值额和四级超率累进税率征收。土地增值税实际上是一种级差地租。

案例分析

第九章　城市社会治理

城市社会治理关系民生福祉，关系社会和谐稳定，关系党和国家长治久安。城市社会治理的内容广泛，主要包括城市人口治理、城市公共安全治理、城市社会保障及其治理、城市社区治理等。深刻理解城市社会治理的基本原理，全面把握城市人口治理、城市公共安全治理、城市社会保障及其治理、城市社区治理的主要内容和发展规律，对实现城市的稳定和可持续发展、全面推进城市现代化建设具有重要的意义。

第一节　城市社会治理概述

一、城市社会治理的内涵和要素

城市社会治理是城市治理的重要组成部分，是党委、政府、社会组织、企事业单位、社区以及个人等多种主体通过平等的合作、对话、协商、沟通等方式，依法对城市社会事务、社会组织和社会生活进行引导和规范，实现整个城市社会良性运转的过程。从运行意义上看，城市社会治理实际上是治理城市社会，既是对城市社会的治理，又是社会参与的治理。从宏观层面上看，城市社会治理的核心议题是处理好国家与社会的关系问题。

城市社会治理的特征主要体现在以下几个方面：

第一，城市社会治理的区域性。城市社会治理立足于解决区域公共问题，并与当地的经济发展、文化土壤以及区域优势相适配。我国幅员辽阔，各地自然资源迥异，长期以来形成的地域文化特征，再加上我国区域经济发展不平衡的现状，不同城市所呈现出来的社会治理样态不同，拥有的治理资源禀赋亦有所不同。

第二，城市社会治理主体的多元化。我国城市社会治理采用党委领导、政府负责、社会协同、公众参与的治理方式，治理主体包括党委、政府、企业、社区、社会组织、公民等，上述不同的城市社会治理主体建立起一个立体式的社会治理网络。

第三，城市社会治理的互动性。城市社会治理要引导全社会达成利益共识，建立一个适合多元主体参与的治理框架和社会机制，使多元治理主体都能够提出自己的利益诉求，然后在沟通交流、相互妥协、协商一致的基础上达成社会共识。

第四，城市社会治理的过程性。在这里，过程的含义是指城市社会治理的动态性、发展性和延续性。城市社会治理是在不断发展变化的社会经济背景下进行的，城市社会治理的过程是不同利益主体协商合作、互动博弈分配社会资源的过程。城市社会治理的本质在于构建和实施公平合理的社会资源配置制度。

第五，城市社会治理的调和性。城市社会本身是一个有自组织能力的有机体，不能试图用某种强力乃至蛮力去支配社会，而是要让城市社会本身发挥其自我生存、自我发展乃至自我纠错、自我修复的功能。

城市社会治理是由相互作用、相互依赖的要素组成的，厘清城市社会治理的要素是全面理解城市社会治理的基本要求。城市社会治理的要素可分为主体要素、客体要素与工具要素三个层次。

城市社会治理的主体要素回答了“由谁来进行城市社会治理”的问题，具体是指参与城市社会治理的行动者，以及在依据治理规则、运用治理手段与工具中所形成的功能定位及其网络结构，并涉及多个主体之间在治理过程中通过资源分配、互动协作所形成的权责关系。我国城市社会治理的主体主要有：

党委是城市社会治理的领导者，发挥总揽全局、统筹谋划、顶层设计、协调各方、督办落实等领导核心作用，调动各部门各单位参与城市社会治理的积极性，发挥党组织在各领域的党建引领作用，发挥基层党组织战斗堡垒作用。

政府是城市社会治理的主导者，政府回应社会公众的需求，不断优化工作机制，提升公共服务供给效率；加强与公众、社会组织以及企业的协商对话，通过沟通、协商、对话方式配置社会资源，解决社会矛盾；运用法治方式和现代科技加强源头治理、动态治理和应急处置。

社会组织是城市社会治理的协同者，在城市社会治理过程中承担着城市公共服务供给者、政策制定参与者、社会资本培育者的职能。

社会公众是城市社会治理的参与者，社会公众既是城市社会治理的主体，也是城市社会治理的客体。随着公民主体意识的觉醒，社会公众在城市社会治理中扮演着越来越重要的诉求表达者、自我管理者、社会监督者角色。

城市社会治理的客体要素涉及城市社会治理的领域，即针对哪些问题或社会具体事务，在什么领域范围，针对谁进行治理，系统地回答了“治理什么”的治理对象问题。总的来说，城市社会治理客体就是因城市社会发展而产生的各种社会问题，具体内容可以大致分为社会控制、社会服务和激发社会活力三个方面。

城市社会治理的工具要素主要回答了“凭借或依靠什么进行城市社会治理”的问题。作为城市社会治理赖以开展和推进的手段，城市社会治理工具要素建立了城市社会治理主体与客体之间的联系，对城市社会治理效果的呈现也具有重要作用。总的来说，城市社会治理的工具要素主要包括：

第一，民主协商。民主协商体现了在中国共产党领导下多方参与、共同治理的城市社会治理理念。民主协商是在人民内部围绕共同问题进行广泛商量的过程，是政府与社会通过多方面的协调、配合与互补最终实现可操作性城市社会治理的过程，其本质是城市社会治理参与主体之间形成的一种社会伙伴关系。民主协商的社会治理方式，承认城市社会主体的多元化、城市社会利益的多元化、城市社会文化的多元化，要求在尊重各主体平等自由的基础上开展对话和协商，确保城市社会主体能够表达自己的利益和主张并建立相应的制度平台。民主协商具有推动人民有序政治参与、促进决策科学化民主化、密切党同人民群众的血肉联系等独特优势。

第二，法治保障。城市社会治理最核心的问题是解决多元治理主体靠什么来治理的问题。要充分发挥法治固根本、稳预期、利长远的保障作用，把城市社会治理纳入法治化轨道。加快制定完善城市社会治理现代化急需的法律法规、满足人民对美好生活新期待必备的法律法规，创新完善相关地方法规和行政规章，以良法保障善治。深化行政执法体制改革，加大重点领域执法力度。加强执法司法制约监督，让人民群众在每一起案件办理、每一件事情处理中都能感受到公平正义。增强全民法治观念，养成办事依法、遇事找法、解决问题用法、化解矛盾靠法的良好习惯。

第三，科技支撑。现代科技为城市社会治理引入新范式、创造新工具、构建新模式。城市社会治理要在网络化和网络平台基础上，运用大数据、云计算、物联网等信息技术，推动城市社会治理由单一中心转变为多中心治理，推动城市社会治理从以有限个案经验为基础转变为“数据说话”，实现由传统被动响应型管理到现代主动预见型治理的转变，实现城市社会治理的精准化和智能化。

二、城市社会治理的基本原则

我国城市社会治理要坚持以下基本原则：

第一，坚持党对城市社会治理的全面领导，把党的领导贯穿城市社会治理全过程、各方面。

坚持党的领导是中国城市社会治理的独特优势。党在城市社会治理工作的领导核心和政治保障作用，既体现在各级党委对城市社会治理的宏观决策和微观推动，也体现在党的基层组织在基层治理中发挥引领带动作用以及调节平衡作用。要充分发挥党在城市社会治理中把方向、谋大局、定政策、促改革的作用，必须全面增强党领导城市社会治理的能力。

坚持党对城市社会治理的全面领导，要求市级党委落实请示、报告、决策、执行制度。请示制度，对事关城市社会治理工作全局和长远发展的重大决策部署，要按程序及时向上级党组织请示；报告制度，对贯彻党中央决策部署情况、对影响国家政治安全和社会稳定的突发事件、突出问题的处置情况，要及时向上级党组织报告；决策制度，贯彻民主集中制，善于集思广益，在充分调研基础上就城市社会治理做出科学决策；执行制度，坚决贯彻执行党中央及上级党组织关于城市社会治理的决策部署，确保落地见效。

党对城市社会治理的全面领导，主要依托坚强的组织建设与具有先进性的党员。通过将组织建设和先进党性充分贯彻融入城市社会治理的发展与创新，使党员成为城市社会治理的参与者、监督者和推动者，实现良性的社会动员与社会善治。在城市社会领域，党组织通常担负着城市社会治理的责任。

第二，坚持全周期管理理念，强化系统治理、依法治理、综合治理、源头治理。

全周期管理指的是从系统要素、结构功能、运行机制、过程结果等层面进行全周期统筹和全过程整合。坚持全周期管理理念，要将城市社会治理对象视作生命有机体，不断提升治理的系统性、整体性、协同性；要从多元维度系统化推进城市社会治理，全要素实施资源整合、全链条推进问题处置、全场景开展专项治理、全社会动员治理力量、全方位夯实治理基础。

系统治理是指城市社会治理主体要从政府包揽向政府主导、社会共同治理转变。系统治理明确了城市社会治理的主体及其相互关系。系统治理强调要加强党委领导，发挥政府主导作用，鼓励和支持社会各方面参与，实现政府治理和社会自我调节、居民自治良性互动。

依法治理是城市社会治理体系和治理能力的重要依托，是城市社会治理现代化的重要标志。要善于用法治思维推进城市社会治理、用法治方式破解城市社会治理难题，引导社会成员养成在法治轨道上主张权利、解决纷争的习惯，努力使循法而行成为全体公民自觉行动。

综合治理是指为实现社会目标，调动各方面的力量，采取综合性的治理措施和手段，综合解决相关的多个治理事务或问题，提高城市社会治理效能。综合治理具体体现在治理主体的综合性、治理对象的综合性、治理手段的综合性和治理效果的综合性。

源头治理是指从城市社会问题的引发根源入手，采取有针对性的措施加以应对和解决。源头治理的着力点一是从社会问题的源头进行治理，二是从预防的角度进行治理。源头治理强调的是对城市社会矛盾的前瞻性和预见性，是争取最大限度把矛盾解决在萌芽状态、化解在基层；是将城市社会治理的关口前移，注重治本，防患于未然。

第三，坚持因地制宜，向基层放权赋能，减轻基层负担。

由于各个城市的经济发展水平、城镇化水平、人口结构、空间结构、文化传统等存在差异，每个城市社会治理面临的环境、条件、基础等各不相同，要解决的问题也各不相同，因此，城市社会治理必须紧密结合每个城市的市情，实事求是，因地制宜，注重实效，形成具有独特风格、地域特点的城市社会治理模式。

城市社会治理必须向基层赋能，下移城市社会治理和服务重心，夯实基层社会治理根基。基层社会治理是城市社会治理的“神经末梢”，是城市社会治理的重心。各种各样的社会矛盾发生在基层、发酵于基层，处理好了可以及时把矛盾纠纷化解在基层和萌芽状态，处理不好无事可能生出事来、小事可能演变成大事。因此，要加强和创新基层社会治理，使每个社会细胞都健康活跃，将矛盾纠纷化解在基层，将和谐稳定创建在基层。

城市社会治理必须减轻基层负担。坚决整治和摒除形式主义，统筹规范面向基层的督查检查，清理规范工作台账、报表、签订责任状、出具证明事项、创建示范等项目，切实减轻基层负担。

第四，坚持共建共治共享，建设人人有责、人人尽责、人人享有的城市社会治理共同体。

共建是共同参与城市社会建设，要求突出制度和体系建设的基础性、战略性地位，是城市社会治理的基础；共治是共同参与城市社会治理，要求树立大社会观、大治理观，打造全民参与的开放治理体系，是城市社会治理的关键；共享是共同享有城市社会治理成果，要求城市社会治理的成果更多更公平地惠及全体人民，是城市社会治理的目标。

在城市社会治理中坚持共建共治共享原则，首先是树立科学的城市社会治理理念，坚持把党的领导作为根本保证，坚持把以人民为中心作为根本立场，坚持把开放融合作为根本取向，坚持把民主协商作为根本方式，坚持把活力和秩序统一作为根本目标。其次要完善城市社会治理的体制机制，完善统揽全局、协调各方的党委领导体制，完善联动融合、集约高效的政府负责体制，完善开放多元、互利共赢的社会协同体制，完善人人尽责、人人享有的公众参与体制。再次要创新城市社会治理的方法手段，发挥自治基础作用，发挥法治保障作用，发挥德治引领作用，发挥科技支撑作用。

坚持共建共治共享原则，有利于建设人人有责、人人尽责、人人享有的城市社会治理共同体。城市社会治理既要充分发挥党委领导作用和政府主导作用，又要鼓励和支持社会各方面积极参与，增强各类社会组织、企事业单位、市场主体和公民个人参与城市社会治理的责任，充分发挥各自应有的功能和作用，使多元社会主体在这个社会治理共同体中既良性互动，又各尽其能、各展其长，从而最大程度激发社会创造活力，形成城市社会治理整体合力，形成人人有责、人人尽责、人人享有的城市社会治理共同体。

三、城市社会治理体系的完善

完善城市社会治理体系是推进城市治理体系现代化的基础性工作，必须牢牢把握城市治理体系和治理能力现代化的总要求，主动适应城市社会治理新的阶段性特征，坚持党的全面领导，健全共建共治共享的城市社会治理制度，完善党委领导、政府负责、民主协商、社会协同、公众参与、法制保障、科技支撑的城市社会治理体系，强化全周期动态治理、全方位依法治理、全要素智慧治理，提高城市社会治理社会化、法治化、智能化、专业化水平，建设人人有责、人人尽责、人人享有的城市社会治理共同体。

完善城市社会治理体系的目标是：到 2035 年基本实现城市社会治理现代化，到 21 世纪中叶全面实现城市社会治理现代化。

完善城市社会治理体系的总体要求是：确保政治安全、社会安定、人民安宁，为实现第二个百年奋斗目标和中华民族伟大复兴的中国梦，创造良好社会环境。

完善城市社会治理体系，最重要的就是防控化解各类矛盾风险，确保矛盾风险不外溢不扩散、不升级不变异。要坚持底线思维，增强忧患意识，提高风险洞察、防控、化解、治本、转化能力，重点防控化解好以下五类风险：

第一，防控化解政治安全风险。加强维护政治安全力量、能力建设，建立健全政治安全风险研判、防控协同、防范化解机制，严密防范和严厉打击敌对势力渗透、破坏、颠覆、分裂活动。坚持严打暴恐常态化，深化“去极端化”工作，严防发生暴恐袭击事件。

第二，防控化解社会治安风险。强化社会治安整体防控，始终保持严打高压态势，推进扫黑除恶常态化，依法严惩群众反映强烈突出违法犯罪，有力保护人民群众生命财产安全。深入研究新形势下犯罪活动规律特点，完善打击犯罪新机制。健全社会心理服务体系和疏导机制、危机干预机制，严防发生个人极端暴力案事件。

第三，防控化解重大矛盾纠纷。完善正确处理新形势下人民内部矛盾机制，畅通和规范群众诉求表达、利益协调、权益保障通道。加强和改进人民信访工作，认真解决信访积案和群众合理合法诉求。完善基层治理平台，发挥好调解、仲裁、行政复议、诉讼等方式化解矛盾的作用，排查化解重点领域矛盾纠纷。

第四，防控化解公共安全风险。从最突出的问题防起，加强重点行业、领域安全监管，推进安全生产风险专项整治。从最基础的环节做起，推动城乡公共安全监管执法和综合治理一体化。从最明显的短板补起，推动公共安全治理模式向事前预防转型。从最关键的责任抓起，严格实行“党政同责、一岗双责、失职追责”。

第五，防控化解网络安全风险。健全网络综合治理体系，加强网络领域法律制度建设，全面清理网上有害信息，依法打击网络违法犯罪，整治网络黑灰产业。加强关键信息基础设施安全防护，依法打击侵犯公民隐私、窃取数据秘密等违法犯罪活动。

完善城市社会治理体系的基本方式主要有：

第一，发挥政治引领作用。坚持党对城市社会治理的领导，就是要充分发挥党的政治引领作用，以科学的政治理论和正确的政治路线引领城市社会治理方向，以坚强的政治领导厚植城市社会治理优势，以坚定的政治立场夯实城市社会治理根基。

第二，发挥法治保障作用。法治规范人的外在行为，要不断提升城市社会治理法治化水平，发挥法治在城市社会治理中的功效。要坚持依法决策，注重科学立法，坚持严格规范公正文明执法司法，加大重点领域执法力度，健全完善执法司法制约监督体系和执法司法责任体系。

第三，发挥德治教化作用。德治规范人的内心世界，德治重视发挥道德教化作用，汲取中华民族优秀传统文化的精髓深化社会主义思想道德建设，为城市社会治理现代化提供不竭的精神动力，让社会和谐稳定建立在较高道德水准之上。

第四，发挥自治强基作用。要健全基层党组织领导的基层群众自治机制，构建党领导下多方参与、共同治理、充满活力的城市社区治理体系，提高服务群众的能力水平；要广泛开展民情恳谈等活动，有效通达社情民意、平衡各方利益、化解矛盾纠纷。

第五，发挥智治支撑作用。要推进信息互联互通，构建以数据为核心、业务为牵引、决策为目标的信息数据资源池；要深化群众性治安防控工程建设，推进升级改造、联网应用；要加强智能化执法办案，构建完善线上线下一体的智能化公共服务平台。

完善城市社会治理体系，要明确各级党委和政府职能定位，充分发挥各层级重要作用。当前和今后一个时期，要特别突出强调中央、市域、基层的特殊职能作用，完善工作抓手，推动城市社会治理现代化行稳致远。首先要坚持党中央集中统一领导，加强城市社会治理现代化顶层设计。其次要加快推进市域社会治理现代化，把重大矛盾隐患防范化解在市域。最后要推进基层社会治理创新，把小矛盾小问题化解在基层、化解在萌芽状态。

完善城市社会治理体系，必须强化体制保障。要健全共建共治共享的城市社会治理制度，增强完善城市社会治理体系的向心力和执行力，建设人人有责、人人尽责、人人享有的城市社会治理共同体。具体体现在以下几方面：

第一，健全党委领导体制。坚持党的全面领导，落实请示、报告、决策、执行制度，做强组织指挥体系，完善统筹实施等机制；履行好党委政法委牵头协调、组织推动、督办落实职责；发挥基层党组织战斗堡垒作用。

第二，健全政府负责体制。突出防控化解风险隐患，将该负责的事务管好管到位。突出行业领域乱象常态化整治，坚持“打防管控建”并举，推动行业领域健康发展。突出城市社会治理服务保障，丰富和创新公共服务供给。

第三，健全群团组织助推体制。建立群团助推责任机制，探索群团助推组织形式，健全以基层党组织为圆心、群团组织为纽带、社会组织为依托的工作体系。找准群团助推着力点，聚焦群众所急、党政所需、群团所能领域，创新活动载体，确保取得实效。

第四，健全社会组织协同体制。健全社会组织培育扶持机制，扩大社会组织有序参与，坚持党建引领。加强社会组织规范管理，强化自律诚信和守法意识，不断提升服务质效和社会公信力。

第五，构建人民群众参与体制。畅通群众参与城市社会治理的制度渠道，保障群众知情权、参与权、表达权和监督权。健全群众参与城市社会治理的引导机制，创新完善群众工作机制，实现听民声察民情的常态化。

第二节　城市人口治理

一、城市人口治理的概念和战略目标

人口治理是城市社会治理的核心要件，甚至从某种意义上讲，城市社会治理本身可被视为广义的人口治理，人口治理是城市社会治理现代化的关键领域。

城市人口泛指居住在城市范围内从事生产经营活动和其他工作的非农业人口，包括拥有城市户籍的常住城市人口，以及来自其他城市和农村暂住城市的流动人口。我国城市人口的发展趋势是：城镇常住人口持续增加，常住人口的城镇化率不断提高；人口流动活跃，城市流动人口不断增加；城市人口受教育水平明显提高，城市人口的素质不断提升；第三产业就业人数不断增加，城市人口的就业结构不断优化；劳动年龄人口和育龄妇女规模下降，总和生育率下降，出生人口数量走低，老龄化程度不断加深。

城市人口治理是以人的权利、健康、发展和福祉为根本，以实现人口长期均衡发展为目标，政府、家庭和社会对城市人口数量、素质、结构、分布等问题进行控制和调节的过程。

我国城市人口治理的机构是多元的，主要有：市公安局主要负责户籍管理、居民身份证管理、流动人口治理、人口普查等；市统计局会同有关部门拟订人口普查计划和方案，组织实施全市人口普查，汇总、整理和提供人口统计数据；市卫生和健康委员会主要负责计划生育管理和服务工作、开展人口监测预警，研究提出人口与家庭发展相关政策建议、落实计划生育政策和人口发展规划相关任务等；市民政局组织拟订并协调落实全市应对人口老龄化政策措施，负责推进全市老年健康服务体系建设和医养结合工作，承担市老龄工作委员会办公室综合协调、督促指导、组织推进老龄事业发展的具体工作。发展和改革、教育、科技、工业和信息化、司法行政、财政、人力资源和社会保障、自然资源、住房和城乡建设、商务、文化和旅游、金融、税务、市场监管、体育、医疗保障等有关部门按照职责分工开展城市人口治理工作；工会、共青团、妇联等社会团体在城市人口治理中也发挥着重要的作用。

对城市人口状态进行描述的概念，是理解城市人口治理的基础，为此有必要了解以下一些基本概念：

1. 人口数量与人口质量

人口数量是指一定时间和地域范围内的生命个体总和，是由不同性别、不同年龄、不同民族的人所组成的。

人口质量是指在一定生产方式下，在特定区域或特定时间内，人口群体所具有的认识

和改造世界的条件及能力。人口质量又可称为人口素质，是人口总体的身体素质、文化素质和思想素质的综合表现。

2. 人口出生率与人口死亡率

人口出生率又称总出生率或粗出生率，是指一定地域范围在一定时期内（通常指一年）出生人数与平均人口之比，它反映出人口的出生水平，一般用千分数来表示。在实际统计工作中，年平均人口数一般用下式计算：

年平均人口=(年初人口数+年末人口数)/2

与人口出生率密切相关的是生育率和总和生育率。

生育率亦称育龄妇女生育率，是指一定时期内（通常为一年）出生活婴数与相应人口中育龄妇女人数之间的比例，通常用千分数表示。理论上，一般将育龄妇女的年龄界定为15～49周岁。

总和生育率是一个合成指标，是指平均每对夫妇生育的子女数，能综合反映一定人口的生育水平。国际上通常以2.1作为人口世代更替水平。总和生育率是衡量生育水平最常用的指标之一，对进行人口预测和制定人口规划有重要作用。

人口死亡率又称为总死亡率或粗死亡率，是指一定地域在一定时期内（通常为一年）死亡人数与该时期平均人口数之比，通常以每年每一千人为单位来表示。

3. 人口自然增长率与人口机械增长率

人口自然增长率是反映人口自然增长的趋势和速度的指标，指一定时期内（通常为一年）人口自然增长数（出生人数减去死亡人数）与该时期内平均人口数之比，通常以年为单位计算，用千分数来表示。

人口机械增长是指一国或一地区在一定时期内（通常为一年）由于人口迁入和迁出而引起的人口数量变化。而人口机械增长率指的是一年内一国或一地区人口因迁出和迁入，导致人口增减的绝对数量与同期年平均人口数之比，用千分数来表示。

4. 人口结构

人口的生物属性和社会属性使其具有不同的要素或标识，如性别、年龄、民族、教育程度、职业、婚姻、地区分布等。人口结构是指在一定地域在一定时间内（通常为一年），总人口中不同要素的人口组合状况和比例关系，一般以每个要素人口占总人口的百分比表示。

人口结构是一定时间和地区内人口状况的真实反映，受经济社会发展状况的制约和人口政策的影响；一定的人口结构形成后，反过来又会对经济社会发展产生影响。

5. 抚养比

抚养比又称抚养系数或负担系数，是指在总人口中非劳动年龄人口数对劳动年龄人口数之比。抚养比越大，表明劳动力人均承担的抚养人数就越多。抚养比实际上是对人口年龄结构的一种反映，又可以称为抚养系数。

根据抚养的非劳动年龄人口的不同，可以分为社会抚养比，即总人口中非劳动年龄人口数与劳动年龄人口数之比；少儿人口抚养比，即总人口中少年儿童人口数与劳动年龄人口数之比；老年人口抚养比，即总人口中老年人口数与劳动年龄人口数之比。

城市人口治理是维护城市正常生产生活秩序的需要，是提高城镇化水平和质量的客观要求，是城市功能正常发挥的保障，是实现城市现代化的内在要求。因此，重视城市人口工作，加强和优化城市人口治理具有十分重大的意义。

近年来，我国人口发展变化出现了新形势，既面临人口众多的压力，又面临人口结构转变带来的挑战。新时代我国人口发展面临着深刻而复杂的形势变化，人口负增长下“少子老龄化”成为常态。第一，随着长期累积的人口负增长势能进一步释放，总人口增速明显放缓并进入负增长阶段；第二，生育水平持续走低，低生育率成为影响我国人口均衡发展的最主要风险；第三，老龄化程度不断加深；第四，家庭小型化，养老和抚幼功能弱化；第五，区域不平衡，区域人口增减分化，一些生态脆弱、资源匮乏地区人口与发展矛盾仍然比较突出。为此，必须全面认识、正确看待我国人口发展新形势，着眼强国建设、民族复兴的战略安排，完善新时代人口发展战略。

我国城市人口治理的战略目标是促进人口长期均衡发展。要把促进人口长期均衡发展摆在全党全国工作大局、现代化建设全局中谋划部署，以系统观念统筹谋划人口问题。人口长期均衡发展，不仅关注人口数量的多寡，更强调人口规模、人口分布与资源环境的协调性，更重视长期视角下人口年龄结构、性别结构在未来每一发展阶段的均衡性，更聚焦人口素质与社会经济发展的互动关系。为此，城市人口治理要以均衡为主线，兼顾多重政策目标，统筹考虑人口数量、素质、结构、分布等问题，正确处理当前与长远、总量与结构、人口与资源环境的关系，促进人口与经济、社会、资源、环境协调可持续发展，着力提高人口整体素质，努力保持适度生育水平和人口规模，努力塑造素质优良、总量充裕、结构优化、分布合理的现代化人力资源，以人口高质量发展支撑中国式现代化。促进人口长期均衡发展，要坚持以人民为中心，坚持深化改革和综合治理，以改革创新推动人口高质量发展，把人口高质量发展同人民高品质生活紧密结合起来，促进人的全面发展和全体人民共同富裕。

二、城市人口治理的内容

1. 户籍管理

我国对公民实施以户为单位的户籍管理制度。户籍管理制度是国家依法收集、确认、登记公民出生、死亡、亲属关系、法定地址、迁移等人口基本信息的法律制度。负责城市户籍管理工作的是市公安局或公安分局的派出所，公安派出所管辖区即为户口管辖区。凡辖区内的单位、团体或个人都需到公安派出所进行户籍登记。户籍登记分两类，居住在机关、团体、学校、企业、事业等单位内部或集体宿舍的户口，以及非现役军人常住在军事机关或军人宿舍的户口，由各单位指定专人协助户口登记机关办理集体户口登记；分散居住的户口，由户口登记机关直接办理户口登记。城市户籍登记的内容主要有：常住人口登记、出生登记、死亡登记、迁出登记、迁入登记、更正登记、暂住人口登记等。

目前，我国已建立了城乡统一的户籍登记管理制度，取消了农业户口与非农业户口的二元户口性质，实现公民身份平等；全面实施了居住证制度；建立和完善了国家人口基础信息库，并实现了信息共享；城镇基本公共服务覆盖了全部常住人口；建立了与实现社会主义现代化相适应，有效支撑社会治理和公共服务，依法保障公民权利，以人为本、科学高效、规范有序的新型户籍制度。

2. 居民身份证管理

为了证明居住在中华人民共和国境内的公民的身份，保障公民的合法权益，便利公民进行社会活动，维护社会秩序，我国实行居民身份证制度。

居民身份证登记的项目包括：姓名、性别、民族、出生日期、常住户口所在地住址、居民身份证号码、本人相片、指纹信息、证件的有效期和签发机关。居民身份证的有效期为十年、二十年、长期三种。十六周岁至二十五周岁的，发给有效期十年的居民身份证；二十六周岁至四十五周岁的，发给有效期二十年的居民身份证；四十六周岁以上的，发给长期有效的居民身份证。未满十六周岁的公民，自愿申请领取居民身份证的，发给有效期五年的居民身份证。国家决定换发新一代居民身份证、居民身份证有效期满、公民姓名变更或者证件严重损坏不能辨认的，公民应当换领新证；居民身份证登记项目出现错误的，公安机关应当及时更正，换发新证；领取新证时，必须交回原证。居民身份证丢失的，应当申请补领。

公民在进行常住户口登记项目变更、兵役登记、婚姻登记和收养登记、申请办理出境手续以及法律法规规定需要用居民身份证证明身份的其他情形时，应当出示居民身份证证明身份。伪造、变造居民身份证，将依法追究刑事责任。使用虚假证明材料骗领居民身份证，出租、出借和转让居民身份证，冒用他人居民身份证或使用骗领的居民身份证，购买、出售、使用伪造、变造的居民身份证，由公安机关实施处罚；从事犯罪活动，还将依法追究刑事责任。

3. 流动人口治理

流动人口一般是指离开了户籍所在地在其他地方居住的人口。国家统计局定期发布流动人口数据，其统计口径是指人户分离人口中扣除市辖区内人户分离的人口。其中，人户分离人口是指居住地与户口登记地所在的乡镇街道不一致且离开户口登记地半年及以上的人口。

流动人口治理应当遵循以人为本、便民高效、规范有序和居住地属地管理的原则，全面实施居住登记和居住证制度，推进居住证制度覆盖全部未落户城镇常住人口。公民离开常住户口所在地，到其他城市居住半年以上，符合有合法稳定就业、合法稳定住所、连续就读条件之一的，可以依照相关法律法规的规定申领居住证。居住证是持证人在居住地居住、作为常住人口享受基本公共服务和便利、申请登记常住户口的证明。居住证登载的内容包括：姓名、性别、民族、出生日期、居民身份证号码、本人近期照片、常住户口所在地住址、居住地住址、签发机关、签发日期和签注有效期限等。

居住证持有人在居住地依法享有劳动就业，参加社会保险，缴存、提取和使用住房公积金的权利，并享受下列基本公共服务：义务教育；基本公共就业服务；基本公共卫生服务和计划生育服务；公共文化体育服务；法律援助和其他法律服务；国家和居住地人民政府规定的其他基本公共服务。居住证持有人在居住地享受下列便利：办理出入境证件；换领、补领居民身份证；机动车登记；申领机动车驾驶证；申报专业技术职称评定或者考试、职业资格考试；办理生育服务登记和其他计划生育证明材料；国家和居住地人民政府规定的其他便利。

4. 计划生育

当前，我国紧紧围绕统筹推进“五位一体”总体布局和协调推进“四个全面”战略布局，牢固树立和贯彻落实创新、协调、绿色、开放、共享的发展理念，以促进人口均衡发展为主线，立足战略统筹，坚持计划生育基本国策，鼓励按政策生育，充分发挥“一对夫妻可以生育三个子女”政策效应，综合施策。

城市政府要根据国家人口发展战略和规划，制定和实施人口发展规划，并根据人口发展规划，制定人口与计划生育实施方案并组织实施；干预和调节生育行为，提倡适龄婚育、优生优育，一对夫妻可以生育三个子女；落实生育登记制度，健全社会保障制度，促进计划生育；采取多种支持措施，减轻家庭生育、养育、教育负担；提高优生优育服务水平，做好生育咨询指导，保障孕产妇和儿童健康，综合防治出生缺陷，规范人类辅助生殖技术应用，提高公民的生殖健康水平；推进出生医学证明、儿童预防接种、户口登记、医保参保、社保卡申领等“出生一件事”联办。

国务院领导全国的人口与计划生育工作，地方各级人民政府领导本行政区域内的人口与计划生育工作。国务院卫生健康主管部门负责全国计划生育工作和与计划生育有关的人口工作。县级以上地方各级人民政府卫生健康主管部门负责本行政区域内的计划生育工作和与计划生育有关的人口工作。县级以上各级人民政府其他有关部门在各自的职责范围内，负责有关的人口与计划生育工作。工会、共产主义青年团、妇女联合会及计划生育协会等社会团体、企业事业组织和公民应当协助人民政府开展人口与计划生育工作。公民有生育的权利，也有依法实行计划生育的义务，夫妻双方在实行计划生育中负有共同的责任。

5. 人口普查与预测

人口普查是由国家制定统一的开展时间节点和统一的方法、项目、调查表，各地、各相关部门严格按照指令依法对全国现有人口普遍地、逐户逐人地进行一次全项调查登记。人口普查是一项重大国情国力调查，目的是全面查清我国人口数量、结构、分布、城乡住房等方面情况，为完善人口发展战略和政策体系，促进人口长期均衡发展，科学制定国民经济和社会发展规划，推动经济社会发展，提供科学准确的统计信息支持。人口普查对象是普查标准时点在中华人民共和国境内的自然人以及在中华人民共和国境外但未定居的中国公民，不包括在中华人民共和国境内短期停留的境外人员。人口普查主要调查人口和住户的基本情况，内容包括：姓名、居民身份证号码、性别、年龄、民族、受教育程度、行业、职业、迁移流动、婚姻生育、死亡、住房情况等。人口普查采用全面调查的方法，以户为单位进行登记。从1990年开始，我国每逢“0”年进行人口普查。

人口预测是根据现有的人口状况并考虑影响人口发展的各种因素，按照人口发展规律，采用科学的方法，测算未来某个时间的人口规模、水平和趋势。人口预测的内容主要有未来人口规模的预测、人口结构变动趋势的预测、人口变动要素的预测等。要使人口预测结果符合实际，必须遵循以下基本原则：人口预测所用的基本数据要准确；对未来参数值的变化要做出科学和符合实际的分析；采用科学的方法和适合我国的人口预测技术及模型。

三、城市人口治理的重点任务

1. 实施“三孩”生育政策及配套支持措施

为了促进人口长期均衡发展，我国优化生育政策，实施一对夫妻可以生育三个子女政策，并配套实施积极生育支持措施，建设生育友好型社会。实施“三孩”生育政策及配套支持措施，有利于改善人口结构，落实积极应对人口老龄化国家战略；有利于保持人力资源禀赋优势，应对世界百年未有之大变局；有利于平缓总和生育率下降趋势，推动实现适度生育水平；有利于巩固全面建成小康社会成果，促进人与自然和谐共生。

实施“三孩”生育政策及配套支持措施的指导思想：坚持以中国特色社会主义理论为指导，立足新发展阶段、贯彻新发展理念、构建新发展格局，实施积极应对人口老龄化国家战略，实施“三孩”生育政策及配套支持措施，改革服务管理制度，提升家庭发展能力，推动实现适度生育水平，促进人口长期均衡发展，为建设富强民主文明和谐美丽的社会主义现代化强国、实现中华民族伟大复兴提供坚实基础和持久动力。

实施“三孩”生育政策及配套支持措施的主要目标是：

到 2025 年，积极生育支持政策体系基本建立，服务管理制度基本完备，优生优育服务水平明显提高，普惠托育服务体系加快建设，生育、养育、教育成本显著降低，生育水平适当提高，出生人口性别比趋于正常，人口结构逐步优化，人口素质进一步提升。

到 2035 年，促进人口长期均衡发展的政策法规体系更加完善，服务管理机制运转高效，生育水平更加适度，人口结构进一步改善。优生优育、幼有所育服务水平与人民群众对美好生活的需要相适应，家庭发展能力明显提高，人的全面发展取得更为明显的实质性进展。

实施“三孩”生育政策的配套支持措施主要有以下内容：

第一，发展普惠托育服务体系。

建立健全支持政策和标准规范体系。将婴幼儿照护服务纳入经济社会发展规划，强化政策引导，通过完善土地、住房、财政、金融、人才等支持政策，引导社会力量积极参与；加大专业人才培养力度，发展智慧托育等新业态。

大力发展多种形式的普惠服务。发挥中央预算内投资的引导和撬动作用，推动建设一批方便可及、价格可接受、质量有保障的托育服务机构；制定家庭托育点管理办法，支持隔代照料、家庭互助等照护模式。

加强综合监管。城市政府要承担监管责任，建立健全登记备案制度、信息公示制度、评估制度，加强动态管理，建立机构关停等特殊情况应急处置机制。

第二，降低生育、养育、教育成本。

完善生育休假与生育保险制度。严格落实产假、哺乳假等制度，创建家庭友好型工作场所；做好生育保险对参保女职工生育医疗费用、生育津贴待遇等的保障，做好居民医保参保人生育医疗费用保障。

加强税收、住房等支持政策。将 3 岁以下婴幼儿照护费用纳入个人所得税专项附加扣除；城市政府在配租公租房时，对符合当地住房保障条件且有未成年子女的家庭，可根据未成年子女数量在户型选择等方面给予适当照顾。

推进教育公平与优质教育资源供给。持续提升普惠性幼儿园覆盖率，推进义务教育优质均衡发展；推动放学时间与父母下班时间衔接，改进校内教学质量和教育评价，平衡家庭和学校教育负担。

保障女性就业合法权益。规范机关、企事业等用人单位招录、招聘行为，促进妇女平等就业；定期开展女职工生育权益保障专项督查，为因生育中断就业的女性提供再就业培训公共服务；鼓励用人单位依法协商确定有利于照顾婴幼儿的灵活休假和弹性工作方式。

第三，建立健全计划生育特殊家庭全方位帮扶保障制度和扶助关怀工作机制。

建立健全计划生育特殊家庭全方位帮扶保障制度。动态调整特别扶助制度扶助标准，落实好扶助所需资金。对符合条件的计划生育特殊家庭成员，落实社会保障相关政策。

建立健全政府主导、社会组织参与的扶助关怀工作机制。支持有资质的社会组织接受计划生育特殊家庭委托，开展生活照料、精神慰藉等服务，代办入住养老机构、就医陪护等事务；建立定期巡访制度，落实计划生育特殊家庭联系人制度。

第四，着力构建生育友好的社会环境。

重视家庭家教家风，建设新型婚育文化，弘扬中华民族传统美德，尊重生育的社会价值，鼓励夫妻共担育儿责任，讲好新时代美好爱情、和谐家庭、幸福生活的中国故事；持续推进婚俗改革，破除婚嫁大操大办、高价彩礼等陈规陋习。

2. 实施积极应对人口老龄化国家战略

有效应对我国人口老龄化，事关国家发展全局，事关亿万百姓福祉，事关社会和谐稳定，对于全面建设社会主义现代化国家具有重要意义。实施积极应对人口老龄化国家战略，是贯彻以人民为中心的发展思想、保障全国亿万老年人安度晚年的内在要求，是推动高质量发展、构建新发展格局的必然选择，是维护国家人口安全、实现中华民族永续发展的重要举措。

实施积极应对人口老龄化国家战略的指导思想是：以中国特色社会主义理论为指导，加强党对老龄工作的全面领导，坚持以人民为中心，将老龄事业发展纳入统筹推进“五位一体”总体布局和协调推进“四个全面”战略布局，实施积极应对人口老龄化国家战略，把积极老龄观、健康老龄化理念融入经济社会发展全过程，加快建立健全相关政策体系和制度框架，大力弘扬中华民族孝亲敬老传统美德，促进老年人养老服务、健康服务、社会保障、社会参与、权益保障等统筹发展，推动老龄事业高质量发展，走出一条中国特色积极应对人口老龄化道路。

实施积极应对人口老龄化国家战略的工作原则是：坚持党委领导、各方参与；坚持系统谋划、综合施策；坚持整合资源、协调发展；坚持突出重点、夯实基层。

为了实现老有所养、老有所为、老有所乐，实施积极应对人口老龄化国家战略的工作任务是：

第一，健全养老服务体系。

创新居家社区养老服务模式。以居家养老为基础，通过新建、改造、租赁等方式，提升社区养老服务能力；培育和规范为老服务专业机构的发展，探索“社区＋物业＋养老服务”模式。

进一步规范发展机构养老。城市政府要通过直接建设、委托运营、购买服务、鼓励社会投资等多种方式发展机构养老；建立健全养老服务标准和评价体系，加强对养老机构建设和运营的监管。

建立基本养老服务清单制度。制定基本养老服务清单，对不同老年人群体，分类提供适宜服务。

完善多层次养老保障体系。扩大养老保险覆盖面，尽快实现企业职工基本养老保险全国统筹；健全基本养老保险待遇调整机制，大力发展企业（职业）年金。

第二，完善老年人健康支撑体系。

提高老年人健康服务和管理水平。加强老年健康知识宣传和教育；加强老年人群重点疾病的早期筛查、防治、干预及分类指导；加强为老年人服务的医疗卫生机构建设，提高老年人家庭医生签约服务覆盖率，提高服务质量。

加强失能老年人长期照护服务和保障。完善从专业机构到社区、家庭的长期照护服务模式；开展失能老年人健康评估、健康服务、照护服务等；发展“互联网＋照护服务”，方便失能老年人照护。

深入推进医养结合。卫生健康部门与民政部门要建立医养结合工作沟通协调机制；鼓励医疗卫生机构与养老机构开展协议合作，进一步整合优化基层医疗卫生和养老资源，提供医疗救治、康复护理、生活照料等服务。

第三，促进老年人社会参与。

扩大老年教育资源供给。将老年教育纳入终身教育体系，有条件的高校、职业院校开设老年教育相关专业和课程，加强学科专业建设与人才培养；依托开放大学筹建老年大学，推动部门、行业企业、高校举办的老年大学面向社会开放办学。

提升老年文化体育服务质量。街道社区要积极为老年人提供文化体育活动场所，组织开展文化体育活动；培养服务老年人的基层文体骨干，开发老年旅游产品和线路；整合现有资源，设置适宜老年人的教育、文化、健身、交流场所。

鼓励老年人继续发挥作用。把老有所为同老有所养结合起来，完善就业、志愿服务、社区治理等政策措施，充分发挥低龄老年人作用。

第四，着力构建老年友好型社会。

加强老年人权益保障。建立完善涉老矛盾纠纷的预警、排查、调解机制；加强老年人权益保障普法宣传，提高老年人运用法律手段保护权益意识；倡导法律服务机构为老年人减免法律服务费用，为行动不便的老年人提供上门服务。

打造老年宜居环境。落实无障碍环境建设法规、标准和规范，统筹推进无障碍环境建设和适老化改造；加快推进老年人常用的互联网应用和移动终端、App 应用适老化改造；实施“智慧助老”行动，加强数字技能教育和培训。

强化社会敬老。深入开展人口老龄化国情教育，实施中华孝亲敬老文化传承和创新工程；加强老年优待工作，拓展优待项目，创新优待方式；发挥广播电视和网络视听媒体作用，加强宣传引导，营造良好敬老社会氛围。

第五，积极培育银发经济。

加强规划引导。编制相关专项规划，完善支持政策体系，统筹推进老龄产业发展；发展具有比较优势的特色老龄产业，统筹利用现有资金渠道支持老龄产业发展。

发展适老产业。制定老年用品和服务目录、质量标准，推进养老服务认证工作；推动与老年人生活密切相关的食品、药品以及老年用品行业规范和高质量发展；大力发展养老相关产业融合的新模式新业态，开发老年人健康保险产品。

第六，强化老龄工作保障。

加强人才队伍建设，加强老年设施供给，完善相关支持政策，强化科学研究。

实施“三孩”生育政策及配套支持措施

第三节　城市公共安全治理

一、城市公共安全治理的概念和特征

城市公共安全一般是指社会或公民个人进行正常的生产和生活所需要的稳定的外部环境和秩序，实质是关涉公民生命、公民权利、公共财产和公共秩序等问题的安全范畴，具有公共性、正外部性、复杂性、动态性等基本特点。在日常生活中，公共安全与国家安全、社会安全经常交替使用，尽管它们彼此之间有着深刻的联系，但还是有所区别的。

国家安全是指国家政权、主权、统一和领土完整、人民福祉、经济社会可持续发展和国家其他重大利益相对处于没有危险和不受内外威胁的状态，以及保障持续安全状态的能力。狭义的国家安全包括军事安全、主权安全和领土安全；广义的国家安全包括国民安全、领土安全、主权安全、政治安全、军事安全、经济安全、文化安全、科技安全、生态安全、生物安全、信息安全和核安全等方面。

社会安全是指社会或公民个人生产和生活所需要的稳定的社会环境与秩序，主要包括社会治安、交通安全、生活安全和生产安全等方面。涉及社会安全的事件主要包括治安事件、刑事案件、暴力恐怖事件、民族宗教冲突事件、经济安全事件、涉外突发事件和群体性事件等，社会安全管理主要是指针对上述事件制定与采取的措施。

公共安全是社会发展与文明进步的前提条件。城市作为社会政治经济生活的中心，不只是城市居民赖以生存的栖息地，其对周边地区的辐射作用和带动作用更为重要，因而公共安全对城市乃至一个国家或地区的发展具有重要而深远的意义。城市公共安全是城市存在的前提条件和重要基石，是城市实现可持续发展的基本条件，是最基本的民生。

城市公共安全治理经常与城市应急管理、城市危机管理交替使用，为了正确把握城市公共安全治理的概念，有必要厘清这三个概念的联系和区别。

城市应急管理是指政府、社会组织、企业或公民个人在突发事件的预防、应对、处置和善后恢复的过程中，通过建立应对机制和采取一系列措施，保障公众生命、健康和财产安全，促进社会和谐健康发展的有关活动。

城市危机管理是指政府、企事业单位或其他组织为避免或减少危机所造成的损害而采

取的危机预防、事件识别、紧急反应、应急决策、应急处置以及应对评估的活动过程。一般而言，危机管理需要面对三个事实要素，即事件的发生、发展具有突发性和破坏性；可供决策者利用的信息、时间等资源非常有限，必须在相当有限的时间里做出重大决策和反应；事态发展的后果很难预料，具有高度不确定性。因此，危机管理是一种特殊类型的管理，具有显而易见的不可逆转性。

城市公共安全治理是指政府、非政府组织、企业和公民个人发挥各自优势，共同预防和处置不同类型风险事件，以创造维护生产或生活所必需的稳定安全环境和良好秩序的过程。从一定意义上看，城市公共安全治理与应急管理的主体及对象高度重合，两个概念具有同质性和可替换性。

从城市公共安全治理的基本概念可知，城市公共安全治理的主体及其职责是：

第一，城市政府。城市政府是城市公共安全治理的首要主体。在城市公共安全治理的过程中，城市政府承担的责任主要有：城市公共安全治理法律法规的制定和执行、城市公共安全治理中长期规划的制定、预案的制定与演练、危险源的调查与分析、各种平台和基础设施的建设、体制机制建设、资源的筹集与调度、信息的公开与发布、主体救援行动的安排与实施、救济与救助、城市公共安全知识的教育与培训、城市公共安全队伍的建设与训练、城市公共安全预算的安排等。

第二，非政府组织。非政府组织在城市公共安全治理中可以发挥的作用主要有：弥补政府资源的不足；利用自身的公益权威性动员民众；利用其独立性监督政府和其他组织；发挥中介桥梁作用，沟通信息；利用某些方面的专业性展开救援与帮助；接受或组织捐赠；为某些弱势群体代言；等等。

第三，企业。企业在城市公共安全治理中的主要责任是：企业危险源调查与风险评估、安全平台和基础设施的建设、应急管理队伍的训练、企业安全规划与应急预案的制定、企业员工的安全培训、一定级别的事故处置、灾害善后管理、为外部灾害提供资金与技术支持等。

第四，公民。在城市公共安全事件发生以后，公民的自救与互救行动能够在很大程度上减少灾害损失，控制事态发展。此外，公民在城市公共安全治理过程中还可以发挥如下作用：遵守宪法、法律法规关于城市公共安全的有关规定；及时报告危害城市公共安全活动的线索，如实提供所知悉的涉及危害城市公共安全活动的证据；为城市公共安全治理工作提供便利条件或必要的支持及协助；以志愿者身份参与救援和善后行动，提供物资捐赠与资金支持；监督其他组织的城市公共安全治理行为；等等。

城市公共安全治理的客体或内容主要有以下几方面：

第一，自然灾害。自然灾害通常指自然变异或人类活动导致的自然环境中对人类生命和财产安全构成危害的自然变异情形或极端事件。自然灾害具有区域性、广泛性、频繁性、不确定性、危害性、可预防性、周期性等特点。自然灾害大致可以分为气象灾害、洪水灾害、地质灾害、农作物生物灾害、森林生物灾害、天文灾害、其他灾害。

第二，事故灾难。事故灾难通常指事故的行为人出于故意或过失的行为，违反治安管理法规和有关安全管理的规章制度，造成物质损失或者人员伤亡，并在一定程度上对社会、内部单位或社区的治安秩序和公共安全造成危害的事故。事故灾难具有人为性、因果性、条件性、可预防性、危害性等特点。事故灾难可以分为：工矿商贸等企业的各类安全事故、交通运输事故、公共设施和设备事故、环境污染和生态破坏事故。

第三，公共卫生事件。公共卫生事件是指突然发生，造成或者可能造成社会公众健康被严重损害的重大传染病疫情、群体性不明原因疾病、重大食物和职业中毒以及其他严重影响公众健康的事件。突发公共卫生事件具有成因多样、传播广泛、危害复杂、发生频繁、后果严重等特点。

第四，社会安全事件。社会安全事件通常是指由人民内部矛盾引发，或因人民内部矛盾处理不当而积累、激发，由部分公众参与，有一定组织和目的，采取围堵党政机关、静坐请愿、阻塞交通、集会、聚众闹事、群体上访、绑架劫持、恐怖袭击等行为，并对政府管理和社会秩序造成影响，甚至使社会在一定范围内陷入一定强度的对峙状态的事件。社会安全事件一般具有群体性、暴力威胁性、对峙性、随机性等特点。

城市公共安全治理具有以下特征：

第一，预防性。城市公共安全问题具有突发性、隐蔽性，影响范围广，事故发生后带来的损失较大，要求城市公共安全治理首先应该做到能够预测和减少城市安全问题的发生，防患于未然，在问题发生前找出解决问题的措施，提前做好应对危机的准备。

第二，协动性。城市的公共安全问题与城市的政治、经济、文化密切相关，城市公共安全治理是一个综合的网络系统，在处理城市公共安全问题时需要政府、非政府组织、企业和居民个人等社会各界的共同努力，要增强各个主体之间的联动性和协同性。

第三，灵活性。每个城市的发展状态不同，城市公共安全事件表现的突出特征不同，城市公共安全治理应该从城市的发展实际出发，根据城市的发展实际做出相应的应对措施，针对不同的问题制定不同的处理问题的措施，灵活地处理城市公共安全问题。

第四，持续性。城市公共安全治理不是一时的应急管理，要进行长期持续性治理。要坚持防处并重、以防为主的方针，建立健全定期排查、实时监测的动态防范机制；要根据城市公共安全事件的发生原理、机制和过程，及时制定和不断完善城市公共安全治理指南和应急预案，建立信息联动系统，培训专业救援队伍，持续保障城市公共安全。

二、城市公共安全治理的原则和机制

城市公共安全治理应该遵循以下原则：

第一，坚持总体国家安全观。总体国家安全观强调要坚持以人民安全为宗旨、以政治安全为根本、以经济安全为基础、以军事科技文化社会安全为保障、以促进国际安全为依托，统筹外部安全和内部安全、国土安全和国民安全、传统安全和非传统安全、自身安全和共同安全，统筹维护和塑造国家安全，夯实国家安全和社会稳定基层基础，完善参与全球安全治理机制，建设更高水平的平安中国。在国家安全的具体形态中，多数与城市公共安全紧密关联，为此，城市公共安全治理必须坚持总体国家安全观。

第二，坚持以人民为中心。城市公共安全的根基在人民、力量在人民、血脉在人民。人民安全就是城市公共安全中最核心、最根本的部分，是不同领域安全的集中统一体。而要维护好人民安全，必须始终坚持以人民为中心的发展思想，维护好发展好最广大人民的根本利益，不断提升人民群众的获得感、幸福感和安全感；要坚持问题导向，从人民群众反映最强烈的问题入手，高度重视并切实解决城市公共安全面临的一些突出矛盾和问题。

第三，坚持预防为主。城市公共安全治理要坚持“凡事预则立，不预则废”的底线思维，确立居安思危、主动防范的理念，将城市公共安全治理的关口前移。只有从“以事件为中心”转变为“以风险为中心”，从习惯于“亡羊补牢”转变为“未雨绸缪”，从“事后应急”转向“事前预防、事中防控”，才能有效防范化解各种城市公共安全风险。

第四，坚持依法治理。城市公共安全问题敏感又复杂，事关广大人民群众的切身利益，而且往往生命攸关、影响巨大；城市公共安全治理的多元主体又存在利益差别，实际处置中容易发生矛盾；共建共治共享的城市公共安全体系必须找到共同的利益交汇点，基于共同的规则才有可能达成。因此，城市公共安全治理必须运用法治思维和法治方式，提高城市公共安全治理的法治化水平。

第五，坚持依靠科技。当今世界正在蓬勃发展的现代科学技术，为城市公共安全治理提供了强有力的技术支持，要充分发挥现代科学技术对城市公共安全治理的积极作用，提高城市公共安全治理科学化、专业化水平。为此要树立科技先行的治理理念，强化科技手段在城市公共安全治理中的支撑作用，加强城市公共安全治理的预见性、系统性、创新性，实现对城市公共安全的实时监控、实时预警、实时导控，推动城市公共安全治理的精准化、精细化、智慧化。

第六，坚持系统治理。城市公共安全治理是一项涉及多部门、多领域的系统工程，要细化党委、政府、综合管理部门、行业监管部门的城市公共安全职责，构建纵横联合、联勤联动的大安全大应急治理体系和常态化工作机制，形成统一指挥、反应灵敏、功能齐全、协调有序、运转高效的城市公共安全治理机制，实现城市公共安全治理的社会化，打造全链条全周期城市公共安全风险防控体系，加强城市规划、设计、建设、运行等各个环节的安全治理。

城市公共安全治理机制是协调城市公共安全治理各部分之间的相互关系，并使其发挥作用的各种制度化、程序化的方法及措施。以城市公共安全治理的流程为标准，城市公共安全治理机制可分为：

第一，城市公共安全预防机制。

城市公共安全预防机制主要包括以下内容：

脆弱性分析。脆弱性分析是指面对可能出现的城市公共安全风险，对可能承灾的组织、社区、个人等的抵御风险能力进行分析与评估。

风险应对规划。风险应对规划是针对危险源性质、发生概率、脆弱性评估结果等编制的风险减缓、应对准备、响应、恢复等各个阶段的行动规划。

信息与预警系统。信息与预警系统的功能有：信息收集、整理与储存；信息传播与沟通；提前警告。其中，提前警告是信息与预警系统最为关键的功能。

资源与支持系统。资源与支持系统是整个风险应对准备体系的主体部分，它用制度性的框架整合各个方面的力量，采取联合行动去筹集、配置应对风险所需要的核心资源。

教育与培训系统。教育与培训系统是提升整个城市公共安全治理能力的重要保证，城市公共安全治理的主体都需要通过教育与培训才能掌握应对各类风险的能力。

第二，城市公共安全预警机制。

城市公共安全预警是根据有关城市公共安全事件过去和现在的数据、情报与资料，运用逻辑推理和科学预测的方法及技术，对某些安全事件出现的约束性条件、未来发展趋势和演变规律等做出估计与推断，并发出确切的警示信号或信息，使社会公众提前了解城市公共安全事件可能的发展趋势，以便及时采取应对策略，防止或消除不利后果的一系列活动。预警机制的核心是建立畅通的信息收集和传递渠道、科学的分析和处理模型以及权威的决策机制。

城市公共安全预警机制由信息收集加工子系统、预测子系统、决策子系统、警报子系统组成。预警可分为长期、短期和紧急预警。

我国城市建立了突发事件预警制度，将可以预警的自然灾害、事故灾难和公共卫生事件的预警级别，按照突发事件发生的紧急程度、发展势态和可能造成的危害程度分为一级、二级、三级和四级，分别用红色、橙色、黄色和蓝色标示，一级为最高级别。

第三，城市公共安全处置机制。

自然灾害、事故灾难、公共卫生事件发生后，履行统一领导职责或者组织处置突发事件的人民政府应当针对其性质、特点和危害程度，依法采取下列一项或者多项应急处置措施：组织营救和救治受害人员，疏散、撤离并妥善安置受到威胁的人员；迅速控制危险源，标明危险区域，封锁危险场所，划定警戒区，实行交通管制；立即抢修被损坏的公共设施，向受到危害的人员提供避难场所和生活必需品，实施医疗救护和卫生防疫；禁止或者限制使用有关设备和设施，关闭或者限制使用有关场所，中止人员密集的活动或者可能导致危害扩大的生产经营活动；启用本级人民政府设置的财政预备费和储备的应急救援物资，必要时调用其他急需物资、设备、设施、工具；组织公民参加应急救援和处置工作，要求具有特定专长的人员提供服务；保障基本生活必需品的供应；依法从严惩处扰乱市场秩序的行为，稳定市场价格，维护市场秩序；依法从严惩处扰乱社会秩序的行为，维护社会治安；采取防止发生次生、衍生事件的必要措施。

社会安全事件发生后，组织处置工作的人民政府应当立即组织有关部门并由公安机关针对事件的性质和特点，依照采取下列一项或者多项应急处置措施：强制隔离使用器械相互对抗或者以暴力行为参与冲突的当事人，妥善解决现场纠纷和争端，控制事态发展；对特定区域内的建筑物、交通工具、设备、设施以及燃料、燃气、电力、水的供应进行控制；封锁有关场所和道路，查验现场人员的身份证件，限制有关公共场所内的活动；对易受冲击的核心机关和单位附近设置临时警戒线，加强警卫。

第四，城市公共安全善后机制。

城市公共安全事件应急处置工作结束后，履行统一领导职责的人民政府应当立即组织对城市公共安全事件造成的损失进行评估，组织受影响地区尽快恢复生产、生活、工作和社会秩序，制订恢复重建计划，并向上一级人民政府报告。

城市公共安全善后机制一般包括恢复重建机制、救助补偿机制、心理抚慰机制、调查评估机制、责任追究机制。城市公共安全善后的具体事项有：受公共安全事件影响地区的人民政府应当及时组织和协调有关部门恢复社会治安秩序，尽快修复被损坏的公共设施；上一级人民政府根据受影响地区遭受的损失和实际情况，提供资金、物资支持和技术指导，并组织其他地区提供资金、物资和人力支援；国务院根据受公共安全事件影响地区遭受损失的情况，制订扶持该地区有关行业发展的优惠政策；受公共安全事件影响地区的人民政府应当根据本地区遭受损失的情况，制订善后工作计划并组织实施，妥善解决因处置突发事件引发的矛盾和纠纷；及时查明突发事件的发生经过和原因，总结公共安全事件应急处置工作的经验教训，制定改进措施，并向上一级人民政府提出报告。

三、城市公共安全体系和能力现代化

新时代新征程，推进城市公共安全体系和能力现代化具有重大而深远的意义。推进城市公共安全体系和能力现代化，是新时代新征程解决城市公共安全突出问题、防范化解风险挑战的必然要求，是全面建设社会主义现代化国家、全面推进中华民族伟大复兴的必然要求，是建设更高水平的平安中国、满足人民群众日益增长的安全需要的必然要求。

推进城市公共安全体系和能力现代化的总体要求是：

第一，坚持党的绝对领导。这是推进城市公共安全体系和能力现代化的最高原则和根本保证。推进城市公共安全体系和能力现代化，要紧紧围绕坚持党对城市公共安全工作的绝对领导、坚持党中央对城市公共安全工作的集中统一领导，坚定不移走中国特色城市公共安全道路，完善体制机制和制度体系，切实把党的领导贯穿到城市公共安全工作各方面、全过程。

第二，坚定不移贯彻总体国家安全观。新时代新征程，我国城市公共安全内涵和外延比历史上任何时候都要丰富，时空领域比历史上任何时候都要宽广，内外因素比历史上任何时候都要复杂。城市公共安全体系和能力现代化，一定要以总体国家安全观为统领，用系统的思维和全局的眼光加以审视，从战略高度上加强对城市公共安全体系的顶层设计和系统谋划。

第三，以新安全格局保障新发展格局。牢牢守住安全发展这条底线，是构建新发展格局的重要前提和保障。推进城市公共安全体系和能力现代化，要统筹维护城市公共安全各类要素、各个领域、各方资源、各种手段，加快构建与新发展格局相适应的城市公共安全新格局，以高水平城市公共安全保障城市高质量发展。

城市公共安全体系和能力现代化的目标，是推动城市公共安全治理模式由事后处置向事前预防转型。当前，不确定、难预料因素和超出经验认知、超出原有承载能力的突发事件增多，加之多种风险相互交织、相互作用，如果防范不及、应对不力，风险就会传导、叠加、演变、升级，使小风险发展成大风险、局部风险演化为系统性风险，将严重冲击人民的美好生活和高质量发展之路。把城市公共安全治理的工作重心从事后处置转向事前预防，正是将各种风险化解在萌芽状态的有效举措，充分体现了新时代新征程城市公共安全工作的主动性、进取性、创造性。

推进城市公共安全体系和能力现代化的重点任务是；

第一，健全城市公共安全体系。

推动公共安全治理模式转型，必须建立大安全大应急框架，完善公共安全体系。城市公共安全涉及生产生活各领域各环节各方面，影响城市公共安全的各种因素相互作用、相互交织、相互加强。因此，完善城市公共安全体系、维护和塑造城市公共安全，必须坚持系统观念和全局观念，加强前瞻性思考、全局性谋划、整体性推进，打破条块分割、部门独立、地方割裂的旧观念旧框架，建立大安全大应急框架，实现全要素全社会协同联动效应，形成共同维护城市公共安全的体系性社会合力。健全城市公共安全体系的主要措施有：

完善领导体制。坚持党中央对城市公共安全工作的集中统一领导，完善高效权威的城市公共安全领导体制；全面落实城市公共安全责任制，不折不扣把党中央关于城市公共安全工作的决策部署落到实处。

完善工作机制。强化城市公共安全工作协调机制，完善重要专项协调指挥体系，健全城市公共安全审查和监管制度、危机管控机制等制度机制。

完善法治、战略、政策、风险监测预警和城市应急管理体系。加强城市公共安全法治保障，积极推进重要领域立法，完善中国特色城市公共安全法律体系；强化安全保障体系建设；完善城市公共安全力量布局，构建全域联动、立体高效的城市公共安全防护体系。

完善城市社会治理体系。健全共建共治共享的城市社会治理制度，提升城市社会治理效能。要加强矛盾风险源头防范化解，加快推进市域社会治理现代化，强化社会治安整体防控，发展壮大群防群治力量。

第二，增强维护城市公共安全能力。

增强维护城市公共安全能力，要深化对维护城市公共安全工作规律的认识，从实际出发，坚持稳中求进，处理好城市公共安全治理短期成效和长远目标的关系，更加注重协同高效、法治思维、科技赋能、基层基础，统筹推进各领域城市公共安全工作，稳步实现城市公共安全风险可观、可测、可防、可控。增强维护城市公共安全能力的主要措施有：

坚决维护政治安全。严密防范严厉打击敌对势力渗透、破坏、颠覆、分裂活动，深入开展反恐怖斗争，坚决打赢网络意识形态斗争，坚定维护国家政权安全、制度安全、意识形态安全。

加强重点领域安全能力建设。确保粮食、能源资源、重要产业链供应链安全，加强海外安全保障能力建设，维护海洋权益，坚定捍卫国家主权、安全、发展利益；提高防范化解重大风险能力，严密防范可能干扰城市现代化进程的系统性安全风险。

提高干部群众城市公共安全意识和能力。以落实城市公共安全责任为抓手，推动领导干部自觉统筹发展和安全两件大事，提升公共安全治理能力；全面加强城市公共安全教育，着力增强全民城市公共安全意识和素养，增强全社会维护城市公共安全的合力。

第三，提高城市公共安全治理水平。

城市公共安全治理必须既立足当前、着力解决突出问题，又立足长远、不断完善制度机制，切实增强科学集成、精准施策的能力水平，提高城市公共安全保障能力，切实维护人民群众生命财产安全。提高城市公共安全治理水平的主要措施有：

强化事前预防。坚持安全第一、预防为主，要求城市公共安全治理主体对风险保持敏感性，加强信息化源头管控、精准化监测预警、动态化风险评估等制度机制建设，加强风险辨识，提高风险预先分析能力，推进源头治理落地；推动城市公共安全监管执法和综合治理一体化，把好基层公共安全第一道关口。

推进专项整治。抓好安全生产工作是维护和塑造城市公共安全的重头戏，必须加强重点行业、重点领域常态化安全监管，深入开展安全隐患排查整治，完善和落实安全生产责任制，有效遏制重特大安全事故发生；强化食品药品安全监管，确保人民群众“舌尖上的安全”；健全生物安全监管预警防控体系，全面提高生物安全治理能力；加强个人信息保护，确保数据安全。

提高防灾减灾救灾能力。要坚持以防为主、防抗救相结合，坚持常态减灾和非常态救灾相统一，建立高效科学的自然灾害防治体系；加强国家区域应急力量建设，提高防灾减灾救灾和重大突发公共事件处置保障能力。

第四节　城市社会保障及其治理

一、城市社会保障的含义和管理机构

城市社会保障是以国家或政府为主体，依据法律规定，通过国民收入再分配，对公民在暂时或永久失去劳动能力以及由于各种原因生活发生困难时给予物质帮助、保障其基本生活的制度。上述含义包含以下要点：第一，城市社会保障的责任主体是国家或政府，国家或政府在城市社会保障的建立和运作过程中必须发挥主导作用。第二，城市社会保障是依法建立和运行的，具有强制性。第三，城市社会保障具有再分配功能，通过社会保险税（费）的方式聚集社会成员的资金，把个体所面临的社会风险分散给全社会来承担，化解个人的生活困境。第四，城市社会保障的目标是满足公民的基本生活需求，与民生息息相关，具有很强的社会性。第五，城市社会保障带有很强的价值导向，倡导社会公平、社会公正和社会权利的理念。第六，城市社会保障具有很强的经济福利性，即从直接的经济利益关系来看，因由政府、企事业单位和社会各界的参与和分担责任，受益者的所得要大于所费。

城市社会保障是保障和改善民生、促进社会公平、增进人民福祉、维护社会稳定的基本制度保障，是促进经济社会发展、实现广大人民群众共享改革发展成果的重要制度安排，发挥着民生保障安全网、收入分配调节器、经济运行减震器的作用，是治国安邦的大问题。为此，城市社会保障制度的设立和运行需要遵循普遍性原则、公正性原则、托底原则、责任分担原则、法治化原则、可持续性原则等基本原则。

我国城市社会保障管理机构主要有：

第一，市人力资源和社会保障局。市人力资源和社会保障局在城市社会保障工作方面的主要职责是：贯彻执行国家和上级政府社会保障事业政策法规和规划，拟订社会保障事业发展政策、规划，起草有关地方性法规、规章和政策，经批准后组织实施；负责建立和完善覆盖城乡的多层次社会保障体系，拟订社会保险及其补充保险政策和标准，并组织实施；贯彻实施养老保险全国和省统筹办法以及全国统一的社会保险关系转续办法；组织拟订社会保险及其补充保险基金管理和监督办法，编制相关社会保险基金预决算草案；会同有关部门实施全民参保计划并建立全市统一的社会保险公共服务平台；负责就业、失业和相关社会保险基金预测预警和信息引导，拟订应对预案，实施监管调控，保持就业形势稳

定和相关社会保险基金总体收支平衡；拟订企事业单位人员福利政策；负责社会保障领域对外交流与合作工作；创新社会保障服务方式；等等。

第二，市医疗保障局。市医疗保障局的主要职责是：拟订全市医疗保障制度的政策、规划和方案，推进建立长期护理保险制度，建立健全多层次医疗保障制度体系并组织实施；开展医疗保障领域的对外合作交流；做好医疗保障基金预、决算管理，组织制定并实施医疗保障基金监督管理办法；建立健全全市统一的医疗保障基金安全防控机制，组织开展打击欺诈骗取医疗保障基金行为，推进全市医疗保障经办机构开展医疗服务智能监控系统建设，审核医疗保障经办机构实施医疗保障基金运行情况报告；开展医疗保障基金支付方式改革；组织实施医疗保障筹资和待遇政策，统筹城乡医疗保障筹资和待遇标准，建立健全与筹资水平相适应的待遇动态调整机制，完善医疗保障市级统筹工作；建立健全全市医疗救助体系；组织实施统一的药品、医用耗材、医疗服务项目、医疗服务设施等医保目录和支付标准，建立动态调整机制，配合上级机关做好医保目录准入谈判规则的组织实施；组织制定全市药品、医用耗材价格和医疗服务项目、医疗服务设施收费等政策，建立医保支付医药服务价格合理确定和动态调整机制；组织实施药品和医疗服务价格调控和管理，规范医疗机构价格行为，推动建立市场主导的社会医药服务价格形成机制，建立价格信息监测预警、成本调查和信息发布制度；制定全市药品、医用耗材的招标采购政策并监督实施，指导药品、医用耗材招标采购平台的建设；组织、指导和监督全市定点医药机构药品、医用耗材的联合采购、配送和结算管理；制定全市定点医药机构协议和支付管理办法并组织实施，制定定点医药机构医疗费用结算方式和结算标准并组织实施；对医疗保障经办机构、定点医药机构、协议管理医师药师、参保人员及医疗救助对象遵守医疗保障法律法规的情况实施监管，建立健全医疗保障信用评价体系和信息披露制度，监督管理纳入医保范围内的医疗服务行为和医疗费用，依法查处医疗保障领域违法违规行为；监督全市医疗保障经办管理、公共服务体系建设；贯彻推进全国一体化的医疗保障信息化、规范化、标准化建设；组织制定和完善异地就医管理和费用结算政策；建立健全医疗保证关系转移接续制度；管理市属机关事业单位医疗保障工作，承办离休干部医药费用统筹管理服务工作；完善统一的城乡居民基本医疗保险制度、大病保险制度和城乡统筹的医疗救助制度，提高医疗保障统筹层次，建立健全覆盖全民、城乡统筹的多层次医疗保障体系，不断提高医疗保障水平，促进医保资金合理使用、安全可控，推进医疗、医保、医药“三医联动”改革，更好地保障人民群众就医需求、减轻医药费负担。

第三，市民政局。市民政局负责城市的社会救助和社会福利工作，其工作职责是：推进民政工作改革发展，贯彻执行国家和上级政府有关民政工作的法律规章和政策，制定民政事业发展政策和规划，起草相关地方性法规、规章草案并组织实施和监督检查；牵头社会救助工作，统筹社会救助体系建设，制定民政类社会救助规划、政策和标准，负责城乡居民最低生活保障、特困人员救助供养、临时救助、生活无着流浪乞讨人员救助以及低收入家庭认定工作；牵头全市残疾人权益保护，拟订全市残疾人权益保护政策，统筹推进残疾人福利制度建设和康复辅助器具产业发展；负责养老服务，拟订养老服务体系建设规划、政策、标准并组织实施，承担老年人福利和特殊困难老年人救助工作，推动居家养老和社区养老服务发展；负责儿童福利保护，依据全市儿童福利、孤弃儿童保障、儿童收养、儿童救助保护政策和标准，制定实施办法，健全农村留守儿童关爱服务体系和困境儿童保障制度，指导全市儿童福利机构、救助服务机构建设和管理工作；统筹慈善事业促进发展，拟订全市促进慈善事业发展政策，负责慈善信托的备案、管理，组织指导社会捐助工作；负责福利彩票发行管理，制定全市福利彩票发行和服务管理的具体措施，组织指导全市福利彩票发行管理工作，管理市级福利彩票公益金；强化基本民生保障职能，为困难群众、孤老孤残孤儿等特殊群体提供基本社会服务，促进资源向薄弱地区、领域、环节倾斜。

第四，市退役军人事务局。市退役军人事务局的主要职责是：负责军队转业干部、复员干部、离退休干部、退役士兵和无军籍退休退职职工的移交安置工作和自主择业、就业退役军人服务管理工作，贯彻执行国家有关优待抚恤政策，组织指导退役军人教育培训和拥军优属工作，负责烈士及退役军人荣誉奖励及纪念活动等工作。

第五，市财政局。市财政局的主要职责是：管理市级财政社会保障和就业及医疗卫生支出，拟订和执行社会保障资金（基金）的财务管理制度，组织实施对社会保障资金（基金）使用的财政监督，负责编制审核市级社会保障预决算草案，负责审核和汇总编制全市社会保险基金预决算草案。

此外，城市发展改革、卫生健康、教育、审计等职能部门在各自的职责范围内做好相关社会保障工作。

二、城市社会保障体系的构成

1. 城市社会保险

城市社会保险是防范劳动者因年老、患病、工伤、生育和失业而导致收入损失的风险进行收入补偿的制度。城市社会保险的本质是防范收入波动风险，是城市社会保障体系的核心部分，是一种缴费制的社会保障，实行权利与义务相对应的原则。城市社会保险具有普遍性、强制性、互济性、储备性、补偿性、垄断性、公平性等特征。

我国城市社会保险包括以下内容。

第一，养老保险。

我国已建立了由职工基本养老保险、城乡居民养老保险、补充养老保险等组成的多层次、多支柱养老保险体系。其中补充养老保险满足居民多样化的保险需求，具体有企业或职业年金、个人养老金。

职工基本养老保险是指劳动者在履行参保缴费的义务达到一定年限后，或达到国家规定的退休年龄，或因年老体弱、疾病等丧失劳动能力的情况下，能够依法从社会保险基金得到一定的经济补偿的社会保护制度，实行社会统筹与个人账户相结合。

城乡居民养老保险是整合城镇居民社会养老保险和新型农村社会养老保险而来的。年满 16 周岁（不含在校学生），非国家机关和事业单位工作人员及不属于职工基本养老保险制度覆盖范围的城乡居民，可以在户籍地参加城乡居民养老保险。城乡居民养老保险实行社会统筹与个人账户相结合的模式。

企业或职业年金是企业和机关事业单位根据自身经济实力和经济状况建立的，为员工提供一定程度退休收入保障的补充性养老保险制度。企业或职业年金不具有强制性和营利性，是一项福利制度。

个人养老金是指政府政策支持、个人自愿参加、市场化运营、实现养老保险补充功能的制度。个人养老金属于个人储蓄性养老保险或商业养老保险，实行个人账户制，个人自主选择购买符合规定的金融产品。

第二，基本医疗保险和生育保险。

基本医疗保险是为了补偿劳动者因疾病风险造成的经济损失而建立的一项社会保险制度，实行个人缴费和政府补贴相结合、社会统筹和个人账户相结合。

生育保险是国家通过立法，在怀孕和分娩的妇女劳动者暂时中断劳动时，由国家和社会提供医疗服务、生育津贴和产假的一种社会保险制度，是国家或社会对生育的职工给予必要的经济补偿和医疗保健服务的社会保险制度。职工应当参加生育保险，由用人单位按照国家规定缴纳生育保险费，职工不缴纳生育保险费。目前，我国已合并实施了生育保险和职工基本医疗保险。

第三，失业保险。

失业保险是国家通过立法强制实行的，对因非自愿性原因暂时失去劳动机会而中断生活来源的劳动者，提供基本生活保障并促进其再就业的社会保险制度。职工应当参加失业保险，由用人单位和职工按照国家规定共同缴纳失业保险费。

第四，工伤保险。

工伤保险是为了保障因工作遭受事故伤害或者患职业病的职工获得医疗救治和经济补偿，促进工伤预防和职业康复，分散用人单位工伤风险的一种社会保险制度。

职工应当参加工伤保险，由用人单位缴纳工伤保险费，职工不缴纳工伤保险费。职工因工作原因受到事故伤害或者患职业病，且经工伤认定的，享受工伤保险待遇；其中，经劳动能力鉴定丧失劳动能力的，享受伤残待遇。

2. 社会救助

社会救助是国家通过国民收入的再分配，对因自然灾害或其他经济、社会原因而无法维持最低生活水平的社会成员给予救助，以保障公民基本生活的制度。社会救助对象是社会保险这道安全网保护不了的人群，具有社会整合功能、保护功能、恢复与发展功能。社会救助的本质是防范生存风险，目标是维持被救助者的最低生活需要，给付标准一般低于社会保险。社会救助坚持托底线、救急难、可持续，与其他社会保障制度相衔接，社会救助水平与经济社会发展水平相适应。

社会救助有现金救助和实物救助、定期救济和临时救济等基本方式，具体有以下项目：

第一，居民最低生活保障。国家对共同生活的家庭成员人均收入低于当地最低生活保障标准，且符合当地最低生活保障家庭财产状况规定的家庭，给予最低生活保障。居民最低生活保障遵循保障居民基本生活的原则，坚持国家保障与社会帮扶相结合、鼓励劳动自救的方针。居民最低生活保障所需资金，由城市政府列入财政预算，纳入社会救济专项资金支出项目，专项管理，专款专用。

第二，特困人员供养。国家对无劳动能力、无生活来源且无法定赡养、抚养、扶养义务人，或者其法定赡养、抚养、扶养义务人无赡养、抚养、扶养能力的老年人、残疾人以及未满16周岁的未成年人，给予特困人员供养。特困供养人员可以在当地的供养服务机构集中供养，也可以在家分散供养。特困供养人员可以自行选择供养形式。

第三，受灾人员救助。国家建立健全自然灾害救助制度，对基本生活受到自然灾害严重影响的人员，提供生活救助。自然灾害救助实行属地管理，分级负责。设区的市级以上人民政府和自然灾害多发、易发地区的县级人民政府应当根据自然灾害特点、居民人口数量和分布等情况，设立自然灾害救助物资储备库，保障自然灾害发生后救助物资的紧急供应。

第四，医疗救助。国家建立健全医疗救助制度，保障医疗救助对象获得基本医疗卫生服务。下列人员可以申请相关医疗救助：最低生活保障家庭成员；特困供养人员；县级以上人民政府规定的其他特殊困难人员。最低生活保障家庭成员和特困供养人员的医疗救助，由县级人民政府民政部门直接办理。医疗救助标准，由县级以上人民政府按照经济社会发展水平和医疗救助资金情况确定、公布。

第五，教育救助。国家对在义务教育阶段就学的最低生活保障家庭成员、特困供养人员，给予教育救助。对在高中教育（含中等职业教育）、普通高等教育阶段就学的最低生活保障家庭成员、特困供养人员，以及不能入学接受义务教育的残疾儿童，根据实际情况给予适当教育救助。教育救助根据不同教育阶段需求，采取减免相关费用、发放助学金、给予生活补助、安排勤工助学等方式实施，保障教育救助对象基本学习、生活需求。

第六，住房救助。国家对符合规定标准的住房困难的最低生活保障家庭、分散供养的特困人员，给予住房救助。住房救助通过配租公共租赁住房、发放住房租赁补贴、农村危房改造等方式实施。住房困难标准和救助标准，由县级以上地方人民政府根据本行政区域经济社会发展水平、住房价格水平等因素确定、公布。

第七，就业救助。国家对最低生活保障家庭中有劳动能力并处于失业状态的成员，通过贷款贴息、社会保险补贴、岗位补贴、培训补贴、费用减免、公益性岗位安置等办法，给予就业救助。吸纳就业救助对象的用人单位，按照国家有关规定享受社会保险补贴、税收优惠、小额担保贷款等就业扶持政策。

第八，临时救助。临时救助是国家对遭遇突发事件、意外伤害、重大疾病或其他特殊原因导致基本生活陷入困境，其他社会救助制度暂时无法覆盖或救助之后基本生活暂时仍有严重困难的家庭或个人给予的应急性、过渡性的救助。对符合条件的救助对象，可发放临时救助金或发放实物。对给予临时救助金、实物救助后，仍不能解决临时救助对象困难的，可分情况提供转介服务。

3. 社会福利

社会福利有广义和狭义之分。广义的社会福利是指由政府和社会举办的、旨在改善人民物质和文化生活的一切措施。狭义的社会福利指政府和社会兴办的、以低收费或免费形式向一部分需要特殊照顾的成员提供的物质或服务支持。广义上的社会福利相当于我们通常说的社会保障；而狭义上的社会福利则是与社会保险、社会救助、社会优抚相并列的概念。社会福利的基本点是免费或减费提供生活用品、服务或现金补贴，使人们生活得到改善。社会福利一般采取货币、劳务、实物三种形式。

社会福利是社会保障体系的最高层次，不仅保障个人和整个社会的生存需要，还保证个人和社会有发展的可能。我国城市社会福利是与社会需求及经济发展水平相适应的适度普惠，具体包括以下内容：

第一，公共福利。公共福利指国家或社会团体兴办的以全体人民为对象的公益性事业。群众在享受这些福利的服务时，是免费或低费的。

第二，儿童社会福利。我国将儿童分成孤儿、困境儿童、困境家庭儿童、普通儿童四个层次，本着适度普惠、分层次、分类型、分标准、分区域的理念，立足当地经济社会发展状况、儿童生存与发展需要和社会福利制度的发展，建立了适度普惠型儿童福利制度。

第三，老年人社会福利。老年人社会福利的方针是以养为主，妥善安排其生活，主要有孤寡老人的安置和照顾、高龄津贴、老人免费健康检查、老人护理服务等。老年人社会福利的对象主要有两种：一种是“三无”老人，即无依无靠、无家可归、无生活来源的老人，对“三无”老年人以养为主，安置到政府举办的社会福利院收养，或者由其所在社区安排社区养老；另一种是离退休老年人，主要指有经济收入、有居住地、无子女照顾或子女不在身边的离退休老年人，对这部分老年人可由本人提出申请，安排到政府和社会兴办的福利院或老年人公寓，生活费用自理，也可以由其所在社区安排社区养老或居家养老。

第四，残疾人社会福利。残疾人社会福利包括向残疾人免费提供假肢和矫形器、创办社会福利企业安置有劳动能力的残疾人就业、举办特殊教育体系、康复医疗、困难残疾人生活补贴、重度残疾人护理补贴等。

4. 社会优抚

社会优抚是指国家和社会对有特殊贡献者及其家属提供褒扬和优待赈恤性质的物质帮助制度。社会优抚的对象是现役军人、服现役或者退出现役的残疾军人以及复员军人、退伍军人、烈士遗属、因公牺牲军人遗属、病故军人遗属、现役军人家属。我国的社会优抚实行国家和社会相结合的方针，保障军人的抚恤优待与国民经济和社会发展相适应，保障抚恤优待对象的生活不低于当地的平均生活水平。

社会优抚所需经费由国务院和地方各级人民政府分级负担。国务院退役军人事务部门主管全国的军人抚恤优待工作；县级以上地方人民政府退役军人事务部门主管本行政区域内的军人抚恤优待工作。国家机关、社会团体、企业事业单位应当依法履行各自的军人抚恤优待责任和义务。

社会优抚的内容具体有：

第一，死亡抚恤。死亡抚恤是社会优抚制度中最基本的内容。军人若在服役期间为国身亡，必然使其家属尤其是被赡养人蒙受巨大的损失。因此，国家有责任抚慰其家属，保障其生活，提供既有褒扬意义又有物质补偿性的抚恤金。现役军人死亡被批准为烈士、被确认为因公牺牲或者病故的，其遗属依照相关法律法规的规定享受抚恤。

第二，伤残抚恤。现役军人残疾被认定为因战致残、因公致残或者因病致残的，依照相关法律法规的规定享受抚恤。伤残抚恤标准根据其本人致残的性质、类型、劳动功能障碍程度和生活自理障碍程度等因素确定。伤残抚恤对保障对象既提供资金保障，又提供服务保障。

第三，社会优待。社会优待是国家和社会按照立法规定和社会习俗对优抚对象提供资金和服务的优待性保障制度。我国的拥军优属即属于社会优待的范畴。社会优待的目标是保证现役军人尤其是义务兵及其家属维持一定的生活水平，并随着社会的发展不断提高他们的生活质量。社会优待手段既包括资金保障，也包括服务保障。

5. 住房保障

住房保障是政府为有住房困难的群体提供社会帮助，以确保其居住权利。目前，我国建立了世界上最大的以公租房、保障性租赁住房和共有产权住房为主体的住房保障体系。其中，公租房主要面向的对象是城镇住房收入困难家庭；保障性租赁住房以人口净流入城市为重点，主要解决符合条件的新市民、青年人等群体的住房困难问题，以建筑面积不超过 70 平方米的小户型为主，租金低于同地段同品质市场租赁住房租金；共有产权住房主要帮助有一定经济实力但买不起商品房的居民能够尽快改善居住条件。住房保障的重点是发展保障性租赁住房。

三、城市社会保障治理体系和治理能力现代化

随着我国社会主要矛盾发生变化和城镇化、人口老龄化、就业方式多样化加快发展，我国城市社会保障事业发展的环境发生了深刻变化，面临着新形势新任务，尤其是城市社会保障体系仍存在不足，主要是：制度整合没有完全到位，制度之间转移衔接不够通畅；部分农民工、灵活就业人员、新业态就业人员等人群没有纳入社会保障，存在“漏保”“脱保”“断保”情况；政府主导并负责管理的基本保障“一枝独大”，而市场主体和社会力量承担的补充保障发育不够；社会保障统筹层次有待提高，平衡地区收支矛盾压力较大；城乡、区域、群体之间待遇差异不尽合理；社会保障公共服务能力同人民群众的需求还存在一定差距；一些地方社会保障基金存在“穿底”风险。对这些不足，我们既要正视挑战又要坚定信心，着力补短板、强弱项，推进城市社会保障治理体系和治理能力的现代化，促进城市社会保障事业高质量、可持续发展。

推进城市社会保障治理体系和治理能力现代化的路径，一是要紧紧围绕覆盖全民、统筹城乡、公平统一、安全规范、可持续、多层次的基本要求，健全城市社会保障体系；二是要织密城市社会保障安全网，提升社会保障治理效能，为广大人民提供更可靠、更充分的保障，不断增强人民群众的获得感幸福感安全感。为此，必须采取以下措施：

第一，建设中国特色的城市社会保障体系。我国城市要立足国情、积极探索、大胆创新，建设具有鲜明中国特色的城市社会保障体系。要坚持发挥社会主义制度的政治优势，集中力量办大事，推动城市社会保障事业行稳致远；要坚持人民至上，坚持共同富裕，把增进民生福祉、促进社会公平作为发展城市社会保障事业的根本出发点和落脚点；要坚持制度引领，围绕全覆盖、保基本、多层次、可持续等目标加强城市社会保障体系建设；要坚持与时俱进，用改革的办法和创新的思维解决发展中的问题，坚决破除体制机制障碍，推动城市社会保障事业不断前进；要坚持实事求是，既尽力而为又量力而行，把提高城市社会保障水平建立在经济和财力可持续增长的基础之上。

第二，积极稳妥推进城市社会保障制度重大改革。要准确把握社会保障各个方面之间、社会保障领域和其他相关领域之间改革的联系，提高统筹谋划和协调推进能力，确保各项改革形成整体合力。要强化问题导向，不断推进改革。

第三，深入推进全民参保计划，持续扩大社会保障覆盖范围。依法开展全民参保登

记，对各类人员参加社会保险情况进行记录、补充完善，建立全面、完整、准确、动态更新的社会保险基础数据库，支持全面参保和精确管理。

第四，充实社会保障基金，确保各项待遇按时足额发放。协同加强基金征缴管理，建立激励机制，强化社会保险稽核，确保基金应收尽收。加大公共财政社会保障支出，明确政府社会保障责任，积极调整财政支出结构，稳步提高财政用于社会保障资金占比。继续扩大基本养老保险基金委托投资规模，推进城乡居民基本养老保险基金委托投资，确保基金保值增值。继续划转国有资本，充实全国社会保障基金战略储备。稳步提高各类社会保障待遇水平，健全基本养老金待遇调整机制。

第五，健全社会保障基金监管体系，加强社会保障基金监管能力建设。要坚持政策、经办、信息、监督“四位一体”风险防控，强化人防、制防、技防、群防“四防”协同，严格基金监督，提升管理水平，以零容忍态度严厉打击欺诈骗保、套保或挪用贪占等违法行为，守牢社保基金安全底线。

第六，推进城市社会保障法治化。要从立法、执法、司法、守法各环节加强城市社会保障工作，在法治轨道上推动城市社会保障事业健康发展。要加强社会保障立法工作，依法落实各级政府和用人单位、个人、社会的社会保障权利、义务、责任。要依法健全社会保障基金监管体系，防范化解基金运行风险，维护基金安全。

第七，提升城市社会保障管理精细化程度和优质服务水平。完善五级社会保障管理体系和服务网络，提高管理精细化程度和服务水平，提升城市社会保障治理效能；完善社会保险关系登记和转移接续的措施，探索跨地区的基金结算方式；健全社会救助、社会福利对象精准认定机制，实现应保尽保、应助尽助、应享尽享；完善全国统一的社会保险公共服务平台，推进社保经办数字化转型，创新服务模式；持续推动省以下社保公共服务资源整合和综合柜员制服务，强化基层社会保险经办能力建设，充实经办服务工作队伍，加强社区社会保障组织建设，改善经办条件；发挥好社会保障卡的综合服务功能，逐步实现各类居民服务和财政惠民资金支付“一卡通”；坚持传统经办服务方式与智能化创新并行，畅通为老年人代办服务的线下渠道，提高服务适老性。

第五节　城市社区治理

一、城市社区治理的内涵和基本特征

城市社区是城市社会治理的基本单元，是指聚集在城市同一地域内的人群有着共同生存的需要、共同的生活服务设施、共同的文化、共同的利益、共同关心的问题而形成社会互动的地域性社会共同体。城市社区的构成要素主要有：第一，有以一定社会关系为纽带进行共同生活的居民；第二，有特定的活动空间和生活居住地域；第三，有相对完备的生产和生活服务设施；第四，有相对完善的社区组织和行为规范；第五，居民在情感和心理上有一定的认同感和归属感；第六，具有独特的文化特征。

城市社区具有以下基本特征：

第一，城市社区具有地域性。一定的地域是城市社区的基础，这里的地域包括方位、

地貌特征、自然资源、空间形态与范围等自然地理和人文景观、建筑设施等人文地理。

第二，城市社区是一个社会实体。城市社区是城市社会的组成部分，又是宏观社会的缩影。从范围上看，任何一个城市社区都是城市社会的组成部分，整个城市社会是由若干不同类型的城市社区构成的；从内容上看，城市社区是一个相对完整的社会结构体系，具备社会有机体的最基本内容。

第三，生活在城市社区中的每个人都处于一种相互依赖的互动关系。城市社区是人们参与社会生活的基本场所，是绝大多数社会成员的生活基地。

第四，城市社区居民具有共同的依托和物质载体。城市社区居民在一定地域内共同生活，有共同的利益和需要，有许多公共事务需要居民协商协作共同处理，有共同遵守的行为规范。

第五，城市社区具有多重功能。城市社区一般具有经济功能、政治功能、文化功能、社会治理和社会整合等功能。城市社区功能的多重性，是由城市社区内容的多样性和城市社区居民的多方面需求所决定的。

城市社区应该按照符合地缘特点、有利于社区居民自治、具有心理认同感、优化资源配置、提高工作效能的原则进行划分。从地域特征和管理角度来考察，按照社区的形成方式划分，城市社区可分为：法定社区，是依照国家相关法律法规，根据社会治理的需要而划定或设置的，具有明确的边界和法定的组织管理机构；自然社区，是指人们长期共同生产生活或按照自己的意愿选择而形成的社区，具有自然的边界；功能社区，是人们从事某些专门活动而在一定地域形成的聚集区。需要指出的是，不同类型社区的界限不是固定不变的，它们的边界有时是重合的，有时则是交错的。

城市社区治理是指城市社区基层党组织、基层政府、社会组织、社区居民及辖区内机关及企事业单位等，依据法律法规及社区公约、规范等要求，通过协商对社区公共事务进行有效管理，实现社区和谐发展的过程，主要包括治理主体、治理客体、治理环境、治理目标、治理手段、治理方法等要素。具体地说，要从以下几方面正确把握城市社区治理的内涵：

第一，城市社区治理的主体是多元的。城市社区治理的主体不是单一的政府，而是包括基层党组织、基层政府、社会组织、业主委员会、物业公司、辖区内机关及企事业单位、社区居民等多元治理主体，它们彼此之间建立多种多样的协作关系，通过相互之间的协商与合作，共同决定和处理社区公共事务。

第二，城市社区治理的客体主要是社区内的公共事务。城市社区公务事务涉及社区成员社会生活的方方面面，具体包括社区服务与社区照顾、社区安全与综合治理、社区公共卫生与疾病预防、社区环境及物业管理、社区文化和精神文明建设、社区社会保障与社区福利等。

第三，城市社区治理的目的主要是服务社区，维护和增进社区居民的公共利益。城市社区治理事关社区成员的切身利益，既要完成明确的任务目标，更要注重实现过程目标。城市社区治理要解决社区存在的问题，完成特定的、具体的经济社会发展任务。此外，城市社区治理还要培育社区治理的基本要素。

第四，城市社区治理是多维度、上下互动的过程。城市社区治理是通过协商合作、协同互动、协作共建等来建立对社区共同目标的认同，进而依靠社区居民内心的接纳和认同来采取共同行动，联合起来对社区公共事务进行良好的治理。多维度、上下互动的过程，使得城市社区治理不是源于外界的强制和压力，而是源于社区居民的同意和认可。

城市社区治理属于公共管理，是社会居民的自治。首先，城市社区治理在性质上属于公共管理。城市社区如何维护和增进公共利益是城市社区治理的关键问题。城市社区治理适应了新公共管理社会化与市场化的趋势，代表了公共管理的发展方向。其次，城市社区治理的本质属性是社区居民自治。城市社区治理的基本方式是社区民主自治管理，而居民自治的核心就是由社区居民处理社区公共事务。社区居民充分自治是城市社区治理的前提和保证。

城市社区治理性质和本质属性决定了城市社区治理具有以下基本特征：第一，直接性。城市社区治理是最贴近基层、最靠近民众的治理，各类社区主体之间都能够以面对面的方式进行互动，这也是城市社区治理的优势所在。第二，服务性。城市社区各主体之间通过互动合作，营造“我为人人，人人为我”的良好社区氛围。第三，综合性。城市社区是一个小社会，社区内外的社会关系有时候也是错综复杂的，在盘根错节的社会关系中完善城市社区治理，具有综合性特点。第四，地域性。公民生活的社区是一个非常具体的物理空间，城市社区治理的重点始终围绕在同一个地域上生活的居民的共同利益进行互动。

二、城市社区治理的意义和基本原则

城市社区治理具有重要的意义，具体体现在以下几方面：

第一，城市社区治理事关党和国家大政方针贯彻落实。城市社区治理是社会治理的末端基础，事关党和国家方针政策在“最后一公里”的贯彻落实，为此，必须畅通政策制定落实过程中“最初一公里”与“最后一公里”之间的时空距离，让“最后一公里”这个基础环节顺畅起来、硬核起来。搞好城市社区治理，能让“最后一公里”畅行无阻，确保广大人民群众的热切期待得到及时回应，确保党和国家大政方针落地生根。

第二，城市社区治理事关居民群众切身利益。随着我国城镇化水平的不断提高，城市社区数量也在逐年增加，社区虽小，但连着千家万户，是居民生活的基本单位，做好城市社区治理是改善民生的基本要求，能够保障和丰富居民的物质文化生活，提升居民的获得感和幸福感。

第三，城市社区治理事关城市基层和谐稳定。社区的稳定是稳定社会的关键所在，对整个城市甚至整个社会的稳定都具有至关重要的作用。我国城市经济社会快速发展，社区日益成为社会群体的交汇点、社会矛盾的积聚点和社会治理的着力点，城市社区治理能多方控制和化解各类不稳定因素，把各项社会治安综合治理措施贯彻落实到实处，把影响社会稳定的问题和矛盾及时、有效化解在萌芽状态，从而强化社区治理维护社会稳定的“第一道防线”作用。

第四，城市社区治理事关城市治理体系和治理能力现代化的实现。社区是基层基础，只有基础坚固，城市大厦才能稳固。城市社区治理是城市治理的基石，城市社区治理现代化是城市治理体系和治理能力现代化的坚实基础。更进一步说，城市社区治理能力建设与提升，是新时代城市治理体系与治理能力向现代化纵深发展的微观呈现。

第五，城市社区治理事关社区居民的政治参与。公民的政治参与度是一个城市政治民主化和现代化的重要标志。城市社区治理能为社区居民提供更多的政治参与机会，充分发挥社区居民自我管理、自我教育、自我服务的作用，保证社区居民依法管理自己的事情，增强其对社区的认同感、归属感和获得感，从而推动城市民主政治发展。

第六，城市社区治理事关城市现代化的进程和实现。我国已迈进全面建设社会主义现代化国家的新阶段，而城市是现代化的重要载体，城市现代化是国家现代化的关键。而落实城市现代化各项任务的重要力量是社区，特别是实现城市管理的现代化，首先要从搞好城市社区治理抓起，健全社区治理体系，实现社区居民和社区治理的现代化。

城市社区治理的指导思想是以中国特色社会主义理论为指导，紧紧围绕统筹推进"五位一体"总体布局和协调推进"四个全面"战略布局，坚持以基层党组织建设为关键、政府治理为主导、居民需求为导向、改革创新为动力，健全体系、整合资源、增强能力，完善城市社区治理体制，努力把城市社区建设成为和谐有序、绿色文明、创新包容、共建共享的幸福家园，为全面建设社会主义现代化城市提供可靠保证。

城市社区治理注重社会性、民间性、自主性和互动性，它以社会权力为基础。为此，城市社区治理要遵循以下基本原则：

第一，坚持党的领导，固本强基。加强党对城市社区治理工作的领导，推进城市社区基层党组织建设，切实发挥基层党组织领导核心作用，带领群众坚定不移贯彻党的理论和路线方针政策，确保城市社区治理始终保持正确的政治方向。

第二，坚持以人为本，服务居民。坚持以人民为中心的发展思想，把服务居民、造福居民作为城市社区治理的出发点和落脚点，坚持依靠居民、依法有序组织居民群众参与社区治理，实现人人参与、人人尽力、人人共享。

第三，坚持改革创新，依法治理。强化问题导向和底线思维，积极推进城市社区治理理论创新、实践创新、制度创新。弘扬社会主义法治精神，坚持运用法治思维和法治方式推进改革，建立惩恶扬善长效机制，破解城市社区治理难题。

第四，坚持城乡统筹，协调发展。适应城乡发展一体化和基本公共服务均等化要求，促进公共资源在城乡间均衡配置。统筹谋划城乡社区治理工作，注重以城带乡、以乡促城、优势互补、共同提高，促进城乡社区治理协调发展。

第五，坚持因地制宜，突出特色。要立足自身资源禀赋、基础条件、人文特色等实际，确定加强和完善城市社区治理的发展思路和推进策略，实现顶层设计和基层实践有机结合，加快形成既有共性又有特色的城市社区治理模式。

三、城市社区治理的现代化

我国城市社区治理现代化，是指以党建为引领，以重心下移、条块联动、多方参与、资源共享、共驻共建为内容，以发挥党组织和党员作用为动力，以服务群众、满足居民追求美好生活的需求为重点，以法治思维和方式统领城市社区治理各项工作。

我国城市社区治理现代化是一项系统工程，必须遵循循序渐进的规律，从社区治理理念、运行机制、管理制度、保障机制等方面逐步实现，其中的关键是发挥基层党组织的战斗堡垒作用，核心是社区"民主选举、民主决策、民主管理、民主监督"的治理机制，目的是满足社区居民的公共需求，维护社区居民的公共利益，实现社区“自我教育、自我管理、自我服务、自我约束”的目标。具体地说，推进城市社区治理现代化的路径是：

第一，健全完善城市社区治理体系。

充分发挥基层党组织领导核心作用。完善党全面领导社区治理制度，健全社区治理党的领导体制；加强党的基层组织建设，以基层党的建设引领社区治理和社会参与制度；加强和改进街道、社区党组织对社区各类组织和各项工作的领导；推动管理和服务力量下沉，引导基层党组织强化政治功能，加强社区服务型党组织建设；推进街道、社区与驻社区单位共建互补，深入拓展区域化党建；扩大城市新兴领域党建工作覆盖；健全社区党组织领导基层群众性自治组织开展工作的相关制度；加强社区党风廉政建设。

有效发挥基层政府主导作用。加强基层政权治理能力建设，增强街道行政执行能力、为民服务能力、议事协商能力、应急管理能力和平安建设能力。制定区县职能部门、街道办事处在社区治理方面的权责清单，明确基层群众性自治组织承担的社区工作事项清单以及协助政府的社区工作事项清单，建立街道办事处和基层群众性自治组织履职履约双向评价机制。基层政府要切实履行社区治理主导职责。

注重发挥基层群众性自治组织基础作用。健全基层群众自治制度和居民自治机制，增强社区组织动员能力，优化社区服务格局；完善社区民主选举制度，进一步增强基层群众性自治组织开展社区协商、服务社区居民的能力；建立健全居务监督委员会，推进居务公开和民主管理；充分发挥自治章程、居民公约在社区治理中的积极作用，弘扬公序良俗。

统筹发挥社会力量协同作用。大力发展在社区开展公共服务活动的社区社会组织，推进社区、社会组织、社会工作“三社联动”，完善社区组织发现居民需求、统筹设计服务项目、支持社会组织承接、引导专业社会工作团队参与的工作体系；鼓励和支持建立社区老年协会，积极引导驻社区机关企事业单位、其他社会力量和市场主体参与社区治理。

第二，不断提升城乡社区治理水平。

增强社区居民参与能力。提高社区居民议事协商能力，支持和帮助居民群众养成协商意识、掌握协商方法、提高协商能力，推动形成社区协商机制；拓展流动人口有序参与居住地社区治理渠道。

提高社区服务供给能力。加快社区公共服务体系建设，健全社区服务机构，做好与社区居民利益密切相关的公共服务事项；创新社区公共服务供给方式，提升社区医疗卫生服务能力和水平；建立社区公共空间综合利用机制，合理规划建设自助服务设施；鼓励和引导各类市场主体参与社区服务业。

强化社区文化引领能力。加强思想道德建设，以培育和践行社会主义核心价值观为根本，大力弘扬中华优秀传统文化，培育社区精神；将社会主义核心价值观融入居民公约，重视发挥道德教化作用；组织居民群众开展文明家庭创建活动，发展社区志愿服务；加强社区公共文化服务体系建设，积极发展社区教育。

增强社区依法办事能力。进一步加快社区治理法治建设步伐，提升基层党员、干部法治素养，引导群众积极参与、依法支持和配合社区治理；推进法治社区建设和公共法律服务体系建设；街道指导社区依法制定村规民约、居民公约，健全备案和履行机制，确保符合法律法规和公序良俗。

提升社区矛盾预防化解能力。完善利益表达机制、心理疏导机制和矛盾纠纷调处机制，推进平安社区建设，依托社区综治中心，拓展网格化服务管理，加强社区治安防控网建设，深化社区警务战略，全面提高社区治安综合治理水平。

增强社区信息化应用能力。提高社区信息基础设施和技术装备水平，加强公益性信息服务设施建设；依托“互联网＋政务服务”相关重点工程，加快社区公共服务综合信息平台建设；实施“互联网＋社区”行动计划，加快互联网与社区治理体系的深度融合；发展社区电子商务；推进智慧社区信息系统建设，积极开发智慧社区移动客户端。

完善社区网格化管理。网格化管理是将城区行政性地划分为一个个“网格”，使这些网格成为城市政府治理基层社会的单元。要按照全面覆盖、界线明确、不留空白、不交叉重叠的原则，合理划分责任网格，在网格内实行定人、定岗、定责，将过去被动应对问题的管理模式转变为主动发现问题和解决问题，主动为民办实事、办好事，更好满足网格内群众的需求；实现管理对象、手段、过程和评价的数字化，做到管理的敏捷、精确和高效；建立规范统一的管理标准和流程，形成一个科学的管理闭环，提升管理能力和水平；整合各方资源，建立全覆盖、全方位、全过程的动态管理服务机制。

第三，着力补齐城乡社区治理短板。

改善社区人居环境。完善社区基础设施，加强社区环境综合治理，建设资源节约型、环境友好型社区；推进健康城市建设；强化社区风险防范预案管理，加强社区应急避难场所建设，开展社区防灾减灾科普宣传教育，有序组织开展社区应对突发事件应急演练，提高对各种风险事件的预防和处置能力，推进安全社区建设。

加快社区综合服务设施建设。将社区综合服务设施建设纳入城市经济和社会发展规划、城市规划、土地利用规划等，逐步实现社区综合服务设施全覆盖；创新社区综合服务设施运营机制，通过居民协商管理、委托社会组织运营等方式，提高社区综合服务设施利用率。

优化社区资源配置。编制社区规划，落实城市总体规划要求，加强与控制性详细规划衔接；发挥社区规划专业人才作用，广泛吸纳居民参与，科学确定社区发展项目、建设任务和资源需求；建立基层政府面向社区的治理资源统筹机制，推动人财物和责权利对称下沉到社区，增强社区统筹使用资源的自主权；建立基层政府组织社区居民在社区资源配置公共政策决策和执行过程中，有序参与听证、开展民主评议的机制；建立机关企事业单位履行社区治理责任评价体系，推动机关企事业单位积极参与社区治理；注重运用市场机制优化社区资源配置。

改进社区物业服务管理。加强社区党组织、社区居民委员会对业主委员会和物业服务企业的指导和监督，建立健全社区党组织、社区居民委员会、业主委员会和物业服务企业议事协调机制；在社区居民委员会下设立环境和物业管理委员会，督促业主委员会和物业服务企业履行职责；完善业主委员会的职能，依法保护业主的合法权益。

第四，强化组织保障。

完善领导体制和工作机制，加大资金投入力度，加强社区工作者队伍建设，完善政策标准体系和激励宣传机制。

四、智慧社区建设

智慧社区是充分应用大数据、云计算、人工智能等信息技术手段，整合社区各类服务资源，打造基于信息化、智能化管理与服务的社区治理新形态。

我国智慧社区建设的指导思想是：以中国特色社会主义理论为指导，立足新发展阶段，完整、准确、全面贯彻新发展理念，服务加快构建新发展格局，深化物联网、大数据、云计算和人工智能等信息技术应用，按照智慧城市和现代社区的发展要求，依托社区数字化平台和线下社区服务机构，集约建设便民惠民智慧服务圈，提供线上线下相融合的社区生活服务、社区治理及公共服务、智能小区等服务，让社区更加和谐有序、服务更有温度，不断增强居民获得感、幸福感、安全感。

我国智慧社区建设的基本原则是：第一，坚持党的全面领导。把坚持和加强党的全面领导贯穿于智慧社区建设的全过程和各方面，确保智慧社区建设的正确方向。第二，坚持以人民为中心。始终把满足人民对美好生活的向往作为出发点和落脚点，拓展应用服务场景，让数据多跑路、群众少跑腿。第三，坚持统筹规划。强化系统观念，整合现有资源，推动系统集成、数据共享和业务协同，打破信息壁垒，为基层赋能减负。第四，坚持需求导向。立足社区资源禀赋和居民需求，强化系统建设的实用性、前瞻性和可扩展性，突出以城带乡、急用先行、梯次推进、迭代更新。第五，坚持安全发展。加强智慧社区网络和数据安全管理，强化关键信息基础设施防护，依法保护居民信息安全和个人隐私。

我国智慧社区建设的目标是：构建起网格化管理、精细化服务、信息化支撑、开放共享的智慧社区服务平台，打造成智慧共享、和睦共治的新型数字社区，社区治理和服务智能化水平显著提高，更好感知社会态势、畅通沟通渠道、辅助决策施政、方便群众办事。

我国智慧社区建设的重点任务是：

第一，集约建设智慧社区平台。充分依托已有平台，因地制宜推进智慧社区综合信息平台建设，推动部署在不同层级、不同部门的各类社区信息系统与智慧社区综合信息平台联网对接或向其迁移集成。依法向社区下放政务服务审批受理权限，扩大社区政务服务事项网上受理、办理数量和种类，拓展政务事项查询、办理、反馈功能。完善电子政务服务流程，实行“前台一口受理、后台分工协同”运行模式，推动跨部门业务协同、信息实时共享。以设区的市为单位，大幅度优化精简部署在社区的业务应用系统，整合功能相对单一、相近或重复的办公类、管理类、学习类等 App。推进智慧社区综合信息平台与城市运行管理服务平台、智慧物业管理服务平台、智能家庭终端互联互通和融合应用，提供一体化管理和服务。

第二，拓展智慧社区治理场景。依托智慧社区综合信息平台建立健全民情反馈、风险研判、应急响应、舆情应对机制，提升社区全周期管理水平。全面推进“互联网＋社区党建”，推动社区党建工作和党员管理服务信息化，做好网上群众工作。优化社区网格管理平台，推行“社区输入＋网上推送＋部门响应”工作模式，健全即时响应机制及时回应群众诉求。搭建社区灾害风险预警模型，发展实时监测、智能预警、应急管理和疫情防控智能应用，全面提升社区预警和应急处置能力。加强网络文明建设，更好满足人民群众日益增长的精神文化需求，增进居民对社区生活共同体的归属感。探索推进居民委员会换届网上选民登记、社区协商、居务公开、民主监督等，畅通群众参与渠道。促进智慧小区建设，拓展智能门禁、车辆管理、视频监控等物联网和云服务。

第三，构筑社区数字生活新图景。依托智慧社区综合信息平台，创新政务服务、公共服务提供方式，推动就业、健康、卫生、医疗、救助、养老、助残、托育、未成年人保护等服务“指尖办”“网上办”“就近办”。聚合社区周边商超、物业、维修、家政、养老、餐饮、零售、美容美发、体育等生活性服务业资源，链接社区周边商户，建设便民惠民智慧生活服务圈。大力发展电子商务，探索建立无人物流配送进社区。推动社区购物消费、居家生活、公共文化生活、休闲娱乐、交通出行等各类生活场景数字化，支持社区史馆、智慧家庭、智能体育场地等建设，打造多端互联、多方互动、智慧共享的数字社区生活。强化数字技能教育培训服务，助力未成年人、老年人、残疾人共享智慧生活，消除数字鸿沟。

第四，推进大数据在社区的应用。充分依托自然资源和地理空间基础信息库，加强地名地址信息管理，完善社区重点场所、常住居民、流动人口、失能老年人、未成年人和精神障碍患者等重点人群基础数据，深化大数据挖掘应用，提高基于高频大数据精准动态监测预测预警水平。加快构建数字技术辅助决策机制，科学配置社区服务资源、优化社区综合服务设施功能布局。

第五，精简归并社区数据录入。制定社区信息共享清单，完善统一采集、统一制表、统一报送机制，加快建立标准统一、动态管理的社区数据资源体系，大幅减少工作台账报表。完善街道与部门政务信息系统数据资源共享交换机制，根据服务群众需要向社区开放数据资源。加强社区数据安全管理和保障，重点加强对小区物业服务企业数据管理使用情况的监管，依法保护居民个人信息和隐私。

第六，加强智慧社区基础设施建设改造。实施社区综合服务设施智慧化改造工程，加快部署政务通用自助服务一体机，完善社区政务、便利店、智能快递柜等自助便民服务网络布局。合理布建社区公共安全视频监控点位，推进“雪亮＋”智能化应用。加强社区信息交流无障碍建设，充分考虑未成年人、老年人、残疾人等群体的基本需求和使用习惯，提供适老化和无障碍服务。优化社区智慧电网、水网、气网和热网布局，推进小区智能感知设施建设，扩大智能感知设施和技术在安全管理、群防群治、机动车（自行车）管理、生活垃圾处理等领域的应用。在维护公共安全等领域，依照相关法律法规稳妥慎重使用人脸识别技术。

我国智慧社区建设的保障措施有以下几方面：

第一，加强组织领导。民政、政法、网络安全和信息化、发展改革、工业和信息化、公安、财政、住房城乡建设、城市管理等部门要加强对智慧社区建设的组织领导，强化统筹协调，明确部门分工，完善协作机制，形成整体合力。加强完善智慧社区规划、政策和标准体系建设，搭建共享开放的数字底座，统筹推进智慧社区应用场景建设，推动部门业务协同和数据共享，加强数据管理和挖掘。街道、社区可因地制宜探索开发符合本地实际的特色应用，做好数据采集整理工作，引导群众参与智慧社区建设和应用。

第二，加强规划引领。以设区的市为单位，统一编制智慧社区建设规划，重点规划社区治理、社区服务基础设施运营、公共事业管理（安防管理、物业管理、停车管理）等领域智慧化改造和建设，根据需要拓展其他改造和建设项目。省级民政、政法、网络安全和信息化、发展改革、工业和信息化、公安、财政、住房和城乡建设、城市管理等部门要加强对市、区的指导和项目支持，根据信息化基础条件，区分新建社区、老旧社区等不同类型，分类规划智慧社区建设策略和重点，提前规划新建社区智慧化建设基础设施，推动智慧社区建设与城镇老旧小区改造、完整社区建设、农村人居环境建设、老年友好型社区建设等有效衔接。

第三，加强保障支持。健全完善政府指导、多方参与的智慧社区建设资金投入机制，鼓励社会力量参与“互联网＋社区服务”，创新提供服务模式和产品。探索智慧社区建设市场化运营模式，创新智慧社区建设投融资机制，通过政府购买服务或合作开发等方式，支持各类市场主体承接智慧社区建设项目运营，推进创新迭代。加强对社区工作者信息化技能培训，引导高等院校信息化相关专业毕业生在智慧社区建设相关领域就业创业。开展知识普及和教育培训，提高智慧社区应用水平。医疗、社保、民政、生活缴费等高频服务事项，应保留线下办理渠道，推广“一站式”服务，为老年人、残疾人提供便捷服务。积极扩展数字化支撑下的线下服务功能，支持社会组织、社会工作者、志愿者等提供专业化、特色化、个性化服务。

智慧社区建设的重点任务　　案例分析

第十章 城市生态环境治理

城市生态系统是特定地域内的人口、资源、环境通过各种相生相克的关系，建立起来的社会、经济、自然的复合体。城市生态系统是城市产生和发展的物质基础，是人类生存和发展不可或缺的物质因素。随着人们物质和精神生活水平的提高，城市生态环境问题已成为人们关注的焦点。如何合理地利用城市生态环境资源，保持和实现城市生态平衡，为人们创造一个清洁、安全、优美、舒适的生存和发展环境，已成为城市政府最重要的职能之一。

第一节 城市生态系统

一、城市生态系统的含义和组成要素

城市生态系统是生态系统的重要组成部分，要理解城市生态系统的含义和组成要素，首先必须了解生态系统的含义和组成要素。

所谓生态系统是指由植物、动物以及微生物构成的生命系统与由气候、土壤、地貌、纬度等构成的环境系统所组成的相互促进、相互制约的多要素、多层次的复合整体。在这个整体内任何一个要素、成分及亚结构系统的变化，都会引起整体的变化。

生态系统的组成要素主要有：

第一，成分。任何生态系统包括生命系统和环境系统两个亚系统。生命系统是由生产者、消费者和分解者三类生命物质具体组成的。其中生产者是食物的制造者，它们吸收太阳能并利用无机营养元素合成有机物，将吸收的一部分太阳能以化学能的形式储存在有机物中。生产者的主体是绿色植物，以及一些能够进行光合作用的菌类。由于这些生物能够直接吸收太阳能和利用无机营养成分合成构成自身有机体的各种有机物，因而被称为自养生物。消费者是直接或间接地利用生产者所制造的有机物作为食物和能源，而不能直接利用太阳能和无机态的营养元素的生物，并最终还原为植物可以利用的营养物。消费者根据其消费对象可分为：食草动物，又称一级消费者；食肉动物，又称二级消费者；以二级消费者为食物的动物消费者，称为三级消费者。分解者又称为还原者，是以腐烂动植物尸体为食物的一群特殊的腐食生物消费者，主要包括微生物、真菌、原生动物和腐殖性动物，它们能把复杂的动植物有机残体和动物排泄物分解为水、二氧化碳和无机元素并归还给环境，供生产者再利用。消费者和分解者都不能够直接利用太阳能和物理环境中的无机营养元素，因而被称为异养生物。环境系统是由无机物（如氧气、氮气、二氧化碳、水和铁等）、有机化合物（如碳水化合物、蛋白质、脂类、核酸、腐殖质等）、气候（太阳辐射、

湿度、水分、空气等）三类无生命物质组成的。

第二，结构。构成生态系统的各种成分，并不是杂乱无章地堆积在一起的，而是在一定的空间和时间内处于相对稳定的有序状态。这种组成生态系统的各成分、各要素在空间上的配置和联系，就是生态系统的结构。生态系统的结构可以从形态和营养关系两个角度进行研究。其中，生态系统的生物种类、种群数量、种的空间配置（水平分布、垂直分布）、种的时间变化（发育）等，构成了生态系统的形态结构；生态系统各组成成分之间建立起来的营养关系，构成了生态系统的营养结构，它是生态系统中能量和物质流动的基础。

第三，功能。生态系统最基本的功能是能量转化、物质循环和信息传递，每一个生态系统都是由物质流、能量流和信息流构成的功能单位。维持生态系统生命活动的全部能量均来自太阳辐射流。太阳辐射到地球表面，产生两种能量形式：一种是热能，它温暖着大地，推动水循环、产生空气和水的环流；一种是光化学能，它为植物光合作用所利用和固定，形成碳水化合物及其他化合物。而能量转化是生态系统中生物与环境之间、生物与生物之间能量的传递与转化过程，这种流量转化的显著特征是：能量在流动过程中，数量逐级递减；能量流动的方向是单向和不可逆的。与能量流的单向流动相反，生态系统的物流是循环的。物质循环按其本质讲是生物地球化学循环，按其属性可分为水循环（降雨、水面蒸发、植物蒸腾等）、气态循环（氧气、二氧化碳、氮等）、沉积循环（磷、硫、碘、钙、钾、纳、铁等）。在生态系统的能量转化、物质循环过程中，会产生各种信息，众多的信息形成信息流，把生态系统连接为一个有机的整体。因此，信息传递是生态系统中各生命成分之间、生命成分与环境之间的信息流动与反馈过程，是生物之间、生物与环境之间相互作用、相互影响的一种特殊形式。生态系统传递的信息有营养信息、化学信息、物理信息、行为信息，它们相互交织，形成信息网。

根据人类生产活动及其他经济、社会活动对生态系统的干预程度，生态系统可分为自然生态系统、半自然生态系统、人工生态系统。地球上的自然生态系统有海洋生态系统、淡水生态系统、草原生态系统、森林生态系统。人工生态系统是完全或基本由人类的生产、经济活动干预所形成的生态系统，如农业生态系统、城市工矿生态系统等。半自然生态系统是已受到人类活动的干预，但干预的程度较轻，无论从深度上还是广度上都没有达到控制生态系统的演变、进化的地步，如进行天然捕捞的水域、放牧的原生草原等。

生态平衡是指任何一个正常的生态系统中，能量流动、物质循环和信息传递总是不断地进行的，但在一定时期和空间的生态系统中，生物物种的种类和数量保持相对的稳定状态，生物与环境之间的能量流、物质流和信息流也保持相对稳定，达到高度适应、统一协调的状态。具体地说，生态系统达到以下几方面就处于稳定平衡状态：系统内外物质和能量的输入输出接近相等；系统的生产、消费、分解过程相适应，物质生产与消耗平衡；系统中生物种类和数量保持相对稳定；结构与功能相适应、相协调，各部分组合及相互作用平衡，有机体与环境协调；系统能自我调节，具有自我恢复能力；在演变中实现平衡，在平衡中得到发展。生态之所以能保持相对的动态平衡，主要是由于其内部有自动调节的能力，具有抵抗外界干扰的能力或恢复能力。

城市生态系统是生态系统的重要组成部分，它是特定地域内的人口、资源、环境通过各种相生相克的关系，建立起来的人类聚居地或社会、经济、自然的复合体。城市生态系统既是自然生态系统发展到一定阶段的结果，也是人类生态系统发展到一定阶段的结果。

城市生态系统不仅有生物组成要素（植物、动物和细菌、真菌、病毒）和非生物组成要素（光、热、水、大气等），还包括人类和社会经济要素，这些要素通过能量流动、物质循环以及物资供应与废物处理系统，形成一个具有内在联系的统一整体。因此，城市生态系统是由城市自然生态系统和社会经济生态系统组成，各部分均由生物成分和非生物成分具体组成。城市生态系统中生物部分的主体是有思想意识的人，加上野生的和人工培育的动植物及微生物。城市生态系统中的非生物部分除了自然生态系统中的物质成分外，还有房屋、道路、生产设施、生活设施等人工生态环境物质成分。因此，城市生态系统也可以分为城市自然生态系统和城市人工生态系统。

城市生态系统的结构比自然生态系统的结构复杂，由空间结构、社会结构、经济结构、营养结构组成。空间结构有环境、资源、设施等的分布和组合，即环境结构、资源结构、人工设施结构等；社会结构是人口、劳动力和智力等的空间配置和组合；经济结构是生产、分配、消费、流通等的空间配置和组合；营养结构也由生产者、消费者和分解者组成。它们之间相互制约、相互依存、相互渗透，通过能量流、物质流、信息流、人口流、劳动力流、智力流、价值流等，形成了复杂的链网状结构，这种链网状结构由食物链结构、资源利用链结构、生命-环境相互作用结构、要素空间组合结构组成。

二、城市生态系统的特点和功能

城市生态系统的特点是：

第一，城市生态系统是以人为主体的复合生态系统，人起着重要的支配作用。城市生态系统是人类在政治、经济、文化生活活动中不断利用和改造自然环境而创造出来的高度人工化的生存环境，是典型的人工生态系统。在这个人工生态系统中，生产者——植物的数量以及分解者——微生物的数量很少，而消费者——人口的数量庞大。作为人口及其活动高度密集地区的城市，人的活动强烈地改变了原有的自然生态状况，人工物质系统高度发达。

第二，城市生态系统具有非完整性，对外依赖性很强。在自然生态系统中，能量的最终来源是太阳能，在物质方面则可以通过生物地球化学循环而达到自给自足，是一个自律、完整的系统。城市生态系统就不同了，缺乏第一性的生产者，消费者与分解者也是不完整的，它所需求的大部分能量和物质，都需要从其他生态系统人为地输入，系统生产的产品等要人为地输出。因此，城市生态系统是一个开放性的系统，其物质和能量的恒定需要与系统以外的环境进行广泛的、不间断的交换，对其他生态系统具有很大的依赖性。

第三，城市生态系统具有非稳定性。从营养结构上看，食物链和食物网是生态系统的营养结构，生态系统的物质和能量就是顺着这种渠道流动的。在自然生态系统中，营养级结构逐级地、急剧地、梯级般地递减，呈金字塔形，稳定平衡。城市生态系统中生产者与消费者的关系，即生物营养级构成倒金字塔形，生产者所占比例很小，消费者所占比例大，生产者小于消费者，因而具有不稳定性。可以说，城市生态系统是在偏离自然平衡点处建立起来的非稳定平衡系统。

第四，城市生态系统具有脆弱性。从生态平衡上看，自然生态系统的成分相对多样化，营养结构相对复杂，自动调节能力就较大，易维持生态平衡，因此，自然生态系统总是在不平衡—平衡—不平衡的发展过程中进行着物质与能量的交换，推动着自身的变化和发展。而城市生态系统中，生物物种单调，生态结构简单，环境容量小，自我调节能力较差，随着城市人口的增长和工业的发展，城市生态平衡最易遭到破坏，从而出现许多严重的环境问题。

城市生态系统的上述特点，客观上要求城市建设和发展严格遵循自然规律及客观经济规律，合理开发利用自然资源，调节、控制城市生态系统的结构和功能，保证城市生态系统物质循环和能量流动的顺畅进行，实现城市生态系统的平衡。

城市生态系统的平衡主要取决于以下因素：城市规模与地区资源的平衡；城市人口与土地空间的平衡；生产设施与基础设施、生活服务设施的平衡；城市废气、废水、废渣排放与环境容量的平衡；劳动力数量与职业岗位的平衡；各类产业之间的平衡；社会生产与消费之间的平衡；城乡物资供应与居民需求的平衡。城市生态系统平衡的标志主要是：城市生态系统结构与功能相协调，城市生态系统结构和功能最优化，实现人口、资源、设施、环境相协调，环境清洁、安全、优美、舒适。

城市生态系统在满足城市居民的生产、生活等活动中发挥着巨大作用，承担着以下功能：

第一，生产功能。城市生态系统的生产功能是指城市生态系统能够利用城市内外系统提供的物质、能量等资源，生产出产品的能力，包括生物生产和非生物生产。城市生态系统的生物生产是城市生态系统所具有的，包括人类在内的各类生物交换、生长、发育和繁殖的过程，具体表现为通过植物光合作用过程进行的初级生产和人的次级生产。非生物生产又分为物质生产和非物质生产，其中物质生产包括满足人们物质生活所需要的各类有形产品及服务的生产；非物质生产是满足人们的精神生活所需的各种文化艺术产品及相关服务的生产。

第二，生活功能。城市生产的最终目的是最大限度地满足人民日益增长的对美好生活的需要。因此，城市生态系统不仅有生产功能，而且为城市居民提供高质量的生存空间和生存条件，以有利于工作和方便生活。但是城市生态系统中的自然生态系统和人工创造的社会经济系统，分别承担着满足城市居民特定需要的功能。城市自然生态系统是城市产生和发展的物质基础，是人类生存和发展不可缺少的物质因素。社会经济系统是在城市形成过程中，人类为了不断满足自身的生活需要而创造的，具有生产、生活、服务和享受的功能。

第三，还原净化和资源再生功能。城市自然生态系统不仅提供自然物质来源，而且能在一定限度内接纳、吸收、转化人类活动排放到城市生态环境中的有毒有害物质，达到自然净化的效果。城市自然生态系统中的水、矿物、生物等物质，通过生产进入经济系统，参与高一级的物质循环过程，成为城市社会经济活动不可或缺的资源和能源。

三、城市生态环境标准

城市生态环境标准是指由国务院生态环境主管部门和省级人民政府依法制定的城市生态环境保护工作中需要统一的各项技术要求。城市生态环境标准分为国家生态环境标准和地方生态环境标准。国家生态环境标准包括国家生态环境质量标准、国家生态环境风险管控标准、国家污染物排放标准、国家生态环境监测标准、国家生态环境基础标准和国家生态环境管理技术规范。国家生态环境标准在全国范围或者标准指定区域范围执行。地方生态环境标准包括地方生态环境质量标准、地方生态环境风险管控标准、地方污染物排放标准和地方其他生态环境标准。地方生态环境标准在发布该标准的省、自治区、直辖市行政区域范围或者标准指定区域范围执行。有地方生态环境质量标准、地方生态环境风险管控标准和地方污染物排放标准的地区，应当依法优先执行地方标准。国家和地方生态环境质量标准、生态环境风险管控标准、污染物排放标准和法律法规规定强制执行的其他生态环境标准，以强制性标准的形式发布。法律法规未规定强制执行的国家和地方生态环境标准，以推荐性标准的形式发布。

国务院生态环境主管部门依法制定并组织实施国家生态环境标准，评估国家生态环境标准实施情况，开展地方生态环境标准备案，指导地方生态环境标准管理工作。机动车等移动源大气污染物排放标准由国务院生态环境主管部门统一制定。省级人民政府依法制定地方生态环境质量标准、地方生态环境风险管控标准和地方污染物排放标准，并报国务院生态环境主管部门备案。地方生态环境质量标准、地方生态环境风险管控标准和地方污染物排放标准可以对国家相应标准中未规定的项目做出补充规定，也可以对国家相应标准中已规定的项目做出更加严格的规定。地方各级生态环境主管部门在各自职责范围内组织实施生态环境标准。

制定生态环境标准，应当遵循合法合规、体系协调、科学可行、程序规范等原则，不得增加法律法规规定之外的行政权力事项或者减少法定职责；不得设定行政许可、行政处罚、行政强制等事项，增加办理行政许可事项的条件，规定出具循环证明、重复证明、无谓证明的内容；不得违法减损公民、法人和其他组织的合法权益或者增加其义务；不得超越职权规定应由市场调节、企业和社会自律、公民自我管理的事项；不得违法制定含有排除或者限制公平竞争内容的措施，违法干预或者影响市场主体正常生产经营活动，违法设置市场准入和退出条件等；不得规定采用特定企业的技术、产品和服务，不得出现特定企业的商标名称，不得规定采用尚在保护期内的专利技术和配方不公开的试剂，不得规定使用国家明令禁止或者淘汰使用的试剂。生态环境标准发布时，应当留出适当的实施过渡期。

城市生态环境标准具体可分为：

第一，城市生态环境质量标准。

城市生态环境质量标准包括大气环境质量标准、水环境质量标准、海洋环境质量标准、声环境质量标准、核与辐射安全基本标准。

制定城市生态环境质量标准，应当反映生态环境质量特征，以生态环境基准研究成果为依据，与经济社会发展和公众生态环境质量需求相适应，科学合理确定城市生态环境保护目标。城市生态环境质量标准应当包括功能分类、控制项目及限值规定、监测要求、生态环境质量评价方法、标准实施与监督等内容。城市生态环境质量标准是开展城市生态环境质量目标管理的技术依据，由城市生态环境主管部门统一组织实施。

第二，城市生态环境风险管控标准。

城市生态环境风险管控标准包括土壤污染风险管控标准以及法律法规规定的其他环境风险管控标准。

制定城市生态环境风险管控标准，应当根据环境污染状况、公众健康风险、生态环境风险、环境背景值和生态环境基准研究成果等因素，区分不同保护对象和用途功能，科学合理确定风险管控要求。城市生态环境风险管控标准应当包括功能分类、控制项目及风险管控值规定、监测要求、风险管控值使用规则标准实施与监督等内容。城市生态环境风险管控标准是开展生态环境风险管理的技术依据。实施土壤污染风险管控标准，应当按照土地用途分类管理，管控风险，实现安全利用。

第三，城市污染物排放标准。

城市污染物排放标准包括国家污染物排放标准和地方污染物排放标准。国家污染物排放标准是对全国范围内污染物排放控制的基本要求。地方污染物排放标准是地方为进一步改善生态环境质量和优化经济社会发展，对本行政区域提出的国家污染物排放标准补充规定或者更加严格的规定。城市污染物排放标准包括大气污染物排放标准、水污染物排放标准、固体废物污染控制标准、环境噪声排放控制标准和放射性污染防治标准等。水和大气污染物排放标准，根据适用对象分为行业型、综合型、通用型、流域（海域）或者区域型污染物排放标准。

城市污染物排放标准应当包括下列内容：适用的排放控制对象、排放方式、排放去向等情形；排放控制项目、指标、限值和监测位置等要求，以及必要的技术和管理措施要求；适用的监测技术规范、监测分析方法、核算方法及其记录要求；达标判定要求；标准实施与监督等。

城市污染物排放标准按照下列顺序执行：（1）地方污染物排放标准优先于国家污染物排放标准；地方污染物排放标准未规定的项目，应当执行国家污染物排放标准的相关规定。（2）同属国家污染物排放标准的，行业型污染物排放标准优先于综合型和通用型污染物排放标准；行业型或者综合型污染物排放标准未规定的项目，应当执行通用型污染物排放标准的相关规定。（3）同属地方污染物排放标准的，流域（海域）或者区域型污染物排放标准优先于行业型污染物排放标准，行业型污染物排放标准优先于综合型和通用型污染物排放标准。流域（海域）或者区域型污染物排放标准未规定的项目，应当执行行业型或者综合型污染物排放标准的相关规定；流域（海域）或者区域型、行业型或者综合型污染物排放标准均未规定的项目，应当执行通用型污染物排放标准的相关规定。

第四，城市生态环境监测标准。

城市生态环境监测标准包括生态环境监测技术规范、生态环境监测分析方法标准、生态环境监测仪器及系统技术要求、生态环境标准样品等。

制定城市生态环境监测标准应当配套支持生态环境质量标准、生态环境风险管控标准、污染物排放标准的制定和实施，以及优先控制化学品环境管理、国际履约等生态环境管理及监督执法需求，采用稳定可靠且经过验证的方法，在保证标准的科学性、合理性、普遍适用性的前提下提高便捷性，易于推广使用。

城市生态环境监测技术规范应当包括监测方案制定、布点采样、监测项目与分析方法、数据分析与报告、监测质量保证与质量控制等内容；生态环境监测分析方法标准应当包括试剂材料、仪器与设备、样品、测定操作步骤、结果表示等内容；生态环境监测仪器及系统技术要求应当包括测定范围、性能要求、检验方法、操作说明及校验等内容。

第五，城市生态环境基础标准。

城市生态环境基础标准包括生态环境标准制定技术导则，生态环境通用术语、图形符号、编码和代号（代码）及其相应的编制规则等。制定城市生态环境标准制定技术导则，应当明确标准的定位、基本原则、技术路线、技术方法和要求，以及对标准文本及编制说明等材料的内容和格式要求；制定生态环境通用术语、图形符号、编码和代号（代码）及其相应的编制规则等，应当借鉴国际标准和国内标准的相关规定，做到准确、通用、可辨识，力求简洁易懂。

制定生态环境标准，应当符合相应类别生态环境标准制定技术导则的要求，采用生态环境基础标准规定的通用术语、图形符号、编码和代号（代码）编制规则等，做到标准内容衔接、体系协调、格式规范。在生态环境保护工作中使用专业用语和名词术语，设置图形标志，对档案信息进行分类、编码等，应当采用相应的术语、图形、编码技术标准。

第六，城市生态环境管理技术规范。

城市生态环境管理技术规范，包括大气、水、海洋、土壤、固体废物、化学品、核与辐射安全、声与振动、自然生态、应对气候变化等领域的管理技术指南、导则、规程、规范等。

制定生态环境管理技术规范应当有明确的生态环境管理需求，内容科学合理，针对性和可操作性强，有利于规范生态环境管理工作。城市生态环境管理技术规范为推荐性标准，在相关领域环境管理中实施。

城市生态环境标准在我国生态环境保护工作中有着极其重要的地位和不可替代的作用，是城市生态环境保护规划的体现，是城市生态环境保护行政主管部门依法行政的依据，是推动城市生态环境保护科技进步的一个动力，是进行城市生态环境评价的准绳，具有投资导向作用。

第二节　城市生态环境问题及治理

一、城市生态环境问题及其原因

城市生态环境问题与城市人口、产业发展及结构变化状况是密切相关的，同城市发展几乎是同时产生的。城市生态环境问题的主要表现形式是城市生态环境污染，它一般是指城市中人类活动所产生的大量有害物质，使城市生态环境系统的构成或状态发生了不良变化，严重影响了城市生态环境的机能，破坏了城市生态环境系统分解污染和自我净化的能力，扰乱了城市生态环境的平衡，从而使城市生态环境劣化。

城市生态环境污染是多方面的，按受污染的领域范围和污染物质，可分为大气污染、水体污染、土壤污染、固体废弃物污染、噪声污染等；按照污染的性质形态，可分为物理性（声、光、热、辐射等）、化学性（有机物和无机物）、生物性（霉素、病菌等）污染等；按污染产生的原因，可分为生产污染（包括工业污染、农业污染、交通运输污染、服务业污染等）和生活污染。

良好生态环境是实现中华民族永续发展的内在要求，是增进民生福祉的优先领域，是建设美丽中国的重要基础。党的十八大以来，以习近平同志为核心的党中央全面加强对生态文明建设和生态环境保护的领导，开展了一系列根本性、开创性、长远性工作，推动城市污染防治的措施之实、力度之大、成效之显著前所未有，城市污染防治攻坚战阶段性目标任务圆满完成，城市生态环境明显改善，人民群众获得感显著增强，厚植了全面建成小康社会的绿色底色和质量成色。同时应该看到，我国城市生态环境本底状况较为脆弱，人与自然关系复杂，叠加全球气候变化带来的不确定性，城市生态环境保护取得的成效还是阶段性的，城市生态环境保护结构性、根源性、趋势性压力总体上尚未根本缓解，以重化工为主的产业结构尚未根本改变，部分污染物排放总量仍处于高位，重点区域、重点行业污染问题仍然突出，实现碳达峰、碳中和任务艰巨，城市生态环境保护任重道远。具体地说，当前我国城市生态环境存在以下问题：

第一，水生态环境问题。我国人多水少，水资源时空分布不均，加上高耗水发展方式尚未根本转变，导致水资源供需矛盾突出，部分河湖生态流量难以保障，河流断流、湖泊萎缩等问题依然严峻，成为当地生态环境顽疾。水生态破坏现象十分普遍，水源涵养功能受损、水生态系统失衡、生物多样性丧失等问题在各流域不同程度存在，全国各流域水生生物多样性降低趋势尚未得到有效遏制，太湖、巢湖、滇池等湖库蓝藻水华发生面积及频次居高不下。水环境质量改善不平衡不协调问题突出。城市黑臭水体治理的长效机制不健全，松花江、黄河、海河等仍存在不少劣Ⅴ类水体；工业和城市生活污染治理成效仍需巩固深化，城乡面源污染防治瓶颈亟待突破；城市环境基础设施欠账仍然较多，特别是老城区、城中村以及城郊接合部等区域，污水收集能力不足，管网质量不高，大量污水处理厂进水污染物浓度偏低，汛期污水直排环境现象普遍存在。水生态环境依然呈现高风险态势，大量化工企业临水而建，因安全生产、化学品运输等引发的突发环境事件处于高发期。

第二，土壤、地下水环境问题。局部区域土壤和地下水污染问题较为突出，安全利用类和严格管控类耕地面积总体较大，受污染耕地精准实施安全利用技术水平不高；污染地块违规开发利用风险依然存在，修复过程中的二次污染防治有待加强；部分县级及以上地下水型饮用水水源水质不达标，部分水源补给区仍存在污染风险。土壤和地下水污染源头预防压力较大，涉重金属行业企业废气、废水镉排放量较大，历史遗留涉重金属废渣量大面广，一些地区因大气重金属沉降、污水灌溉等导致土壤重金属持续累积；部分企业有毒有害物质跑冒滴漏、事故泄漏等污染土壤和地下水的隐患没有根本消除，污染隐患排查、自行监测等法定义务落实不到位；部分污染源周边地下水存在特征污染物超标，污染扩散趋势未得到有效控制，周边地下水环境质量存在恶化风险。一些城市过度超采地下水，造成地下水位下降，对整个城市的发展造成严重影响。

第三，大气环境问题。大气污染治理形势依然严峻，京津冀及周边等区域秋冬季重污染天气依然高发、频发，全国超过一半的城市仍然出现重污染天气，仍是人民群众的“心肺之患”；臭氧污染日益凸显，特别是在夏季，已经成为导致部分城市空气质量超标的首要因子；柴油货车污染尚未有效解决，移动源氮氧化物排放对 PM2.5 和臭氧污染贡献率大。

第四，重金属污染和新污染物问题。我国重金属环境管理仍比较薄弱，重点行业企业布局不合理和治理水平不高的局面未根本改变，河湖滩涂底泥的重金属累积性风险不容忽视，一些地区涉铊涉锑环境事件仍时有发生，历史遗留重金属污染问题日益凸显，威胁城市生态环境安全和人民群众健康，重金属污染治理工作成效还不稳定，与人民群众的期待还有差距。此外，新污染物管控能力不足。新污染物种类繁多，具体可分为持久性有机污染物、内分泌干扰物、环境激素、抗生素、微塑料等，因其具有危害严重性、风险隐蔽性、环境持久性、来源广泛性、治理复杂性而具有很大的环境风险。

第五，噪声环境问题。噪声，是指在工业生产、建筑施工、交通运输和社会生活中产生的干扰周围生活环境的声音。噪声污染，是指超过噪声排放标准或者未依法采取防控措施产生噪声，并干扰他人正常生活、工作和学习的现象。由于人民群众对城市生态环境质量的期望越来越高，对城市生态环境问题的容忍度也越来越低，噪声污染成为环境领域集中投诉的热点和焦点。

城市生态环境污染极大地危害了人类的生存和发展。首先，城市生态环境污染危害人体健康。城市生态环境污染对人体健康的危害大致有三种：第一种是直接的、明显的危害，最典型的是在物质生产过程中直接接触有毒、有害物质的职工患的职业病，它是工业污染的直接受害者；第二种是通过多种污染渠道的辗转传播所造成的危害，这种危害比较明显，其症状的种类比第一种更多；第三种是潜在的、不明显的但更为严重的危害，即城市生态环境污染会导致遗传基因突变、染色体畸变和畸胎，甚至可能导致人类基因库的退化，造成人类素质的降低，祸及子孙后代。其次，城市生态环境污染造成巨大的经济损失。城市生态环境污染造成的经济损失包括城市污染物排放造成的损失和城市生态破坏造成的损失两个部分。再次，城市生态环境污染影响社会稳定和环境安全。城市生态环境污染会引发突发性环境危机，冲击经济和社会体系。

城市生态环境污染主要是在工业化过程中，资源的不合理利用和浪费，使城市经济社会发展与城市生态环境的协调关系被破坏。具体地说，造成城市生态环境污染的主要原因有：

第一，工业化、城市化进程的加速，使城市人口增长和社会经济的发展超出了城市生态环境的承载能力和容量。研究表明，在其他因素不变的条件下，生态环境污染与人口密度及经济开发强度成正比。这就使大城市的污染比中小城市的污染大、工业城市的污染比其他城市的污染大，尤其是重化工业城市的污染大。

第二，不尊重生态规律，片面追求经济增长，因循先污染后治理的传统发展模式。长期以来，人们对生态环境污染的后果缺乏清醒的认识，总以为与经济发展相比，生态环境问题只不过是一种暂时的牺牲和必不可少的代价。由于城市在组织区域社会经济活动的过程中，没有按照生态规律的要求进行规划和合理使用土地及空间，工业布局和建筑布局混乱，从而破坏了城市生态环境系统。

第三，城市生态环境的外部性和市场机制失灵。城市生态环境的外部性主要是指生产和消费上的外部不经济，尤其是指生产的外部不经济。城市生态环境的外部性，使外部费用不能反映在价格信号上，不能直接影响企业的经济效益，因而无法通过其产品的价格杠杆来控制排污量。市场机制对城市生态环境的外部性没有约束力，是城市生态环境污染的经济原因。

第四，社会消费需求猛增和生产技术、防治生态环境污染的技术落后。一方面，人们过分追求舒适的生活模式和消费习惯，使社会消费需求猛增，这是城市生态环境污染的社会原因。另一方面，由于生产技术和防治生态环境污染的技术落后，导致能耗高、能源利用率低，这是造成城市生态环境污染的技术原因。所谓废气、废水、废渣，实际上是宝贵的资源和能源，是没有充分、合理利用资源和能源产生的。

二、城市生态环境治理的指导思想和原则

我国城市生态环境治理的指导思想是以中国特色社会主义理论为指导，坚持以人民为中心的发展思想，立足新发展阶段，完整、准确、全面贯彻新发展理念，构建新发展格局，以实现减污降碳协同增效为总抓手，以改善生态环境质量为核心，以精准治污、科学治污、依法治污为工作方针，统筹污染治理、生态保护、应对气候变化，保持力度、延伸深度、拓宽广度，以更高标准打好蓝天、碧水、净土保卫战，以高水平保护推动高质量发展、创造高品质生活，努力建设人与自然和谐共生的美丽中国。

我国城市生态环境治理必须牢固树立和践行绿水青山就是金山银山的理念，站在人与自然和谐共生的高度谋划城市发展。具体地说，我国城市生态环境治理的总体要求是：

第一，正确认识人与自然的关系，推进人与自然和谐共生的城市现代化。大自然是人类赖以生存发展的基本条件。尊重自然、顺应自然、保护自然，是全面建设社会主义现代化城市的内在要求。我国建设社会主义现代化城市的一个重要特征，就是要实现人与自然和谐共生。大自然是包括人在内的一切生物的摇篮，人与自然是生命共同体。人类可以利用自然、改造自然，但归根结底是自然的一部分，必须呵护自然，不能凌驾于自然之上。在处理人与自然的关系上，要坚持有取舍、守底线，控制向自然的无度索取，限制过度利用自然的不合理行为，为自然守住安全边界和底线，真正构建和谐共生的人与自然关系。

第二，正确处理发展和保护的关系，坚定不移地走生态优先、节约集约、绿色低碳发展之路。统筹产业结构调整、污染治理、生态保护、应对气候变化，协同推进降碳、减污、扩绿、增长，推进生态优先、节约集约、绿色低碳发展。城市生态环境问题归根到底是发展方式和生活方式问题，是由资源过度开发、粗放利用、奢侈浪费造成的。我国的基本国情决定了我们必须坚持节约资源和保护环境的基本国策。建立健全绿色低碳循环发展经济体系、促进经济社会发展全面绿色转型是解决我国城市生态环境问题的基础之策。而推动经济社会发展全面绿色转型，稳定平衡的生态系统是根本基础，这就要求我们必须坚持生态优先，强化国土空间规划和用途管制，牢牢守住空间管控底线；贯彻全面节约战略，通过资源节约集约利用支撑高质量发展，从源头上减少对城市生态系统的影响；推动产业和能源结构调整，促进实现碳达峰碳中和，以稳定可持续的城市生态系统减缓和适应气候变化。

第三，正确把握城市生态系统整体和生态要素之间的关系，推动山水林田湖草沙一体化保护和系统治理。城市生态系统由生物与环境组成，通过能量流动、物质循环、信息传递构成统一整体。人的命脉在田，田的命脉在水，水的命脉在山，山的命脉在土，土的命脉在林和草，这个生命共同体是人类生存发展的物质基础。城市生态系统作为一个有机系

统，不是各部分生态要素的机械组合，其功能通过系统整体得以发挥。实施城市生态系统保护必须统筹山水林田湖草沙等自然生态各要素，实行一体化保护和系统治理，从而增强城市生态系统循环能力、维护城市生态平衡。要尊重自然环境地带性分布规律、生态系统演替规律等，坚持宜林则林、宜灌则灌、宜草则草、宜湿则湿、宜沙则沙，科学实施保护修复。

第四，正确处理绿水青山与金山银山的关系，为人民群众提供更多优质的生态产品。推进城市生态文明建设，既要绿水青山，也要金山银山；绿水青山就是金山银山。处理好二者的关系，关键是树立正确的发展观和政绩观。良好生态环境是最公平的公共产品，是最普惠的民生福祉。我们追求的发展，从根本上讲是为了人民生活得更好。我国社会主要矛盾已经转化为人民日益增长的美好生活需要和不平衡不充分的发展之间的矛盾，其中生态环境质量同人民群众对美好生活的期盼相比有较大差距。我们谋划发展，要主动回应人民群众对良好生态环境的追求。一方面，通过保护城市生态系统，不断提升其质量和稳定性，使之能持续提供更多优质生态产品；另一方面，发挥市场配置资源的决定性作用和更好发挥政府作用，建立健全生态产品价值实现机制，推动绿水青山向金山银山转化。

我国城市生态环境治理必须坚持以下原则：

第一，保护优先。它是指为了实现人类社会的可持续发展，应当以城市生态环境利益为优先，使主体对城市生态环境的保护行为，优先于对城市生态环境的开发利用行为。城市生态与资源环境是人类生存发展的基础性支撑体系，只有坚持保护优先，才可能在经济发展与生态环境利益发生冲突时优先关注城市生态环境，实现城市经济社会发展与资源环境承载能力的基本平衡，实现城市的可持续发展；同时城市生态环境具有整体性特点，保护优先意味着国家整体的生态环境利益优先于地方、部门和个人利益，意味着城市可持续发展优先于获取眼前利益。我国已通过设立生态保护红线、环境质量底线、资源利用上线三条红线，来衡量保护优先原则的成效。保护优先，核心是城市经济社会发展应当优先考量城市生态环境的承载能力，在保护优先的前提下发展经济。保护优先原则要求城市生态环境保护做到立法优先、规划优先、环评优先、投入优先、考核优先，城市生态环境破坏与损害行为应优先在源头进行预防和整治。

第二，预防为主。它是指预先设定和采取防范措施，防止城市生态环境问题与城市生态环境损害事件的发生。其特点是以事先的措施防范控制城市生态环境损害的发生，相对于损害发生后的恢复与治理，负担、环境代价、经济成本要小。预防的目的是减少城市生态环境损害，最大限度保护城市生态环境。根据城市经济社会发展经验、依靠科学的预测判断，大量城市生态环境损害事件可以预防。城市生态环境影响评价就属于预防性制度，是落实保护优先原则的重要制度。从源头上防治城市生态环境破坏，必须坚持空间管控、分类防治、生态优先，统筹生产、生活、生态空间管理，划定并严守生态保护红线，维护城市生态安全；建立系统完整、责权清晰、监管有效的治理格局，实施差异化治理，分区分类管控，分级分项施策，提升精细化管理水平。从源头上防治城市生态环境破坏要突出的重点是：一是要以饮水安全和重点流域治理为重点，加强水污染防治，实现水环境、水资源、水生态三个方面协同治理、统筹推进。二是要以强化污染防治为重点，加强城市基础设施建设，提高城市污水处理率和生活垃圾无害化处理率。三是降低二氧化硫排放总量，大力发展风能、太阳能、地热、生物质能等新能源，积极发展核电，有序开发水能，提高清洁能源比重，减少大气污染物排放。

第三，综合治理。它是指以城市生态理论为指导，以发挥城市综合功能和整体最佳效益为前提，把城市生态环境作为一个系统，运用系统工程理论和方法，采取多目标、多层次的综合手段和措施，对城市环境进行综合控制和治理，实现城市生态系统的良性循环。综合治理，一是体现为治理主体的综合性。综合治理是在党和政府的领导下，强化政府生态环境部门的职权，依靠政府其他职能部门的分工配合，发动企事业单位、社会组织和市民，多方面共同努力，综合防治城市生态环境污染。二是体现为治理对象的综合性。综合治理是对已经发生的城市生态环境损害进行整体、系统、全程和多种环境介质的治理，治理对象是影响人类生存和发展的各种天然的和经过人工改造的自然因素的总体。三是体现为治理手段的综合性。综合治理综合运用法律、经济、技术和必要的行政手段，解决城市生态环境问题。

第四，公众参与。它是指公众可以通过采取一定的措施，参与城市生态环境保护有关的政策制定活动，并监督有关主体是否守法以及政府是否严格执法。城市生态环境属于公共空间，参与是公众的应有权利，是坚持人民主体地位的客观要求。根据公众参与原则，公民、法人和其他组织依法享有获取环境信息、参与和监督环境保护的权利，具体有以下三项基本权利：城市生态环境知情权，即公众有权在城市生态环境领域要求城市政府提供相关信息，以了解城市生态环境现状，这是公众有效参与城市生态环境保护的基础权利；决策参与权，即城市政府应该打开公众提出改善城市生态环境状况意见和建议的通道，并保证合理有效的相关建议能够得到采纳；救济请求权，即公众在自己的合法环境权利受到侵犯后，有权通过行政或者司法渠道捍卫自己的权利，要求侵权者赔偿损失。城市政府应当依法公开城市生态环境信息、完善公众参与程序，为公民、法人和其他组织参与和监督城市生态环境保护提供便利。对涉及公众生态环境权益的发展规划和建设项目，通过听证会、论证会或社会公示等形式，听取公众意见，强化社会监督。

第五，损害担责。它是指对城市生态环境造成损害的行为人，应当承担恢复环境、修复生态、支付相关费用的法律责任。城市生态环境损害是指因污染环境、破坏生态造成大气、地表水、地下水、土壤、森林等环境要素和植物、动物、微生物等生物要素的不利改变，以及上述要素构成的生态系统功能退化。损害担责，要求城市政府建立和完善生态环境损害赔偿制度。根据我国有关法律法规的规定，有下列情形之一的，要依法追究城市生态环境损害赔偿责任：发生较大及以上突发环境事件的；在国家和省级主体功能区规划中划定的重点生态功能区、禁止开发区发生环境污染、生态破坏事件的；发生其他严重影响生态环境后果的。城市生态环境损害赔偿范围包括：生态环境受到损害至修复完成期间服务功能丧失导致的损失；生态环境功能永久性损害造成的损失；生态环境损害调查、鉴定评估等费用；清除污染、修复生态环境费用；防止损害的发生和扩大所支出的合理费用。违反国家规定，造成城市生态环境损害的单位或者个人，应当按照国家规定的要求和范围，承担生态环境损害赔偿责任，做到应赔尽赔。

三、健全现代城市生态环境治理体系

健全现代城市生态环境治理体系，是实现城市治理体系和治理能力现代化的内在要求，是推进城市生态环境保护的基础支撑，是推动形成城市生态环境保护合力的有效路径。

第一，健全现代城市生态环境治理体系，是实现城市治理体系和治理能力现代化的内在要求。要构建党委领导、政府主导、企业主体、社会组织和公众共同参与的城市生态环境保护大格局，并形成一整套一体谋划、一体部署、一体推进、一体考核的制度机制。深入推进生态文明体制改革，强化绿色发展法律和政策保障，健全自然资源资产产权制度和法律法规。完善支持绿色发展的财税、金融、投资、价格政策和标准体系。全面实行排污许可制，健全排污权、碳排放权等资源环境要素市场化配置体系，推动形成绿色低碳的生产方式和生活方式。

第二，健全现代城市生态环境治理体系，是推进城市生态环境保护的基础支撑。要以提供更多优质生态产品、满足人民日益增长的优美生态环境需要为根本目的，以推进城市生态环境治理体系和治理能力现代化为目标，建立健全领导责任体系、企业责任体系、全民行动体系、监管体系、市场体系、信用体系、法律法规政策体系，落实各类主体责任，提高市场主体和公众参与的积极性，形成导向清晰、决策科学、执行有力、激励有效、多元参与、良性互动的城市生态环境治理体系，为推动生态环境根本好转、建设美丽中国提供有力的制度保障。

第三，健全现代城市生态环境治理体系，是推动形成城市生态环境保护合力的有效路径。健全城市现代环境治理体系，必须坚持党的领导、坚持多方共治、坚持市场导向、坚持依法治理的基本原则，达到同频共振、同向发力的效果。坚持党的领导，贯彻党中央关于生态环境保护的总体要求和决策部署，实行生态环境保护"党政同责""一岗双责"，推动政府治理和社会调节、企业自治良性互动。坚持多方共治，明晰政府、企业、公众等各类主体权责，畅通参与渠道，形成全社会共同推进城市生态环境治理的良好格局。坚持市场导向，完善经济政策，健全市场机制，规范城市生态环境治理市场行为，强化城市生态环境治理诚信建设，促进行业自律。坚持依法治理，健全法律法规标准，严格执法、加强监管，加快补齐城市生态环境治理体制机制短板，不断提高城市生态环境治理体系和治理能力现代化水平。

健全现代城市生态环境治理体系，要推动城市生态环境保护职能部门更好履行生态环境保护职责、形成工作合力，进一步强化权责明晰、协调联动、齐抓共管的城市生态环境治理体系，夯实生态文明建设和生态环境保护政治责任。城市生态环境既是关系党的使命宗旨的重大政治问题，也是关系民生的重大社会问题。各相关部门要履行好生态环境保护职责，管发展的、管生产的、管行业的部门必须按"一岗双责"的要求抓好工作。

我国城市政府的生态环境局及其下属的区、县生态环境机构，对本辖区的生态环境保护工作实施统一管理。此外，城市政府的规划与自然资源、水务、园林绿化、城市管理等部门，也承担着相应的城市生态环境保护与管理的职能。

根据《中华人民共和国环境保护法》及其他法律法规的规定，城市政府生态环境管理机构的职责有：

第一，贯彻执行国家生态环境保护的方针、政策和法律、法规，研究起草生态环境保护地方性法规、规章和规范性文件；协同有关部门拟订与生态环境保护相关的经济、技术、资源配置和产业政策；组织对全市重大经济和技术政策、发展规划以及重大经济开发计划进行生态环境影响评价。

第二，组织编制全市生态环境保护规划、计划和环境功能区划；参与制定市经济和社会发展中长期规划、年度计划、国土开发整治规划、城市总体规划、区域经济开发计划、产业发展规划以及资源节约和综合利用规划；参与审核开发区建设、旧城区改造中的环境保护内容；参与组织自然资源核算工作；组织编制和发布全市生态环境统计公报与生态环境状况公报，定期发布城市环境质量状况。

第三，组织创建国家生态环境保护模范城市、生态示范区；监督管理全市城乡生态环境综合整治工作，组织实施城市生态环境综合整治定量考核工作及各级生态环境保护目标责任制和生态环境执法责任制工作。

第四，监督管理水体、大气、土壤、噪声、固体废物、有毒有害化学品污染防治工作，监督管理机动车污染防治工作，执行污染限期治理制度；协助上级部门做好电磁波辐射、放射性物质和核安全监督管理等工作；组织实施排污许可制度。编制并组织实施全市排污费征收计划；污染治理资金和生态环境保护补助资金项目计划；健全排污费征收、管理和使用等各项管理制度，开展内部审计工作。

第五，组织实施建设项目生态环境保护预审、生态环境影响评价、“三同时”管理以及竣工环保验收等生态环境管理制度；协助做好限额以上建设项目的生态环境保护管理工作。

第六，监督管理全市自然环境保护和农村生态环境保护工作；监督检查各类自然保护区、风景名胜区环境保护工作，监督检查生物多样性、野生动植物、珍稀濒危物种保护和湿地环境保护工作；监督对生态环境有影响的资源开发活动、重要生态环境建设和生态破坏恢复工作；监督管理生物技术环境安全。

第七，负责全市生态环境监测工作，实施生态环境监测制度和规范；建设、管理生态环境监测网络和生态环境信息网，组织生态环境质量监测、污染源监督性监测，编制生态环境质量报告；指导各级生态环境监测机构标准化、规范化建设和计量认证、质量保证工作。

第八，管理全市生态环境监察工作，对“三同时”执行情况、排污单位执行生态环境法律法规及制度情况实施现场监督检查，对生态环境污染事故和生态破坏事件进行调查并做出处理；协调和处理地域间生态环境污染纠纷；组织开展生态环境保护行政稽查和生态环境保护执法检查活动。对于拒绝城市生态环境保护行政主管部门行使现场检查或者在被检查时弄虚作假的；拒报或者谎报国务院生态环境保护行政主管部门规定的有关污染物排放申报事项的；不按国家规定缴纳超标准排污费的；引进不符合中国生态环境保护规定要求的技术和设备的；将产生严重污染的生产设备转移给没有污染防治能力的单位使用的，可以根据不同情节，给予警告或者处以罚款。对违反法律规定，造成生态环境污染事故的企业事业单位，可根据所造成的危害后果处以罚款；情节严重的，对有关责任人员由其所在单位或者政府主管机关给予行政处分。

第九，制定并组织实施生态环境保护科技发展规划，组织开展重大生态环境保护课题攻关，归口管理全市生态环境保护技术引进工作；贯彻执行国家生态环境保护有关标准、技术规范，制定地方性生态环境保护标准、规范，管理全市生态环境管理体系；管理和组织协调生态环境保护国际条约市内履约活动及统一对外交流与合作；协助上级负责生态环境标志认证工作。

第十，组织协调全市生态环境保护宣传教育工作，推动公众和非政府组织参与生态环境保护；组织实施对企业环境行为评价、公开工作。

为了优化和强化城市生态环境管理机构的管理，必须着力解决以下几个问题：

第一，完善城市生态环境管理体制。按照区域生态系统管理方式，逐步理顺部门职责分工，增强生态环境监管的协调性、整体性。建立健全国家监察、地方监管、单位负责的生态环境监管体制。国家加强对城市生态环境保护工作的指导、支持和监督，健全区域生态环境督查派出机构，协调跨区域生态环境保护，督促检查突出的生态环境问题。城市政府对本行政区域生态环境质量负责，监督下一级人民政府的生态环境保护工作和重点单位的环境行为，并完善相应的生态环境保护监管机制。法人和其他组织负责解决所辖范围有关的生态环境问题。完善企业生态环境监督员制度，实行职业资格管理。城市政府要加强生态环境保护机构建设，落实职能、编制和经费，完善设区城市生态环境保护派出机构监管模式，完善城市生态环境管理体制。

第二，健全城市生态环境保护协调机制。健全城市生态环境保护综合决策机制，完善城市生态环境部门统一监督管理、有关部门分工负责的生态环境保护协调机制，充分发挥城市生态环境有关部门联席会议的作用。城市政府生态环境主管部门是城市生态环境的执法主体，要会同有关部门健全城市生态环境监测网络，规范城市生态环境信息的发布。城市经济综合管理部门和有关主管部门要制定有利于城市生态环境保护的财政、税收、金融、价格、贸易、科技等政策。城市建设、规划和自然资源、水务、农业等有关部门要依法做好各自领域的生态环境保护和资源管理工作。城市宣传教育部门要积极开展生态环境保护宣传教育，普及生态环境保护知识。

第三，加强城市生态环境保护队伍和能力建设。健全城市生态环境监察、监测和应急体系。规范城市生态环境保护人员管理，强化培训，提高素质，建设一支思想好、作风正、懂业务、会管理的城市生态环境保护队伍。城市政府要选派政治觉悟高、业务素质强的领导干部充实城市生态环境部门，并事先征求上级政府生态环境部门的意见。完善城市生态环境监测网络和城市生态环境保护信息系统，健全信息资源共享机制。完善城市生态环境事故应急监控和重大生态环境突发事件预警体系。

健全现代城市生态环境治理体系，要完善城市生态环境治理的基本制度。我国城市生态环境治理的基本制度有：生态环境质量标准制度、污染物排放标准制度、环境影响评价制度、“三同时”制度、生态环境监测制度、排污管理制度、污染集中控制制度、污染赔偿制度、限期治理污染源制度、生态环境保护目标责任制度、城市生态环境综合整治定量考核制度、突发生态环境事件应急处置制度。要加快城市生态环境治理的制度创新，增加制度供给，完善制度配套，强化制度执行，让制度成为刚性的约束和不可触碰的高压线。

城市生态环境的问题

第三节　建设生态城市

一、生态城市的含义和基本特点

1971年，联合国教科文组织发起的一项政府间跨学科大型综合性的“人与生物圈计划”研究，提出了生态城市的概念。从此，人们从不同角度研究生态城市，提出了不同的生态城市概念。实际上，要正确认识和深刻理解生态城市的内涵，必须从人类社会文明发展史的角度来考察生态城市，因为生态城市的概念是随着人类文明的不断发展，对人与自然关系的认识不断深化的基础上提出来的。人类文明史大致经历了原始文明、农业文明、工业文明和生态文明四个阶段。在建立在掠夺式利用自然资源基础上的工业文明时代，我们居住的城市是一种脆弱的人工生态系统，它在生态过程上是耗竭性的，在管理体制上是链状式的，在人与自然的关系上是呈对峙状态的，在资源开发和利用上是过度攫取和浪费的，在消费意识上人们只是关心当代人的福利而忽视了人类未来发展的空间。与工业文明时代的城市不同，生态城市是人与自然、人与人和谐共处、良性循环、持续发展的生态文明时代的产物，是与生态文明时代相适应的人类社会生活新的空间组织形式，是在一定地域空间内人与自然和谐、持续发展的人类居住区。生态城市是对工业文明时代城乡关系辩证否定的基础上发展起来的新的更为高级的人类生存空间系统。

从生态城市概念的产生和发展过程来看，生态城市是以反对生态环境污染、追求优美的自然环境为起点的，目前已成为一个融合了社会、文化、历史、经济等因素，包含自然环境和人文价值的综合性概念。生态城市一般是指按照生态学原理和系统工程理论建立起来的社会、经济、生态环境协调发展，基础设施完善，物质、能量、信息高效利用，生态良性循环，居民生活安全舒适的城市。生态城市的基本内涵应包含以下几方面的内容：

第一，从地域范围看，生态城市是一个与周围相关区域紧密相连的相对开放的系统，它不仅包括城市地区，而且包括周围的农村地区。

第二，从涉及的领域看，生态城市不只涉及城市的自然环境和人工环境系统，而是一个以人为主导、以自然环境系统为依托、以资源和能源流动为命脉、以社会体制为经络的经济-社会-生态环境协调统一的复合系统。

第三，从城市生态环境方面看，绿色能源成为生态城市的主要能源形式，不可再生的自然资源得到合理和循环利用，自然环境得到有效保护，具有良好的生态环境质量和充足的生态环境容量。

第四，从城市经济方面看，生态城市的经济发展方式是集约内涵式的。生态城市采用既有利于保护自然价值又有利于创造社会文化价值的生态技术，建立生态文化产业体系，实现物质生产和社会生活的生态化。

第五，从城市社会方面来看，生态城市倡导生态价值观，人们有自觉的生态意识，有舒适的生活环境、安全的社会环境、健全的社会保障体系、全面的文化发展。

生态城市作为一个结构合理、功能高效、关系协调、社会和谐、生态良性循环的人类聚居区，具有以下特点：

第一，和谐性。传统城市生态系统最突出的特点是对自然生态系统和农业生态系统的否定，主要表现在人口的发展替代和限制了其他生物的发展，人类成为生态系统的主体，动物、植物和微生物成为人类的附庸。因此，要维护传统城市生态系统的稳定，必须从外部生态系统输入物质和能量，从而导致传统城市生态系统的不和谐。生态城市是对传统城市生态系统不和谐的否定，但这种否定并不意味着传统城市实体的消失。生态城市保留了现有城市的大部分功能，但实现了自然系统的和谐，人与自然的和谐，人与人的和谐，以及经济、社会与生态环境发展的和谐。其中，自然系统的和谐、人与自然的和谐是条件和基础，人与人的和谐是生态城市的根本和目的。在生态城市中，人与自然和谐共生，人回归自然、贴近自然，自然融于城市；在经济发展的同时，生态环境得到有效保护，社会关系良性运行，人际关系融洽、和谐。和谐是生态城市的核心内容。

第二，可持续性。生态城市以可持续发展为根本，可持续地开发和利用自然资源和人力资源，兼顾不同时间和空间合理配置资源，公平地满足当代与后代在发展和生态环境方面的需求，不因眼前的利益而用“掠夺”的方式促进城市的暂时繁荣。可持续性不仅指城市生态环境的可持续性，而且指城市经济和社会的可持续发展。首先，人类社会的自然属性决定了城市生态环境的可持续发展是生态城市可持续发展的基础。地球上的一切资源都是人类赖以生存的基本要素，它具体表现为一定技术条件下能为人类所利用的一切物质、能量和信息，它们构成了人类生存的全部物质基础和发展空间。人口和生产增长一旦达到了临界点，生产和再生产就应该停止物理性增长而继续进行质量性改进。再次，生态城市必须在保持自然资源的质量和其所提供服务的前提下，使经济发展的净利益达到最大限度。如果说传统城市的经济增长是一种物理上的数量扩张，那么生态城市经济的可持续发展是一种超越增长的发展，是一种结构、功能和质量上的不断改善。城市经济的可持续发展是生态城市可持续发展的关键。最后，社会可持续发展是生态城市的社会属性，生态城市具有公正、平等、安全、舒适的社会环境。

第三，整体性。城市是以人为主体，人、物、空间三位一体的复合生态系统。人、物、空间相互制约、相互依存，形成一个不可分割、互惠共生的有机整体，它的结构和功能在人类与自然环境之间的相互演化中协同演变。生态城市不是单纯追求生态环境优美或经济繁荣，而是兼顾社会、经济和生态环境三者的整体利益。不仅重视经济发展与生态环境的协调，更注重对人类生活质量的提高。各部分形成互惠共生结构，在整体协调的新秩序下寻求发展。生态城市不是指城市某个方面的生态化，而是指一个城市整体的生态化。

第四，高效性。工业技术革命使得传统城市的大部分能量在非生物之间流转，即在人力制造的各种机械设备的运行过程中流转，其流转方式是多元化的，受人为控制的，尤其是传统城市的生产方式不是循环式的，是直链式的，大量的能量以废气、废水、废渣的形式直接排放到自然界中，严重污染了人类赖以生存的自然环境。生态城市是建立在以知识经济为基础的高新技术之上的，一改工业城市高能耗、非循环的运行机制，从高度依赖自然资源的外在化生产转向开发人的智力的内在化生产，尽量减少自然资源的消耗，非物质财富的增长成为经济的主要增长点。同时，生态城市在知识生产和基本物质生产中，能多层次地分级利用物质和能量，废弃物得到循环再生，从而能高效地利用各种资源，做到物尽其用、地尽其利、人尽其才、各施其能、各得其所。

第五，区域性。生态城市不是一个孤立的封闭的系统，而是一个开放的系统。它是在一定的区域空间范围内，人类活动与自然环境资源利用完美结合的产物，具有很强的区域性，是建立在区域和城乡均衡协调发展基础之上的。区域是城市生态系统运行的基础和依托，离开区域的自然和人文支持，没有与外界的物质、能量、人口、信息、文化等方面的交流，孤立的城市是无法实现生态化的。需要指出的是，广义的区域观念就是全球观念，要建立生态城市，需要全球、全人类的共同合作，共享技术和资源，共管生物圈，建立全球生态平衡。

二、生态城市建设的基本条件和衡量指标

为了促进社会经济和生态环境的协调发展，我国积极开展了生态县（含县级市）、生态市（含地级行政区）、生态省的建设，并分别规定了相应的基本条件和建设指标。

生态县的基本条件是：第一，制定了《生态县建设规划》，并通过县人大审议、颁布实施。国家有关生态环境保护法律、法规、制度及地方颁布的各项生态环境保护规定、制度得到有效的贯彻执行。第二，有独立的生态环境机构。生态环境保护工作纳入乡镇党委、政府领导班子实绩考核内容，并建立相应的考核机制。第三，完成上级政府下达的节能减排任务。三年内无较大生态环境事件，群众反映的各类生态环境问题得到有效解决，外来入侵物种对生态环境未造成明显影响。第四，生态环境质量评价指数在全省名列前茅。第五，全县80%的乡镇达到全国生态环境优美乡镇考核标准并获命名。

生态市的基本条件是：第一，制定了《生态市建设规划》，并通过市人大审议、颁布实施。国家有关生态环境保护的法律、法规、制度及地方颁布的各项生态环境保护规定、制度得到有效的贯彻执行。第二，全市县级（含县级）以上政府（包括各类经济开发区）有独立的生态环境机构。生态环境保护工作纳入县（含县级市）党委、政府领导班子实绩考核内容，并建立相应的考核机制。第三，完成上级政府下达的节能减排任务。三年内无较大生态环境事件，群众反映的各类生态环境问题得到有效解决，外来入侵物种对生态环境未造成明显影响。第四，生态环境质量评价指数在全省名列前茅。第五，全市80%的县（含县级市）达到国家生态县建设指标并获命名；中心城市通过国家生态环境保护模范城市考核并获命名。

生态省的基本条件是：第一，制定了《生态省建设规划纲要》，并通过省人大常委会审议、颁布实施。国家有关生态环境保护的法律、法规、制度及地方颁布的各项生态环境保护规定、制度得到有效的贯彻执行。第二，全省县级（含县级）以上政府（包括各类经济开发区）有独立的生态环境机构。生态环境保护工作纳入市（含地级行政区）党委、政府领导班子实绩考核内容，并建立相应的考核机制。第三，完成国家下达的节能减排任务。三年内无重大生态环境事件，群众反映的各类生态环境问题得到有效解决，外来入侵物种对生态环境未造成明显影响。第四，生态环境质量评价指数位居国内前列或不断提高。第五，全省80%的地市达到生态市建设指标并获命名。

为了加快推进生态文明建设，不断提升区域生态文明建设水平，我国把国家生态县、生态市、生态省建设调整为国家生态文明示范区建设。生态文明示范区旨在通过建设形成符合主体功能定位的开发格局，资源循环利用体系初步建立，节能减排和碳强度指标下

降，资源产出率、单位建设用地生产总值、万元工业增加值用水量、农业灌溉水有效利用系数、城镇（乡）生活污水处理率、生活垃圾无害化处理率等处于前列，城镇供水水源地全面达标，森林、草原、湖泊、湿地等面积逐步增加、质量逐步提高，水土流失和沙化、荒漠化、石漠化土地面积明显减少，耕地质量稳步提高，物种得到有效保护，覆盖全社会的生态文化体系基本建立，绿色生活方式普遍推行，最严格的耕地保护制度、水资源管理制度、环境保护制度得到有效落实，生态文明制度建设取得重大突破，形成可复制、可推广的生态文明建设典型模式。

根据国家生态文明建设示范区管理规程，国家生态文明建设示范区包括生态文明建设示范省、生态文明建设示范市、生态文明建设示范县、生态文明建设示范乡镇、生态文明建设示范村、生态工业示范园区。其中，国家生态文明建设示范市县建设，包括生态制度、生态安全、生态空间、生态经济、生态生活、生态文化六个方面的指标，详见表 10－1。

表 10－1　国家生态文明建设示范市县建设指标

领域	任务	序号	指标名称	单位	指标值	指标属性	适用范围
生态制度	（一）目标责任体系与制度建设	1	生态文明建设规划	—	制定实施	约束性	市县
		2	党委政府对生态文明建设重大目标任务部署情况	—	有效开展	约束性	市县
		3	生态文明建设工作占党政实绩考核的比例	%	≥20	约束性	市县
		4	河长制	—	全面实施	约束性	市县
		5	生态环境信息公开率	%	100	约束性	市县
		6	依法开展规划环境影响评价	% —	市：100 县：开展	市：约束性 县：参考性	市县
生态安全	（二）生态环境质量改善	7	环境空气质量 优良天数比例 PM2.5 浓度下降幅度	%	完成上级规定的考核任务；保持稳定或持续改善	约束性	市县
		8	水环境质量 水质达到或优于Ⅲ类比例提高幅度 劣Ⅴ类水体比例下降幅度 黑臭水体消除比例	%	完成上级规定的考核任务；保持稳定或持续改善	约束性	市县
		9	近岸海域水质优良（一、二类）比例	%	完成上级规定的考核任务；保持稳定或持续改善	约束性	市

续表

领域	任务	序号	指标名称	单位	指标值	指标属性	适用范围
生态安全	（三）生态系统保护	10	生态环境状况指数 干旱半干旱地区 其他地区	%	 ≥35 ≥60	约束性	市县
		11	林草覆盖率 山区 丘陵地区 平原地区 干旱半干旱地区 青藏高原地区	%	 ≥60 ≥40 ≥18 ≥35 ≥70	参考性	市县
		12	生物多样性保护 国家重点保护野生动植物保护率 外来物种入侵 特有性或指示性水生物种保持率	 % — %	 ≥95 不明显 不降低	参考性	市县
		13	海岸生态修复 自然岸线修复长度 滨海湿地修复面积	 公里 公顷	完成上级管控目标	参考性	市县
	（四）生态环境风险防范	14	危险废物利用处置率	%	100	约束性	市县
		15	建设用地土壤污染风险管控和修复名录制度	—	建立	参考性	市县
		16	突发生态环境事件应急管理机制	—	建立	约束性	市县
生态空间	（五）空间格局优化	17	自然生态空间 生态保护红线 自然保护地	—	面积不减少，性质不改变，功能不降低	约束性	市县
		18	自然岸线保有率	%	完成上级管控目标	约束性	市县
		19	河湖岸线保护率	%	完成上级管控目标	参考性	市县
生态经济	（六）资源节约与利用	20	单位地区生产总值能耗	吨标准煤/万元	完成上级规定的目标任务；保持稳定或持续改善	约束性	市县
		21	单位地区生产总值用水量	立方米/万元	完成上级规定的目标任务；保持稳定或持续改善	约束性	市县

续表

领域	任务	序号	指标名称	单位	指标值	指标属性	适用范围
生态经济	（六）资源节约与利用	22	单位国内生产总值建设用地使用面积下降率	%	≥4.5	参考性	市县
		23	碳排放强度	吨/万元	完成上级管控目标	约束性	市
		24	应当实施强制性清洁生产企业通过审核的比例	%	完成年度审核计划	参考性	市
	（七）产业循环发展	25	农业废弃物综合利用率 秸秆综合利用率 畜禽粪污综合利用率 农膜回收利用率	%	≥90 ≥75 ≥80	参考性	县
		26	一般工业固体废物综合利用率	%	≥80	参考性	市县
生态生活	（八）人居环境改善	27	集中式饮用水水源地水质优良比例	%	100	约束性	市县
		28	村镇饮用水卫生合格率	%	100	约束性	县
		29	城镇污水处理率	%	市≥95 县≥85	约束性	市县
		30	城镇生活垃圾无害化处理率	%	市≥95 县≥80	约束性	市县
		31	城镇人均公园绿地面积	平方米/人	≥15	参考性	市
		32	农村无害化卫生厕所普及率	%	完成上级规定的目标任务	约束性	县
	（九）生活方式绿色化	33	城镇新建绿色建筑比例	%	≥50	参考性	市县
		34	公共交通出行分担率	%	超、特大城市≥70 大城市≥60 中小城市≥50	参考性	市
		35	生活废弃物综合利用 城镇生活垃圾分类减量化行动 农村生活垃圾集中收集储运	—	实施	参考性	市县
		36	绿色产品市场占有率 节能家电市场占有率 在售用水器具中节水型器具占比 一次性消费品人均使用量	% % 千克	≥50 100 逐步下降	参考性	市
		37	政府绿色采购比例	%	≥80	约束性	市县

续表

领域	任务	序号	指标名称	单位	指标值	指标属性	适用范围
生态文化	(十)观念意识普及	38	党政领导干部参加生态文明培训的人数比例	%	100	参考性	市县
		39	公众对生态文明建设的满意度	%	≥80	参考性	市县
		40	公众对生态文明建设的参与度	%	≥80	参考性	市县

资料来源：国家生态环境部.

三、生态城市建设的内容和措施

生态城市的建设要把生态整合方法和原则应用于城市规划和管理。建设适宜于人类生活的生态城市，首先必须运用生态学原理，全面系统地理解城市生态环境、经济、政治、社会和文化间复杂的相互作用关系，运用生态工程技术设计城市、乡镇和村庄，以促进居民身心健康、提高生活质量、保护其赖以生存的生态系统。这就迫切需要开展翔实的城市生态规划和管理，促使有关受益者群体参加规划和管理过程。生态城市旨在采用整体论的系统方法，促进综合性的行政管理，建设高效的生态产业、和谐的生态文化和功能整合的生态景观，实现自然、农业和人居环境的有机结合。

具体地说，建设生态城市包含以下五个层面的内容：第一，生态安全。向所有居民提供洁净的空气、安全可靠的水、食物、住房和就业机会，以及市政服务设施和减灾防灾措施的保障。第二，生态卫生。通过高效率、低成本的生态工程手段，对粪便、污水和垃圾进行处理和再生利用。第三，生态产业代谢。促进产业的生态转型，强化资源的再利用、产品的生命周期设计、可更新能源的开发、生态高效的运输，在保护资源和生态环境的同时，满足居民的生活需求。第四，生态景观整合。通过对人工环境、开放空间、街道桥梁等连接点和自然要素的整合，在节约能源资源、减少交通事故和空气污染的前提下，为所有居民提供便利的城市交通。同时，防止水环境恶化，减少热岛效应和对全球生态环境恶化的影响。第五，生态意识培养。帮助人们认识其在与自然关系中所处的位置和应负的生态环境责任，尊重地方历史文化，诱导人们的消费行为，改变传统的消费方式，增强自我调节的能力，以维持城市生态系统的高质量运行。

建设生态城市必须遵循以下基本原则：

第一，因地制宜原则。因地制宜原则强调排除主观随意性的影响，要从客观实际出发，按照客观规律办事。生态城市的规划与建设没有统一的、固定的模式，要考虑区域内能源、资源、水、土地等的承载力，紧密结合当地的自然环境、经济条件、历史条件和文化背景，必须充分考虑当地的气候、地形和地貌的特征，要延续地方的风俗习惯和文化特色，实现本地资源与现代化的有机统一。

第二，以人为本原则。人是城市活动的主体，对城市的存在和发展起着至关重要的作用。如果忽略或忽视了人的需要和作用，城市也就失去了生机和活力。以人为本的原则，要求生态城市的发展要充分考虑和满足居民的物质和精神需求，每个居民都能享受到轻松、安全、舒适的生活和工作环境，从而促进人们的身心健康。

第三，综合性原则。城市生态问题往往是综合性的问题，必须采取综合性的系统解决方法。仅以城市生态环境污染中的大气污染为例，要对其进行有效治理，首先要对大气污染本身进行基础性的和应用性的研究，并据此提出控制污染的措施。同时还要在城市规划、能源结构的调整、道路交通的布局和管理、产业结构的调整、工业技术的改造等多方面密切配合。

第四，区域整体性原则。这里的区域不仅仅是独立的地理单元、社会单元，还是独立的文化单元，是地理要素、经济要素和人文要素的综合体。要加强区域、城乡发展的整体协调，维持区域范围内的生态完整性，这是生态城市建设和发展的空间基础。区域是一个整体，而城市是它其中的一部分。生态城市规划和建设应当考虑本城市与其他城市及区域的配合关系，做到大中小城市相结合、城市与乡村相结合、人工环境与自然环境相结合。

第五，集约化原则。生态城市强调将自然融入城市，不是要将城市天女散花般地分散于乡村或自然景观中。生态城市规划和建设应当遵循集约化原则，一是要做到三维空间利用的相对集约化，充分开发和利用城市的地上和地下空间，实现立体化发展，建设紧凑型城市；二是做到资源和能源利用的集约化，提倡减少使用资源、重复使用资源和循环使用资源。

第六，有机集成原则。生态城市的规划和建设面对的不是一张白纸，不是完全凭主观想象来勾画和创造全新的东西，而是面对的现有城市，必须以既有的城市作为基础进行必要的改造和发展。城市的历史、文脉、建筑、社会、文化是维持城市生命力的土壤，必须把它们作为城市进一步发展的基础，在维护保持的基础上进行更新发展。

第七，重点性原则。生态城市虽然是个综合性很强的概念，但生态城市规划不可能包罗万象，其重点应放在那些必须由政府来做的事情上，着力做好生态城市的空间形态规划、经济发展规划和社会发展规划，着力加强基础设施建设、生态环境保护、教育、科技、文化、卫生、体育、社会保障等公共事业的发展。

为推动城市生态建设必须采取以下措施：

第一，通过合理的生态手段，为城市人口，特别是低收入群体提供安全的人居环境、安全的水源和有保障的土地使用权，以改善居民生活质量和保障人体健康。

第二，城市规划应以人而不是以车为本。扭转城市土地“摊大饼”式蔓延的趋势，通过区域城乡生态规划等各种有效措施使耕地流失最小化。

第三，确定生态敏感地区和区域生命支持系统的承载能力，并明确应开展生态恢复的自然和农业地区。

第四，在城市设计中大力倡导节能、使用可再生能源、提高资源利用效率以及物质的循环再生。

第五，将城市建成以安全步行和非机动交通为主的，并具有高效、便捷和低成本的公共交通体系的生态城市。中止对汽车的补贴，增加对汽车燃料使用和私人汽车的税收，并将其收入用于生态城市建设项目和公共交通。

第六，为企业的生态城市建设和旧城的生态改造项目提供强有力的经济激励手段。向违背生态城市建设原则的活动，如排放温室气体和其他污染物的行为征税；制定和强化有关优惠政策，以鼓励对生态城市建设的投资。

第七，为优化环境和生态恢复制定切实可行的教育和再培训计划，加强生态城市的能力建设，开发生态适用型的地方性技术，鼓励社区群众积极参与生态城市设计、管理和生态恢复工作，增强生态意识，扶持社区生态城市建设的示范项目。

第八，在国家、省、市各级政府中设置生态城市建设和管理的专门机构，制定和实施生态城市建设的相关政策。该机构负责政府各部门间管理职能的协调和监控，推动相关项目和计划的实施。

第九，倡导和推进国家间、城市间和社区间的合作，加强生态城市建设领域正反两方面经验的交流以及资源的相互支持，促进在发展中国家以及发达国家开展生态城市建设的实践和示范活动。

生态城市的含义和基本特点

案例分析

参考文献

1. 马克思，恩格斯．马克思恩格斯文集：第1卷．北京：人民出版社，2009.
2. 马克思，恩格斯．马克思恩格斯文集：第2卷．北京：人民出版社，2009.
3. 马克思，恩格斯．马克思恩格斯文集：第8卷．北京：人民出版社，2009.
4. 列宁．列宁全集：第23卷．2版．北京：人民出版社，1990.
5. 陈友华，赵民．城市规划概论．上海：上海科学技术文献出版社，2000.
6. 戴均良．中国市制．北京：中国地图出版社，2000.
7. 戴慎志，刘婷婷．城市基础设施规划与建设．北京：中国建筑工业出版社，2016.
8. 董利民．城市经济学．北京：清华大学出版社，2016.
9. 范柏乃．政府绩效管理．上海：复旦大学出版社，2012.
10. 葛竞天．论生态城市建设．大连：东北财经大学出版社，2009.
11. 胡辉，徐晓林．现代城市环境保护．北京：科学出版社，2004.
12. 胡纹．城市规划概论．武汉：华中科技大学出版社，2018.
13. 李亚峰，等．城市基础设施规划．北京：机械工业出版社，2017.
14. 雷晓康，马子博，等．社会治理概论．北京：北京大学出版社，2021.
15. 林卡，等．现代社会保障理论政策与实务．武汉：华中科技大学出版社，2021.
16. 潘小娟．市政管理体制改革：理论与实践．北京：社会科学文献出版社，1998.
17. 孙志刚．城市功能论．北京：经济管理出版社，1998.
18. 王爱冬．政府绩效评估概论．北京：高等教育出版社，2010.
19. 王佃利．现代市政学．北京：中国人民大学出版社，2022.
20. 王大勇，等．城市规划理论与实践研究．北京：中国水利水电出版社，2015.
21. 王雅莉，张明斗．城市经济学．北京：中国财政经济出版社，2017.
22. 王旭．美国城市发展模式：从城市化到大都市区化．北京：清华大学出版社，2006.
23. 伍彬．政府绩效管理：理论与实践的双重变奏．北京：北京大学出版社，2017.
24. 吴小虎，李祥平．城乡基础设施规划．北京：中国建筑工业出版社，2016.
25. 吴志强，李德华．城市规划原理．北京：中国建筑工业出版社，2010.
26. 杨宏山．市政管理学．北京：中国人民大学出版社，2022.
27. 杨荣金，舒俭民．生态城市建设与规划．北京：经济日报出版社，2007.
28. 杨士弘，等．城市生态环境学．北京：科学出版社，2003.

29. 张淑杰．城市人口管理概论．上海：同济大学出版社，2021.
30. 张永理．社区治理．北京：北京大学出版社，2014.
31. 张京祥．西方城市规划思想史纲．南京：东南大学出版社，2005.
32. 周国艳，于立．西方现代城市规划理论概论．南京：东南大学出版社，2010.

后 记

经全国高等教育自学考试指导委员会同意，全国高等教育自学考试公共管理类专业委员会负责高等教育自学考试“市政学”教材的组编工作。

《市政学》自学考试教材由南京大学孙亚忠教授、南京农业大学葛笑如教授编写。参加本教材审定工作并提出修改意见的有：主审南京大学孔繁斌教授，副审南京师范大学许开轶教授、南京理工大学范炜烽教授。对付出辛勤劳动的编审人员，在此一并表示感谢。

公共管理类专业委员会最后审定通过了本教材。

全国高等教育自学考试指导委员会

公共管理类专业委员会

2023 年 5 月

图书在版编目（CIP）数据

市政学/孙亚忠，葛笑如主编．-- 北京：中国人民大学出版社，2023.12

全国高等教育自学考试指定教材

ISBN 978-7-300-32126-4

Ⅰ.①市… Ⅱ.①孙… ②葛… Ⅲ.①市政学-高等教育-自学考试-教材 Ⅳ.①D035.5

中国国家版本馆 CIP 数据核字（2023）第 162709 号

全国高等教育自学考试指定教材

市政学

（含：市政学自学考试大纲）

（2023 年版）

全国高等教育自学考试指导委员会　组编

主编　孙亚忠　葛笑如

Shizhengxue

出版发行	中国人民大学出版社		
社　　址	北京中关村大街 31 号	**邮政编码**	100080
电　　话	010－62511242（总编室）		010－62511770（质管部）
	010－82501766（邮购部）		010－62514148（门市部）
	010－62515195（发行公司）		010－62515275（盗版举报）
网　　址	http：//www. crup. com. cn		
经　　销	新华书店		
印　　刷	北京溢漾印刷有限公司		
开　　本	787 mm×1092 mm　1/16	**版　　次**	2023 年 12 月第 1 版
印　　张	19.25 插页 1	**印　　次**	2024 年 4 月第 2 次印刷
字　　数	445 000	**定　　价**	58.00 元